백지에 그리는 국가인재생태계 2035

국가 핵심인재는 어떻게 만들어져야 하는가?

민경찬, 양승함, 박재완, 장원섭, 박남기
김성열, 배상훈, 최병욱, 홍정민, 이근면

국가인재경영연구원

목 차

프롤로그

국가 핵심인재는 어떻게 만들어져야 하는가?

민경찬 (국가인재경영연구원 이사장)

01. 우리는 어떠한 세상에 살고 있는가?

오늘 우리는 문명사적 대전환기에 살고 있다. 오늘의 디지털혁명시대는 인간의 지능이 'AI(인공지능)'으로 대치되며, 유전자 기술이 크게 발전하고, 기후변화가 재난화됨에 따라 인류는 새로운 기회와 함께 여러 위기에 직면하게 되었다. 인간의 생존과 지속가능 발전이라는 큰 과제다. 심각한 문제는, 이러한 급격한 변화 과정에 잠재되어 있는, 팬데믹을 비롯한, 여러 위험 요소들은 인간의 노력으로 개선하기 어려운 상황으로 되어 간다는 것이다. 특히 바로 오늘이 인간이 인류 역사의 진로를 스스로 선택할 수 있는 마지막 기회일지도 모른다는 우려도 나온다.

우리의 시야를 한반도로 좁혀보면 그 주변 환경도 만만치 않다. 중국과 러시아는 '위대한' 패권국가를 천명하고 있고, 북한은 핵 미사일로 위협의 수위를 높이고 있다. 미국도 올해 대선 결과에 따라 '자국 우선주의'를 강화하며, 한미동맹의 의미도 약화시킬 수 있어 대한민국의 안보가 위험스러울 수 있다. 특히 이러한 강국들이 상호 대립하는 신냉전 체제가 깊어지는 가운데, 그 사이에 끼여 상충하는 압박과 요구에 직면하고 있는 한국의 입장은 어렵기만 하다.

우리 대한민국의 내부 환경은 어떠한가? 최근 보도에 따르면 한국의 경제성장률이 장기간 저성장기에 있던 일본에 25년 만에 역전당했고, 과학기술 수준이 처음으로 중국에 추월당했다고 한다. 산업경쟁력의 근간이 되는 과학기술에 대한 연구개발 투자는 대폭 삭감되었다. 4차산업혁명시대의 기술 발전 속도는 갈수록 가속화되고, AI를 비롯한 첨단기술 경쟁은 갈수록 치열해지고 있다. 국가들과 기업들 사이의 글로벌 기술패권 전쟁이 빠른 속도로 격화되고 있다. 현재 우리나라 경제는 매우 어렵고 미래는 더욱 불확실하다.

사회 환경도 가치관과 일자리 그리고 계층, 빈부, 이념, 세대, 지역, 젠더 등에 따른 갈등과 양극화가 심화되고 있다. 노동, 교육, 연금 개혁을 비롯해 여러 큰 과제들이 얽혀져 있다. 특히 저출산·고령화 영향으로 생산가능인구가 급감하며 2040년에는 잠재성장률이 0.7%까지 하락할 것이라는 전망이다. 지난해 4분기 합계출산율은 사상 처음으로 0.6명대로 떨어졌고 올해는 연간 기준으로도 0.7명선이 무너질 것이라 한다. 외국에서 대한민국의 '국가 소멸 위기'가 거론될 정도로 인구절벽 문제는 심각하다. 병력 자원도 부족하여 안정적 국방을 위한 적정 수준의 병력 규모도 유지하기 어려울 것이라 한다.

02. 우리는 제대로 대응하고 있는가?

오늘의 대전환의 시대에 대한민국은 어떻게 대응하고 있는 것일까? 최근 우리나라를 둘러싼 국제 역학적 관계가 100여 년 전 구한말보다 더 어려워진 정황이라고 하는데, 우리 지도자들의 문명사적 변화의 흐름을 이해하는 수준은 어느 정도일까? 우리가 직면하고 있는 여러 국가적 과제들과 위기적 상황을 잘 헤쳐 나가려면 사회 전반에 걸친 시스템 혁신과 더불어 이를 이끌어갈 지도자, 인재들이 요구된다. 그동안 5년 단위로 정부마다 각종 '개혁', '혁신'을 선언하고 여러 노력을 기울여왔지만, 결국 국가 발전은 '사람'에 달려있음과 이들의 가치관, 역량, 태도, 리더십이 중요함을 확인하였다. 특히 국가의 운영 생태계를 이끌어가는 정치인, 공무원, 산업 인재, 교육자, 군 인재의 역할이 매우 중요함을 인식하게 되었다.

급변하는 미래와 글로벌 환경을 조망하며 국가 발전의 큰 흐름을 만들어내고, 법과 제도를 세우며 정책을 추진해나가는 사람은 정부와 국회에 속한 정치인과 공무원들이다. 벤처·창업을 비롯해 국가 경제의 기반이 되는 산업 발전을 통해 국가 경쟁력과 부를 키우는 사람은 산업인재들이다. 그리고 인재들을 어려서부터 튼실하게 키우는 사람은 교육자들이다. 또한 대한민국의 모든 남성들이 군에서 장·단기간 쌓은 경험들은 국가 수호는 물론 전역 후 우리 국가 사회 발전에 큰 영향을 준다는 점에서 군 인재들도 중요하다. 그런데 정부나 사회는 그동안 이러한 핵심적인 인재들을 어떻게 양성할 것인지에 대해 진지한 관심을 가졌었는지 묻고 싶다. 이에 대한 논의 자체가 없었기도 하고, 있더라도 특정 분야의 인재에 대한 단기적이고 파편적인 정책들만 내놓았을 뿐이다.

그런데 현재 우리 핵심인재들의 모습은 어떠한가? 현재 정치인들은 국가의 미래와 국민의 삶의 질을 위한 철학과 전략을 모색하기 보다는, 사회적 갈등 현상을 정치적으로 이용하고 동원하여 정치화함으로써, 자신들의 권력 유지와 장악만을 위한 '정치 게임'에 몰두하고 있다는 평가를 받고 있다. 국민들은 종종 일부 정치인의 염치, 부끄러움, 품격이 없는 태도, 윤리의식, 언어 등에서 아연실색할 때가 많다. '룰(rule)'을 무시한 채 막무가내로 뛰어다니는 운동경기를 보는 것 같다.

2023년 7월 스트레이트뉴스가 국민의 신뢰와 불신에 대해 여론조사한 바에 의하면, 정치인에 대한 불신은 82.1%, 공무원은 63.5%, 기업인은 46.2%로 나타났다. 자라나는 세대들은 이러한 지도자들의 모습을 보고 성장하는데, 다음 세대는 어떻게 될까? 어떤 사회로 변해갈까?

우리 공무원들은 어떠한가? 오늘의 대한민국은 그동안 공직자들의 선도적인 헌신에 힘입어 짧은 기간에 눈부신 발전을 이룩하였지만, 현재의 공직 생태계는 여러 도전에 직면하고 있다. 과도한 정치 때문에, 공무원은 '영혼'을 가지기 어렵게 되었다고 한다. 공무원 자체는 대규모 공채, 기계적인 순환보직과 실질적인 계급제로 인해 전문성이 취약해져서, 아이디어는 외부 전문가에게 빌리고 정책 프로세스 관리에만 최적화되어 있다는 평가다. '너무 많은 일을, 애매한 실력으로, 대충대충 한다.'라는 혹평과 함께 '철밥통', '복지부동', 부처 이기주의, '갑질' 등으로 지탄받기도 한다.

우리의 산업인재 관련 상황은 어떠한가? 현재 우리나라 경제성장율은 매우 저조하고, 산업 경쟁력은 약화되고 있다. 그런데 AI, 로봇, 빅데이터 등 첨단 산업의 빠른 발전은 산업화 시대와는 차원이 다르게 산업구조와 일자리 환경을 계속 변화시키고 있다. 지금은 존재하지 않는 새로운 직업, 일들도 만들어가며, 미래 산업을 주도할 새로운 인재들이 필요하다. 산업화를 이끌어왔던 베이비붐 세대는 빠르게 퇴장하고 있다. 이제는 'MZ세대'라 불리는 청년 세대가 주요 인력으로 등장하고 있는데, 이들은 일하는 삶과 직장에 대한 관점이 이전 세대와는 매우 다르다. 그리고 현재 생산가능인구는 급감하는데, 일을 회피하는 청년인구는 늘어가고 있다.

요즈음 우리 교육자들의 모습과 그들의 삶은 어떠한가? 최근 들어 초·중등학교의 경우 학부모들의 과도한 민원 제기 및 교사 대상 신고와 소송으로 인해 교사들의 사기가 추락하고 있다. 동시에 학교 교육에 대한 사회적 신뢰가 저하되고 있다. 학령인구 감소와 교원 수 감축, 교권 침해, 교직의 인기 하락 등으로 교육대학 기피 현상은 매우 심각한 수준이라 한다. '교육은 교사의 질을 넘어설 수 없다.'는 격언이 있다. 교사의 질이 떨어지면 개인은 물론 사회 전체의 역량이 떨어진다. AI를 비롯한 디지털 혁신으로 학생들이 급변하는 시대에 자신감을 가지고 대응해 나갈 수 있도록 이끌어 주는 교육자의 역할이 더욱 중요해지고 있는 때다.

우리나라 군 인재 상황은 어떠할까? 군 인재는 북한의 위협으로부터 국가와 국민을 지키며, 전역 후에는 군 복무 중 쌓게 되는 특별한 훈련과 경험들로 국가 발전에 큰 영향을 줄 수 있다. 그런데 요즈음 군은 저출산과 복무 환경 때문에 병은 물론 초급 간부에 대한 충원이 심각하게 어려워지고 있다. 초급간부는 한국군 간부의 70%를 차지한다는 점에서. 군의 질적 수준의 하락을 심각히 걱정해야 한다. 현재 매년 20만 여 명의 장병이 군에 입대하고 있는데, 청년들의 인식조사에 의하면 국방의무에 대해 '기꺼이 응해야 한다'는 응답보다 '가능하면 피하고 싶다'는 응답이 훨씬 많아지고 있다고 한다. 군 복무가 개인의 성장 발전에 걸림돌이 될 것이라고 생각하는 것이다.

03. 백지에 그리는 국가 인재생태계

우리 사회는 이러한 5개 핵심분야의 지도자, 인재들이 길러지는 과정 또는 생태계에 대해 관심이 별로 없는 것 같다. 예를 들어, 우리 사회에는 가장 불신을 받고 있는 정치인 그룹에 대한 깊은 성찰이 없고, 언론도 건강하게 준비된 정치인을 갈망하기 보다는 오로지 '그들만의 정치 게임' 중계에만 열을 올리고 있다. 대학들도 사법고시를 비롯한 각종 고시에서의 합격자 규모에만 관심이 있었지, 이들을 참된 지도자로 키우는 일은 대학과 무관한 것으로 여겼다. 각 분야에 따라 바람직한 인재상을 이야기할 때도 있지만 추상적이며, 현장은 이와 별 관계없이 작동되고 있다.

오늘과 같이 급변하는 대전환기에 제대로 대응하지 못하고 우리 스스로 혼돈에 빠져있는 지금의 모습에서, 우리 모두는 심각한 위기감을 느끼며 크게 긴장해야 한다. 100여 년 전 구한말 상황과 당시 지도층의 모습을 되새겨봐야 할 때다. 그동안 압축성장을 해온 대한민국이 이제는 압축해체의 길에 들어서 있는지 모른다. 결국 이러한 문제는 사람이 풀어가야 할 일인데, 미래를 이끌어가야 하는 핵심인재들이 지금과 같은 방식으로 형성된다면 희망이 있을까?

예를 들어, 오랫동안 우리 사회에서는 대개 고시촌, 학원 등을 거쳐 사법고시, 행정고시 등 각종 시험에서 높은 점수를 받은 사람들이 결국 국가 및 사회 지도층이 되고, 정치인 또는 공무원으로 나라의 일을 이끌어왔다. 이들이 과연 미래를 책임질 수 있도록 제대로 준비된 사람들인가? 미국, 영국, 프랑스, 독일 등 선진국에서의 지도급 정치인과 공직자의 형성과정과 비교해보면 차이가 매우 크다. '한 시점'에서의 '시험 점수', '투표'로 바람직한 인재를 발굴해 낼 수 있을까? 절차와 과정은 공정할 수 있겠지만, 제대로 준비된 인재를 찾아낼 수 없다.

한 사람이 국가 및 사회 발전에 기여하기 위해 요구되는 것은 전문지식, 문제해결능력 뿐만 아니라 바른 인성, 도덕성, 가치관 등이다. 길게 보면 '능력'은 기본이고 '사람'이 더 중요함을 깨닫게 한다. 그런데 '사람'은 태어나서부터 형성이 된다. 사실 소통 능력, 마음, 습관, 사고력, 인성, 태도, 공감력, 가치관 등에 대한 기본 틀은 영유아 단계에서 형성된다. 유아교육에 대한 투자는 생애소득의 50%를 결정한다는 말이 있다. 그러므로 인재양성은 생애주기적 관점에서 바라봐야 한다.

물론 새 시대에 적합한 교육환경이 뒷받침해 줘야 한다. 미래에 어떤 상황을 만나도 당당하게, 자신 있게 대응해나갈 수 있는 튼실한 '기초 체력'을 갖추는 일이다. 특히 교과목 지식 중심에서, 교실에서 배운 내용을 사회 현장과 연계하며 체험 및 경험을 쌓으며 '미래의 자기주도적 학습역량'을 갖추어야 한다. 경계가 사라지는 빅블러 시대가 요구하는 융합적 역량과 협업 능력 그리고 AI 등의 디지털 기술과 빅데이터 활용 능력을 키워야 한다. 남들이 가보지 않은 길을 열어갈 수 있도록 준비하는 것이다.

이러한 인식에서 국가인재경영연구원은 지금이라도 반드시 긴 호흡으로 인재 생태계를 새롭게 형성해나가야 한다고 생각하였다. 2023년도 프로젝트는 바로 이러한 목표를 가지고 기획하였다. 다음 세대를 위해 국가 생태계에 미래 사회를 이끌어갈 '사람' 중심의 '인재경영 플랫폼'을 구축하는 것이다. 궁극적으로는 미래 대한민국을 튼실하게 이끌어갈 수 있는 5대 핵심인재를 전 생애주기에 걸쳐 만들어가는 길을 제시하는 일이다.

본 연구원은 생애주기적 인재양성의 틀을 국가 생태계 관점에서 보다 체계적으로 디자인하였다. 기본적으로 새 시대의 급변하는 사회환경과 이에 따른 노동시장 변화에 주목한다. 유·초·중·고, 대학, 군을 거쳐 사회로 진출하는 인재양성의 단계를 '생애 1차 교육 생태계'로 인식하고, 그 이후 인재활용 과정에서 이루어지는 재교육단계를 '평생교육 생태계'로 구분하여 인식한다. 그리고 생애 1차 교육 생태계는 정규교육과 더불어 대안교육, 대안학교를 수용하며, 평생교육 생태계는 대학과 대학원은 물론 자기주도학습, 기업 아카데미 등 대안적 고등교육기관을 포함한다. 이 내용은 '정책제언' 부분에서 <국가 인재경영 생태계 개념도>로 그려진다.

04. 국가 핵심인재는 어떻게 만들어져야 하는가?

이 책에서 우리는 바람직한 국가 인재 생태계를 구축하기 위해 두 가지 방향에서 접근한다. 어려서부터 전 생애 과정에 걸쳐 만들어가는 '핵심인재별 양성' 방안과 각 교육 단계의 역할을 제시하는 '생애 단계별 양성' 방안이다. 먼저 미래의 관점에서 정치, 공직, 산업, 교육, 국방이라는 5개 분야별로 바람직한 인재상을 세우고, 어려서부터의 성장 과정, 이를 이루어갈 수 있는 환경(제도, 시스템, 문화)을 제시한다. 그리고 이어서 핵심인재들을 체계적으로 양성하는 과정에 유·초·중·고, 대학, 군, 사회라는 단계에서는 각각 어떻게 이를 뒷받침해야 할 것인지에 대해 논의한다.

이 책의 전체 틀은 프롤로그, 정책제언, 제1부 5개 분야 핵심인재별 양성 방안과 토론문, 제2부 생애단계별 양성방안과 토론문, 제3부 세대 간의 대화, 에필로그로 구성된다.

정책제언

정책제언은 본 연구원 입장에서 제시하는 내용으로 <국가 5대 핵심인재 양성을 위한 20대 정책제언>과 이와 연계된 실행과제 38개를 담고 있다. 이 내용 중 일부는 1, 2, 3부의 필진들의 관점, 생각, 주장과 다를 수도 있다. 한 주제에 대해 다양한 관점과 생각들을 공유하는 것도 소중한 일이다. 여기에는 앞에서 소개한 "국가인재경영 생태계 개념도" 그림과 "5대 핵심인재 형성을 위한 생애단계별 주요과제" 테이블이 포함된다. 이 테이블은 각 핵심인재가 만들어지는 과정에서, 생애단계별로 요구되는 지식, 역량, 가치, 정신, 태도, 리더십 등에 대한 주요 요소와 활동 과제들을 제시한다.

제1부: 5대 핵심인재는 어려서부터 생애 단계를 거치며 어떻게 만들어져야 하는가?

제1부의 중요한 의미는 인재는 어려서부터 생애 단계를 거치며 형성이 된다는 점을 우리 사회가 인식하도록 하는 것이다. 5개 분야의 핵심인재가 생애단계를 거치며 건강하게 형성될 수 있는 과정에 대해, 우리 사회는 물론 모든

교육기관이 큰 관심을 가지고 책임감을 키우기를 기대한다. 각 핵심인재별 양성방안에서 주요 메시지 일부를 소개한다.

정치인이 제대로 만들어지기 위해서는 어려서부터 민주적 시민정치교육이 이루어지는 생태계를 만들어야 한다. 여기에서 정치인의 건강한 민주적 정치 리더십을 기대할 수 있다.

바람직한 공직자를 위해서는, 어려서부터의 성장과정을 통해 자율과 신뢰의 품성을 키우며 개인적 역량과 공직자의 자질을 함양시켜야 하고, 사회는 이들이 공정한 시스템에서 살아갈 수 있도록 해야 한다.

창조적인 미래 산업 인재를 위해서는 어려서부터 끊임없이 스스로 필요한 역량을 함양시킬 수 있는 메타 역량과 글로벌 차원에서 최고 수준의 경지에 오르려는 의지를 키워야 한다. 이를 '현대적 한국형 신 장인'이라 부른다.

우리가 기대하는 교육자를 확보하려면, 교육자를 사회 지도자로 존경하는 풍토를 조성해야 하며, 높은 사회·경제적 처우도 보장해야 한다. 이러한 환경에서 유능하고 소명의식을 가진 인재가 교육자의 꿈을 가지게 될 것이다.

우수한 군 인재를 확보하려면, 군 복무에 대한 자긍심을 느끼게 하며 전역 후에도 국가 발전에 기여토록 준비시키는 매력있는 군이 되어야 한다.

여기서 주목해야 할 점은 어떤 분야라도 자신이 하는 일에 대한 가치를 사회가 인정해주고 경제적 보상도 적정선에서 이루어져야 우수 인재를 만들어갈 수 있다는 것이다.

제2부: 유·초·중·고교, 대학, 군, 사회 각 단계는 5대 핵심인재 양성에 어떠한 기여를 해야 할 것인가?

제2부의 중요한 의미는 5대 핵심인재를 중심으로 각 교육기관들이 자신들이 세운 인재상에 따라 인재를 배출하기 위해서는 어떤 내용의 교육과 훈련을 어떻게 담아가야 하는지를 깨닫게 하는 것이다. 특히 교육현장에서 학습자들에

게 자신이 학습하고 있는 지식, 역량, 가치, 태도, 체험과 훈련 등이 미래에 어떤 의미와 가치가 있는지를 깨닫게 하는 계기가 될 것이다. 학습자들은 자주 '지금 배우는 것이 앞으로 어디에 써먹을 수 있나요?'라는 질문을 한다. 생애단계별 양성방안에서 주요 역할 일부를 소개한다.

유·초·중·고교 단계는 학생 개인 맞춤형 교육환경으로 전환하고, 운동, 연극, 웅변, 자원봉사, 탐구 및 집단 토론 등 다양한 체험 기회를 통해, 민주 시민, 공공성, 협업 등에 대한 역량과 태도, 가치관을 키워나감으로서 미래 핵심인재들을 형성시킬 수 있다.

대학 단계에서의 핵심인재 양성은 직무 수행 관련 기본 지식의 함양과 함께 사회 및 현장의 현안에 대한 이해 및 문제해결 역량을 기르는 학습 경험이 중요한데, 관련 사회기관과 협업을 강화해야 한다. 이 과정에서 바른 판단력, 공적 책임감, 개방적이고 유연한 태도, 투철한 국가관과 애민정신이 함양되도록 설계해야 한다.

군은 교육. 훈련 및 병영문화가 사회 현장과 긴밀하게 연계되도록 하며, 개인별 진로 관련 역량은 물론 민주시민과 협업적 공동체 역량 등을 키우는 '국가인재양성센터'로 대전환해야 한다.

일과 직업 등 모든 것이 급변하는 대전환시대에는 모든 교육시스템을 평생교육의 틀에서 이해하여야 한다. 갈수록 AI 기술 등의 급격한 발전으로 일자리, 일하는 방식과 환경이 빠르게 변화되므로 맞춤형 업스킬링, 리스킬링 등을 통해 지속적 혁신 역량을 키워야 한다. 모든 국민이 인생 자체를 '학습장'으로 삼는 '학습 주도 성장 국가'로 만드는 일이다.

제3부: 세대 간의 대화 - 5개 분야 미래 핵심인재를 만드는 길

여기에서는 정치, 공직, 산업, 교육, 국방 분야에서 오랫동안 리더십을 가지고 큰 역할을 해오신 분들의 생각과 각 분야의 미래를 이끌어갈 30~40대 젊은 세대의 생각을 모아, 세대 간의 대화로 비교 정리한다. 미래 시대에 요구되는 인재상, 이러한 인재를 형성해 나갈 수 있는 사회적 시스템과 환경, 그리고 유·초·중·고, 대학, 군, 사회라는 생애 주기적인 단계에서 요구되는 교육과 훈련의 과정에 대한 다양하고 신선한 아이디어가 제시된다.

05. G3 대한민국을 향하여

국가인재경영연구원은 2018년 '대한민국의 꿈은 무엇인가?'라는 질문을 던지며 출발했다. 글로벌 대전환시대, 끊임없이 다가오는 위기를 극복해나가야 하는 시대인데, 결국 '사람'이 대한민국의 미래라고 생각했다. 그리고 '어떠한 인재를 양성하고, 이들이 어떠한 역할 분담과 협업을 통해, 미래를 대응하도록 할 것인가?'라는 질문에 초점을 모았다. 본 연구원이 'G3를 향한 대한민국 인재혁명'을 비전으로 세운 이유다. 이를 위해 우리는 인재 양성 및 활용에 관련된 당사자들이 함께 모이도록 하여, 국가 통합적 관점에서 '인재경영'을 이루어가고자 한다.

본 연구원은 우리의 비전을 달성하기 위해 '인재육성과 일자리 창출을 통한 국가 경쟁력 강화'라는 기본전략을 세우고, 이에 대한 토대를 쌓기 위해 책을 출간해 왔다. 2021년에 『대전환 시대 국가인재경영』, 『백지에 그리는 일자리』, 2023년에 『백지에 그리는 국가 운영체계』를 출간하였다. 이번에 『백지에 그리는 국가인재생태계 2035』를 출간함으로서 토대 쌓기가 마무리가 된다.

오늘 우리 대한민국이 국내외적으로 직면하는 여러 위기적 환경 속에서, 나라를 튼실하게 세워가려면, 우리 스스로 국가의 힘과 역량을 키워나가야 한다. 우리 자체가 모든 영역에서 건강한 경쟁력을 키워야 하며, 더 나아가 지구촌의 미래 방향을 이끌어가는 글로벌 리더십을 키워야 한다. 우리가 스스로 G3 국가로 큰 꿈을 키우며 세계와 시대를 선도하도록 도약하는 일이다. 이를 위해서는 국가 운영 생태계의 혁신과 함께 국민 개개인의 생산성을 끌어올려야 한다. 이제는 국가 경쟁력은 '국가 인재 역량의 총화'로 결정짓게 되는 것임을 인식해야 한다. GDP 규모는 그 결과로 나타난다. 우선 국가의 운영생태계를 이끌어가야 하는 정치인, 공무원, 산업인재, 교육자, 군 인재의 역량과 생산성을 글로벌 수준에서 크게 높여야만 한다.

이 책은 이러한 인식에서 출발하였다. 인재들의 생산성은 역량 뿐만 아니라 가치관, 공감력, 태도 등의 덕목에서 나오며, 이는 어려서부터 생애 단계를 거치며 형성이 된다는 점을 주목하였다. 그래서 5개 분야의 핵심인재별로 생애 단계를 거치며 건강하게 형성될 수 있는 과정을 제시하고자 한 것이다. 이러한 저술 취지에 공감하며 여러분들이 분주하신 가운데 많은 시간과 열정을 투입하시며 고견을 담아 원고를 마련해주셨다. 특히 제1부, 제2부를 맡아주신 8분의 저자와 14분의 토론자, 그리고 제3부 세대 간의 대화에 서면인터뷰로 참여해주신 기성세대에 속한 5분과 젊은 세대에 속한 6분께 진심으로 감사드린다. 제1부, 제2부의 내용을 준비하는 과정에 2회의 정책세미나를 가졌으며, 여기에서 진행되었던 열띤 토론 내용은 필진과 토론자의 원고에 담겨져 있다.

그동안 이 책이 나오기까지 총괄을 맡아주신 김성열 교수와 기획위원으로 방향을 잡아주신 본 연구원 안종태 교수(대외협력위원장), 곽노성 교수, 노정란 교수, 서원석 교수 그리고 혜안과 지원을 아끼지 않으시며 에필로그를 준비해주신 이근면 초대 인사혁신처장(자문위원장)께 감사드린다. 또한 기획 단계부터 기꺼이 자문해 주신 김혜숙 교수(연세대 명예특임교수)께도 감사의 마음을 전한다. 그리고 그동안 이 프로젝트 전체를 잘 이끌어주신 김택동 사무총장과 많은 수고를 해주신 한정선 수석연구원, 권세영 연구원께 감사드린다.

"아이 하나 잘 키우려면 온 마을이 나서야 한다"라는 말이 있다. 이 책의 중심 내용인 '5개 분야의 핵심인재가 만들어지는 과정'을 위해 우리 사회 전체가 큰 책임감을 가지고 나서야 한다. 특히 공교육을 담당하고 있는 교육기관들은 배출하는 인재들이 사회에서 보여주는 역량, 품격, 인성, 공감력, 리더십 등에 대해 무한 책임감을 가져야 한다. 예를 들어, 대학의 경우 '고시 합격자 수'를 계산하는 수준에 머문다면 이는 무책임한 모습이다.

이제는 5개 분야의 핵심인재, 지도자를 키우는 일은 개별 국가의 과제가 아니라, 지구촌 공동체 전체의 과제로 인식해야 한다. 또한 이러한 인재들이 전 생애주기에 걸쳐 만들어지는 길을 찾아 제시하며, 이들을 바르게 양성하는 일은 다음 세대의 생존을 위한 중대 과제임을 깨달아야 한다.

여기에서 주목해야 할 점은 이 과정에서 학생들이 어려서부터 자신이 학습하고 있는 지식, 역량, 가치, 태도, 체험과 훈련 등이 미래에 어떤 의미와 가치가 있는지를 깨닫게 한다는 것이다. 이는 학생들에게 명확한 동기를 부여하며, 미래의 꿈을 키우도록 할 것이다. 또한 중요한 것은 교육기관과 교육자들이 자신들이 배출한 인재들이 어떻게 미래 지구촌과 국가, 국민에게 기여토록 할 것인지에 대해 큰 책임감을 느끼고 고민하는 일이다.

국가인재경영연구원은 미래 다음 세대를 생각하며, 'G3 대한민국'이라는 꿈을 가지고, 지속가능하고 모두가 행복한 미래 세계를 만들어가는 '민간 싱크탱크'가 되고자 한다. '4차산업혁명에 대비한 인재개발', '전 국민 인생 다모작 생태계 조성', '공공행정 인재 거버넌스 혁신', '인재개발 인프라 구축', '국내외 휴먼네트워크 구축'이라는 5개 필라를 중심으로 활동할 것이다.

이러한 움직임은 그동안 국가 경영에 있어 '지속성을 가진 미래 전략'이 보이지 않아 걱정하는 모든 국민의 간절한 기대이며 요구일 것이다. 정직함, 사명감, 따뜻한 마음, 혜안과 용기를 지닌 리더, 지도자들이 모여 새롭고 대담한 운동을 함께 펼쳐나가게 되기를 기대한다.

정책제언

국가 5대 핵심인재 양성을 위한 20대 정책제언

국가인재경영연구원

국가인재경영연구원은 최근 몇 년 동안 우리 모두 지금까지 경험해보지 못한 대전환의 시대를 맞아 다시 시작하는 마음으로, 지속 가능하고, 건강한 국가 생태계와 경쟁력을 만들어가야 한다는 생각으로 정책 제언을 위한 노력을 꾸준하게 경주해 왔다. 2021년 7월에 발간한 『대전환 시대 국가인재경영』을 통하여, 국가 통합적 관점의 인재 경영시스템의 필요성과 국가경쟁력 제고를 위한 인재 개발에 대한 범국가적 전략과 투자 및 정책안을 제시하였다. 2021년 11월에 『백지에 그리는 일자리』를 발간하여 미래 고용시장 변화에 대응한 대한민국의 일자리 창출을 위한 주요 정책에 대하여 제시한 바 있다. 2023년 1월에 발간한 『백지에 그리는 국가 운영체계』에서는 정부와 공공기관,

국회(정치), 중앙정부와 지방정부, 사람 (공직자) 등 핵심 분야를 종합적으로 분석하고 국정운영 전반의 대전환을 위한 실천 방안들을 제시하였다.

국가인재경영연구원은 이러한 노력의 연장선에서 이번에 『백지에 그리는 국가인재생태계 2035』를 발간한다. 칼 포퍼(K. Popper)가 민주주의란 제도는 요새와 같아서 잘 짜여지기도 하지만, 인원이 적절하게 배치되어야만 성공한다고 하였다. 이 책도 같은 전제에서 구상되었다. 즉, 갈수록 치열해지는 글로벌 경쟁 환경에서 한 국가의 지속 가능한 발전은 시스템을 재구조화하는 것도 필요로 하지만, 그 시스템에서 살아 숨 쉬면서 그것을 운영하며 혁신을 선도하는 인재들이 적절한 교육과 훈련을 통하여 길러져 나와야 한다는 것이다. 이는 국민 개개인의 역량을 시대가 요구하는 방향에서 최대로 계발하여, 국가 전체의 역량을 확대하는 일이다. 특히 급변하는 4차산업혁명, 디지털혁신 시대에 국가 발전을 이끌어가야 하는 정치, 공공, 산업, 교육, 군이라는 5대 분야 핵심 인재는 어려서부터 생애단계들을 거치며 어떻게 형성되어져야 하는지를 이해하고, 이러한 형성과정이 실질적으로 현장에서 실현되게 만드는 정책을 찾는 일은 매우 중요하다. 현재 국가를 이끄는 위치에 있는 정치인, 공무원, 산업, 교육, 군 인재들의 역할과 모습들을 볼 때, 시급한 과제이다. 국가 인재 생태계를 '백지에서' 전면적으로 개혁하는 일이며, 교육의 혁명적 변화가 필요하다. 기업에서 일하는 인재들은 우리 경제와 산업의 경쟁력을 유지하는 핵심 자원이다. 정치인, 공무원, 교육, 군 인재는 나라를 지탱하는 중추 집단으로서 경제적으로는 중산층, 이념적인 중도 집단, 그리고 시민성과 인류애를 가진 지식인 집단이다.

이 장에서는 국가인재경영연구원이 이 책의 집필에 참여한 전문가들의 의견을 바탕으로 먼저, 정치 분야, 공공 분야, 산업 분야, 교육 분야, 국방 분야 등 국가 5대 핵심 분야 별로 '바람직한 인재' 양성을 위한 몇 가지 주요 정책을 제안하고자 한다. 다음으로, 5대 분야 핵심 인재가 성장하는 과정에서 거치는 교육단계별로 교육이 혁신되어야 하는 방안에 대해서도 제안하고자 한다. 여기에서 미래 글로벌 환경에서 일-학습-삶의 조화를 이루며 보람 있고 행복한 일상을 이어가는 이들의 삶에도 주목한다.

■■ 국가 인재경영 생태계 개념도

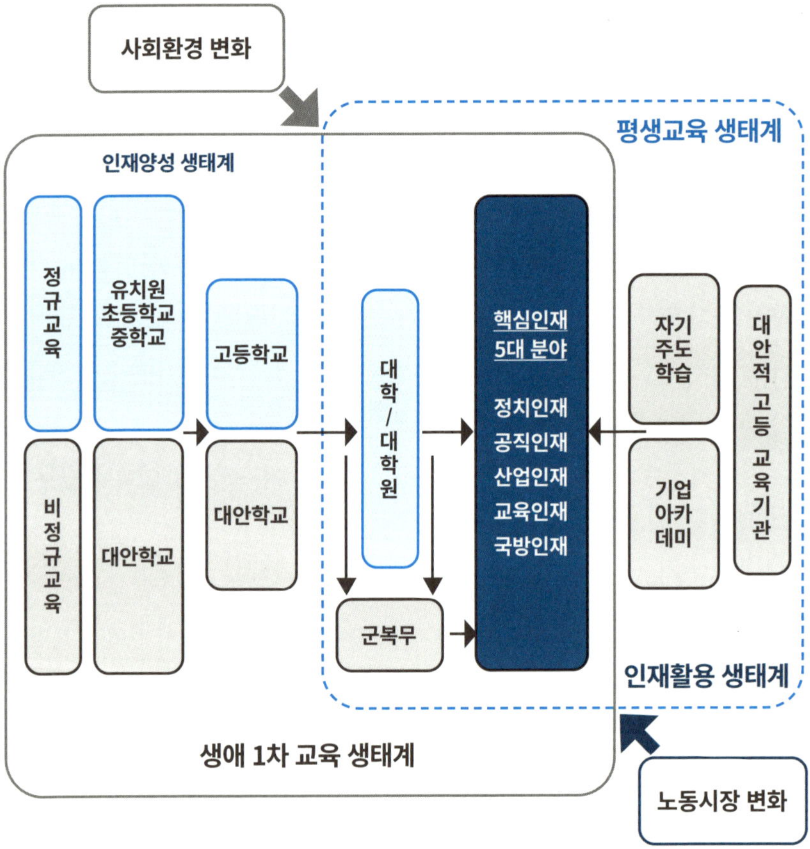

01. 인재 양성 생태계 혁신을 위한 정책 제언: 5대 핵심인재

여기에서는 5개 분야의 핵심인재 관련하여, 다음의 질문에 대한 답을 찾고자 하였다. "각 핵심인재는 어려서부터 생애 단계를 거치며 어떻게 만들어져야 하는가?"

5대 인재

정책 제언 1 | **5개 분야의 핵심인재가 생애 단계를 거치며 건강하게 형성될 수 있는 모델들을 우리 사회가 제시하자.**

실행 과제

국가는 유·초·중·고-대학-군 복무-평생 교육을 '전 생애 학제'로 인식하고, 다양한 '정규' 교육과정을 디자인해 나가야 한다.

인재는 어려서부터 생애 단계를 거치며 형성이 된다는 점을 주목해야 한다. 그런데 지금까지 인재를 양성하는 유·초·중·고교육, 대학교육, 군 복무, 평생교육 각 단계가 분절적으로 이루어져왔다. 그러므로 바람직한 핵심인재들을 확보하려면 어려서부터 양성되는 과정을 연계해나갈 수 있는 핵심인재별 목표지향적인 양성 모델들을 제시할 수 있어야 한다.

실행과제. 국가는 유·초·중·고-대학-군 복무-평생 교육을 '전 생애 학제'로 인식하고, 다양한 '정규' 교육과정을 디자인해나가야 한다.

우리 사회는 유·초·중·고-대학-군 복무-평생 교육을 하나의 통합된 교육과정으로 생각해야 한다. 인재는 영유아 단계부터 소통 능력, 마음, 습관, 사고력, 인성, 태도, 가치관 등이 형성되며, 성장단계마다 연계되어 사회인에 이르기 때문이다. 이제는 고3을 졸업하는 대학적령기 학생만이 대학생이 된다는 기존 관념에서 벗어나, 앞으로는 전 생애에 걸쳐 다양한 사람들이 지속적으로 다양한 형태의 '대학'에 들어올 것이다. 급변하는 산업구조에 따른 전직자, 경력 단절 여성, 인생 다모작 및 다직업 희망자 등 모든 국민이 AI 기술을 공통 기초로 삼고 제2, 3의 새로운 기술(skills)과 전문적 식견을 위한 '전공 교육'을 받아야 할 것이다. 지금의 대학생들은 졸업 후 평생 진로를 8~10번 변경할 것이라고 한다. 평생 하나의 진로를 목표로 했던 직선형에서, 다양한 방식으로 다양한 진로를 찾아가야 하는 곡선형 진로 시스템으로 변화하는 것이다. 모든 사람이 평생 학생이 될 수 있는 사회로, 영유아부터 시작되는 정규, 대안 등 다양한 교육기관의 기능과 역할 및 상호작용에 대한 철학과 정책을 재정립해야 한다.

정치 인재

정책 제언 2 | 국가는 어려서부터 전 생애에 걸쳐 실효성 있는 시민 정치교육을 실시하자.

실행 과제

1) 시민정치교육은 학생들이 능동적으로 교육내용을 구성하는 동태적 참여 모형을 개발하여 시행해야 한다.
2) 시민정치교육은 생애 주기별 교육 모듈을 개발하여 수행하여야 한다.

한국 정치가 총체적 위기에서 벗어나기 위해서는 먼저 국민이 시민적 덕목(virtue)을 갖추게 하는 실효성이 있는 시민정치교육이 절실하다. 시민정치교육은 자유와 책임, 다양성과 상호 존중, 개인의 자율성과 기회의 평등, 관용과 동의, 법치주의 등 자유민주적 덕목을 배양하고 실천할 수 있는 시민을 양성하는 것이어야 한다. 이는 유.초·중·고 교육, 대학 교육, 군 복무, 평생 교육의 과정에서 함양되는 일이어야 한다.

실행과제 1) 시민정치교육은 학생들이 능동적으로 교육내용을 구성하는 동태적 참여 모형을 개발하여 시행해야 한다.

모든 국민은 잠재적 정치인이자 민주정치의 주체다. 새로운 시민정치교육은 동태적 참여 모형으로서 학생들에게 능동적으로 교육 내용을 교원과 함께 구성할 기회를 제공함으로써 주체적인 민주시민으로서의 소양을 함양할 수 있게 한다. 시민정치교육은 공동체인 교실에서 학생과 교원이 함께 시민의 덕목을 토론하고, 교내외 환경에서 체험하는 참여 학습을 지향한다. 시민정치교육의 동태적 모형은 교육 내용을 구속하지 않고 가르칠 틀, 학습 지도에 대한 대강의 안내 지침이다. 교원과 학생은 이 틀 내에서 자율적으로 교과 내용을 구성하고 적절한 교수 방법을 택할 수 있어야 한다.

실행과제 2) 시민정치교육은 생애 주기별 교육 모듈을 개발하여 수행하여야 한다.

시민정치교육은 유·초등, 중등, 고등, 군대, 평생이라는 생애 주기로 구분하여 체계화시켜야 하며, 기본 모형을 기반으로 단계별 상황에 적용될 수 있는 모듈을 개발하여야 한다. 모든 사람은 정치사회화를 통해 평생을 학습하므로, 시민정치교육은 생애 주기별로 조정·실행될 필요가 있는 것이다. 더구나 투표 연령이 18세로, 정당 활동이 16세로 낮춰짐으로써 더욱 그러하다. 생애 주기별 시민정치교육은 체계적으로 효과적으로 수행되어야 한다.

정치 인재

정책 제언 3 | 국가는 국민 대상의 시민정치교육을 총괄하는 정치 중립적인 법적 전담기구를 설치하자.

실행 과제

1) 국가는 시민정치교육 전반을 개발·관장하는 상설 전문기관으로 '시민정치교육위원회'를 설치하여야 한다.
2) 국가는 시민정치교육을 전문적으로 전담하는 '시민정치교육원'을 '시민정치교육위원회'산하에 설치하여야 한다.

시민정치교육은 학생과 일반을 대상으로 하며, 보편적인 민주교육의 성격을 지향하는 것으로 정치 중립적 교육이다. 교육 방법도 참여적 동태적 교수법을 도입해 기존 교육으로부터 근본적 전환을 모색해야 한다. 이를 위하여 정치적 중립적인 법적 기구로서의 시민정치교육위원회(가칭)와 시민정치교육원(가칭)을 설치해야 한다.

실행과제 1) 국가는 시민정치교육 전반을 개발·관장하는 상설 전문기관으로 '시민정치교육위원회'를 설치하여야 한다.

이 기관은 교육부와는 협력하지만, 법적 지위를 가지고 정치적·재정적 독립성이 보장되는 기관으로서 학교와 사회에서의 시민정치교육을 조정·관리한다. 이 기관은 한마디로 시민정치교육의 거버넌스를 총괄할 사령탑이어야 한다.

실행과제 2) 국가는 시민정치교육을 전문적으로 전담하는 '시민정치교육원'을 '시민정치교육위원회'산하에 설치하여야 한다.

이 기관은 전 국민을 대상으로 시민정치교육을 수행하기 위한 정책개발과 집행, 연구 및 교육을 담당하는 평생교육기관이어야 한다. 예를 들어, 학생을 대상으로 해서는 일정 기간의 연수(캠프) 프로그램으로 운영한다. 중앙 및 광역 지방자치단별로 지부를 설치하고, 교육청과도 협력관계를 구축도 하며, 관련 전문가들의 연구와 교육 그리고 전국적인 교육 프로그램 연결망을 관리하도록 한다.

공직 인재

정책제언 4 | 정부는 우수 인재를 선발하고, 시대가 요구하는 공직자로서 갖춰야 할 핵심역량을 함양할 수 있도록 다양하고 충실한 교육훈련 생태계를 구축하자.

실행 과제

1) 국가는 공직자가 갖추어야 할 핵심역량이 전 생애 단계를 거치며 함양되도록 하여야한다.
2) 정부는 공무원 인재개발원이 공공영역과 민간영역을 긴밀히 연계하는 기관이 되도록 그 역할과 교육 훈련의 양적, 질적 수준을 크게 높여야 한다.

한국 사회는 그동안 공직자들의 선도적인 헌신으로 눈부신 발전을 짧은 기간에 이룩하였지만, 현재는 정책 지성과 공직 생태계의 취약 등 해결해야 할 여러 도전에 직면하고 있다. 그 중 대표적인 것이 혁신 역량의 퇴조, 사회 갈등 증폭과 포용역량 약화, 불공정한 사회 시스템의 잔존과 득세 등이다. 앞으로 공무원과 공직 생태계가 새 시대가 요구하는 역량 및 태도와 가치를 기반으로 크게 변화해야 한다.

실행과제 1) 국가는 공직자가 갖추어야 할 핵심역량이 전 생애 단계를 거치며 함양되도록 하여야 한다.

미래 공무원에게 요구되는 문해, 수리, 컴퓨터 활용력이라는 기초역량, 탐구, 창의, 모험, 문제해결이라는 혁신역량, 인지, 공감, 소통, 협업, 융합이라는 포용역량은 어려서부터 함양되어야 한다. 공직자는 시대정신을 읽고 가파른 변화의 흐름을 지구촌 관점에서 내다볼 수 있는 혜안, 실사구시로 환경과 기술의 변화에 즉각 대처하는 정책 기획과 분석, 집행 역량 등을 끊임없는 학습으로 향상시켜야 한다.

실행과제 2) 정부는 공무원 인재개발원이 공공영역과 민간영역을 긴밀히 연계하는 기관이 되도록 그 역할과 교육 훈련의 양적, 질적 수준을 크게 높여야 한다.

공무원 인재개발원은 기본적으로 실무 수습, 인턴십 기간을 충분히 늘려, 미래와 현장에 실질적으로 부응하도록 이론학습과 체험학습을 다양한 방식으로 충실하게 하여 글로벌 수준의 공직자로서의 역량을 함양시켜야 한다. 나아가 어려서부터 '예비 공직자' 양성을 위해 생애단계별로 각급 교육기관과 기획 협업하고, 공직자의 직무능력을 사회에서의 능력으로 연계시키며, 퇴직 후에도 자신감과 꿈을 가지고 사회에 진출할 수 있는 역량을 키우는 프로그램들을 민간영역과 함께 개발, 시행하는 기관으로 전환해야 한다. 퇴직 후 평생 동안의 진로와 삶도 지도하고 지원할 수 있어야 한다.

공직 인재

정책 제언 5 | 국가는 공무원이 시대를 선도하도록 유연하고 생산적인 공직 생태계를 조성하자.

실행 과제

1) 정부는 다양성을 넓히고 생산성을 높일수 있게 공직 인사 업무의 각 부처 위임을 대폭 확대하고, 직무 중심의 개방적 인사제도로 전환해야 한다.
2) 정부는 자유와 기회를 확대하고 기여와 보상이 부합해 신이 나서 일할 수 있는 공직 생태계를 조성해야 한다.

미래의 공직 생태계는 유연하고 생산적이어야 한다. 정치적 중립성을 확보하고,

전문성을 갖춘 가운데, 유인과 책무를 확립해 공직자가 자율적이고 안정적으로 국리민복의 증진에 전념하여야 한다. 나아가 공직자는 시대정신을 읽고 가파른 변화의 흐름을 지구촌 관점에서 내다보며 선제 대응해야 한다. 이를 위해서는 유연하고 생산적인 근무 환경과 전 생애적 지원 환경이 조성되어야 한다.

실행과제 1) 정부는 다양성을 넓히고 생산성을 높일 수 있게 공직 인사 업무의 각 부처 위임을 대폭 확대하고, 직무 중심의 개방적 인사제도로 전환해야 한다.

미래에는 각 부처별 업무 특성에 적합한 전문성을 가진 다양한 스펙트럼의 공직자가 요구된다. 이제는 대규모 인력을 일률적으로 채용해 각 부처로 배치하는 일은 멈춰야 한다. 현재 중앙에 통합되어 있는 인사시스템을 각 부처로 이관하여, 자율성과 독립성을 가지고 각 부처별로 채용단위를 세분화하여 필요에 따라 수시로 가장 적합한 맞춤형 인재를 찾아야 한다. 지금의 순환보직제 대신에 자신의 직무에 오래 근무하면서 전문성을 쌓는 직무 중심의 인사제도로 전환하고 국내외 민간기관과의 교류를 확대하여 생산성을 높여야 한다.

실행과제 2) 정부는 자유와 기회를 확대하고 기여와 보상이 부합해 신이나서 일 할 수 있는 공직 생태계를 조성해야 한다.

정책 실명제를 확대해 자긍심과 책임감을 심어주고, 노력과 성과 중심으로 승진과 보상이 이루어져야 한다. 기관장이나 부서장이 소신껏 일하고 그 결과에 책임을 지는 시스템을 구축해야 한다. 조직과 정원, 정책과 예산에 관한 권한도 거시적인 원격 제어로 전환하고, 보수체계도 직무 특성과 성과에 따라 차별화, 다양화해야 한다. '채용'과 '퇴직'을 동등하게 중시하고, 공직 기간과 퇴직 후 평생 동안에 필요한 교육, 훈련 및 지원 체제를 강화해 자긍심을 복돋아야 한다. 공직에 대한 사회적 선호도를 높여 우수 인재들을 끌어들여야 한다.

산업 인재

정책 제언 6 | 국가는 메타역량을 가진 장인적 핵심선도인재의 육성을 위한 생애단계별 성장 여건을 조성하자.

실행 과제

1) 각급학교, 군, 평생교육기관은 항상 현장과 연계하며, 실무역량과 깊은 숙련을 고도화하는 맥락 중심의 교육을 크게 강화해야 한다.
2) 각종 교육기관과 사회 현장에서는 AI와 건강한 공존을 대비하도록 구성원에게 일에 대한 의미, 가치를 높이는 태도를 갖게 해야 한다.

제4차산업혁명시대에 걸맞은 창조적인 미래 산업 인재는 끊임없이 스스로 필요한 역량을 함양시킬 수 있는 메타 역량을 가져야 한다. 이를'현대적 한국형 신장인'이라 부를 수 있다. 자신의 분야와 위치에서 글로벌 차원에서 최고 수준의 역량을 발휘하는 경지에 오르려는 핵심선도인재로서의 의지를 갖고, 자발적으로 배움에의 길을 걸으며 다른 사람과 더불어 일하며 성장하는 인재이다. 이는 급변하는 미래 상황에 대응하기 위한 성장에의 의지와 지독한 학습, 주체적이고 창조적으로 일하기, 배움의 확장과 공유, 정상 경험과 자기 갱신의 삶 등으로 나타나는데, 이를 위한 학교와 일터, 그리고 사회 여건의 혁명적 변화가 요구된다.

실행과제 1) 각급학교, 군, 평생교육기관은 항상 현장과 연계하며, 실무역량과 깊은 숙련을 고도화하는 맥락 중심의 교육을 크게 강화해야 한다.

초·중등학교에서는 학생이 개인 맞춤형으로 호기심을 가지고 스스로 탐구하며 깊이 파고들어 가고 싶은 주제, 문제 또는 프로젝트 중심 학습과 훈련으로 개편해야 한다. 진로 교육에서는 기본적으로 급변하는 경제·사회·과학기술 환경 변화에 따라 다양한 경로로 진출해야 하는 곡선형 진로 구성 능력을 키울 수 있어야 한다. 특성화고, 대학 및 군에서의 직업교육은 단편적 기능 숙달 방식의 직업훈련이 아니라, 국내 및 글로벌 현장과 연계하며 실무역량과 깊은 숙련의 경험을 하고, 다양한 분야를 넘나들며 융합적 사고로 이를 재맥락화할 수 있는 역량을 길러야 한다. 이는 적응력, 자기 주도성, 리더십, 기업가 정신 등을 포함하는 메타역량을 키우며 장인성을 갖추게 하여 빌블러시대의 혁신 생태계를 이끄는 핵심인재로 성장하게 할 것이다.

실행과제 2) 각종 교육기관과 사회 현장에서는 AI와 건강한 공존을 대비하도록 구성원에게 일에 대한 의미, 가치를 높이는 태도를 갖게 해야 한다.

인간이 미래에 AI 기술, 로봇과 공존하면서 '인간다움'을 지키며 인간 중심의 삶을 지켜가려면 일의 의미와 가치, 윤리에 대해 깊이 성찰할 수 있어야 한다. 기본적으로 인문학과 기초과학의 깊은 이해가 필요하다. 초·중·고교에서는 학생이 각 교과별로 직업, 노동 관련 내용의 의미와 가치를 재검토할 수 있는 프로젝트 진행을 강화해야 한다. 사회의 일터에서는 직무 또는 직군별로 경력 단계에 맞도록 일의 의미와 가치를 성찰하며, 장인성을 형성하는 맞춤형 교육 프로그램을 실시해야 한다.

산업 인재

정책 제언 7 | 정부와 산업체는 일터와 사회에 장인을 크게 인정하고 존경하며 보상하는 제도와 문화를 조성해야 한다.

실행 과제

1) 국가는 장기 전략적 안목을 가지고 성장동력의 핵심인 과학기술 인재의 양성 및 활용 생태계 로드맵을 시급히 재설계해야 한다.
2) 국가는 사회 전반적으로 모든 구성원이 글로벌 환경에서 일-학습-삶의 조화를 이루는 일상의 체제를 구축해야 한다.

기업의 인사제도와 보상체계가 장인답게 일하는 사람을 충분히 인정하는 방향으로 재편되어야 한다. 미래에 대한 통찰력과 많은 기술과 경험을 보유한 고숙련 인재들이, 사내 강사, 멘토 등으로 젊은 세대들에게 기술과 노하우를 전수하는 제도 도입 등 계속 사회에 기여할 수 있는 제도를 도입해야 한다. 국가 및 기업의 장인 인정 제도를 첨단지식과 서비스 산업, 전문직 등 모든 산업 분야에서 크게 확대하며, 이들을 존경하며 충분히 보상하는 사회 풍토를 대대적으로 조성해야 한다.

실행과제 1) 국가는 장기 전략적 안목을 가지고 성장동력의 핵심인 과학기술 인재의 양성 및 활용 생태계 로드맵을 시급히 재설계해야 한다.

과학기술은 국가 성장의 핵심이며 우리나라는 물론 지구촌의 미래가 달려있다. 이는 결국 과학기술 인재 양성에 달려있다. 특히 기술의 발전 속도가 가속화되는 첨단 기술 경쟁에서 주도권을 잡으려면 혁신 생태계를 이끄는 핵심 인재들을 확보해야 한다. 그러나 그동안 우리 사회는 저출산 상황과 우수한 인재들의 의대 쏠림으로 기초과학을 비롯한 과학기술 분야에 우수 인재 공공화 현상에 대한 염려가 커져왔다. 그런데 현재와 같은 갑작스런 R&D 예산의 삭감과 의대정원 2,000명 증원과 같은 상황은 더욱 우려를 키우고 있다. 지금과 같이 5년 단위 정부마다 바뀌는 과학기술 인재 양성 정책으로는 우수 인재들이 오지 않을 것이므로, 우리 산업의 글로벌 경쟁력을 키울 수 없다. 국가는 급변하는 대전환의 시대의 미래를 대비하는 전략적 사고를 하며, 장기적 로드맵을 가지고 어려서부터 우수한 인재들이 과학기술 분야를 선호하도록, 의대를 갈 필요가 없는 파격적인 인센티브와 사회보상시스템을 제시해야 한다. 더 나아가 우수한 인재를 해외에 빼앗기지 않고, 또한 우수한 외국인들이 오고 싶어하는, 예를 들어 싱가폴을 넘어서는 완벽한 인프라와 지원시스템을 만들어내야 한다.

실행과제 2) 국가는 사회 전반적으로 모든 구성원이 글로벌 환경에서 일-학습-삶의 조화를 이루는 일상의 체제를 구축해야 한다.

청년, 여성, 중장년, 노인, 취약계층, 지방 인재 등 모두가 조화롭게 일에서 행복을 누리며 삶을 살아갈 수 있는 체제 구축을 서둘러야 한다. 일하는 삶을 포기하지 않고 자신의 일에서 성장하고자 하는 욕구를 충족시킬 수 있어야 한다. 기업과 국가는 기존의 획일적이고 경직된 운영체계 대신, 생애의 필요에 따라 일의 속도와 리듬을 조율하며, 경력단절 없이 지속적으로 일을 할 수 있도록 법·제도적으로 보장해줘야 한다. 사회 전반적으로 코딩교육이나 디지털 직무훈련 프로그램을 확산하고, 이를 기반으로 자신의 관심 분야와 주제 관련 같은 문제를 가진 전 세계인들과 교류할 수 있는 초연결 학습공동체 체제를 구축하여야 한다. 모두가 평생에 걸쳐 디지털 초연결사회의 블로그, SNS, 유튜브와 같은 전 세계로 연결된 배움의 링크를 통해 끊임없이 지식과 경험을 공유하며 폭넓게 배우는 기회를 갖게 하며, 제도적으로 이러한 이력을 관리해 주어야 한다.

교육 인재

정책 제언 8 | 국가는 학생들이 어려서부터 교육자가 되고자 하는 꿈을 키울 수 있는 환경을 만들어 주자.

실행 과제

1) 교육부와 교육청은 미래 교사가 되고자 하는 초·중·고교 학생들을 위한 각종 체험 기회를 마련해 주어야 한다.
2) 국가와 국민은 교육자를 존경하는 풍토를 조성하고, 높은 사회·경제적 처우를 보장해야 한다.

우리 사회가 기대하는 소명의식을 가진 훌륭한 교육자를 육성하기 위해서는 유능한 미래 교육자 확보가 전제조건이다. 훌륭한 인재가 어려서부터 교육자가 되고자 하는 꿈을 가지도록 하는 일이다. 다른 분야와 달리 초·중등 단계에서 교사가 훌륭한 본보기가 되면 학생들은 그 교사를 본받을 수 있는 교육자로 성장하고자 한다. 그러므로 교직을 존중하며 선호하는 사회 분위기가 어떤 교육자 육성 프로그램보다 중요하다. 특히 교육자들이 학생의 성장, 성공에 대한 몰입에서 보람과 행복을 찾을 수 있도록 동기부여할 수 있어야 한다. 이는 교육자로서의 삶의 수준과 퇴직 후의 진로 준비도 책임지는 사회·경제적 환경을 만들어 줄 때 가능하다.

실행과제 1) 교육부와 교육청은 미래 교사가 되고자 하는 초·중·고교 학생들을 위한 각종 체험 기회를 마련해주어야 한다.

초·중등 단계에서 장차 교사가 되고자 하는 학생들에게 교사로서 다양한 경험을 미리 할 수 있게 기회를 제공하는 것은 교사로서의 의지와 자질을 높이는 데 중요하다. 교사들이 추천한 학생들을 대상으로 국가 또는 지자체 단위의 미래 교사 캠프 개최, 교사, 교수, 시민단체 구성원 등 다양한 사회 지도자들의 멘토링, 학생들이 서로에게 영향을 주며 함께 성장해 갈 수 있도록 하는 온오프라인 네트워크 만들기 등의 기회를 만들어 주면 미래 교사로서의 토대를 잘 쌓게 될 것이다.

실행과제 2) 국가와 국민은 교육자를 존경하는 풍토를 조성하고, 높은 사회·경제적 처우를 보장해야 한다.

현재 교사들의 사기는 많이 떨어져 있고, 학부모들의 학교와 선생님에 대한 신뢰는 매우 낮은 것으로 나타난다. 그런데, 학부모와 사회가 교사를 가르치는 '선생님'은 물론 '사회 지도자'로 인정할 때, 학생도 교사의 가르침을 잘 받아들이고, 학생 지도도 성공할 수 있다. 그러므로 교사를 존중하며 신뢰하여 교육의 선순환 고리를 형성해야 한다. 또한 기업체 등 사회의 여러 기관 및 다양한 직종 사람들과 프로그램을 운영하여, 교사로서의 현장 체험 연수와 퇴직 후 진로 준비가 동시에 이루어지게 해야 한다. 교사에게 이러한 사회적 처우와 함께, 기여도에 따른 높은 경제적 처우가 제도적으로 보장될 때 유능하고 소명의식을 가진 인재가 교직을 선택하게 될 것이다.

교육 인재

정책제언 9 | 교육부와 교육청은 미래 시대에 적합한 우수 교사 확보를 위해 개방형 양성 및 채용·연수 시스템을 구축하자.

실행 과제

1) 교육부는 다양한 분야의 전문가들이 교사로 입직할 수 있는 다양한 경로를 만들어야 한다.

2) 교육부는 우수 교사 양성 및 지속적 전문성 개발을 위한 '교원교육개발원'을 설치 운영해야 한다.

기후재난, 디지털혁명 등의 대전환 시대의 학교에는 서로 다른 경험을 가진 교사들이 많아야 한다. 학생들이 다양한 교사들과 만날 때, 세상을 보는 시야를 융복합적으로 더욱 넓힐 수 있다. 지금까지의 교과중심의 단선형, 폐쇄적 양성시스템보다는 다양한 루트를 통해 다양한 우수 교사들을 확보하는 개방형 체제로 전환해야 한다. 전문가 및 사회 구성원의 다양한 의견을 수렴하여, AI 및 로봇과 공존해야 하는 미래 시대에 적합한 교사 핵심역량을 새롭게 규정해야 한다. 높은 수준의 전문성과 사회 지도자로서의 권위를 강화할 방안도 마련하고, 사회의 다양한 영역의 사람들과 네트워크를 형성하여 서로 기대하는 내용들을 공유해 나가도록 해야 한다.

실행과제 1) 교육부는 다양한 분야의 전문가들이 교사로 입직할 수 있는 다양한 경로를 만들어야 한다.

먼저 기존의 임용고시, 교과목 중심의 교대, 사범대 체제를 미래 시대에도 계속 유지할 것인지에 대한 진솔한 성찰과 숙의가 필요하다. AI 기술 기반의 다양성, 맞춤형 교육에 적합한 학습 모형의 다양화, 이에 따른 교사 유형의 다양화를 염두에 두어야 한다. 교직의 전문직성을 높이며, 시대가 요구하는 질 높은 융복합형 교사를 확보하기 위해서는 다양한 모듈시스템을 개발하여 다양한 수요에 유연하게 대응해야 한다. 특히 사회 각 분야에 종사해온 전문가들도 교사로 입직할 수 있게 개방해야 하며, 이들 대상의 중장기적 다단계 교사 연수 특별 프로그램을 마련해야 한다. 6년제 교육전문대학원 도입 관련 이슈도 이러한 차원에서 다루어져야 할 것이다. 이러한 변화를 위해서는 충분한 투자가 전제조건이다.

실행과제 2) 교육부는 우수 교사 양성 및 지속적 전문성 개발을 위한 '교원교육개발원'을 설치 운영해야 한다.

다양한 교사 확보 트랙, 각종 교육과정 및 프로그램, 질 향상을 위한 평가, 그리고 질 높은 연수 경험 및 지속적 전문성 개발 등의 기획을 주관하는 국가 차원의 컨트롤타워로서의 독립적 기관으로 "교원교육개발원"을 설치 운영하여야 한다. 이는 군 복무 중인 예비교사들에 대한 교관, 조교 경험 및 특별 프로그램, 기업체 등 사회의 다양한 기관에서의 교사 연수 기회 등을 관련 기관들과 협력하여 제공하도록 하는 것을 포함한다. 이는 대전환의 시대에 교사의 시야를 넓혀, 사회 지도자로서 시대의 흐름을 선도하도록 하며, 퇴직 후에도 사회에 기여할 수 있는 진로를 준비시키는 일이어야 한다.

국방 인재

정책제언 10 | 국가는 미래의 우수한 국방 인재 그룹 형성을 위한 생애단계별 사회 환경을 조성하자.

실행 과제

1) 정부는 건전한 시민, 국방 인재 양성을 위한 주니어사관(JROTC)제도를 확대하여야 한다.
2) 국가와 국민은 군인의 헌신을 존경하며 군인을 파격적으로 인정·보상하고, 전역 전·후 재교육을 통하여, 매력있는 군으로 대전환시켜야 한다.

'사람'의 중요성은 무기에 앞선다. 그러므로 군에서 기대하는 우수한 인재들이 군에 진출하게 하려면, 어려서부터 동기 부여할 수 있는 사회적 환경 조성이 중요하다. 특히 생애 단계별 군 인재의 덕목과 역량을 고려할 때, 각 단계에서의 군에 대한 인식 그리고 학습, 경험 및 체화의 과정이 중요하다. 현재 중·고등학생의 직업 군인에 대한 평가와 평판이 높은 편이라는 점은 고무적이다. 또한 국방 인재들이 군에서 쌓은 역량과 경험이 전역 후 수십 년 동안 국가와 사회 발전에 크게 기여토록 하는 생태계를 조성하는 일도 중요하다.생애 단계별 교육기관 및 다양한 이해관계 기관들의 협력이 필수적이다.

실행과제 1) 정부는 건전한 시민, 국방 인재 양성을 위한 주니어사관(JROTC) 제도를 확대하여야 한다.

우수한 군 간부 충원이 갈수록 어려워지는데, 바람직한 가치와 덕목을 함양하며, 국방 인재로서의 진로를 탐색할 수 있는 청소년 리더 육성 프로그램인 주니어사관(JROTC: Junior ROTC) 제도를 확대 발전시키는 것이 필요하다. 현재는 전국의 24개 고등학교에서 자율동아리 형태로 운영되는데, 미래 국방 인재 육성의 관점에서 범정부 차원의 노력이 필요하다. 미국의 경우, 본 프로그램이 학생들의 학업성취도와 건전한 민주시민 육성에 긍정적 영향을 미치고 있으며, JROTC 졸업생들의 30~50%는 군에 진출하고 있다. 직업군인의 길을 택하면 신분획득, 사회보장, 학업, 취업 등의 기회가 부여된다는 점이 매력이 되고 있다.

실행과제 2) 국가와 국민은 군인의 헌신을 존경하며 군인을 파격적으로 인정·보상하고, 전역 전·후 재교육을 통하여, 매력있는 군으로 대전환 시켜야 한다.

주변 국가의 위협, 디지털 혁신 등의 대전환기에 우수 인재들이 군에 들어와 국방의 역량을 높이며, 군에서 쌓은 지식과 경험으로 전역 후 국가 발전에 기여하는 일은 매우 중요하다. 이를 위해서는 군 인재들이 군 복무에서 우선 보람을 느끼게 해야 한다. 기본적으로 국민은 국가 수호를 위해 헌신하는 군인을 존경하며 파격적으로 예우하며 보상해주어야 한다. 그리고 입대 단계와 제대 단계를 동등한 비중으로 중시하며, 사회-군-사회로의 이행과정을 개인의 역량을 스스로 계발하게 하는 시스템으로 전환시켜, 제대 후 필요한 역량과 자신감 가지고 사회에서 대응해 나갈 수 있게 해야 한다. 이를 이루려면 국가보훈부와 국방부는 물론 다른 부처 및 대학, 기업, 연구소, 지자체 등 관련기관 간 협력이 필수적이므로, 국가 차원의 전담 조직을 설립해야 한다.

정책 제언 11 | 국방부는 군의 조직, 운영 시스템을 미래 AI 시대의 군에 적합하도록 재설계 하자.

실행 과제

1) 국방부는 군의 경직된 수직적 구조를 유연한 수평적 구조로 전환시켜야 한다.
2) 국가는 군대를 '반군 반민' 통합 체제로 전환시켜야 한다.

AI 기술 등 디지털 혁신에 따라 미래 사회가 급격하게 변화하고, 저출산으로 병력 충원이 갈수록 더욱 어려워짐으로, 국방인력의 규모와 질적 수준, 국방 인재의 충원·육성 및 전역 후 미래 대비, 군의 조직 운영시스템을 효율성의 관점에서 시급하게 재설계해야 한다. AI 시대에 적합한 군의 일하는 방식과 문화의 변화를 통한 보람과 자존감 등, '복무하고 싶은 병영문화 만들기' 위한 과감한 정책이 도입되어야 한다. 기본적으로 군인 개개인을 복무 기간의'병력'이 아니라, 전 생애에 걸친 국가 차원의 '인적자원'으로 인식하고 대우해야 한다.

일반 직장인보다 퇴직 연령이 크게 낮은 군인의 정년 개념을 새로 세우며, 장기복무로 숙련된 인력의 확보가 가능한 인력관리 구조로 개편해야 한다. 첨단과학기술 기반으로 군의 역량을 키우려면 각 군 간의 '합동성'이 더욱 중요하므로, 각군 사관학교를 국군사관학교로 통합하는 방안도 적극 검토하여, 출신 간의 이질성, 중복의 비효율 등의 문제들도 풀어가야 한다. 또한 한국군 간부의 70%를 차지하는 초급간부를 정예화하려면, 이들의 신분과 위상을 정규직으로 전환하고, 장교의 충원 기준을 석사학위로 높여 엘리트화시켜 군 내부의 리더십도 강화해야 한다.

실행과제 1) 국방부는 군의 경직된 수직적 구조를 유연한 수평적 구조로 전환시켜야 한다.

군이 'AI 과학기술 강군'이 되려면, 행정·관료적인 계급 중심의 수직적 운영체제보다는, 구성원을 자율과 책임의 주체로 인식하고, 전시·평시 현장에서 순발력을 발휘하게 하는 유연한 수평적 구조가 효율적이다. 젊은 세대가 군을 선호하게 하려면 '복무하고 싶은 병영문화'가 조성되어야 한다. 권위적·위계적 군 문화를 개선하여, 각자가 업무 파트너라는 인식하고 운영의 틀을 바꾸는 일이다. 인재 관리도 병과, 특기별 칸막이 지어놓고 형평성 중심의 경직된 틀을 과감히 탈피하고, 조직의 필요와 개인의 능력에 따른 적재적소 활용과 개인별 맞춤형 역량개발이 보장되도록 혁신해야 한다.

실행과제 2) 국가는 군대를 '반군 반민' 통합 체제로 전환시켜야 한다.

병력 충원이 어려운 상황과 디지털 시대에 대응하기 위해서라도, 국방인력체계의 틀을 민간 인력의 규모와 활용성을 크게 높이는 방향으로 바꿔야 한다. 민간 인력의 단기적, 순환적 활용 등 상호 도움을 주고 받을 수 있는 인적자원의 유기적 생태계를 만드는 일이다. 현재 현역 대비 민간 인력의 비중은 미국 56%, 프랑스 30%, 영국 28%인데, 한국은 11% 정도다. 조직관리 방식도 민간 경영방식을 도입하여, 더 적은 인력으로 더 효율적으로 일할 수 있도록 군 운영체계를 혁신해야 한다. 또한 군과 민간 그리고 다양한 국내외 이해관계자들과 협업을 촉진해나가야 한다.

02. 인재 양성 생태계 혁신을 위한 정책 제언 : 생애 단계

여기에서는 5개 분야의 핵심인재 양성을 위한 생애 단계별 역할과 관련하여, 다음의 질문에 대한 답을 찾고자 하였다. "유·초·중·고교, 대학, 군, 사회 각 단계는 5대 핵심인재 양성에 어떠한 기여를 해야 할 것인가?"

교육기관

정책 제언 1 | **각급 교육기관은 학생들에게 교실에서의 학습, 훈련 내용이 개인 및 우리 사회와 지구촌 미래의 현장에서 어떤 도움될 수 있는지를 알려주어야 한다.**

학교 교육은 개인이나 사회, 국가 그리고 더 나아가 세계 인류의 삶과 운명, 미래 세대에 크게 영향을 미친다. 그러므로 교육현장에서 학생들에게 자신이 학습하고 있는 지식, 역량, 가치, 태도, 체험과 훈련 등이 미래에 어떤 의미와 가치가 있는지를 깨닫게 하여, 학생들에게 명확한 동기부여를 하며, 미래의 꿈을 키우도록 이끌어 주어야 한다. 특히 5대 핵심인재가 형성되는 과정에 유·초·중·고교, 대학, 군, 사회 각 단계에서 기여할 수 있는 내용들에 유념해야 한다. 또한 각급 교육기관은 교실에서 배운 내용을 국내외 사회 현장 및 삶과 연계시키며, 학생들에게 '프로젝트', '인턴' 등 다양한 체험·경험 및 협업 학습을 통해 미래에 대한 자신감을 키워주어야 한다.

유·초·중등 교육의 개선

정책제언 2 | 학교는 교육활동을 AI 시대를 선도할 수 있는 지식, 역량 및 가치 중심으로 운영하며, 수업은 학생 개인 맞춤형으로 개선해야 한다.

실행 과제

1) 국가는 유아교육 무상화를 통해 어려서부터의 '교육격차'를 없애야 한다.
2) 학교는 학습자 중심으로 수업의 질적 대전환을 이루어 나가야 한다.
3) 국가는 학생들의 특성에 적합하도록 교육 체제를 다원화하고, 프로그램, 교수 방법 등을 개인 맞춤형으로 전환시켜야 한다.

학교 교육은 국가 차원에서는 자유민주주의를 발전시킬 민주시민으로서 그 시대에 국가와 사회가 요구하는 다양한 역량과 특성을 가진 인력을 제대로 양성하고, 개인 차원에서는 더 높은 개인 소득을 창출함으로써 개인들의 삶의 기회를 부모 세대의 그것보다 확대하게 한다. AI 시대의 학교 교육활동은 학생들이 급변하는 미래 디지털 시대에 유연함과 자신감을 가지고 대응해 나갈 수 있는 능력을 키우도록 크게 개선해야 한다. 이는 기본적으로 학생 맞춤형으로 시대가 요구하는 지식과 역량들을 함양시키는 일이며, 특히 AI와 자연과 공존하면서도 리더십을 확보할 수 있는 태도와 가치를 담는 일이다. 이는 바로 학교가 5대 분야 핵심 인재들의 기초를 튼튼하게 닦는 일이다.

실행과제 1) 국가는 유아교육 무상화를 통해 어려서부터의 '교육격차'를 없애야 한다.

영유아 단계는 소통 능력, 마음, 습관, 사고력, 인성, 태도, 공감력, 가치관 등에 대한 기본 틀이 형성된다. 노벨경제학상 수상자인 제임스 헤크만이 증명했듯이, 유아교육에 대한 투자는 생애소득의 50%를 결정한다는 점에서도, 모든 아이들에게 돌봄과 교육의 기회를 동등하게 제공해야 한다. 특히 AI 시대에는 이전보다 양극화가 심화될 것으로 보고 있기 때문에, 국가 전략의 차원에서 유아교육의 완전 무상화를 시행하여, 미래 격차를 줄여나가야 한다. 이는 인구절벽에 직면한 우리나라의 저출산 문제해결은 물론 20년 후 국가의 생산성을 높이는 일에 크게 기여할 것이다. 또한 모든 국민의 역량과 품격을 높여 미래 사회를 건강하게 대비하는 일이며, 5대 핵심인재 양성을 비롯한 국가 인재 생태계를 튼실하게 만드는 일이다. 최근 시행한 국민여론조사에 따르면, 출산율을 높이기 위해서는 일과 육아를 병행할 수 있는 제도의 확대와 사회 인프라 구축이 가장 중요한 과제다. 이제는 자녀출산 후 육아와 유아교육에 대한 책임을 개인에서 국가가 전적으로 부담하는 환경으로 대전환해야 한다. 이는 20년 후 우리 모두의 삶을 위한 매우 중요한 투자다.

실행과제 2) 학교는 학습자 중심으로 수업의 질적 대전환을 이루어 나가야한다.

학교가 학생에게 디지털 대전환기가 요구하는 지식 활용 능력과 역량을 길러주기 위해서는 정답 교육에서 지식구성·지식창조 교육으로, 진도 나가기 수업에서 맞춤형 학습으로, 칸막이 교육에서 넘나들기 교육으로 수업의 질적인 대전환을 이루어 나가야 한다. 이 과정에서 중요한 것은 학생 개개인이 독립된 인격체로 존중받고 있다는 느낌을 갖도록 해야 한다. 교육목표도 함께 세우고, 늘 함께 노력하는 일이다. 학교는 아이들이 생각과 의견을 자유롭게 표출할 수 있는 수업, 일방적인 정답만을 강요하는 교육에서 지식을 구성하고 창조하는 경험을 할 수 있도록 하는 전환해야 한다. 개별 학생의 특성과 능력, 이해도를 고려한 수업, 학생의 배움이 중시되는 수업으로, 진도 나가기 수업에서 학습자의 특성과 요구를 고려한 맞춤형 학습으로 전환해 나가야 한다. 창의적 아이디어란 탄탄한 기초· 기본 지식을 기반으로 지식 간의 연계와 융합을 통해 산출되므로 과목 간 경계 넘기(border crossing)를 통하여 창의 융합 교육을 하는 것이 필요하다.

실행과제 3) 국가는 학생들의 특성에 적합하도록 교육 체제를 다원화하고 프로그램, 교수 방법 등을 개인 맞춤형으로 전환시켜야 한다.

학생별 특성과 요구를 배려하려면 기존 정규학교 중심의 획일적 교육생태계를 다원화시켜야 한다. 이제는 육아와 영유아 교육도 국가가 전적으로 책임져야 한다. 유보통합단계에서 민간의 자율성과 창의성이 존중되어야 하고, 초·중·고단계에서 홈스쿨링, 대안학교 등을 포용하고 적극 지원하며, 평생교육의 관점에서 학교교육을 설계해 나가야 한다. 그리고 학생들의 다양한 관심과 장점 등 개개인성을 살려주고 아이들의 변화 속도에 맞추어주며, 미래의 꿈 키우기며 발전, 성취해나가도록 격려해야 해야 한다. 학교 교육의 성과는 학생 개개인 수준에 적합한(optimal discrepancy) 맞춤형 프로그램이 마련되었을 때 높다. 교수 방법은 교육내용의 성격에 따라 달라야 하며, 이제는 AI를 비롯한 '기술(technology)'을 효과적으로 사용하여 효율성을 높여야 한다.

유·초·중등 교육의 개선

정책제언 3 | 학교를 구성하는 각 주체들은 서로의 지위와 역할을 존중하며, 좋은 학교를 만드는데 필요한 역량을 적극 개발하자.

실행 과제

1) 국가는 교사들을 사회 지도자로 인정하고, 적절한 예우와 함께 전문성과 헌신성을 높이도록 노력해야 한다.
2) 시·도교육청은 학교 구성 주체들의 역량 개발을 위하여 교원양성기관 및 지역사회 내 다양한 주체 간 파트너십을 형성해야 한다.

학교는 학교장, 교사, 학생 그리고 주위의 학부모와 지역사회가 공동체를 이루며, 시·도교육청의 지도와 지원을 받는다. 여기에서 중요한 것은 궁극적으로 개별 학생의 역량과 특성 및 잠재력을 최대로 키워주기 위하여, 구성원 간에 서로 존중하며 각자의 역할 수행의 질을 높여가는 일이다. 이를 위해 학교장은 전문적.도덕적 권위를 강화하며, 리더십을 탁월한 수준으로 개발해 나가도록 해야 한다. 교사는 학교 교육의 성과를 높이는 데 핵심적 요인이므로, 교사의 전문성 개발과 함께 교사들의 자긍심과 헌신성을 높일 수 있는 획기적인 대책을 국가 차원에서 마련해야 한다. 학생의 학업 동기는 미시적으로는 교사와의 상호작용에서 거시적으로는 우리 사회 생태계의 영향을 많이 받는다. 학생들이 작은 성취라도 교육의 과정에서 경험하게 함으로써 자신은 물론 성취 목표에 대한 긍정적 기대를 하고 수업 시간에 공부에 몰입하도록 해야 한다. 정부나, 교육행정기관, 학교는 물론 우리 사회는 학생들이 꿈을 꾸며 자신의 길을 열어갈 수 있는 사회 환경을 만들어줘야 한다. 학부모와 지역사회 인사들은 참여와 지원으로 교육 성과를 높이는 일에 기여해야 한다. 특히 학부모는 학교와 교사를 존중하고 신뢰하며 교육을 위한 공동체적 동반자로서 도덕적.심리적 지지를 보내야 한다.

실행과제 1) 국가는 교사들을 사회 지도자로 인정하고, 적절한 예우와 함께 전문성과 헌신성을 높이도록 노력해야 한다.

학생의 바람직한 성장과 교육적 성과를 기대하려면, 교사의 위상과 역할을 중시해야 한다. 우선 학부모와 사회가 교사를 존중하며 신뢰해야, 학생도 교사의 가르침을 잘 받아들일 수 있다. 우리 사회는 교사를 '선생님'은 물론 '사회 지도자'로 인정하고 예우해야 한다. 이와 동시에, 교사들이 급변하는 대전환의 시대에 시야를 넓혀 시대의 흐름을 읽으며 학생과 학부모가 미래를 지혜롭게 대비하도록 이끌어야 한다. 이를 위해 교사들에게 질 높은 연수 및 다양한 현장 체험을 국내외 기업을 포함한 여러 기관과 협력하여 시행할 수 있어야 한다. 그리고 교사에게 사회적 예우와 함께 높은 경제적 인센티브를 제도적으로 보상해야 한다. 교사의 전문성, 헌신성 그리고 자존적 사명감도 이를 기반으로 기대해야 한다.

실행과제 2) 시·도교육청은 학교 구성 주체들의 역량 개발을 위하여 교원양성기관 및 지역사회 내 다양한 주체 간 파트너십을 형성해야 한다.

시·도교육청은 교장, 교사 그리고 학부모와 지역사회, 지역 소재 대학, 언론 등 학교 안과 밖의 여러 관련 주체들을 연계시키며, 이들의 협업을 통해 교육의 성과를 높이도록 이끌어야 한다. 이를 위해 시·도교육청은 교원양성기관의 도움을 받아 디지털 혁신 시대에 좋은 학교를 만드는 과정에, 각 주체에 요구되는 역량들을 개발토록 해야 한다. 예를 들어, 교장은 급변하는 시대에 걸맞는 리더십을 개발하고, 교사는 지식 전달자에서 코치, 상담자, 학습관리자, 지도자, 평생학습자, 교과개발자로 그 역할을 크게 확대해야 한다. 학부모의 바람직한 역할에 대한 이해와 그 역할에 요구되는 역량 개발도 중요하다. 대학과 언론을 포함한 지역사회의 심리적·도덕적 지원과 자원 제공은 좋은 학교를 만드는 일에 큰 촉진제가 된다.

대학 교육의 혁신

정책 제언 4 | 대학은 교육 혁신을 '수업 혁신'에서부터 시작하자.

실행 과제

1) 대학은 미래 진로 지도 강화를 통해 학생 성공, 국가 성공을 이끌어야 한다.

2) 대학은 교수의 역할을 바꾸고, 업적의 인정, 평가 체제도 바꿔야 한다.

교육 혁신의 시작은 수업 혁신이다. 학생의 변화와 성장은 많은 시간을 투자하는 수업 및 과제, 시험 준비와 교실과 캠퍼스에서의 교수와 친구들과 상호작용에서 이루어진다. 세계적인 혁신대학들도 결국 한 학생의 성장, 성공에 초점을 둔 수업 혁신이다. 그 내용은 개인 맞춤형으로 학생의 자기주도적 학습 참여와 경험, 목표 중심의 교수-학습 과정의 섬세한 기획, 토론 및 협업 능력, 학교 교육과 사회 현장을 연계하는 체험활동에 초점을 두며, 교수는 가르치는 것이 아니라 조정자, 코치의 역할을 한다. 교실에서는 특히 챗GPT 등의 AI 기술의 활용과 더불어 지금은 존재하지 않는 일을 준비하는 '기초체력'을 키우는 일이 중요하다. 기존의 전공과목 지식 중심에서 인문·사회, 자연 과학 영역을 넘나들며, 개념, 원리, 법칙 및 비판적 사고력 중심의 교육과, 기업 등 사회 현장에서의 체험 및 경험을 기반으로 '미래의 학습역량'을 갖추는 일이다.

실행과제 1) 대학은 미래 진로 지도 강화를 통해 학생 성공, 국가 성공을 이끌어야 한다.

학생은 물론 우리 사회의 가장 큰 관심은 디지털혁명 시대의 미래 일자리다. 직업과 일자리의 생성과 소멸이 반복되는 사회에서 지금은 존재하지 않는 일도 준비해야 한다. 대학은 학년별, 학생 유형별 체계적인 진로 교육 인프라를 갖추어, 학생이 자신의 특성과 강점을 이해(self-awareness)하고, 꿈을 키우며 하고 싶은 일과 분야를 찾고, 다양한 국내외 기관과 현장에서의 경험과 체험을 통해 자신의 가치와 잠재력을 펼칠 수 있는 일자리를 얻어 자기 발전과 성장은 물론 지구촌 사회 공동체의 가치와 번영(social values)에도 이바지할 수 있도록 도와야 한다. 100명의 학생에게 100개의 성공 모델이 있을 것이다. 5대 핵심인재 분야에서 꿈을 키우는 학생들에 대한 체계적인 훈련 모델도 개발하여, 여러 위기적 국내외 환경에서 건강한 사회를 만들며 국가의 안전과 번영의 미래를 잘 대비하도록 준비시켜야 한다. 예컨대, 대학은 정당, 국회, 이익 단체 등과 함께 미래 정치가를 길러낼 수 있고, 중앙정부, 지자체 등과 함께 바람직한 공직자를 키우며, 기업과 협력해서 체계적인 실습을 제공하고 인턴을 수행함으로써 생산적인 산업인재를 양성할 수 있다.

실행과제 2) 대학은 교수의 역할을 바꾸고, 업적의 인정, 평가 체제도 바꿔야 한다.

수업 혁신은 교수의 학생 성장에 대한 열린 인식과 태도, 학습 지도 역량과 수업 매니지먼트 능력에 달려있다. 중요한 것은 교수와 학생이 동반자로서 상호작용할 수 있는 환경이다. 교수는 가르치는 사람이 아니어야 하며, 조정자(facilitator), 코치(coach), 멘토의 위치에 서야 한다. 이는 학생에게 더 다양한 학습 경험과 성장 기회를 제공하며, 미래에 요구되는 핵심역량을 개발할 수 있게 한다. 먼저 학생이 수업 전 수업을 준비하게 하고, 수업 중 적극적인 토론 중심으로 컨텐츠 전달 세션을 가지며, 수업 후 심도 있는 학습과 평가로 이어가는 플립형 능동학습(Active Learning System)도 좋은 모델이다. 필수적인 전제조건은 우수 교수를 확보하여, 교육자로서 필요한 역량의 개발에 투자를 확대하며, 학생의 성장에 기여하는 노력을 크게 인정하는 업무성과 평가 체제를 마련하는 것이다. 토론식 수업, 프로젝트 수행은 개방적 태도, 공감 능력, 대화와 타협의 태도 및 품성, 협업 능력의 함양에 효과적이다. 이러한 역량들은 국민, 국회, 정부 등 다수 이해관계자 집단의 입장을 조율하고 타협을 끌어내야 하는 공적 영역 인재 등 5대 핵심인재들에게도 필수적이다.

대학 교육의 혁신

정책제언 5 | 대학은 학사 구조와 교육과정을 급변하는 미래 사회 관점에서 평생 교육을 포괄하는 다원화된 체계로 혁신해야 한다.

실행 과제

1) 국가는 기존 정규대학, 학위 중심 시스템에서 다양한 국내외 인증시스템 및 평생교육을 포용하는 유연한 대학 체제로 전환해야 한다.
2) 대학은 융합적 역량을 위해 학과 중심 문화를 폐기하고, 자기주도적 체험이 자유롭게 이루어지는 개방적 운영체제로 바꿔야 한다.

미래 사회는 디지털혁명, 기후재난 그리고 이와 연계되는 정치, 경제, 사회의 현상들로 위기와 기회가 혼재된 불안한 환경이 될 것이며, 기계와 자연 생태계에서의 생존, 공존, 인간다움을 위한 삶을 추구할 것이다. 대학은 학과, 학문 기반 교육과정에 따른 지식 전수와 함께 사회 및 지구촌 이슈나 산업 요구를 반영한 학생 중심, 문제 및 현장 기반 학습 경험을 중시해야 한다. 특히 급변하는 산업구조에 따라 직업과 일자리가 계속 변하여, 대학 졸업 후 어떤 일을 할지도 모르는 가운데, 평생 진로를 8~10번 변경할 것을 대비해야 한다. 산업화 과정에 유효했던 대학의 획일적인 학사 구조와 교육과정을, 온-오프라인으로 자기주도적인 학습 훈련이 가능한 유연한 개인 맞춤형 시스템으로의 개편은 필수사항이다. 기존의 단선적인 고등학교-학부-대학원 체계를, 일반 국민 대상의 평생교육을 포괄하는 곡선적이고 다양한 인재 양성 플랫폼 체계로 전환하여, 사회의 요구와 긴밀하게 연계해야 한다. 이 과정에 첨단 기술, 실용 지식, 실전 경험을 가르치고 제공하는 다른 사회기관과 대학의 협업이 더욱 중요하다.

실행과제 1) 국가는 기존 정규대학, 학위 중심 시스템에서 다양한 국내외 인증시스템 및 평생교육을 포용하는 유연한 대학 체제로 전환해야 한다.

4차산업혁명, 디지털전환 시대의 사람들은 평생에 걸쳐 직업을 여러 번 바꿔야 하기 때문에, 계속 진화하는 새롭고 다양한 교육모델 중에서 필요에 따라 계속 선택하며 훈련받을 것이다. 이러한 내용들은 결국 전 생애에 걸친 평생교육의 틀에서 이루어지게 되고, 세계 자체가 캠퍼스 역할을 할 것이다. 갈수록 우리 사회는 학점, 학위보다 기술(skills)과 경험(experiences)을 더 중시할 것이다. 세계적으로 기업주, 고용주들이 4년제 대학 학위의 필요성을 재고하기 시작하였고, 마이크로 학위(micro degree), 인증서(certificate)의 수요가 높아지고 있다. 기업들도 자체적으로 사회 수요에 부합하는 인재를 양성하는 시대가 되었다. 기존의 대학생과 비대학생의 구분도 사라지고, 대안 '학위'들을 추구하는 일이 보편화될 것이다. 그러므로 대학은 전 생애 학제의 관점에서 평생교육을 비롯한 새로운 변화들을 포용해야 하며, 동시에 기존 대학이 '대학'으로서 새 시대에 인류 고유의 정신과 가치를 이어가며, 지(知)、정(情)、의(意)를 갖춘 인재를 양성하여 사회 및 지구촌 문제해결 등의 사회적 역할을 시대적 소명으로 받아들여 차별화해 나가야 할 것이다.

실행과제 2) 대학은 융합적 역량을 위해 학과 중심 문화를 폐기하고, 자기 주도적 체험이 자유롭게 이루어지는 개방적 운영체제로 바꿔야 한다.

우리 사회에서 직면하는 문제들은 갈수록 더욱 복합적으로 얽혀지고 있어, 이를 해결하려면 융합교육과 융합지식이 요구된다. 이제는 학문 중심의 기본 지식 전달을 주로 하던 학과나 전공을 넘어서서, 사회적 이슈, 산업 문제나 글로벌 현상과 관련된 주제, 문제 기반의 다양한 학습 모듈의 도입을 확대해나가야 한다. 학생들이 자기 주도적으로 전공영역을 자유롭게 넘나들며 융합적인 사고력을 키우도록 하여 사회 및 산업 현장의 과제들과 연계시켜 체험과 경험을 쌓아가며 문제해결 역량을 키워줘야 한다. 대학은 정규 수업과 학점을 중심으로 설계된 전통적인 교무, 학사, 학생 지원 행정 전반을 재검토하고, 학생에게 다양하고 가치로운 대학 경험을 제공한다는 관점에서 이를 백지에서 재설계해야 한다. 특히 대학은 학생을 글로벌 인재로 키울 수 있도록 국내외 기업, 지역사회와 협력해서 학생의 현장 체험 학습 기회를 다양화해주어야 한다. 최근 확산되는 마이크로 디그리, 나노 디그리, 협동과정, 융합 트랙 등의 확대와 함께 미래에는 학과, 단과대학은 물론 국내외 대학 간의 벽들도 사라질 것이라는 점을 유념해야 한다. 여기에서 주목할 것은 각 대학은 스스로 자신의 길을 찾아가야 한다는 점이다. 정부가 모든 대학에 획일적으로 요구해서는 안 된다. 자율적인 다양성, 맞춤형, 차별화가 요구되는 시대다.

인재 생태계로서 군의 혁신

정책 제언 6 | 국가가 주도적으로 군을 새 시대를 위한 '국가인재 양성센터'로 대전환시키자.

실행 과제

1) 국가는 군을 애국애족하는 건전한 민주시민 양성의 요람이라는 사회적 역할을 크게 확대시켜야 한다.
2) 국가는 범정부 차원에서 군 복무기간을 '생산적'으로 바꿔, 장병 개개인의 전역 후를 책임지도록 해야 한다.

군은 최소 2년 내외의 의무복무 기간 동안 다양한 배경을 가진 젊은이들이 여러 전문 분야에서 훈련을 받는 '다양한 인재들이 융합되는 용광로'다. 가장 왕성한 지적 활동을 보이는 대학생 나이의 젊은이 20만 여명이 매년 군에 입대하고 사회로 배출된다. 군인은 엄격한 군사 훈련을 포함해 다양하고 도전적인 환경에서의 독특한 경험을 하게 되는데, 이는 전역 후 국가와 사회 발전에 큰 영향을 줄 수 있다. 군에서의 경험과 학습은 국가 차원의 인재로도 성장하는 기회다. 국가는 군을 건전한 민주시민으로 성숙하게 하는 일을 비롯해 개개인의 역량을 맞춤형으로 개발하게 하는 센터로 만들어, 이를 국가의 고급 인적자원 확보 전략으로 삼아야 한다.

실행과제 1) 국가는 군을 애국애족하는 건전한 민주시민 양성의 요람이라는 사회적 역할을 크게 확대시켜야 한다.

건강한 민주사회를 만드는 일은 매우 중요한 국가적 과제이다. 군에서는 의무복무 기간 동안 장병 개개인이 교육 또는 '정치적' 경험을 통해 민주시민으로서 좋은 공동체를 만드는 일이다. 병영생활과 병영문화를 건전한 민주시민 육성의 관점에서 바라보는 것이다. 먼저 병사를 수용과 통제의 대상에서 자율과 책임의 주체라는 인식의 전환이 필요하다. 매주 시행되는 정신 전력 교육은 물론 일상의 병영생활에서 모든 장병이 정치 중립적으로 올바른 안보관을 가지고, 헌법의 개념, 인권과 민주주의 등의 헌법적 가치, 자유민주주의의 가치와 규범, 제복입은 시민의 윤리를 내면화시키도록 해야 한다. 이는 사회 통합의 기초를 닦는 일이며, 우리가 기대하는 건강한 정치인, 공직자 등 5대 핵심 인재들도 형성해 간다.

실행과제 2) 국가는 범정부 차원에서 군 복무기간을 '생산적'으로 바꿔, 장병 개개인의 전역 후를 책임지도록 해야 한다.

이 과제는 군대를 '가고 싶은 군'으로 바꾸는 일이다. 장병들이 군 복무기간 중 가장 관심은 제대 후 진로, 일자리 그리고 이를 대비하는 자기개발 및 자신감이다. 군은 입대 단계와 제대 단계를 동등한 비중으로 중시하며, 군 간부와 의무복무 장병의 자기개발을 '군이 지원'하는 단계에서, 이들의 성장과 발전을 '국가가 주도'하는 기관으로 전환해야 한다. 공급자(국방부) 주도의 교육이 아닌, 수요자(군 장병) 중심의 열린 학습으로 전환해야 한다. 특히 입대 전, 복무 중, 전역 전, 후 진로상담 및 차별화된 맞춤형 학습 지원 시스템 구축의 제도화가 필요하다. 또한 장병 배치 시 무작위가 아니라, 개인 전공 및 희망을 존중하여 적재적소에 보내야 한다. 국가는 국방부를 넘어 국가보훈부, 교육부, 노동부, 지자체, 기업 및 대학 등과 범정부 차원에서 실효성 있는 평생학습 생태계 및 군 교육 훈련에 대한 인증체제를 만들어야 한다.

정책 제언 7

국가는 군을 국방과학기술 인력 양성의 요람으로 전환시켜, 국가 혁신의 핵심동력으로 자림매김하는 전략을 선택하자.

실행 과제

1) 국가는 군-산-학-연 네트워크의 활성화를 통해 군사력 증강과 산업 분야 발전을 주도해나가야 한다.
2) 국방부는 군 내부에 과학기술인력의 양성과 활용을 통합 관리하는 전담부서를 설치해야 한다.

군은 첨단과학기술의 개발과 실질적 활용의 최전선이기 때문에, 과학기술인력의 양성과 활용이라는 과제는 국방력의 증강은 물론 산업 발전에 매우 중요하다. 이스라엘이 군을 첨단과학기술과 이를 위한 인력 양성의 요람으로 발전시켜온 이유다. 우리 군도 2014년부터 과학기술전문사관제도를 도입하여 과학기술강군을 선도하며 기술창업가 양성을 위해 노력해왔다. 그러나 우리 군도 이스라엘의 탈피오트 제도와 같이 군사과학기술 분야의 성과를 '스핀오프'를 통해 다양한 기술로 개발하여 국가의 혁신과 창업에 확산·기여하는 수준으로 과학기술 인재 양성 및 활용 시스템을 대전환해야 한다. 이스라엘 주요 벤처기업가의 80%가 탈피오트 출신으로, 이들은 군에서 개발한 기술을 산업으로 연결하여 수많은 혁신을 일으켜왔다.

실행과제 1) 국가는 군-산-학-연 네트워크의 활성화를 통해 군사력 증강과 산업 분야 발전을 주도해나가야 한다.

'혁신국가', '스타트업 국가'라고 불리는 이스라엘과 같이 군에서 우수한 과학기술인력을 양성하며, 첨단기술을 개발하여 군사력 증강에 활용할 뿐만 아니라 산업 분야의 발전에 기여하도록 하려면, 군, 산업계, 대학, 연구기관 사이의 유기적인 네트워크가 중요하다. 국가 차원에서 군에서 뛰어난 학습능력을 가진 엘리트를 발굴하여 대학에서 높은 수준의 교육을 받도록 하고 이들의 능력을 군에서 사용하는 한편, 복무 이후에는 산업체와 연구기관에서 이들을 우선 채용하게 하는 선순환적 체계를 갖추는 일이다.

실행과제 2) 국방부는 군 내부에 과학기술인력의 양성과 활용을 통합 관리하는 전담부서를 설치해야 한다.

이스라엘의 탈피오트 제도와 같은 과학기술인력 양성 및 활용에 대한 시스템 구축을 전문성을 가지고 체계적으로 추진해 나가야 한다. 사이버사관학교 등 기존 체제의 혁신 및 석·박사 트랙을 포함한 새로운 제도의 도입을 위해 요구되는 제반 과제를 통합하여 기획, 관리하는 전담부서가 설립되어야 한다. 예를 들어, 석박사 학위기간에 따른 의무복무기간 유연화, 군 연구기관은 물론 방산기업 등으로의 복무 기관 확대 등이 검토 대상이다.

평생교육의 혁신

정책제언 8 | 국가는 급격한 시대 변화를 인정하고, 모든 교육시스템을 평생교육 중심의 체계, '전 생애 학제'로 재편하자.

실행 과제

1) 국가는 AI, 디지털 기술을 활용하여 개인 맞춤형 교육을 고도화시켜야 한다.
2) 국민들은 스스로 급변하는 디지털 환경에 요구되는 핵심 역량과 자질을 지속적으로 맞춤형 업그레이드해야 한다.

미래에는 비대면 온라인 기술, AI 기술 등의 급격한 발전으로 일의 형태, 일자리, 일하는 방식과 환경이 더욱 빠르게 변화될 것이다. 지속적인 산업구조의 변화로 직업과 일자리의 생성과 소멸이 빠르게 진행되어, 이러한 속도를 따라가려면 교육환경과 정책이 학교 중심 사회에서 일자리와 연동된 평생학습사회로 전환되어야 한다. 평생교육은 더 이상 개인 또는 사회복지 차원의 것이 아니라, 미래 변화에 따른 사회·경제적 구조 변화와 문제를 앞서 대비하고 해결해 나가는 일이다. 5대 핵심인재들도 사회에 진출하기까지의 양성은 물론 사회에 진출한 이후에 어떻게 성장 발전하게 할 것인가도 매우 중요하다. AI와 기계가 사람의 일자리를 대체하는 상황에서 평생교육은 인적자원의 질 제고를 통한 국가 경쟁력 구축을 위한 필수과제이며, 또한 인간다운 삶을 살 수 있는 기회를 부여하는 일이다. 지속적으로 새로운 기술(skills)과 경험, 전문적 식견을 배울 수 있도록 개인과 공동체 모두를 위한 평생학습 체제에 대한 대담한 설계가 필요하다. 초·중·고, 대학이라는 정규학교, 각종 대안학교, 기업 교육기관을 비롯한 국내외 평생교육 관련 기관들을 연계한 유기적이며 통합적인 평생교육 시스템, '전 생애 학제'를 구축하는 것이다. 이제 대학교육도 평생교육의 범주에 속해야 한다.

실행과제 1) 국가는 AI, 디지털 기술을 활용하여 개인 맞춤형 교육을 고도화시켜야 한다.

국가 전체의 평생교육 시스템도 AI 기술 기반의 맞춤형 평생교육 구현을 추구해야 한다. AI는 진단, 학습 이력, 성취도 등 학습자 개개인의 다양한 학습활동 데이터를 수집·분석하여 개인의 목표에 맞는 학습 경로(Learning Pathway) 혹은 경력 경로(Career Pathway)를 설계해준다. 평생교육 정책이 국민 개인에게 진정한 의미에서 평생교육 서비스를 제공하기 위해서는 학습활동에 대한 데이터를 표준화하고 일원화된 데이터 파이프라인을 구축해야 한다. 특히 5대 핵심인재들에게도 진정한 의미에서의 자기 주도 학습을 가능케 하며 다양한 방식으로 학습력을 높이는 교육의 장이 될 수 있다. 생애 전반에 걸쳐 일어나는 방대한 양의 학습 활동에 대한 빅데이터를 AI 기술을 활용해 분석하여, 핵심 인재 개개인의 모든 환경 변수를 고려한 맞춤화된 평생교육 프로그램과 서비스를 제공할 수 있다.

실행과제 2) 국민들은 스스로 급변하는 디지털 환경에 요구되는 핵심 역량과 자질을 지속적으로 맞춤형 업그레이드해야 한다.

기술이 급격한 속도로 발전하면서 직업의 변화 속도 또한 매우 빨라지고 있으며, AI, 디지털 기술로 인해 사람이 일할 수 있는 일자리가 계속 없어지고 또한 새로운 일자리가 만들어지는 것이 반복될 것이다. 기존의 직업과 일자리에 적합한 인재를 육성해 내는 기존 교육시스템으로는 4차 산업혁명 시대를 대비할 수 없다. 기존 직업과 관련된 역량 중심(NCS) 교육에서 스킬과 경험 중심 교육으로 패러다임을 전환시켜야 한다. 스킬은 급격한 변화에 대응할 수 있는 강력한 유연성을 가지고 있어, 기업은 물론 글로벌 시장에서 중시하고 있다. 개인별 특성 기반의 창의적이고 융합적인 다양한 인재가 필요한 시대이므로, 효율성과 획일성을 강조한 기존 시스템에서 벗어나, 일과 학습을 병행할 수 있고, 유연하고 융합적인 사고를 함양할 수 있는 교육시스템을 구축해야 한다. 역량과 자질도 빠르게 변화되는 시대의 요구에 따라 맞춤형으로 업그레이드해 나가야 한다. 평생교육의 역할과 중요성이 여기에 있다. 오늘의 새 시대에는 융합하고 종합하는 사고역량, 초연결 생태계에서 확산되는 협업 능력, 지금의 혼돈의 시대에 민첩하게 조정해 나가는 어질리티(Agility)역량, AI의 지배를 받지 않고 A.I와 협업할 수 있게 하는 소통, 배려, 창의성 등'인간다움'등이 요구되고 있다. 특히 공동체의 포용성과 형평성을 추구하는 협력적 인간, 행복한 인생의 설계자가 되도록 지원하는 인간화 교육이 강조되어야 한다. 정치 및 공직 인재는 리더십 그리고 AI, 기후, 빈곤 등의 문제해결에 필요한 사회적, 윤리적 가치관, 국방

인재에게는 첨단기술에 대한 이해 및 활용 역량과 사회적 가치 적용 역량, 산업 인재에게는 디지털 기술에 대한 이해와 비판적 사고력 등이 요구된다.

평생교육의 혁신

정책 제언 9 | 정부는 국가 차원에서 유기적이고 유연한 통합적 평생교육 거버넌스를 구축하고, 효율적 투자로 인적 경쟁력을 획기적으로 높이자.

실행 과제

1) 정부는 국가 차원에서 일원화된 통합적인 학습 데이터 관리 체계로 평생교육의 질을 높이며, 데이터의 주도권을 지켜야 한다.
2) 국가는 자율성과 다양성을 확대할 수 있는 국가 평생교육 컨트롤 타워 및 효과적인 협업 네트워크를 구축해야 한다.

오늘의 대전환의 시대에는 기술과 리더십, 그리고 사회 윤리와 창업가 정신 등을 모두 아우를 수 있도록 국가 인재의 정의, 그리고 이를 양성하기 위한 시스템, 평생교육 체계 등을 전면적으로 새롭게 디자인해야 한다. 특히 모든 국민이 태어나서부터 일생에 걸쳐 지속적으로 학습에 참여할 수 있도록 보장하고 학습결과를 사회적으로 활용할 수 있도록 지원하는 '전 생애 학제'라는 틀을 제도화해야 한다. 국가의 교육 재정 지출도 학령기 중심에서 생애 전체로 적절하게 분산해야 한다. 교육 거버넌스도 기존의 정부 주도의 획일성에서 벗어나, 자율성과 다양성에 입각한 개인 맞춤형의 창의력을 창발할 수 있는 유연한 교육이 이루어지도록 해야 한다. 5대 핵심인재에 대한 교육과 훈련에 있어서도 최대한 자율성과 다양성을 확대해야 한다. 이를 추진하기 위해서는 국가 차원에서 중앙정부, 지자체, 각종 교육기관, 산업체 및 해외 관련 기관들과 유기적인 협업체제를 갖춰야 하며, 이를 총괄할 수 있는 컨트롤타워를 만들어 효과적으로 작동시킬 수 있어야 한다.

실행과제 1) 정부는 국가 차원에서 일원화된 통합적인 학습 데이터 관리 체계로 평생교육의 질을 높이며, 데이터의 주도권을 지켜야 한다.

AI 기술 기반의 에듀테크는 유·초·중·고, 대학, 그리고 직업교육 및 성인교육, 기업교육에서 학습자가 개인별 관심사와 수준에 맞는 교육과정을 자동으로 추천받을 수 있으며, 학습의 진행도 성취도에 따라 맞춤형으로 수행할 수 있게 한다. 더 나아가 학습 진단, 학습 이력, 성취도 등 학습자 개개인의 다양한 학습활동 데이터를 수집·분석하여 개인의 목표에 맞는 학습 경로, 경력 경로를 설계해준다. 그리고 이러한 개인의 모든 활동과 경험은 데이터화되어 축적된다. 그런데 현재는 이러한 데이터들이 각각 교육부, 고용노동부 등의 정부 부처와 교육기관, 그리고 민간기관에 이르기까지 산재되어 축적된다. 국가은 국민 개개인에 관련된 데이터들을 체계적으로 모아 생애 전반에 걸쳐 일어나는 방대한 양의 학습 활동에 대한 빅데이터를 만들어야 한다. 여기에서의 데이터들을 고도화된 인공지능 기술을 활용해 분석한다면, 국민 개개인의 모든 환경 변수를 고려한 맞춤화된 평생교육 프로그램과 서비스를 제공할 수 있다. 5대 핵심인재들에게도 꼭 필요한 맞춤형 교육을 제공할 수 있는 것이다. 그러므로 새로운 차원의 평생교육 서비스를 구현하려면, 다양하고 방대한 학습 활동에서 축적된 데이터를 표준화하고 일원화된 데이터 파이프라인을 구축해야 한다. 데이터들을 비식별화하여 개방, 활용할 수 있도록 하여, 맞춤형 인재양성을 활성화시키는 것이다. 이는 사교육과 글로벌 빅테크 기업들로부터 우리 교육의 주도권을 지키는 일이며, 계속 확대될 수많은 평생교육 관련 프로그램의 교육 효과성을 높이는 동시에 수요에 맞는 맞춤형 개발이 가능해 예산 투자에 대한 효율성과 건전성도 크게 개선할 수 있다.

실행과제 2) 국가는 자율성과 다양성을 확대할 수 있는 국가 평생교육 컨트롤 타워 및 효과적인 협업 네트워크를 구축해야 한다.

모든 국민이 태어나서부터 일생에 걸쳐 지속적으로 학습할 수 있도록 보장하고 학습결과를 사회적으로 활용하게 하는'전 생애 학제'라는 틀에서의 평생교육을 국가 차원의 싱크탱크로서 기획, 지원하는 독립적인 컨트롤타워가 세워져야 한다. 미래 대비 국가 인재의 정의, 그리고 이를 양성하기 위한 시스템, 평생교육 체계 등을 전면적으로 새롭게 디자인하는 일이다. 이는 기존의 정규학교, 각종 대안학교, 기업 교육기관을 비롯한 우리나라의 모든 인재 양성 프로그램을 포함하는 국가 차원의 교육 및 훈련 생태계를 포괄하는 것이다. 중앙정부와 지자체, 정부 내의 부처, 지방자치단체와 교육자치단체, 지방자치단체와 지역기업 그리고 지역학교 등을 아우르는 큰 방향과 함께 다양한 방식으로 상호 효율적으로 협력하는 네트워크 시스템이 매우 중요하다. AI, 디지털 기술 발전과 기후변화 등에 따른 지속적인 사회·경제·산업적 구조 변화로 빠르게 생성, 소멸하는 직업과 일자리 문제를 민첩하게 대응하는 일이다. 이를 위해서는 중앙정부가 국가 차원에서 급변하는 미래에 대한 큰 방향과 전략을 세우고, 지역, 대학, 기업, 시민 등으로 이루어지는 적절한 단위의 상생적 평생교육 공동체를 자율적으로 구축, 운영토록 해야 한다. 기존의 정부 주도의 획일적인 접근은 오히려 걸림돌이 될 것이므로, 다양성과 자율성에 기반을 두며 창의력을 창발할 수 있는 환경이 조성되도록 지원해 주는 일이어야 한다.

5대 핵심인재 형성을 위한 생애단계별 주요과제

국가의 5대 핵심인재가 만들어지는 과정에서, 유·초·중·고교육, 고등교육, 군복무, 평생학습 단계에서 요구되는 지식, 역량, 가치, 정신, 태도 등에 대한 주요 요소와 활동 과제들을 소개한다.

5대 핵심인재 형성을 위한 생애단계별 주요과제

구분	정치 인재	공직 인재	산업 인재	교육 인재	국방 인재
유·초·중·고 교육	•자치활동 •집단토론 •피드백 •팀 스포츠 •견학·참여 (지역/지구촌) •공동체 생활 •역할극 •웅변 •고전읽기 •멘토결연	•소통 •공감 •예의 •토론 •협업 •글짓기 •웅변 •피드백 •민주 절차 •팀 과제 •역할극 •팀 스포츠 •고전읽기 •애국 •애민	•스스로 탐구 •팀 프로젝트 학습 •인문 소양 •과학이해 •상상력·논리·토론 •미래 일의 세계 •노동 가치 •직업 윤리	•꿈 •교사의 본보기 •소통 •다양성 존중 •인간 사랑 •협업 •성취 경험 •피드백 •학습-경험 연계 •지구환경·지속 가능	•역사와 안보 •민주시민 •팀워크 •역할극 •체력단련 •리더십 •포용력 •인문·STEM 교육 •군 진로 체험 •창의성 개발
고등교육	•국가·세계관 •인지역량 •도덕성 •참여(선거관리, 사회이슈, 지역·국제 NGO) •모의 국회·정상회의 •정계 입문	•근거 기반 사고력 •데이터 분석력 •토론과 숙의 •융합적 사고 •교류 능력 •현장·실험·행동 중심 •전문지식 •주도성	•메타역량 •깊은 숙련 경험 •재맥락화 •설계·개발 팀 과제 •협업 •과학기술 이해 •성장 의지 •지독한 학습 •일의 의미	•소명의식 •전문성 •열정 •실습 •미래 역량 •에듀테크 •국내외 현장 프로젝트 •비판·윤리·학제적 사고 •다양한 교류	•안보와 사회적 책임 •동아리 활동 •자기 주도성 •STEM 교육 •국방기술 •전략적 사고 •윤리적 의사결정 •현장 경험
군복무	•집단 협력 •토론 •위기관리 능력 •조직 리더십 •지역사회 문제 해결 •국가 안보와 주권 •헌법 정신 •인권과 복지	•조직 리더십 •공동체 의식 •소통 •협업 •포용력 •공민의식 •도전정신 •문제해결력 •혁신역량 •자기 계발 •창업 기술	•디지털 역량 •장비 운용·개선·발전 •자기 갱신 •소통 •팀워크 •협업 •문제해결력 •실무역량 •시스템 개선 •창업 기술	•교사 체험 (교관, 조교) •에듀테크 •디지털 역량 •적응능력 •협업 •인권존중 •소명의식 •사회 지도자 역량 •글로벌 시민	•헌신과 책임 •품성과 리더십 •자기통제 •기술과 전술 •경험·실천 •위탁교육 •보편가치·군대윤리 •민주시민 •자기계발
평생학습	•토론 •규칙·법치 •숙려·중재 •관용 •배려 •사례 나눔 •참여 •리더십 •국가제도 •정치활동 •헌법 •인간·국가·세계관	•데이터 분석력 •정책사례연구 •체험 훈련 •현장 문제해결 •보고서 작성·발표 •역할 연기 •국내외 협의·협상	•일 경험·의미 •실무역량 •장인성 •통찰력 •리더십 •팀워크 •전 세계 링크 통한 배움 •나만의 진로·다른 길 만들기	•미래 역량 •재교육 •다양한 기관 연수 및 직종 사람 교류 •현장 실습 •학부모교육 •가치 공유 •여러 사회 경력자 참여	•지속적 자기계발 •군 경험과 사회·공동체 발전 기여 •윤리적 리더십 •민주시민 •군·민 파트너십 •국가 인재육성

국가 5대 핵심인재 양성을 위한 20대 정책제언

I. 인재 양성 생태계 혁신을 위한 정책 제언: 5대 핵심인재

5대 인재

정책제언 1 | 5개 분야의 핵심인재가 생애 단계를 거치며 건강하게 형성될 수 있는 모델들을 우리 사회가 제시하자.

실행 과제

국가는 유·초·중·고-대학-군 복무-평생 교육을 '전 생애 학제'로 인식하고, 다양한 '정규' 교육과정을 디자인해 나가야 한다.

정치 인재

정책제언 2 | 국가는 어려서부터 전 생애에 걸쳐 실효성 있는 시민 정치교육을 실시하자.

실행 과제

1) 시민정치교육은 학생들이 능동적으로 교육내용을 구성하는 동태적 참여 모형을 개발하여 시행해야 한다.

2) 시민정치교육은 생애 주기별 교육 모듈을 개발하여 수행하여야 한다.

정책제언 3 | 국가는 국민 대상의 시민정치교육을 총괄하는 정치 중립적인 법적 전담기구를 설치하자.

실행 과제

1) 국가는 시민정치교육 전반을 개발·관장하는 상설 전문기관으로 '시민정치교육위원회'를 설치하여야 한다.

2) 국가는 시민정치교육을 전문적으로 전담하는 '시민정치교육원'을 '시민정치교육위원회'산하에 설치하여야 한다.

공직 인재

정책 제언 4 | 정부는 우수 인재를 선발하고, 시대가 요구하는 공직자로서 갖춰야 할 핵심역량을 함양할 수 있도록 다양하고 충실한 교육훈련 생태계를 구축하자.

실행 과제

1) 국가는 공직자가 갖추어야 할 핵심역량이 전 생애 단계를 거치며 함양되도록 하여야한다.
2) 정부는 공무원 인재개발원이 공공영역과 민간영역을 긴밀히 연계하는 기관이 되도록 그 역할과 교육 훈련의 양적, 질적 수준을 크게 높여야 한다.

정책 제언 5 | 국가는 공무원이 시대를 선도하도록 유연하고 생산적인 공직 생태계를 조성하자.

실행 과제

1) 정부는 다양성을 넓히고 생산성을 높일수 있게 공직 인사 업무의 각 부처 위임을 대폭 확대하고, 직무 중심의 개방적 인사제도로 전환해야 한다.
2) 정부는 자유와 기회를 확대하고 기여와 보상이 부합해 신이 나서 일할 수 있는 공직 생태계를 조성해야 한다.

산업 인재

정책 제언 6 | 국가는 메타역량을 가진 장인적 핵심선도인재의 육성을 위한 생애단계별 성장 여건을 조성하자.

실행 과제

1) 각급학교, 군, 평생교육기관은 항상 현장과 연계하며, 실무역량과 깊은 숙련을 고도화하는 맥락 중심의 교육을 크게 강화해야 한다.
2) 각종 교육기관과 사회 현장에서는 AI와 건강한 공존을 대비하도록 구성원에게 일에 대한 의미, 가치를 높이는 태도를 갖게 해야 한다.

산업 인재

정책 제언 7 | 정부와 산업체는 일터와 사회에 장인을 크게 인정하고 존경하며 보상하는 제도와 문화를 조성해야 한다.

실행 과제

1) 국가는 장기 전략적 안목을 가지고 성장동력의 핵심인 과학기술 인재의 양성 및 활용 생태계 로드맵을 시급히 재설계해야 한다.
2) 국가는 사회 전반적으로 모든 구성원이 글로벌 환경에서 일-학습-삶의 조화를 이루는 일상의 체제를 구축해야 한다.

교육 인재

정책 제언 8 | 국가는 학생들이 어려서부터 교육자가 되고자 하는 꿈을 키울 수 있는 환경을 만들어 주자.

실행 과제

1) 교육부와 교육청은 미래 교사가 되고자 하는 초·중·고교 학생들을 위한 각종 체험 기회를 마련해주어야 한다.
2) 국가와 국민은 교육자를 존경하는 풍토를 조성하고, 높은 사회·경제적 처우를 보장해야 한다.

정책 제언 9 | 교육부와 교육청은 미래 시대에 적합한 우수 교사 확보를 위해 개방형 양성 및 채용·연수 시스템을 구축하자.

실행 과제

1) 교육부는 다양한 분야의 전문가들이 교사로 입직할 수 있는 다양한 경로를 만들어야 한다.
2) 교육부는 우수 교사 양성 및 지속적 전문성 개발을 위한 '교원교육개발원'을 설치 운영해야 한다.

국방 인재

정책 제언 10 | 국가는 미래의 우수한 국방 인재 그룹 형성을 위한 생애단계별 사회 환경을 조성하자.

실행 과제

1) 정부는 건전한 시민, 국방 인재 양성을 위한 주니어사관(JROTC)제도를 확대하여야 한다.
2) 국가와 국민은 군인의 헌신을 존경하며 군인을 파격적으로 인정·보상하고, 전역 전·후 재교육을 통하여, 매력있는 군으로 대전환시켜야 한다.

정책 제언 11 | 국방부는 군의 조직, 운영 시스템을 미래 AI 시대의 군에 적합하도록 재설계 하자.

실행 과제

1) 국방부는 군의 경직된 수직적 구조를 유연한 수평적 구조로 전환시켜야 한다.
2) 국가는 군대를 '반군 반민' 통합 체제로 전환시켜야 한다.

국가 5대 핵심인재 양성을 위한 20대 정책제언

II. 인재 양성 생태계 혁신을 위한 정책 제언: 생애 단계

교육기관

정책 제언 1

각급 교육기관은 학생들에게 교실에서의 학습, 훈련 내용이 개인 및 우리 사회와 지구촌 미래의 현장에서 어떤 도움될 수 있는지를 알려주어야 한다.

유·초·중등 교육의 개선

정책 제언 2

학교는 교육활동을 AI 시대를 선도할 수 있는 지식, 역량 및 가치 중심으로 운영하며, 수업은 학생 개인 맞춤형으로 개선해야 한다.

실행 과제

1) 국가는 유아교육 무상화를 통해 어려서부터의 '교육격차'를 없애야 한다.
2) 학교는 학습자 중심으로 수업의 질적 대전환을 이루어 나가야 한다.
3) 국가는 학생들의 특성에 적합하도록 교육 체제를 다원화하고, 프로그램, 교수 방법 등을 개인 맞춤형으로 전환시켜야 한다.

정책 제언 3

학교를 구성하는 각 주체들은 서로의 지위와 역할을 존중하며, 좋은 학교를 만드는데 필요한 역량을 적극 개발하자.

실행 과제

1) 국가는 교사들을 사회 지도자로 인정하고, 적절한 예우와 함께 전문성과 헌신성을 높이도록 노력해야 한다.
2) 시·도교육청은 학교 구성 주체들의 역량 개발을 위하여 교원양성기관 및 지역사회 내 다양한 주체 간 파트너십을 형성해야 한다.

대학 교육의 혁신

정책 제언 4 | 대학은 교육 혁신을 '수업 혁신'에서부터 시작하자.

실행 과제

1) 대학은 미래 진로 지도 강화를 통해 학생 성공, 국가 성공을 이끌어야 한다.
2) 대학은 교수의 역할을 바꾸고, 업적의 인정, 평가 체제도 바꿔야한다.

정책 제언 5 | 대학은 학사 구조와 교육과정을 급변하는 미래 사회 관점에서 평생 교육을 포괄하는 다원화된 체계로 혁신해야 한다.

실행 과제

1) 국가는 기존 정규대학, 학위 중심 시스템에서 다양한 국내외 인증시스템 및 평생교육을 포용하는 유연한 대학 체제로 전환해야 한다.
2) 대학은 융합적 역량을 위해 학과 중심 문화를 폐기하고, 자기주도적 체험이 자유롭게 이루어지는 개방적 운영체제로 바꿔야 한다.

인재 생태계로서 군의 혁신

정책 제언 6 | 국가가 주도적으로 군을 새 시대를 위한 '국가인재양성센터'로 대전환시키자.

실행 과제

1) 국가는 군을 애국애족하는 건전한 민주시민 양성의 요람이라는 사회적 역할을 크게 확대시켜야 한다.
2) 국가는 범정부 차원에서 군 복무기간을 '생산적'으로 바꿔, 장병 개개인의 전역 후를 책임지도록 해야 한다.

인재 생태계로서 군의 혁신

정책 제언 7

국가는 군을 국방과학기술 인력 양성의 요람으로 전환시켜, 국가 혁신의 핵심동력으로 자리매김하는 전략을 선택하자.

실행 과제

1) 국가는 군-산-학-연 네트워크의 활성화를 통해 군사력 증강과 산업 분야 발전을 주도 해 나가야 한다.
2) 국방부는 군 내부에 과학기술인력의 양성과 활용을 통합 관리하는 전담부서를 설치 해야 한다.

평생교육의 혁신

정책 제언 8

국가는 급격한 시대 변화를 인정하고, 모든 교육시스템을 평생교육 중심의 체계, '전 생애 학제'로 재편하자.

실행 과제

1) 국가는 AI, 디지털 기술을 활용하여 개인 맞춤형 교육을 고도화시켜야 한다.
2) 국민들은 스스로 급변하는 디지털 환경에 요구되는 핵심 역량과 자질을 지속적으로 맞춤형 업그레이드해야 한다.

정책 제언 9

정부는 국가 차원에서 유기적이고 유연한 통합적 평생교육 거버넌스를 구축하고, 효율적 투자로 인적 경쟁력을 획기적으로 높이자.

실행 과제

1) 정부는 국가 차원에서 일원화된 통합적인 학습 데이터 관리 체계로 평생교육의 질을 높이며, 데이터의 주도권을 지켜야 한다.
2) 국가는 자율성과 다양성을 확대할 수 있는 국가 평생교육 컨트롤 타워 및 효과적인 협업 네트워크를 구축해야 한다.

제1부

국가 5대 핵심인재는 어떻게 만들어져야 하는가?

제1장

자유민주시민을 위한 정치교육과 정치리더십의 형성

양승함 (연세대 정치외교학과 명예교수)

01. 서론: 정치와 교육

오늘날 한국 정치는 복합적 중첩적 적대적 갈등에 휘말려 총체적 위기에 직면해 있다. 결과적으로 정치사회적 분열과 대립은 그 어느 때보다도 첨예화돼 있다.[1] 특히 정치인들은 사회적 갈등 현상을 정치적으로 이용하고 동원하여 정치화함으로써 자신들의 권력 유지와 장악을 위한 진영정치에 몰두하고 있

1 전국경제인연합회는 2016년 기준 OECD 30개 회원국을 대상으로 갈등지수를 조사한 결과 3위를 기록해 최상위권에 속했고, 2008년 4위보다 높아졌다. 「한겨레」, 2021. 8. 19; 뉴스 1과 타파크로스가 뉴스와 소셜미디어에 언급된 갈등을 분석한 한국 사회 종합갈등지수가 2022년에 2018년 대비 거의 두 배로 오른 것으로 분석됐다. 「동아일보」, 2022. 4. 11.

다.[2] 많은 국민이 진실을 호도하는 탈진실(post-truth)[3]의 확증편향증에 빠져 있고 이를 치유할 정치리더십은 실종돼 있다. 정치인들 대부분이 이에 편승하여 선전 선동을 일삼고, 국가와 국민을 위한 비전과 철학은 물론 국가 운영과 민생을 위한 정책 대안마저도 소홀히 하고 있다.

한국 민주주의가 공고화 단계를 지나 심화 단계로 진화하지 못하고, 왜곡되어 후퇴하고 있다. 급속한 민주화의 여파이기도 하지만 과도한 민주화(over-democratization)로 민주정치의 본질을 훼손시키고 있다. 협치와 관용의 부재는 물론, 삼권분립의 원칙은 제왕적 대통령제로, 다수결의 원칙은 입법독주의 다수횡포로, 사법의 자율성은 정치화로, 시장경제는 사회성 결핍으로, 노동은 노조의 귀족화로, 시민운동은 비선출 권력으로, 그리고 국민주권의 원리는 국민 소외로 귀결되어 민주적 가치와 제도적 규범에서 어긋나 있다.

왜 이러한 현상이 일어났을까? 경제발전이 민주주의 발전의 전제조건이라는 과거의 통념과는 다르게, 정치문화라는 매개변수가 작용한다는 게 지배적인 관점이다. 즉, 정치문화가 민주적, 참여적 또는 다원적인 시민문화를 형성하지 못하면 경제발전을 하더라도 민주주의가 성립되기 어렵다는 것이다.[4] 정치문화는 오랜 기간 정치사회화(political socialization) 과정을 거쳐 일반적으로 내재화된 정치적 감정, 태도, 가치, 신념 및 행동 양식을 의미한다. 한편,

---

2 한국 민주주의가 퇴행하고 있다는 것이 최근 학계 연구의 추세다. 정치적 양극화와 강한 당파성으로 위협을 받고 있다는 주장의 최근 연구는, 권혁용, "한국의 민주주의 퇴행," 「한국정치학회보」, 57(1), (2023 봄): 33-58.

3 여론 형성에 있어서 객관적 사실보다도 감정과 개인적 믿음에 집착하는 상황으로서 믿고 싶은 대로 믿으려 하는 심리적 현상이다. 옥스퍼드 사전은 탈진실을 2016년 올해의 단어로 선정했다. 그해 트럼프 미국 대통령 당선과 영국의 브렉시트(Brexit) 국민투표 과정에서 가장 많이 확산했기 때문이다.

4 민주주의가 확립되기 위해서는 시민문화(civic culture)가 정착되어야 한다는 주장에 대해서는, Gabriel A. Almond and Sidney Verba, *The Civic Culture* (Princeton, NJ: Princeton University Press, 1963); idem, eds. *The Civic Culture Revisited* (Boston: Little, Brown, 1980). 정치문화가 민주주의와 경제발전 사이의 결정적인 연결 고리라는 주장은, Ronald Inglehart, "The Renaissance of Political Culture," American Political Science Review, 82(1988): 1203-30. 민주적 제도를 발전시키기 위한 필요조건 5가지 중의 하나로 민주적 정치문화를 지목한 연구는, Robert Dahl, *Democracy and Its Critics* (New Heaven CT: Yale University Press, 1989), 25.

정치사회화는 정치문화를 통해 사회 구성원이 정치 생활 양식을 체득하고 적응해 가는 과정이기도 하다. 정치문화와 정치사회화는 상호 영향을 주며, 전자가 후자보다 장기적이고 구조적인 현상이다.

정치사회화는 사람들이 평생을 통해 학습하며 정치정향(political orientation)을 형성해가는 과정이다. 정치사회화는 사회의 환경과 여러 매개체를 통해 정치에 관련된 태도와 성향 그리고 행동 유형을 배우고 익히는 정치적 학습 과정이라는 점에서 교육과 밀접한 관계가 있다. 이때 가장 체계적으로 의도적인 효과와 영향을 발휘하는 게 학교 교육이라고 할 수 있다. 다시 말해서 교육과 정치사회화의 인과관계는, 제도권 교육이든 아니든, 경험적으로 가장 뚜렷하다고 하겠다.[5]

선진 민주주의 국가들이 시민교육 또는 정치교육의 형태로 교육체제를 운영해 왔음은 주목할 일이다. 제2차 세계대전 후 가장 체계적인 정치교육(politische bildung)을 실시해온 독일이 신민문화(subject culture)를 극복하고 시민문화의 일부 성향에서, 특히 민족적 긍지와 신념 등에서 미국과 영국을 앞선 것으로 나타났다.[6] 투표율 저하 등 정치적 무관심과 냉소주의가 만연하고 세계질서가 급격하게 변화하자 미국과 영국도 국가적 차원의 종합적 시민교육 대안을 제시했다. 미국은 1991년 미국 시민교육을 집대성한 「시비타스: 시민교육을 위한 틀」(CIVITAS: A Framework for Civic Education)[7]

---

5 5개국의 정치문화를 교차분석한 연구에서 정치태도를 결정하는데 있어서 성별, 소득, 연령, 직업, 거주지 등의 변수들보다도 교육이 비교가 안 될 정도로 가장 큰 영향을 주었다고 한다. 교육 수준이 높으면 높을수록 정치참여율이 높았고, 국가 간의 정치태도의 차이도 교육 수준이 높을수록 줄어들었다고 한다. Almond and Verba, *The Civic Culure*, 379-387. 후속 경험적 연구들이 이러한 견해를 입증했다. 예를 들면, Robert J. Baro, "The Determinants of Democracy," Journal of Political Economy, 107(S6), 1999: S158-183; Adam Przeworski et al. Democracy and Development: Political Institutions and Material Well-bing in the World, 1950-1990 (New York: Cambridge University Press), 2000.

6 Almond and Verba, *The Civic Culture* Revisited.

7 미국의 시민교육센터(Center for Civic Education)와 시민성진흥협의회(Council for the Advancement of Citizenship)의 공동기획으로 작성됐다. National Council for the Social Studies, *Bulletin* No. 86, 1991, 665pp.

을 민주 시민교육 프로그램을 개발하는 안내 지침으로 사용하게 했다. 영국은 시민적 담론이 사라지고 민주주의가 붕괴하는 것을 막기 위해 시민교육이 필요하다는 크릭보고서(Crick's Report)[8]에 기반을 둔 시민교육을 2002년 학교 교과로 지정했다. 이 국가들은 수 세기 동안 나름의 시민교육을 수행해 왔지만, 시대적 변화와 시민의 정치문화가 민주주의에 적합하지 않은 방향으로 전환하는 조짐을 보이자 국가적 차원의 대응을 했다.

한국에서도 민주시민으로서의 자치 능력향상을 위한 교육을 해방 후 줄곧 실행 온 게 사실이다. 그러나 정부의 정치적 영향을 강하게 받아옴으로써 권위주의 정치문화를 벗어나 시민문화를 형성하는데 실효적 효과가 사실상 없었다고 해도 과언이 아니다. 그나마 민주화로 시민교육이 정착할 만한 환경이 조성됐으나, 이미 과도한 입시교육 중심으로 전통적 주입식 교육을 탈피하지 못하고, 주변적 교과과정 또는 형식적 교과목에 머무를 수밖에 없었다. 공교육 과정에서 홀대받은 시민교육이 민주화 이후의 시기에 들어서면서 시민교육 관련 과목들이 선택과목으로 바뀌고 내용도 통합 축소됐다.[9] 한국 시민교육의 실효성이 제한적이라는 사실은 시민교육 자체가 정치사회화에 무의미함을 의미하는 거는 아니다. 정치에 관한 교육의 효과는 정치적 사회적 태도, 정치참여, 정치 지식 등에서 뚜렷한 상관관계를 갖는다.[10]

한국 정치가 민주주의 퇴행 현상을 벗어나기 위해서는 먼저 국민이 시민적 덕목(virtue)을 갖추도록 실효성이 있는 교육 훈련체계가 필요하다. 민주시민으로서 자질을 갖춘 국민을 배양하고 그중에서 정치지도자를 배출하는

8 영국 교육부가 크릭(Bernard Crick)을 위원장으로 하는 "학교에서의 민주주의와 시민성 교육" 자문위원회를 구성해 1998년 보고서를 만들었다. 이 보고서의 내용은, *Qualifications and Curriculum Authority, Education for citizenship and the teaching of democracy in schools,* 22 September 1998.

9 한국의 사회과 정치교육이 시대별 정치적 특성에 의해 영향을 받았다는 사실에 일반적 동의가 있다. 옥일남, "사회과 정치 교육과정의 변천 과정 연구," 「사회과연구」, 50(3), 2011: 67-91.

10 교육과 정치의 상관관계에 관한 문헌 고찰 연구에 대해서는, Nicholas Emler & Elizabeth Frazer, "*Politics: the education effect,*" Oxford Review of Education, 25(1&2), 1999: 251-273.

교육체계가 새롭게 창설되어야만 한다. 인재 양성 생태계를 창출하기 위해서는 교육체계의 전반적인 전환이 필요한데, 그 실마리를 정치교육에서 찾을 수 있다. 정치를 민주적으로 발전시켜 사회 전 영역에 바람직한 역동성을 불어넣기 위해서는 국민이 평등하고 효과적인 정치참여를 해야한다.[11] 정치적 인재의 양성은 일단 가능한 모든 성인에게 기회를 주는 게 민주적 원칙에 부합한다. 엘리트 정치교육기관으로 유력한 정치지도자들을 배출한 프랑스의 국립행정학교(ENA)는 폐교됐고, 일본의 마쓰시다 정경숙은 폐교의 기로에 서 있다.[12] 정치엘리트를 위한 전문적 교육은 별도의 전문교육 기관을 통해서 하는 게 합당할 것이다. 이상의 논거를 바탕으로 본 연구의 기본과정을 도표로 간략히 요약하면 다음과 같다.

■■ 민주적 시민정치교육 생태계 체계도

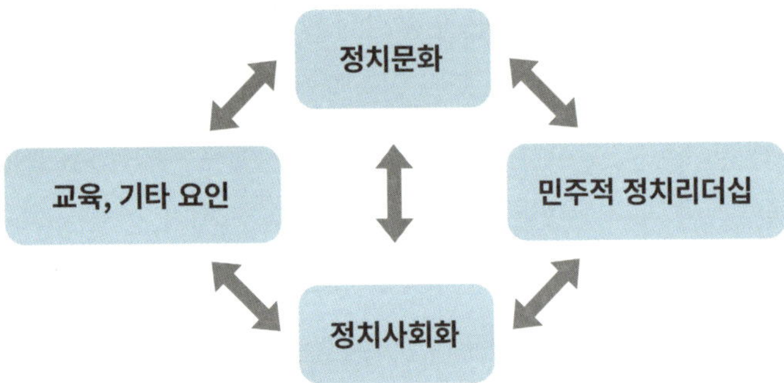

정치교육 또는 시민교육은 기본적으로 시민들이 좋은 생활(good life)을 영위할 수 있도록 덕목을 장려하고 양성하는 데 목적이 있다. 시민교육은 시민으로서 공중의 복리(commonweal, civitas)를 위해 바람직한 신념, 헌신, 능력과 행동을 갖추게 하는 제반 학습 과정이며, 모든 시민을 대상으로 하거

11 민주주의 이론의 권위인 달(Robert Dahl)은 민주적 과정의 평가 기준으로 모든 구성원이 효과적 참여, 평등한 투표권, 계발된 지식, 의제의 통제권, 모든 성인 포함의 5개 항목을 제시했다. *Democracy and Its Critics*, chs. 8, 9; On Democracy (New Haven, CT: Yale University Press, 1998), 37-38.

12 이들 기관은 특권층을 양성한다는 비판을 받아 왔다.

나 좁게는 장래의 지도자를 대상으로 한다.[13] 정치교육은 시민의 정치적 정체성, 정치 전문성 그리고 정치참여와 관련한 덕목, 지식, 기능을 양성하는 과정이다.[14] 정치교육이 민주적이면 정치 개념이 광의로 확장되어 사회 모든 양상에서의 인간 상호작용까지 포함하게 된다. 따라서 이 둘을 상호 교차 사용하는 경우가 일반적이며 실제 교과 내용도 대동소이하다. 본 연구에서는 이 둘을 합성해서 시민정치교육이라고 명명하는 것이 연구목적을 위해 오히려 도움이 될 것으로 판단한다.

여기서 중요한 것은 "좋은 생활"에 대한 논의다. 인류의 역사적 교훈에 따르면, 자유민주주의의 가치와 규범에 의한 생활이 "좋은" 생활임을 일반적으로 인정할 수 있을 것이다. 따라서 시민정치교육은 바로 자유민주주의를 실천할 수 있는 덕목을 기르는 것을 목적으로 해야 할 것이다. 자유민주주의 체제를 바르게 정립할 시민의 덕목은 자유와 책임, 다양성과 상호 존중, 개인의 자율성과 기회의 평등, 관용과 동의, 법치주의 등의 중요한 가치를 인식하고 실행하는 것이다.[15] 시민정치교육은 바로 이러한 자유민주적 덕목을 배양하고 실천할 수 있는 시민을 양성하는 것을 목적으로 한다. 따라서 본 연구의 목적은 자유민주시민으로서 덕목과 자질을 갖출 수 있는 교육체계를 개발하고 이를 한국적 현실에 실천적으로 적용할 수 있는 시민정치교육 프로그램을 제시하는 데 있다. 이때의 시민정치교육은 공식적 제도 교육과 비공식적 교육 프로그램으로 나뉘어 제안된다.

본 연구의 범위는 한국의 시민정치교육을 주요 대상으로 하나 비교사례연구도 아울러 포함한다. 한국에서의 시민정치교육의 현황과 문제점을 분석하고

13 "*Civic Education*," Stanfiord Encyclopedia of Philosophy, 1-4.

14 Elizabeth Frazer, "*Introduction: The Idea of Poliyical Education*," Oxford Review of Education, 25(1&2) 1999: 5-22.

15 자유민주주의도 고전자유주의, 근대적(사회적) 자유주의, 보수주의, 신자유주의, 뉴라이트 등 다수의 사상적 조류가 여기서는 근대적 자유주의를 기반으로 하고자 한다. 자유민주주의 가치에 대해서는, *Andrew Heywood*, *Politics,* 3rd. ed. (New York: Palgrave Macmillan, 2007), 45-48.

외국의 사례들을 비교 분석하여 한국의 현실 사례에 주는 시사점을 평가한다. 한국의 시민정치교육은 공식 제도권 교육을 유·초(초등), 중·고(중등), 대학(고등), 군(군대), 일반(평생)으로 구분해 단계별 현황 분석과 대안을 제시한다.

02. 한국 시민정치교육의 현황과 문제점

한국의 교육이념은 교육기본법 제2조에 명시돼 있다. "교육은 홍익인간의 이념 아래 모든 국민이 인격을 도야하고 자주적 생활능력과 민주시민으로서 필요한 자질을 갖추게 함으로써 인간다운 삶을 영위하게 하고 민주국가의 발전과 인류공영의 이상을 실현하는 데에 이바지하게 함을 목적으로 한다."[16] 이러한 교육이념이 제대로 실현됐다면 시민교육은 자연히 민주시민으로서의 덕목을 양성해서 민주적 태도와 신념, 지식과 기능을 발휘해 한국 민주주의가 심화 과정을 경험했을 것이다. 학교 교육의 목표 또한 학생의 "잠재력을 최대한 계발하게 하여 자아실현을 돕고 시민적 역량과 자질을 함양하는데" 있음을 표명하고 있지만, 교육적 이상과 현실의 괴리는 자못 크다.

한국 시민교육의 맹아는 일제 강점에서 해방된 직후 실시된 미 군정의 교육정책에 의해서다. 미 군정은 소련 공산주의에 대항하고 자유민주주의 이식을 위해 미국 콜로라도주의 사회과(social studies) 교과목을 도입했다.[17] 극도의 사회적 혼란과 높은 문맹율(78%)에 이르는 전통사회에서 시민교육은 문맹 퇴치가 우선적 과제가 됐다. 당시 지방자치제가 실행돼 학교와 사회에서 건국기 민주적 시민교육이 획기적으로 실행됐으나 오랜 권위주의 전통의 교

16 이 교육이념은 대한민국 정부 수립 후 1949년 12월 31일 제정한 교육법 제1조였는데, 2005년 11월 8일 일부 개정된 교육기본법에는 제2조로 편제됐고, 본래 홍익인간을 건국이념으로 했던 거를 교육이념으로 완화했다.

17 옥일남, "사회과 정치 교육과정의 변천 연구,": 68.

육 환경 속에서 신민적 교육으로 변질했다.[18]

산업화기의 시민정치교육은 반공을 국시로 하고 경제개발 우선 정책에 따라 광범위한 교육개혁이 이뤄졌으며, 국가 주도로 행정 통제에 의한 인재 육성 교육이 이행됐다. 시민정치교육은 반공과 안보교육 중심으로 한국적 민주주의 연구, 용공 및 중립주의 배격 등에 대한 학습, 시국 강연 등이 학교뿐만 아니라 관변 사회단체에 의해서 활발히 전개됐다. 산업화기 시민정치교육의 절정은 1968년 12월 5일 제정한 "국민교육헌장"이다. 이 헌장은 학교의 모든 교과서에 실렸고, 모든 학생과 공무원은 공식 행사에서 암송해야 했다.

1972년 10월 전격적으로 단행된 유신정변은 교육과 미디어에 대한 완전 통제를 통해 국민의식을 체계적으로 조작했다.[19] 유신체제를 정당화하기 위해 자유민주주의 대신 한국적 민주주의가 표방됐고, 민족 주체성, 충효 사상, 안보교육, 국가관 확립 및 조국 근대화 등이 강조됐다. 특히 충효 교육은 가부장적 권위주의 체제를 국민에게 내면화시켜 유신 독재를 정당화하려는 노력으로 간주됐다.[20] 유신체제에서 국민의식 개조를 위해 국민윤리 과목을 신설해 최우선의 교과로 독립시켰다.

10·26사태 후 출범한 신군부 정권은 정통성을 확보하기 위해 유화적 정책으로 사회적 불만을 해소하려 했다. 반정부 시위를 탄압하고 언론 통폐합을 하면서도 산업화의 성공에 따른 사회경제적 발전에 조응하기 위해 사회문화적 이완 정책을 구사했다. 반공 교육이 완화되고 사회정화운동으로 대체됐다.

민주화기에 있어서 1980년대 교육은 제도권과 비제도권으로 나뉘어 제도권보다는 비제도권의 의식화 교육이 훨씬 실효적이었다. 이른바 386세대

---

18 손풍삼, 「한국의 정치교육과 정치발전」 (서울: 연방컴, 1996), 141-142; 이승만 정권 말기에 대통령 찬가를 부르고 국부로 칭송되는 등 개인숭배가 이뤄졌다. Shinil Kim, "*Development of Political Education in Korea,*" The SNU Journal of Education Research, 8 (December 1998): 1-13.

19 Shinil Kim, "*Development of Political Education in Korea*," 10-11.

20 박용헌, 「가치교육의 변천과 가치의식」 (서울: 서울대출판부, 2002), 300-302.

를 탄생하게 한 비제도권의 의식교육은 민주화를 위한 과격 내지 좌경화 사상이 대학가에 지배적 담론으로 등장했다.[21] 이들은 5·18민주항쟁을 시작으로 해서 1987년 서울의 봄을 계기로 민주화 시대를 여는 데 주도적 역할을 했다.

군사 정권 30여 년 만에 들어선 문민정부는 신한국건설의 기치를 내세우며 대대적인 사정과 부정부패 일소를 주창하면서 '역사바로세우기' 운동을 전개했다. 5·18민주항쟁과 12·12사태 진상 규명에 나서고 하나회 척결과 금융실명제 등 민주발전을 위한 제도적 장치는 마련했으나 국민의식을 개선하는 시민정치교육적 측면에서는 별다른 결실을 거두지 못했다.

한국 최초의 수평적 정권교체가 이뤄진 1998년 국민의 정부 출범은 민주화 단계를 지나 민주주의 공고화 단계에 들어섰음을 의미했다.[22] 소위 재야, 노동, 시민단체의 일부가 참여한 첫 진보정권으로서 민주시민교육에 대한 논의와 활동을 활발히 벌였다. 사회 35개 분야와 16개 광역시도가 참여해 민주개혁국민연합을 결성하고, 그 이듬해 1999년 민주시민교육원을 설립했다. 같은 해 1982년에 제정된 사회교육법을 평생교육법으로 통폐합하고 한국교육개발원에 평생교육센터를 설립했다.

이 시기 또 하나의 특징은 시민사회가 활성화되어 민주시민교육에의 참여가 두드러졌다. 민주화운동기념사업회와 5·18기념재단이 대표적인데, 이들은 각 지역 지회를 통해 기념 및 추모 사업 그리고 정신 계승 사업을 벌였다. 이 단체들의 교육사업은 중요한 비중을 차지하며, 현재는 '민주시민교육'의 이름으로 운영하고 있다. 민주화운동기념사업회는 2001년 법 제정으로 설립됐는데, 3·15의거, 4·19혁명, 부마항쟁, 6·10항쟁 등 대통령령이 정하는 활

21 대학가에서 학생 동료들 간의 민주화 투쟁 토론과 모임이 주를 이뤘으며, 스스로 신입생 오리엔테이션을 조직하고 독서 목록과 야학 등 나름의 체계를 갖추었다. 학교의 교과과정과 강의는 제도권 교육으로 불렸고, 국가고시 등의 제도권 공부를 하는 학생들은 숨어서 했을 정도였다. 학생 민주화운동은 민족해방계(NL: National Liberation)과 노동운동계(PD: Proletariat Dictatorship)로 크게 나누어졌는데, 주로 NL이 주도했고, 이들 가운데는 주사파도 있었다.

22 민주화가 진행된 이후 정권과 정치엘리트의 교체가 이뤄지면 민주주의가 공고화된 것으로 인정한다는 주장에 대해서는, Samuel P. Hntington, *The Third Wave: Democratization in the Late Twentith Century* (Norman, Okla.: University of Oklahoma Press, 1991).

동을 한다. 주요 교육사업으로는 민주주의 교육교재 개발 및 연구, 교육 활동 및 사업 지원, 민주주의 정신 함양 교육 등이 있다.[23] 5·18기념재단은 1994년 기금과 보상금 출연으로 설립됐는데, 본격적인 교육사업은 2000년대부터 지도자 교육, 청소년 체험 및 참여 활동, 교육자료 개발, 공교육 지원 등에서 이뤄졌다.

진보정권의 연장이라고는 하지만 참여정부는 386세대를 비롯한 민주화운동 세력이 정부의 전면에 포진함으로써 혁신적 진보의 성격을 띠었다. "시민사회의 권력화"라는 말이 나올 정도로 시민단체가 정부 정책결정에 깊이 관여했고 민주시민교육도 적극적으로 전개해 정권 지지 기반을 확충했다. 이에 기득권 보수층의 반발도 거세져 국민이 이념으로 양극화되기 시작해, 참여정부는 개혁 정신을 국민에게 심어 주는 데는 성공했지만, 국민 통합에는 철저히 실패했다.[24]

보수정당으로서 10년 만에 정권을 되찾은 이명박 정부는 신자유주의 정책 기조를 유지하면서 진보정권의 흔적을 지우려 했다. 자율과 경쟁의 국정원칙 아래 수요자 중심의 교육경쟁력 강화, 단위학교 자율성과 책무성 강화, 핵심인재 양성 등을 제시했다. 학교의 다양화와 자율화 그리고 학교선택권 확대를 추진했으므로 정부 주도의 시민정치교육에는 상대적으로 소극적이었다.

박근혜 정부는 창조 경제와 문화 융성을 국정과제로 지정하고, "개인의 꿈을 이루고 희망의 새 시대를 여는 일은 교육에서 시작된다"고 강조했다. 그러나 교육 현실은 누리과정 무상보육 재원 문제로 지방정부와 갈등을 벌였고, 역사 교과서 국정화를 강행 추진하면서 이념 갈등을 악화시켜 시행을 연기하기도 했다. 이것은 합의보다는 대통령의 정치 이념을 교육에 반영하려고 강제한 것으로 비추어졌다.

23 민주화운동기념사업회, 「민주화운동기념사업회 6년사 (2007), 106.

24 양승함, "노무현 정부의 국정철학과 국가관리원칙," 양승함 편, 「노무현 정부의 국가관리 중간평가와 전망」 (서울: 연세대학교 국가관리연구원, 2006): 29-58.

문재인 정부는 진보정권의 귀환을 의미했고 386 운동권 세력이 정권 전면에 나섰다. 2017년 5월 대통령선거에서 100대 국정과제 중의 하나로 민주시민교육 활성화를 채택했고, 10여년 간 침체 됐던 민주시민교육의 부활을 예고했다. 학교 교육에서 이를 본격적으로 추진하기 위해 2018년 교육부에 민주시민교육과를 신설하고 '민주시민교육 활성화를 위한 종합계획'을 세웠다. 이 계획서는 5대 추진과제를 학교 민주시민교육 강화, 교원 전문성 신장 및 교육활동 지원, 민주적 학교문화 조성, 학생자치 활성화, 민주시민교육 지원체계 구축으로 선정하고 2019년부터 시행했다.[25] 시민단체의 교육사업도 활성화하기 위해 폐지됐던 민주화운동기념사업회 교육사업국을 2018년 3년 만에 부활시켰다. 이 단체는 시민사회의 대표적인 연대 조직인 시민사회단체연대회의와 협력해 전국민주시민교육네트워크를 발족시켰다.[26]

이상의 검토에 의하면, 한국의 시민정치교육이 소기의 목적을 달성하지 못하고 있음은 분명하다. 이러한 시민정치교육의 문제점을 쟁점별로 다음과 같이 지적할 수 있다.

첫째, 정치적 중립성의 결여다. 그동안 시민정치교육은 특정 정권이나 정치세력의 권력을 유지 강화하기 위한 수단으로 이용돼왔다. 권위주의 시대는 물론이고 민주주의 시대에서도 공식적 비공식적 제도를 통해서 우민화하거나 의식화하는 경향을 띠어왔다. 이념적 편향성을 지닌 시민정치교육에 동원된 대중들은 상호 모순적인 정치사회화를 경험하면서 정치문화의 양극화를 심화시키고 적대적 태도를 형성하는 데 일조했다.

둘째, 일관된 행위 주체의 부재다. 시민정치교육은 다양한 공식적 비공식적 기

25 교육부 민주시민교육과, "민주시민교육 활성화를 위한 종합계획," (2018. 11):
26 우기동 외, 「민주시민교육센터 설립·운영 연구」 (민주화운동기념사업회, 2018).

관들이 관여하고 있는데, 이들을 조정하고 상호 간의 협력을 도모할 거버넌스 체계가 구축돼 있지 않다. 설사 있다고 해도 일시적이고 정권을 초월해서 관장하는 기구가 없다. 현재 중앙선거관리위원회 선거연수원이 민주시민교육 전문기관으로 유사한 기능을 하고 있으나 전문성과 업무의 책임성이 부족하고, 지금까지의 성과는 별로 평가할 만하지 않다.[27]

셋째, 재정지원이 턱없이 부족하다. 전 국민을 대상으로 한 시민정치교육을 위한 재정은 막대할 수밖에 없는데, 한 번도 이에 관한 예산안이 논의된 적도 없다. 2015년 중앙선거관리위원회는 선거관리위원회법으로 선거연수원 업무에 민주시민교육을 규정하려 했으나, 국회 논의 과정에서 기획재정부가 막대한 예산 소요를 이유로 강력히 반대했다.[28]

넷째, 사회적 공감대가 부족하다. 관련 국가기관과 사회단체는 민주시민정치교육의 제도화에 비교적 적극적이나 우선순위가 낮고, 일반 국민과 언론은 그 중요성과 필요성에 대한 인식이 높지 않다. 시민정치교육의 제도화를 통해서 근본적인 교육개혁을 추진하며, 자유민주적 정치교양을 습득하는 정치사회화를 온 국민에게 전파하고, 나아가 민주적이고 다원적인 시민문화를 형성하기 위한 사회문화운동이 절실하다.

다섯째, 교육 내용에 일관성이 없다. 학교 교육이 시민정치교육에 가장 큰 영향을 미친다고 보았을 때, 교육과정의 빈번한 교체와 수정이 개혁의 이름으로 행해졌다. 시민정치교육의 핵심 과목인 정치교육 내용도 15가지에서 8가지로 축소와 증대를 반복했으며, 다른 사회과 과목과도 통합과 분리를 반복해

27 중앙선거관리위원회가 1980년부터 민주시민교육을 실시해 경험과 전문성을 축적해 왔고, 2000년부터 수백만 명을 교육해 "민주시민교육의 요람"을 자처한다는 평가에 대해서는, 김정곤, "민주시민교육 제도화에 대한 심층적 이해: 제도화 추진 주체의 관점에서," 「연구방법논총」 5(3), (2020 가을): 96.

28 위의 글, 86.

왔다.[29] 국가 백년대계의 교육이 5년 임기의 정권 주기에 따라 널뛰고 있다. 당파성을 지니고 난립하는 시민단체의 경우도 시민정치교육의 정당성과 진정성을 훼손하고 있다.

여섯째, 학습 환경이 미성숙하다. 한국 교육의 고질적 난제인 주입식 교육 풍토가 시민정치교육의 효과를 떨어뜨리고 있다. 극심한 입시경쟁은 이를 더욱 부추기고 사교육이 만연함으로써 공교육은 더 이상의 교육 기능을 발휘하지 못하고 있다. 2020년 선거권과 피선거권의 참정권이 18세로 낮춰지고 정당 가입도 16세로 하향 조정됐는데, 정작 선거 관련 과목과 수업 시간이 충분하지 않다. 또 학생들은 정치적 활동의 자유를 누려야 하는 유권자로서와 정치적 중립을 지켜야 하는 학교 교육의 모순적 상황을 해결할 방법에 대한 교육을 받지 못하고 있다.[30]

일곱째, 시민정치교육의 거버넌스 구축이 필요하다. 역할이 크든 작든 시민정치교육에 관여해 온 국가기관으로는 국회(의정연수원), 중앙선거관리위원회(선거연수원), 국무총리실(민주시민교육원), 교육부(학교, 국가평생교육진흥원) 행정안전부(민주화운동기념사업회), 통일부(통일교육원) 등이 있다. 시민단체로는 환경, 인권, 소비자, 여성, 정치참여, 통일 등의 분야에 52개 기관으로 교육부에 등록돼 있는데, 재정은 영세한 편이고 강연 중심이며 제각기 다른 형태의 활동을 하고 있다.

---

29 이러한 변화 과정에 대해서는, 옥일남, "사회과 정치 교육과정의 변천 과정 연구," 67-91.

30 현재 교육과정에서 학생은 중학교에서 선거에 관해 한 단원만 배우고 고등학교를 졸업할 수도 있다. 임유진, 김명정, "독일과 영국 청소년의 정당 활동과 정치교육," 「법교육연구」 17(3)(2022. 12): 160-161.

03. 외국의 시민교육과 정치교육의 사례

시민교육에 오랜 전통을 가지고 민주적 정치문화와 정치체제를 확립한 국가들로부터 한국의 시민정치교육의 새로운 구축에 도움이 될 만한 사례를 살펴보는 것은 의미가 있다. 물론 국가 간 역사와 문화 전통이 다르고 사회경제의 구조 역시 차이가 있지만, 선험적 사례를 참고해 한국의 경우에 적용해 볼 수 있는 내용을 도출해 낼 수 있을 것이다.

1. 미국의 시비타스(CIVITAS)

미국은 이민자의 나라이자 연방주의를 채택하고 있어서 건국 초기부터 오늘에 이르기까지 미국인의 정체성과 연방 통합의 문제는 중대한 국가적 차원의 과제였다. 토마스 제퍼슨(Thomas Jefferson)을 비롯한 건국의 지도자들은 민주주의가 시민교육과 참여에 의존하므로 공교육을 통해 올바른 시민을 길러내지 못한다면 민주주의는 발전하지 못할 것이라고 주장했다.[31]

1830년을 전후해서 미국 산업혁명 시기에 공동학교운동(Common-School Movement)이 일어나 공립학교 체계를 갖추기 시작했다. 당시 미국 사회에는 종교와 인종이 다른 이민자들이 대거 유입해 이질적 요소가 증폭되고 빈부 격차가 심화되 커다란 사회적 쟁점이 됐다. 이에 공립학교(public school)를 통해서 헌법 정신을 받들어 평등에 기초한 사회통합과 공화주의의 정착을 위해 시민으로서의 덕목과 공통성을 강조하기 시작했다. 20세기 들어서는 시민교육이 더욱 강화되 1915년 사회과 교과를 신설하고 '시민과 정부' 과목을 중등과정에서 이수하도록 했다. 그 후 초·중등 학교는 사회과 교육뿐만 아니라 전반적인 학교 교육과정이 미국인으로서의 정체성을 "끊임없이 생

31 National Council for the Social Studies, National Curriculum Standards for Social Studies: *A framework for Teaching, Learning, and Assessment* (Washington, D.C.: NCSS, 2010), 171.

산, 재생산하는 담론 질서"의 확대 공간으로서 역할을 한다.[32] 사실, 미국인들 다수는 학교 교육에서 민주시민교육을 가장 중요한 목적으로 꼽는다고 한다.

미국의 시민교육은 공화주의에 기초한 정치 사회 공동체의 일원이라는 정체성을 내면화하고 개인의 능동적이고 효과적인 정치참여를 권장하는 것을 목표로 한다. 민주시민 양성을 위한 시민사회의 노력이 국가적 차원의 종합적이고 체계적인 시민교육으로 1991년 제안된 게 바로 앞에서 언급한 『시비타스: 시민교육을 위한 틀』(CIVITAS: A Framework for Civic Education)이다.[33] 이 방대한 시민교육 프로그램은 유치원에서 4학년, 5-8학년, 9-12학년에 이르는 학령 단계별 교육과정을 통해 역량과 책임감을 갖춘 시민 육성을 위해 필요한 교과과정 개발과 교수법을 안내하는 지침서다. 교육 현장의 교육 내용과 이수 과정을 일방적으로 지정하는 게 아니라, 지식, 과정, 태도 분야에서 학생의 기대 성과 기준을 제공함으로써 교육과정을 결정하도록 안내 기능을 한다. 또 교원이 학생이 성과 기대를 성취할 수 있도록 강의를 계획할 수 있게 안내하는 교실 활동의 사례를 제공한다.

1994년 국가사회과협의회는 시민교육의 주축을 형성하는 사회과 교과과정 표준을 학교, 지역 및 국제사회, 그리고 학부모를 위해 발행했고, 이것이 성공적이자 세계 및 사회 변화를 반영한 『사회과를 위한 국가 교과과정 표준』(*National Curriculum Standards for Social Studies*)[34] 수정판을 출간했다. 이로써 미국은 공식적인 시민교육 교육과정 틀과 표준 모형을 제시하게 됐다. 이 모형은 기본적으로 10개의 주요 주제로 구성돼 있고 유치원부터

32 장수빈,"미국 학교 민주시민교육의 특징과 시사점," 심성보 외(한국교육연구네트워크), 『학교 민주시민교육의 세계적 동향과 과제』 (서울: 살림터, 2019), 225.

33 시비타스(civitas)는 라틴어인데 영어화한 것으로 두 의미가 있다. 하나는 정치적으로 조직된 공동체 또는 국가를 구성하는 사람과 제도의 기능적 집합체를 의미하고, 다른 하나는 민주적 시민에게 부여된 공동체 책임, 목적, 아이디어를 실행하는 자질과 가치다.

34 National Council for the Social Studies, *National Curriculum Standards for Social Studies: A Framework for Teaching, Learning, and Assessment. Bulletin* 111(Washington, D.C. NCSS, 2010.

12학년까지 『시비타스』와 같은 3개 학령에 따라 교육 내용과 수준이 달라지는 단계별 교육 지침과 사례들로 구성되어 있다. 사회과 교육의 목표는 단순한 지식 전달을 넘어 민주시민으로서의 발전을 위해 교실에서의 경험을 통해 학생들이 시민 담론과 문제 해결에 참여하고 식견을 갖춘 시민 행동을 취할 수 있게 하는 것이다.[35]

이 프로그램은 시민교육을 체계화하고 그 중요성을 인식시켰으며, 모든 교육과정에서 시민교육에 관한 관심을 증가시켰음은 물론이다. 사회과 과목들은 당연히 시민교육에 비중을 두고 교육 내용을 조정하게 됐고, 교과목 이외의 학교생활과 운영도 이러한 표준의 성과를 염두에 두고 이뤄지게 됐다. 미국 고등학교 시민교과목의 수업은 거의 매일 있고, 대부분 토론과 이야기 수업이고 자료 분석과 공동체 참여 등으로 이루어진다.[36]

시민교육에서 미국 시민교육센터의 역할은 주목할 만하다. 이 기관은 비영리, 비정치적 민주 시민교육 전문기관으로 1965년 캘리포니아 로스앤젤레스 대학(UCLA)의 시민교육위원회로 창설됐고 캘리포니아 변호사협회의 후원 등으로 활성화되어 1987년 “We the People” 프로그램으로 교육부 지원을 받았다. 현재는 미국 50개 주 지부와 각 대학에 연결망을 구축하고 동유럽을 포함한 80여 개 국가와 교류하고 있으며, 그동안 교육·훈련을 받은 학생과 교원이 3천만 명에 이른다고 한다.

2. 독일의 보이텔스바흐 합의

독일의 시민교육은 앞에서도 지적했듯이 세계적으로 인정되는 교육프로그램으로 나치즘과 홀로코스트 그리고 분단과 통일 후의 시민성을 회복하는데 가장 크게 공헌한 것으로 알려졌다. 또 미국과 영국이 시민교육을 학교 교육에

35 *Ibid*. 12.
36 장수빈, “미국 학교 민주시민교육의 특징과 시사점,” 240-250.

큰 비중을 두고 있다면, 독일은 학교 교육과 함께 사회교육, 평생교육으로서의 시민교육을 강조하고 있다. 독일의 정치교육은 기본법(헌법) 제1조와 제20조에 따라 학교 및 사회적 공간에서도 정치교육을 체계적으로 실행하게 되어 있다. 독일에서의 정치교육은 역사적 교훈으로부터 민주사회를 형성하기 위한 그 필요성과 중요성이 사회 전반에 정착되어 있어 학교 안팎의 정치교육이 유기적으로 연계되어 이뤄지고 있다.[37]

제2차 세계대전 직후 연합군 군정은 일방적인 민주 교육체계 이식을 추진했으나 독일연방 각 주 정부의 저항으로 효과를 거두지 못하고 교육정책은 자율적 영역으로 넘겨졌다. 민주시민교육을 위한 초당적 합의가 이뤄져 1952년 '독일연방정치교육원'이 창립되었고, 주 정치교육원과 협력하여 시민의 정치교육을 수행했다. 1960년대 중반의 재정위기와 극우 정당의 세력 확장과 공산당 창당 등으로 사회통합이 위협을 받자 연방정치교육법을 제정해 정치교육의 공고화를 꾀했다. '아우슈비츠 재판'(1963-1965)과 1968년 학생운동에 이르러 나치 과거사 청산 및 사회 개혁에 대한 요구가 비등해졌다.

1969년 전후 최초로 정권교체가 이뤄져 빌리 브란트 사회민주당 정권은 광범위한 교육개혁을 선언했다. 그러나 진보와 보수정당 간의 대립이 심화해 교육정책에서도 갈등이 첨예화됐다. 주 정부도 어떤 정당의 영향을 받느냐에 따라 교과 내용의 강조점이 달라졌고 이 갈등의 중심에 정치교육이 있었다. 진보 진영은 비판적 인식을 바탕으로 사회 변화와 민주주의 실현을, 보수 진영은 헌법 질서를 인정·유지해야 한다고 상반된 주장을 했다.[38] 또 교육을 학생 개인의 사고와 의사결정 능력의 향상을 목표로 할 건가 아니면 교사나 국가가 옳다고 생각하는 것을 가르쳐야 하는가를 놓고 치열한 논쟁을 벌였다. 결

37 홍은영, "'안네 프랑크 교육기관' 사례로 본 독일 학교 밖 정치교육의 특징과 과제," 심성보 외, 『학교 민주시민교육의 세계적 동향과 과제』 (서울: 살림터, 2019), 105-143.

38 정현이, "독일, 반성과 성찰이 만든 강한 시민성," 한국시민교육전국네트워크, 『학교에서 시작하는 민주시민교육』 (파주: 해냄에듀, 2020), 130.

국은 학교 교육에 있어서 이념적 갈등 해소와 정치적 당파성을 배제할 방법을 모색하기에 이르렀다.

1976년 11월 보이텔스바흐(Beutelsbach)에서 '정치교육에서의 합의 문제'를 주제로 다양한 이념적 정향의 지식인과 이론가들이 모여 학술대회를 개최했다. 이틀간의 격론 끝에 오늘날 독일 정치교육의 3대 기본 원칙을 공식화했다.[39] 첫째, 강압적 교화와 주입식 교육을 금지하고 학생의 자율적 판단을 중시한다. 둘째, 논쟁적 주제는 수업에서도 다양한 입장과 논쟁 상황을 그대로 드러나게 한다. 셋째, 학생의 상황과 이해관계를 고려해 스스로 시민적 역량을 기를 수 있게 한다. 이러한 보이텔스바흐 합의는, 강압 금지의 원칙, 논쟁성 유지의 원칙, 수요자 지향성 원칙으로 독일 정치교육의 신성불가침 원칙이며, 시민정치교육을 위한 보편타당성의 원리를 제시했다.

독일은 시민정치교육을 총괄하는 공식적 국가 기구로서 연방정치교육원을 두고 있고 주 정부는 주정치교육원을 설치해 유기적으로 연계되어 업무를 조율하고 있다. 연방정치교육원은 학생뿐만 아니라 모든 시민을 대상으로 한다는 이유로 내무부 산하에 설치됐고, 다양한 정치적, 사회적 문제를 공론화하고 학문적으로 다룸으로써 시민의 정치정향을 결정하는 데 중요한 역할을 한다. 이 기관은 정치교육을 위한 수백 개 단체의 교육 및 연구 활동을 중점 지원하며 내용에 대해서는 간섭하지 않고, 자료 보관 및 개발, 출판 사업, 매체 홍보, 학술 행사 및 협력 기관 지원 사업 등을 한다. 국가기관으로서 정치적 중립성을 보장·유지하기 위해 감독위원회와 학술자문위원회를 두고 있다.[40]

독일에서도 시민정치교육이 체계적으로 가장 중요하게 이행되는 곳은 학교다. 그런데 4년제 초등학교를 졸업하면 진로에 따라 다른 목적의 중등학교에 진학하므로 교육 내용과 범주가 달라진다. 따라서 학교 내외에서 다양한 정치

39 위의 글, 131-133. 이 합의는 공식적 합의를 거친 것이 아니고, 바텐뷔르템베르그주 정치교육원의 주최자 벨링이 대회 발제문과 토론 내용을 요약해 3원칙을 정식화한 것이다.

40 위의 글, 140-142.

교육 프로그램이 제공된다. 비학교 기관에서는 청소년기는 물론 생애주기 전반의 평생교육 또는 사회교육을 제공한다. 현재 지방선거에서 16개 주 가운데 11개 주가 16살부터 선거권을 부여하고 있어 이들에 대한 정치교육이 활발하다.

독일의 국가 주도 정치교육체계가 통일 후 동서독 간 및 동독 지역 내 사회갈등 해결에 큰 역할을 한 것은 특기할 만하다. 문화적 이질성과 경제적 불평등으로 동서독 지역 격차와 동독 내 빈부 격차 심화는 사회통합에 커다란 걸림돌이었다. 이에 연방정치교육원은 구동독인의 '이등 국민화'를 극복하고 민주적 시민사회를 강화하기 위한 활동을 전개했다. 자유민주주의 가치를 공유하고 다원화된 사회 질서의 기본 조건을 인식하도록 교육을 했다. 동서독 간의 이념적 문화적 이질감 해소와 사회통합에 관심을 두게 하는 정치교육을 통해 동독 시민과 폭넓게 접촉하고 공공복지를 위한 자발적 노력이 형성되도록 유도했다. 정치교육의 결과 투표율이 증가하고 급진 정당에 대한 거부 반응 현상이 나타났다.[41] 이러한 독일 정치교육의 사례는 한국의 통일 대비 시민정치교육이 필수적임을 확인해 준다.

3. 영국의 시민성(citizenship)교육

영국은 고전적 자유주의의 전통과 교육을 사적 영역으로 간주하는 경향으로 인해 시민교육은 단편적이고 지역적으로 다양한 형태로 이뤄졌었다. 1990년대 들어서면서 투표율 저하 및 정치적 무관심의 증폭 등 민주적 가치와 공동체 정신의 상실을 우려하면서 시민성에 관한 담론을 공론화하기 시작했다. 앞에서 언급한 대로 1998년 '크릭보고서'는 이러한 문제의식을 담아 모든 학교가 시민성교육을 일관성 있고 연속성을 지닌 프로그램으로 이행하도록 법률

41 Josephine Evance, "Post-Unification Civic Education for Democracy in the Former East German Region: Focusing on Social Consensus," 『민주시민교육 국제 심포지움 자료집』, 선거연수원. 2016, 5-21.

로써 정해야 한다고 주장했다. 이를 기반으로 의회에서 2002년 시민권 교과목이 11세부터 16세까지 중등학교에서 필수 교과로 지정했으며, 초등학교는 선택으로 시민교육에 포함됐다.

영국 시민교육이 국가 교육과정에 정식 편재되는 모형을 제공한 크릭보고서는 1997년 집권한 토니 블레어 노동당 정권이 교육개혁을 강조하면서 탄생했다. 크릭보고서의 본 제목인 『학교에서의 시민성과 민주주의 교육』(*Education for citizenship and the teaching of democracy in schools*)은 시민성교육의 주요 목적을 3가지로 들고 있다. 첫째, 참여민주주의 본질과 실제와 관련한 지식, 기능, 가치를 획득하고 증가시키는 것이고, 둘째, 학생들이 능동적인 시민으로 발전하는데 필요한 권리와 의무에 대한 자각과 책임감을 증진하며, 셋째, 지역과 더 큰 공동체에서 개인, 학교, 사회 참여에 대한 가치를 확립시키는 것이다.[42]

이러한 교육이 효과적으로 수행되려면, 상호 관련되고 의존적인 3가지 요소를 교과과정에서 다룰 것을 요구한다. 첫째는 사회적 도덕적 책임으로서, 학생은 교실 내외의 권위 및 다른 사람을 향해서 자신감과 사회적·도덕적으로 책임 있는 행태를 배워야 한다. 둘째는 공동체 참여로서, 공동체 참여와 봉사를 통해 공동체 생활과 문제에 도움 되게 참여하거나 그 방법을 찾는다. 셋째는 정치교양으로서, 학생들은 지식, 기능, 가치를 통해서 공공생활에서 자신을 효과적으로 만들 방법에 관해서 배운다. 이때의 정치교양은 정치 지식만을 의미하는 것이 아니라 갈등 해결과 다른 분야의 의사결정을 위한 현실적인 식견이 준비돼 있느냐를 의미한다. 요컨대, 시민성교육은 다른 사람에 대한 배려, 자신의 행동이 다른 사람에게 어떤 영향을 줄 것인가에 대한 예측, 그리고 그 결과에 대한 이해와 배려는 근본적으로 정치적 도덕적 덕목을 지닌 '책임성'이라는 것이다.[43]

42 *Education for citizenship and the teaching of democracy in schools*, 41.

43 *Ibid*, 11-13. 정치교양(political literacy)을 정치 문해력으로 번역하는 경향이 있는데, 이는 주로 문자 해독력을 의미하므로 적절치 않다고 생각한다.

그런데 이것이 백인 중심의 기득권 사회의 시민교육에 초점이 맞춰졌다는 비판을 받아 3대 요소에 변화가 왔다. 그것은 민주주의와 정의, 권리와 책임, 정체성과 다양성으로 바뀌었는데, 민주주의 발전을 더욱 강조하고 다문화 사회로서의 특성과 사회통합 요소를 강조했다는 점에서 정치교육의 비중이 확대됐다.[44] 이러한 시민교육은 2016년 개정 때까지 계속된다. 새로운 교육과정에서는 시민교육의 요소를 삭제하고 그 목표와 성취도 정도만 제시함으로써 국가 지정 필수과목으로서의 성격이 쇠퇴했다.

2010년 캐머론(David Cameron)의 보수당이 집권하면서 시민교육의 내용이 재평가됐다. 신자유주의 그리고 개별주의의 전통적 가치가 부활하기 시작했고, 시민교육에서는 개인의 인성을 중시하는 것으로 교육 목표가 달라졌다.[45] 이 시기에 학생들의 영적, 도덕적, 사회문화적 개발을 위한 보고서가 발표되고 학교가 인성교육을 의무화함으로써 영국적 가치를 함양해야 한다고 지적했다. 이를 위해 제안된 것이 『큰 사회와 덕목의 재발견』(*Big Society and the Rediscovery of Virtue*)으로 인성교육의 내용을 담고 있다. 이 '큰 사회'모형은 민주적 시민성을 양성하는 시민정치교육에서 더 나아가 올바른 도덕적 사고와 행동을 가진 시민을 육성하는 보다 근본적인 접근을 하고 있다.

04. 시민정치교육의 철학과 기본 모형

한국의 시민정치교육을 위의 외국 사례와 비교하면, 한국의 사례는 사실상 실종된 거나 다름없다. 일단 시민정치교육을 위한 청사진뿐만 아니라 개념과 내용에 대해서도 사회적 합의를 위한 시도조차 한 번도 하지 않았다. 있다면, 역

44 박선영, "영국 교육은 무너지지 않았다," 한국시민교육전국네트워크, 『학교에서 시작하는 민주시민교육』, 97-98.

45 정권의 변화에 따라 달라지는 시민교육에 대한 연구는, 권순정, "영국 국가 정치 상황에 따른 시민교육 핵심 개념의 변화," 심성보 외, 『학교 민주시민교육의 세계적 동향과 과제』, 185- 220.

사논쟁과도 같은 정치적 이념적 투쟁만이 존재했을 뿐이다. 민주화 이후의 시민교육은 민주화운동 단체 중심으로 의식화되어 과도한 인권과 권익 강조로 교실과 교권을 무너뜨리고 사회 전반에 걸쳐 권위의 붕괴를 초래했다. 한국의 시민정치교육은 정부 주도로 일관되어 편협하고 소외됐으며, 입시 준비에만 몰입함으로써 교육체계 전반의 왜곡 현상이 일어났다. 사실상 공교육은 명목적일 뿐 전인교육, 인성교육은 허울에 불과하다.

민주시민 양성을 위한 정치교육이 실종된 교육을 받은 사람들이 사회에서 갑작스럽게 덕목을 갖춘 민주시민으로 둔갑하기를 기대할 수 없고, 이들로부터 선출된 정치인(politician)이 막스 베버(Max Weber)가 요구했던 정치가(statesman)가 될 리가 만무하다. 한국 정치의 저질화 현상을 벗어나기 위해서는 먼저 국민이 시민적 덕목(virtue)을 갖추게 하는 교육 훈련체계가 절실하다. 민주시민으로서 자질을 갖춘 국민을 배양하고 그중에서 정치지도자를 배출하는 교육체계가 새롭게 창설되어야만 한다. 만시지탄의 절실한 감성을 떨쳐내고 미래지향적 대안으로서 한국형 시민정치교육의 모형 구축에 나서야 한다. 모형(model)은 현실을 그대로 반영하는 게 아니라 대표적 특징을 체계적인 표본으로 만들어 현실 적용을 수월하게 하기 위한 차원에서 형성된다.

지금까지의 논의를 바탕으로 한국 시민정치교육의 청사진을 제시하면 다음과 같다. 시민정치교육은 현재의 한국 교육체계의 구성에 따라 두 종류의 프로그램으로 진행한다. 그 하나는 공식적 제도 교육, 즉 학교 교육을 위한 프로그램이고, 다른 하나는 비공식적 특수교육 영역에 속하나 정부 지원과 함께 교육 거버넌스에 속하는 준제도권 교육기관, 예를 들면 시민정치교육원(가칭)과 같은 전문적인 평생 정치교육 프로그램을 제공하는 것이다. 물론, 모든 프로그램은 교육의 정치적 중립성의 원칙에 따라 진행되고 정부의 개입을 최대한 배제하며 특정 정치정향으로부터 자유롭게 운영된다. 이를 위해서는 시민정치교육을 담당하는 거버넌스의 구조를 입법화하고 재정적 독립성을 가능하게 한다.

한국 정치의 선진화 또는 자유민주주의를 구현하기 위한 시민정치교육 프로그램은 근본적 교육개혁을 요구하는 거대한 개혁 사업이다. 본 연구는 이를 위한 단초를 형성하는 수준에서 기본 모형을 제공하며 위에 논의한 양대 프로그램의 교육과정과 내용의 기본적 틀을 제시한다. 사실, 사교육과 주입식 교육이 만연된 현실 교육 생태계에서 공동체 문제의 해결을 위한 대안 마련은 요원하기만 하다. 그러나 이기적이고 편협한 인간을 양산하는 교육 생태계의 혁신을 이 이상 미룰 수는 없다.

시민정치교육을 한국적 현실에 맞게 적용하기 위해 우선 한국의 정치문화를 진단하고 바람직한 발전을 위한 대안 제시를 해야 할 것이다. 한국의 정치문화는 신민적, 참여적 문화가 혼재해 있으며, 정치적 신뢰도는 낮고 적대감은 높게 나타나는 양극화된 정치문화를 보이는 것으로 분석된다.[46] 매우 평등 지향적이나 상향적 이동 충동이 팽배해 있고 타협과 관용이 결여하고 있다. 한국의 교육이념은 건국 이래 홍익인간(弘益人間: 사람을 널리 이롭게 한다)을 내세웠고 오늘날도 유지하고 있지만, 이기적 세대들에게는 헛말이 되고 말았다. 굳이 서구적인 시민교육을 수용하지 않고 한국적 시민교육의 잠재성을 개발할 수 있었음에도 역사적 경로는 전혀 의도하지 않은 방향으로 점철됐다.[47]

이 시점에서 시대적 과제를 해결하기 위한 대안으로 현실적으로 한국 상황에 적용할 수 있는 철학적 비전으로는 자유공동체주의를 제시할 수 있을 것이다. 자유공동체주의는 서구 자유 사회의 문제에 대한 지성적 대안으로 제시된 사조다. 개인과 사회 간, 개인의 자율성과 공동체 이익 간, 공동선과 자유, 권리와 의무 간에 융통성 있는 형태의 균형을 찾으려는 시도다. 공동체에 잘 통합된 개인은 고립된 개인보다 훨씬 더 책임감 있게 사유하고 행동한다는 것이다. 그리고 사회적 압력이 너무 커지면 개인 자아가 손상될 수 있음을 상기

46 어수영, 한배호, "한국 정치문화의 변화와 지속성에 관한 연구," 「한국정치학회보」, 30(3) (1996, 12): 81-104.

47 대한민국 초대 문교부 장관이자 민족 사상학자였던 안호상이 주창했던 사상이 후일 일민주의와 결합되면서 강한 집단주의라는 비판도 받았다.

시킨다. 자유민주적 공화주의 질서를 유지하면서 공동체에 대한 사회적 도덕적 책임을 강조하는 사조가 한국적 미래지향의 비전으로 작용할 가능성이 있다.

최근까지 "반응적(Responsive) 공동체주의운동"을 주도하고 있는 아미타이 에치오니(Amitai Etzioni)는 미국 클린턴 정부와 영국의 노동당과 보수당의 정강 정책에 영향을 주었다. 그는 사회적 단편화와 붕괴는 개인들의 권리에 대한 과도한 집착과 호혜적인 의무와 책임에 대한 거부 때문이라고 주장한다.[48] 예를 들면, 부모들이 자신들의 경력이나 생활 즐기기를 더 중요하게 여기므로 해서 부모로서의 부담을 포기하는 "부모역할 결핍증(parenting deficit)" 현상이 발생한다는 것이다. 이 운동 역시 공동선과 개인의 자율성과 권리 사이의 두 주요 규범적 가치를 균형적으로 조화시키는 "좋은 사회"를 추구한다. 이기적인 개인 행복만을 추구하려는 젊은 세대의 사조가 한국의 "인구 절벽"의 문화적 요인임을 고려하면 한국적 수용의 필요성이 더욱 커진다.

한국 사회는 자유주의가 왜곡되고 민주주의가 과부하에 걸리면서 대립과 배제의 균열사회로 접어들었다. 이념적, 지역적, 계층적, 양성적, 세대 간 갈등이 첨예하게 전개되고 경제적 양극화 증대, 기업의 사회적 책임성과 노동의 유동성 상실, 청년 일자리 부족과 저성장 기조의 현실 속에서 저출산 고령화의 인구 절벽에 이르기까지 총체적 위기 국면에 들어섰다. 이것은 그동안 성공국가로서의 신화를 이룩한 역설적 이면이 드러난 것이기도 하다. 자유공동체주의가 한국적 위기와 시민정치교육의 문제에 대한 대안으로서 혜안을 제시할 수 있다고 생각한다.

이러한 시민정치교육 철학을 바탕으로 본 연구는 자유민주시민을 위한 정치교육의 기본적 모형(model)을 설계하고 교육의 분야별 학령 단계별 교육을 위한 모듈(module)의 기초 형태만을 제시하는 것으로 그 목적과 범위를 설정하고자 한다. 시간과 지면의 제한으로 인해 각 모듈에 대한 설명은 생략하기로 한다. 모형이 효과적으로 작동할 수 있게 하기 위해서는 그 목적과

48 Amitai Etzioni, *The Spirit of Community: Rights Responsibilities and the Communitarian Agenda* (London: Fontana, 1995).

작동 원리를 명확히 해야 한다. 자유민주시민을 위한 정치교육의 기본 모형은 다음의 목적과 원칙에 의해 형성된다.

1. 자유민주 시민정치교육의 동태적 모형의 목적

가. 시민정치교육의 교육적 틀(framework), 교육 윤곽과 안내 지침을 제공한다. 구체적인 교육 내용은 별도 연구 기획을 통해서 결정하고, 여기서는 그 내용 결정하기 위한 기준을 제시한다.

나. 자유민주시민의 덕목(civic virtue)을 육성한다. 자유민주적 가치와 원리를 내재화하고 행동으로 실천하는 유능하고 책임 있는 민주시민의 자질을 함양한다. 자유, 정의, 배려, 협력, 관용의 가치 실현을 그 덕목으로 한다.

다. 자유민주시민으로서 적극적이고 능동적인 참여(political participation)를 하도록 한다. 공익에 대한 문제의식을 갖추고, 정부나 사회 공동체의 의사결정, 집행, 수단을 감시하고 영향력을 행사하기 위해 효과적으로 참여한다.

라. 자유민주시민으로서의 정치 지식과 기능(political knowledg and skills)을 숙지하고 정치교양(political literacy)을 고양한다. 참여하는데 필요한 올바른 지식과 행동 양식의 학습으로 정치교양과 올바른 태도를 갖춘 시민을 양성한다.

마. 공동체 구성원으로서의 자유와 책임을 성찰하고 정치 리더십 소양을 함양한다. 공동체의 문제와 딜레마에 대한 문제의식과 해결 능력을 고취하도록 노력한다.

이상의 목적을 현실화하고 모형이 적절히 작동하기 위해서는 몇 가지 원리들이 전제조건으로서 갖추어져야 할 것이다. 특히 시민정치교육이 제도화되고 활성화되기 위해서 필수적으로 준비돼야 할 원칙이다.

2. 자유민주 시민정치교육의 동태적 모형의 기본 원칙

가. 시민 또는 공민교육(civics education)에 초점이 맞춰져야 한다. 도덕이나 인성교육 등과 처음부터 연계되면 시민정치교육의 동력을 상실한다. 정부의 작동 원리, 시민의 역할(권리와 의무), 시민 참여의 중요성 교육에 중점을 두고 그 결과로서 인성교육이 이루어져야 한다.

나. 포괄적 내용(inclusive content)을 교육한다. 교과 내용이 편향적이지 않고 다양한 시각을 포함. 일방적이지 않고 논쟁이 있는 주제는 논쟁 내용도 포함해 학생 자신의 판단을 유도해야 한다. 다양한 정치 이데올로기를 포함하고 특정 의제를 조장하지 않는다.

다. 비판적 사고(critical thinking)를 독려해야 한다. 암기나 주입식 교육을 지양하고 자신의 의견을 표현하도록 격려하면서 비판적 사고를 강조한다. 교과 내용과 정보를 분석하고, 출처를 평가하며, 최대한 진실에접근하는 태도를 갖추게 한다.

라. 토론과 논쟁을 통해서 의견과 주장의 다양성을 인식하고 다른 의견에 대한 존중과 배려를 하도록 한다. 교실에서 개방적이고 상대를 존중하며 자신의 의견을 표현하면서도 서로 배울 수 있도록 고려하는 자세를 기르도록 한다.

마. 윤리적 사고(ethical considerations)를 배양한다. 사회정의, 인권, 정치지도자의 책임과 역할 등을 포함한 정치의 윤리적 측면을 토론하고 실천하도록 한다.

바. 미디어 교양(media literacy)을 높인다. 미디어의 속성과 영향력을 이해하고 정보통신 혁신 기술의 접근성을 높이며, 오보와 선전 그리고 신뢰할 수 있는 출처를 식별할 수 있는 판단력을 증진시킨다. 아울러 미디어 중독으로부터 해방시킨다.

사. 공동체 관여(community engagement)와 참여를 일상화한다. 학생이 자원봉사 등을 통해 지역사회 문제 해결에 관여하고 시민 활동에 참여하도록 독려한다. 취미 등의 동호회 활동을 하도록 지원하고 함께 살아간다는 공동체 의식을 함양한다.

아. 강사 초빙과 현장 실습(guest speakers and field trips)을 활성화한다. 전문가, 공동체 지도자, 정치인, 학부모 등을 초청 강사로 초대하고 실제 세계를 탐방할 수 있도록 정부 기관 등을 견학한다. 학교와 지역사회가 기밀한 협력 체제를 구축해 공동체가 시민정치교육 협력체계를 구축한다.

자. 적응력(adaptability)을 항상 갖춘다. 상황 변화와 문제 발생 시에 임기응변으로 대응할 태세를 갖추고 신속한 적응을 한다. 정치적 전망과 사회적 요구의 변화에 교과 내용을 개작할 준비를 한다.

차. 평가(assessment)에 관한 상담을 한다. 학생의 이해력과 비판적 사고 기능을 평가하기 위하여 에세이, 발표, 토론을 평가할 다양한 방법을 개발하고, 평가 기준을 사전에 공개하며 반드시 평가결과를 학생에게 되돌려(feedback) 준다. 평가결과에 대한 학생과의 면담도 실행한다.

카. 교원 훈련(teacher training)은 교육의 성패를 좌우한다. 교과 내용을 효과적으로 전달하도록 준비와 훈련을 철저하게 해야 한다. 민감하거나 논쟁적 주제에 대해서는 조절할 수 있도록 준비하는 요령도 터득해야 한다. 시민정치교육 교원은 소정의 특별한 훈련과정(TOT: Training of Teachers)을 거친다.

타. 환류 장치(feedback mechanism): 시민정치교육 전반에 걸쳐 지속적인 개선을 위해 그리고 일어날 수 있는 우려나 편견을 해결하기 위해 환류 체계를 구축한다.

이와 같은 기본 원칙은 시민정치교육을 성공적으로 수행하기 위한 최소한의 필요조건이지 충분조건이라고 할 수는 없다. 왜냐하면 시민정치교육은 학교에 의해서만 이루어지는 게 아니고, 역시 가족, 동료, 미디어, 공동체(특히 정치집단) 등에 의해서도 영향을 받기 때문이다. 그러나 이미 앞에서 언급했듯이, 교육이 가장 큰 영향을 준다는 사실을 고려하면, 상기 기본 원칙은 마땅히 준수되어야 한다.

시민정치교육의 내용은 상기 12개 사항의 기본 원칙이 전제된 상황에서 교육되었을 때 효과적으로 수행될 수 있다. 이를 위해서는 기존의 정태적 교육체제를 근본적으로 혁신하는 새로운 동태적 모형이 필요하다. 새로운 동태적 시민정치교육 모형은 일관성과 체계성을 갖추기 위해 앞에서 인용한 아몬드와 버바가 제시한 시민문화(civic culture) 형성을 위한 요소들을 중심으로 참고했고, 거기에 정치지도자 양성이라는 관점에서 정치리더십 요소를 추가했다. 기본 원칙에서부터 동태적 모형에 이르기까지의 교육 내용의 틀은 미국의 시비타스, 독일의 보이텔스바흐 합의, 영국의 크릭보고서의 내용을 혼합 발췌해 적용한 것이다. 한국적 시민정치교육의 동태적 미래지향적 모형은 다음과 같다.

3. 자유민주 시민정치교육의 동태적 모형

가. 정체성 확립(학생 중심의 교육을 통한 정체성 확립): 자유민주적 교육의 기본은 학생의 생각과 기능과 관련해 개인이 자율적으로 의사결정을 할 수 있도록 유도하는 것이다. 주입식 교육이 아닌 학생 참여 교육이다. 예를 들면, 교육자는 학생에게 여러 대안을 제시하고 학생이 스스로 선택할 수 있게 돕는다. 이로써 학생 스스로 정체성을 정립하고 국민 주권자로서의 역할을 예습한다. 국민, 국가에 대한 긍지와 일체감 형성에 도움을 준다.

나. 정치 태도(민주적 참여 토론 교육)의 형성: 교실의 개방적 환경 관리는 학생

의 태도 형성에 가장 큰 영향을 준다. 교실의 생활규칙에서부터 토론의 규칙에 이르기까지 교육자가 사전에 일방적으로 결정하지 말고 학생과 의논해서 결정하도록 돕고 결정된 규칙을 지키는 책임성을 키우도록 지도한다. 또 교실이 학생이 실제 살고있는 공동체 공간임을 인식시키고 평등하게 대우함으로써 민주적 가치와 태도 및 절차에 대한 신념을 제고시킨다.

민주적 국민으로서의 권리와 의무에 대한 의식을 고취하고, 상호 정치적 신뢰와 협력을 증진하고 적대감 해소의 방법을 제시한다. 자유민주시민의 가장 큰 덕목은 관용이다. 의견과 입장을 달리하는 사람들 나름대로 정당성이 있다는 것을 인정하고, 이들과 적응하며 공존할 수 있는 생각과 태도를 배양하도록 한다.

다. 정통성(자유민주적 가치와 행태에 대한 지식과 기능 교육)의 인식: 헌법과 정부 제도와 기능, 정치지도자의 책임과 역할 등에 관한 지식은 정통성의 이해를 돕는다. 자유와 책임, 권리와 의무, 관용과 상호 존중, 다양성과 다원적 사고에 대한 지식과 태도를 함양해 정치교양을 양성한다. 이와 더불어 토론과 자치활동 등을 통해서 실제 사회생활에 적응할 수 있는 태도와 기술을 습득하게 한다. 이와 같은 지식과 교양은 정부 또는 체제에 대한 신뢰와 정통성에 긍정적인 영향을 준다.

라. 정치적 효능감(공동체 문제 해결에의 참여)의 증대: 실제 학생 주변의 공동체 문제를 민주적으로 해결하는 데 직접 참여할 기회를 제공한다. 학생 주변의 공동체는 가족에서부터 마을, 지역, 국가, 세계에 이르는 다양한 수준에서 선택되며, 문제 또는 쟁점도 개인 관계에서부터 전쟁, 기후 변화에 이르기까지 무수한 문제에 직접 참여할 기회가 부여된다. 예를 들면, 환경 문제를 집 주변에서부터 지구 온난화에 이르기까지 학생 스스로 해결 방안을 모색하게 하거나, 각종 선거 관리에 직접 참관 또는 참여 기회를 갖는다. 이는 정치참여 의지와 정치적 효능감을 증대시켜 참여 및 숙의 민주주의를 가능케 한다.

마. 정치리더십(가장게임(simulation)과 역할극을 통한 리더십 자질과 기능 증진)의 함양: 국제기구나 국회와 같은 정치기관에서 각자 역할을 담당한 것으로 가장해 그 역할을 실제 상황에 부합하도록 연기함으로써 스스로 현실 인식과 임기응변적 대응과 문제 해결 능력의 향상에 도움을 준다. 학생은 대표자, 책임자, 추종자, 대통령과 같은 실제 역할을 가상해 수행함으로써 실제 상황에서 벌어질 수도 있는 문제에 대한 창의력과 상상력을 증대 시킬 수 있다. 공적 업무에 대한 역할을 하면서 리더십 소양을 향상시킬 수 있다.

이상의 기본적 틀은 정치문화의 구성 요소에 따른 시민문화 형성을 위해 시민정치교육의 모형을 만든 것이다. 각 항목은 상호 연결돼 있기도 하고 중복된 효과를 나타내기도 하므로 각 항목의 주제와 내용이 명확히 구별되는 거는 아니다. 예를 들면 정치교양은 정치리더십을 형성하는 데 기본 자질로서 작용하기도 한다. 이를 바탕으로 시민정치교육을 위한 구체적인 교육 내용이 사회과 교과과정 중심으로 적용되어야 할 것이다. 이때 학령별로 인간관, 국가관, 세계관이 자유민주적 가치와 규범에 걸맞게 형성되도록 시민정치교육 프로그램이 구성돼야 한다. 또한 교육 분야별 학령별로 적절하게 구체적인 프로그램이 설계되어야 한다. 학령별 단계적 모듈은 기본 모형을 표준으로 학령별 수준을 고려해 작성된다. 주목할 만한 것은 군(병영 생활)에서의 시민정치교육이 가장 효과적으로 이루어질 수 있는 환경을 가지고 있다는 사실이다.

■■ 생애 주기별 시민정치교육 동태적 모형과 모듈

모 형	초 등	중 등	고 등	군 대	평 생
1. 정체성 (국민,국가 일체감, 주체성, 자긍심)	인간관계 (나와 가족, 교우, 이웃, 지역사회, 국가)	인간관계, 개인과 지역, 국가, 국제 관계와 세계화	인간관, 국가관, 세계관, 다양한 이론	개인과 국가, 국가 안보와 주권, 국방 의무, 인권과 복지	인간관, 국가관, 세계관 (경험과 사례 나눔)
2. 정치태도 (교실 환경, 정치교양, 규칙과 상호 존중)	말하기, 듣기, 선생의 관대함, 학생의 규칙 적용, 책임과 자제	주제 선정, 개인과 집단 토론, 가치 충돌과 논쟁, 논리적 해결	연구의 발표 토론, 다양성 인정, 인내와 열정, 이성과 감성의 표출	전쟁과 평화, 위기관리 능력, 자기계발과 진로, 집단 협력	주제 발표, 토론 규칙과 법치, 관용, 배려
3. 정통성 (정치 지식, 기능 통한 체제와 정부 정통성)	정부 주요부서, 정치적 상징물 탐구, 지역 공공기관 견학, 역사 인물	국가 역할과 기능, 선거와 투표, 인권과 정의, 현안 비판적 사고	개인, 국가, 사회 관계, 정치철학, 이념, 체제, 정당, 미디어	헌법 정신, 정부 기능과 역할, 국가 보훈 사례, 역사 인물	헌법, 국민 권리 의무, 사례중심이론적용, 국가 제도
4. 정치적 효능감 (능동적, 효과적 참여, 문제 해결)	학교 자치활동, 지역사회 단순활동 참여, 마을 찾기, 투표소 참관	자치, 동아리 활동, 자원 봉사, 기후 변화 등 공동체 쟁점해결	지역, 국제 NGO 활동, 자원봉사의 생활화, 선거관리 참여	부대내역할기능숙지, 정의와 불의 토론, 집단적 해결	정치활동 경험적 사례 나눔과 집단별 참여, 연수
5. 정치 리더십 (팔로워십 실제 참여로 자질 향상)	역할극, 보이고 얘기하기 (show & tell), 취미 활동과 게임	각종 상황을 가정한 역할극, 청소년 모의유엔 총회 멘토 결연 등	동아리 활동, 모의 국회, 모의 정상회의, 멘토-멘티 결연, 정당 활동 등	취미, 기능의 1인1기, 지역 사회 문제 해결, 리더십 사례	조별 실제 과제 해결, 리더십 사례

이상의 모형과 모듈은 실험적으로 제시된 것이다. 앞으로 세련화 작업을 필요로 한다. 이러한 내용의 일부가 몇몇 학교, 특히 대안학교 등에서 그리고 소수의 뜻있는 교원들이 개별적으로 부분적으로 실행하고 있기도 하다.[49] 그러나 지금까지 한국에서 제시된 시민정치교육은 대부분이 이론적이고 관념적이어서 정태적이며 결국 재래식 교육을 탈피하지 못하고 있는 것에 비하면, 이러한 시도 자체도 교육개혁의 가능성을 높여 주는 계기가 될 것이다.

49 일선 교원으로서 공공성과 공동체 의식 형성을 위해 실천적인 교과과정을 개발해 시민교육을 실천하고 있는 사례로는, 장미숙, 『학교에서의 민주시민교육의 실제』 (서울: 향지북스, 2019).

05. 시민정치교육전문기관으로서의 시민정치교육

근본적 교육개혁의 시발을 알리는 시민정치교육의 새로운 출발을 위해서는 이 전 과정을 총괄하고 감독할 수 있는 전문적 전담기관의 설치가 필요하다. 문재인 정부는 민주시민교육을 국정과제로 채택하고, 교육부에 민주시민교육과를 신설하며 활성화를 위한 종합계획을 발표했어도 일회성으로 끝나고 말았다.[50] 외국 사례에서 보면, 독일은 연방정치교육원을 두고 주마다 담당기관을 설치하고 있으며, 미국은 시민교육센터를 지원해 전국적일 뿐만 아니라 세계적 연결망을 구축해 민주주의 전도사 역할을 하고 있다. 영국은 교육부 산하에 시민성교육 자문단을 운영하는 관계로 상대적으로 덜 활성화됐다. 상설기관이 전담하지 않는 한 그리고 법률로서 지원되지 않는 한 개혁 노력은 성공하기가 쉽지 않은 게 분명하다.

정부 조직이든, 아니면 비정부 조직이든 공공기관으로서 시민정치교육 기관은 정치적 중립과 독립이 보장돼야 한다. 중앙선거관리위원회와도 같은 헌법기관이 될 수 없더라도, 그에 준하는 법적 지위를 갖는 시민정치교육위원회를 설치해 실질적 집행권을 부여해야 효과적으로 개혁을 추진할 수 있을 것이다. 그리고 동 위원회 산하에 정책 집행과 교육 실행 기관으로서 전 국민을 대상으로 평생교육 프로그램을 담당하도록 한다. 앞에서도 언급한 바와 같이, 가칭 시민정치교육원은 시민교육 전담기관으로 정책 개발과 집행, 연구 및 교육을 담당한다.

이 교육원은 중앙 및 광역 지방자치단별로 지부를 설치하는 등 교육청과도 협력관계를 구축한다. 학교교육에서의 시민정치교육을 지원하고 자체 교육프로그램도 아울러 운영하다. 시민정치교육 교과과정을 개발하고 학교와 사회에서 사용될 수 있도록 전파한다. 기존의 교과서 양식과는 근본적으로 다른 새로운 형태의 교재를 개발하고, 특히 교수법을 구체적으로 실용적으로 개

50 교육부 민주시민교육과, "민주시민교육 활성화를 위한 종합계획." 2018. 11.

발해 교원이 참고할 수 있도록 한다. 소위 참여적 교수법에 익숙치 않은 교원에 대한 교육 훈련은 본 개혁의 성공을 위해 사활적인 문제다. 개혁 과제가 원활히 수행될 수 있도록 정책, 연구, 교육을 진행하는 일은 실로 백년대계의 원대한 사업이다.

시민정치교육원은 3개 주요 프로그램을 실행한다. **첫째, 정치를 직업으로 하는 정치인이나 희망하는 정치 지망생을 대상으로 하는 정치전문과정이다.** 단기와 정규과정으로 구분되고 단기는 수료증을, 정규과정은 학위를 수여할 수 있다. 국회의원, 지방의회 의원들은 단기 연수를 필수로 규정할 수 있다. **둘째, 일반과정으로 일반인을 대상으로 교육한다.** 정치교양과 정치리더십을 쌓기 위한 교육이라고 할 수 있으며, 이 역시 단기와 정규과정으로 제공될 수 있다. 이 과정은 군대에서의 교육도 관여하거나 자문할 수 있다. 이 프로그램은 학령별로 나누어 제공되고 학생에게는 방학 중 리더십캠프를 실행할 수 있다. **셋째, 시민정치교육을 담당하는 교원들을 위한 훈련이다(TOT: Training of Teachers).** 시민정치교육과 관련된 교원을 대상으로 교과 내용 및 교수법을 숙달할 수 있도록 연수 과정을 거친다. 교실 환경에서부터 토론 수업 진행 요령 등에 이르기까지 기존의 학습과는 근본적으로 혁신된 교수법을 익히도록 한다. 또 교원은 공동체와 연계해서 공동체에 관한 학습을 진작시키는 방법을 터득하도로 한다. 여기서 중요한 것은 학교의 전 교육과정이 시민정치교육 목적과 부합되도록 운영되어야 한다는 점이다. 예를 들면, 스포츠 교육이라 할지라도 스포츠정신을 통해 공동체 의식을 기를 수 있다. 사회과 교육만 외딴 섬처럼 고립된 교육이 아니라 시민정치교육 목적을 고려해서 학습이 이루어져야 시너지 효과를 낼 수 있다.

영국의 초등학생 한 반에서 근처 공원이 쓰레기, 놀이 기구 고장, 개 배설물 등으로 더럽다는 불평이 나오자 선생은 학생들을 시의회에 편지를 쓰게 했다. 얼마 후 시의원과 공원 관리자가 학급에 찾아와서 논의하고 학생과 함께 공원으로 나가 깨끗이 청소했다는 실례가 있다.[51] 이 단순한 사례에서 선생의 지혜로움과 공동체 구성원의 성실함이 돋보이며, 이에 참여한 학생들에게는 평생 잊지 못할 참 시민교육을 경험했을 것이다. 시민정치교육이 제공할 수 있는 무한한 시민적 덕목을 한국 사회는 놓치고 있다. 제대로 된 시민교육을 받지 못한 정치인들이 벌이는 정치 투쟁은 한계에 다 달았다. 더 늦기 전에, 자유민주시민을 위한 교육이 진정한 자유시민을 양성하고 전인교육의 생태계를 조성함으로써 한국이 문명사회로서 선진화하기를 기대해마지 않는다.

06. 결론 : 정책 제언

1. 교육의 해방과 패러다임의 전환이 필요하다.

정치교양(political literacy)을 갖춘 정치인을 양성하기 위한 생태계 조성은 교육의 혁신으로부터 출발한다. 모든 국민은 잠재적 정치인이자 민주정치의 주체다. 국민으로서의 덕목은 교육으로부터, 구체적으로 시민정치교육을 통해서 배양된다. 형식적 주입식 비효율성과 이념적 편향성으로부터의 교육 해방이 절실하다. 교육 패러다임의 혁신적 변화를 위해 시민정치교육을 우선으로 하는 정책이 요구된다. 지·덕·체 교육을 체·덕·지로 바꾸는 수준으로 국·영·수 대신 시민정치교육을 전면에 내세워 인성 교육, 전인 교육의 근간으로 설정해야 한다. 이로써 자유민주시민으로서의 덕목(자유와 책임, 개인과 공동체, 평등과 관용, 협력과 배려, 권리와 의무, 참여와 지식 등)을 양성하도록 한다.

2. 시민정치교육을 위한 전문기관의 설치가 필요하다.

현재 시민교육 기관으로 6개 정부 기관과 52개의 시민단체가 등록돼 있다. 이들 모두 기관이나 단체의 특성에 따라 강연 중심의 프로그램을 진행하고 교육

51 *Education for citizenship and the teaching of democracy in schools*, 26.

내용이나 대상이 단편적이고 그 효과가 기대에 미치지 못하고 있다.시민정치교육은 학생과 일반을 대상으로 하며, 보편적인 민주교육의 성격을 지향하는 정치 중립적 교육이다. 교육 방법도 참여적 동태적 교수법을 도입해 기존 교육으로부터 근본적 전환을 모색한다. 따라서 이를 위한 전문적인 전담기관으로 가칭 시민정치교육위원회를 설치해 시민정치교육 전반을 개발·관장하도록 한다. 정치적 재정적 독립성이 보장되고 교육부와는 협력기관으로서 학교와 사회에서의 시민정치교육을 조정·관리하도록 한다. 한마디로 시민정치교육의 거버넌스를 총괄할 사령탑을 창설한다.

3. 시민정치교육의 교육 패러다임이 교육 혁신을 주도한다.

기존 교육의 시대적 과제를 해결하기 위한 단초를 제공하는 시민정치교육의 기본적 모형을 제시한다. 학교 교육에서 시민교육을 제공한다고 볼 수 있는 사회과 과목은 검정 교과서 중심의 정태적 지식 전달에 불과하고 선택 과목이며 시간 배정도 매우 제한적이다. 새로운 시민정치교육은 동태적 참여 모형으로서 학생들이 능동적으로 교육 내용을 함께 구성할 기회를 제공함으로써 주체적인 민주시민으로서의 소양을 함양할 수 있게 한다.시민정치교육의 동태적 모형은 교육 내용을 구속하지 않고 가르칠 틀, 즉 학습 지도 안내 지침으로서 주로 교원에게 시민정치교육에서 기본적으로 무엇을 어떻게 가르칠 것인가에 대한 윤곽을 제공한다. 말하자면 시민정치교육의 교과 과정과 내용을 개발하는데 사용할 원칙과 원리와 역동적 교수법을 제시하고 교원은 그 틀 내에서 자율적으로 교과 내용을 구성한다. 이 모형을 세련되고 정교하게 만들어 작동화하기 위한 추가적인 시간, 인원 연구 등의 지원이 필요함은 물론이다.

4. 시민정치교육의 모형과 생애 주기별 교육 모듈을 통해서 청사진을 작성한다.

기본 모형은 자유민주주의 가치와 원리에 기초해 민주시민의 자질을 육성하는데 목표가 있고, 이를 위해 시민문화(civic culture)를 형성할 수 있는 주요 요소를 교육 지침에 포함한다. 그 요소로는 정체성, 정치 태도, 정통성, 정치적 효능감, 정치리더십이 포함된다. 교실을 하나의 공동체로 가상하고 학생과 교원이 함께 시민의 덕목을 토론, 체험하는 동태적 참여적 학습을 지향한다.생애 주기별 시민정치교육은 초등, 중등, 고등, 군대, 평생으로 구분된다. 시민정치교육 기본 모형을 기반으로 단계별 상황에 적용될 수 있는 모듈을 개발한다. 모든 사람은 정치사회화를 통해 평생을 학습하므로 생애 주기별로 시민정치교육을 조정·실행할 필요가 있다. 더구나 투표 연령이 18세로, 정당 활동이 16세로 낮춰짐으로써 더욱 그러하다, 생애 주기별 시민정치교육을 체계적으로 효과적으로 수행하기 위해서는 상기 제언이 현실화 되어야만 한다.

5. 이상을 총괄해서 전문적 자문과 연구 및 교육을 실행할 기관으로 시민정치교육원(가칭)을 시민정치교육위원회(가칭) 산하에 설치하도록 제안한다.

이 교육원은 평생교육기관으로서 일반인을 대상으로 시민정치교육을 수행하며 학생의 경우는 일정 기간의 연수(캠프) 프로그램으로 운영한다. 관련 전문가들이 연구와 교육 그리고 전국적인 교육 프로그램 연결망을 관리하도록 한다. 시민정치교육은 고대 그리스부터 관심을 기울였고, 선진민주주의 국가에서는 역점을 둔 국가적 사업이다. 교육개혁으로서의 한국적 시민정치교육을 정착시키기 위한 사회적 합의를 도출하는 일도 병행해야 하며 통일 대비 그 필요성이 중요함은 물론이다.

제2장

대한민국의 미래를 위해 공무원은 어떻게 만들어져야 하나?

박재완 (한반도선진화재단 이사장)

01. 한국사회의 현황과 문제점

한국 사회는 그동안 눈부신 발전을 짧은 기간에 이룩하였지만, 현재는 여러 도전에 직면하고 있다.

1. 현황 및 걸림돌

가. 혁신역량의 퇴조

우리 사회는 전반적으로 혁신역량이 퇴조하는 양상을 보여주고 있다. 주입식 교육과 평가에 대비한 표층 학습 관행이 창의력과 문제 해결 능력을 떨어뜨리는 원인으로 보인다.

또한 상명하복과 선례를 답습하는 조직문화, 연공서열을 중시하는 운영 시스템이 창의와 혁신을 억제하는 여건을 조성하고, 이러한 분위기에서 무사안일과 책임을 회피하는 성향이 만연하게 되었다. 한때 왕성했던 도전정신이 퇴조하고 직업 선택에도 잠재력보다는 안정성을 우선하는 경향이 뚜렷해졌다.

장시간 근로와 통근으로 인하여 학습에 매진할 여유가 없고, 직장훈련을 비롯해 평생학습 시스템도 부실하여 인적 자본을 갱신하고 축적하기 어렵다. 그에 따라 한국인은 나이가 들수록 인적 역량이 급락하는 상황이다.

나. 사회갈등 증폭과 포용역량 악화

사회 각계의 갈등이 증폭되고 있으며, 과잉 정치화에 따른 이분법과 진영논리가 팽배해 자기 편이 아니면 무조건 비판하고 반대하기 일쑤다. 특히, 이념 지상의 원리주의, 극단주의와 종족(種族)주의가 발호하고, 정치공학에 따른 선동, 부의(浮議)와 항설(巷說)이 중론으로 포장되어 정론을 몰각한다. 그에 따라 기준과 규범이 흔들리고, 규율이 이완되며 이른바 '萬人의 萬人에 대한 투쟁'이 일상화되고 있다.

공공부문에서도 조직 내부의 편 가르기 현상이 나타나고, 정권이나 지방자치단체장 교체에 따른 '물갈이 인사'가 반복되며 줄 서기와 줄 대기 현상이 심화하고 있다. 전임자와 차별성을 부각하기 위하여, 정책을 무리하게 번복하거나 백지화하기도 한다. 짧은 임기의 시계(視界)에 갇힌 근시안과 조급증 때문에 성과에 급급하여 전시행정에 몰두하거나 날림 정책을 양산하며, 관료와 산하 연구기관은 그 뒤치다꺼리와 합리화에 바쁘다.

개발 시대와 달리 적어도 누구에게는 이익이 되지만 다른 누구에게도 피해를 주지 않는 이른바 'Pareto 향상'의 여지가 소진된 탓도 있으나, 다양한 이익집단과 '옹호 연맹'의 거부권도 만연해 있다. 이들은 기득권에 집착하여 조금이라도 자신에게 손해가 되는 정책이라면 절충이나 타협을 완강히 거부

한다. 그러다 보니 개혁 과제나 지역 현안이 NIMBY, PIMFY, NOOMP[1] 등 이기적인 현상에 가로막혀 진척되지 못하고 있으며, 이러한 교착 상태를 슬기롭게 타개해 나갈 수 있는 리더나 중개 기관을 찾아보기도 어렵다.

사회갈등을 순화하고 아우르는 선진사회로 나아가려면, 존중과 선의, 인내와 절제에 바탕을 둔 성숙한 '공화(共和)'의 문화가 절실하다. 검증을 수용하고, 반론을 경청하며, 공론과 숙의(熟議)를 활성화하여, 합의를 모색하는 협치(協治)가 정착되어야 한다. 그러나 우리는 신뢰, 포용력, 투명성 등 사회자본이 취약하고, 사회의 귀감이 될 어른이나 원로마저 적어서 각자도생(各自圖生)이 일반화되고 있다.

다. 불공정한 사회시스템의 잔존과 득세

대중 영합 정치가 기승을 부리면서 '보모(保姆)국가' 풍조가 팽배해지고 기여와 보상이 따로 노는 불공정한 사회시스템과 정책[2]이 힘을 얻고 있다. 그에 따라 '정부실패'가 누적되고, 국민의 자조(自助) 의식과 자기책임 원칙이 퇴색되었다.

공공부문 내부를 봐도 연공에 입각한 승진과 급여, 블라인드(Blind) 채용, 비정규직의 무차별 정규직 전환과 같이 능력이나 성과와 괴리된 인사제도가 옥석 가리기는 물론 유인과 책무의 확립을 어렵게 만든다. 기계적 순환보직 관행은 공평성만 담보할 뿐 전문성 축적이나 중장기 관점의 직무 수행을 저해한다.

사회 전반에 걸쳐 고용의 역동성과 다양성이 취약해 혁신이 태동하기 어렵다. 능력, 노력이나 성과보다는 운과 배경이 더 중요하다는 인식이 주요국 가운

1 각각 'Not in my backyard', 'Please in my front yard', 'Not out of my pocket' 등의 약어다.

2 10년 이상 동결된 대학 등록금, 위험 대가가 반영되지 않은 건강보험 수가, 지속 불가능한 국민연금, 때론 일하지 않아도 크게 불리하지 않은 구직급여, 복지 수혜자가 일하기 시작할 때 부담하는 100%가 넘는 참여세율, 도시와 농어촌의 차등 전력 요금, 농가 소득의 절반이 넘는 정부보조금, 물고기 잡는 법을 알려주지 않고 그냥 물고기를 나눠주는 재정 일자리 사업, 소득과 자산 수준이나 피해 유무를 따지지 않고 일괄 지급하는 전 국민 재난지원금, 전통시장 살리기 효과도 없이 소비자 불편만 초래하는 대형 마트 의무휴업, 세계에서 유례가 없는 수출기업과 농수산업의 무역이익 공유, 산업이나 직종 구분 없이 천편일률로 적용하는 최저임금과 근로 시간의 정산 단위 기간, 강성노조의 근거도 희박한 월례비와 일감 독점 요구 등 기여와 보상이 부합하지 않는 불공정한 시스템이 수두룩하다.

데 가장 높아서, '악화(惡貨)가 양화(良貨)를 구축'하는 결과를 초래하고 있다.

2. 배경과 원인

가. 사회 구성원 모두의 책임

이상과 같은 문제의 근원은 어디에 있을까? 우리 모두의 책임이다. 가장 큰 책임은 리더인 위정자에 있겠지만, 그들도 표심을 읽고 그에 편승해 정치공학적으로 움직이므로 따지고 보면 우리 모두에게 책임이 있다.

군(軍)에 비유하자면: [1] 혜안, 양심과 도량(度量)이 없는 장수(將帥: 위정자, 정무직); [2] 영혼과 용기가 없는 관병(官兵: 관료, 국책 연구기관); [3] 열정, 실력과 슬기가 없는 의병(義兵: 지식인, 언론, 시민사회단체, 싱크 탱크); [4] 편향되고 욕심이 많은 향병(鄕兵: 노동조합, 이익집단, 직역단체); [5] 공민(公民) 의식은 없이 선사후공(先私後公)하고 각자도생(各自圖生)하는 민방위대(일반 시민) 등 모두가 일말의 책임을 면할 수 없다.

나. 정책 지성과 공직 생태계의 취약성

특히, 우리는 정책 지성과 공직 생태계가 취약하다. 지성의 깊이가 얕고 경박해 정책에 관해 '아니면 말고' 식 신장개업이나 불량 신제품이 양산된다. 총론만 무성하고, 각론은 빈약하다. 전문가의 윤리 의식과 장인(匠人)정신이 미흡하고, 정당 연구소, 민간 싱크 탱크, 지식인 Network 등 정책 토양도 척박하다.

이는 '표층(表層) 학습' 관행과 실사구시(實事求是)를 도외시하고 외화내빈(外華內賓)에 치우치는 성향 탓이기도 하다. 명분을 숭상하는 주자학(朱子學) 원류의 '주경익사(主經翼史)'[3]나 도덕을 지향하는 탁상공론이 활개를 치는 대신에 경세방략(經世方略: Statecraft)은 소홀히 다뤄진다.

3 사서삼경을 비롯한 경전의 교리를 중심으로, 역사적 사실을 부수적인 날개로 삼는 접근법을 일컫는다.

주요 정책을 기획, 입안, 집행, 평가하는 고위직의 체계적 양성 과정도 부실하다. 압축 성장을 이룩한 개발 시대에는 자원 빈국으로서 한정된 자원을 전략적으로 배분하는 정부 주도의 성장전략이 유효하였다. 그러나 이제는 정책 환경의 복잡성, 다원성과 가변성이 확대되고, 시민도 단순히 정책의 대상이 아니라 참여와 협력의 주체로 바뀌었다. 아울러 규모와 역량이 비약적으로 신장한 민간의 자율과 창의가 성장의 동력이 된 만큼, 그에 걸맞게 공직자의 정책 역량도 갱신되어야 한다.

하지만, 2006년 도입한 고위공무원단 제도는 형식만 갖춘 채 그 취지와 달리 허술하게 운영되고 있다. 외부 전문가를 영입하기 위해 마련한 개방형 직위 역시 보수, 퇴직 후 취업 등에 관한 획일적인 규제로 형해화됐다. 경력직 관료는 투명성과 공정성에만 초점을 맞춘 개발 시대의 폐쇄적인 충원과 양성 제도가 여전히 그 뼈대를 이루고 있다. 대규모 공채, 기계적인 순환보직과 실질적인 계급제로 인해 전문성이 취약하고 맞춤형 인재 육성에도 애로가 많다.

그러다 보니 관료들이 머리는 외부 전문가에게 빌리고 일머리도 없이 정책 프로세스 관리에만 최적화되어 "너무 많은 일을, 애매한 실력으로, 대충대충 한다."[4]라는 혹평을 듣는다. 심지어 '철밥통', '복지부동', 부처 이기주의, "영혼이 없는 로봇이나 연필", '갑질' 등으로 지탄받기도 한다.

02. 미래 한국 사회의 개혁 방향

1. 침로(針路): 개혁의 방향

미래 한국 사회에 필요한 혁신과 포용역량의 향상, 그리고 공정한 시스템을 확립하려면 사회 전반이 지금과 같은 '낮은 길(Low road)'에서 '높은 길(High road)'로 전환해야 한다.

4 2023.10.27.일 공직 인재 양성 세미나 때 토론자였던 김정일 박사의 논평.

가. 자유와 기회의 확대를 통한 활력의 증진

무엇보다 자율, 분권과 다양성을 진작하고, 개방, 공유와 창의를 고취해야 한다. 그래야만 유인과 책무를 확립해 활력이 증진되고 혁신이 촉진된다. 열심히 노력하거나 참신한 아이디어를 내면 그에 상응하는 보상이 주어지도록 균등한 기회를 보장하고, 공정한 규칙과 질서 확립에 힘써야 한다.

공공부문에도 인사, 보상, 예산, 감사, 평가 등 전반에 걸친 자율과 책무의 유인 기제를 확립해야 한다. 정무직과 공공기관장은 짧은 임기와 잦은 교체에 따른 비효율 등을 극복하고, 소신껏 일해 성과를 거둘 수 있도록 재임 기간을 지금보다 연장해야 한다. 정책 실명제를 확대하고, 인사, 예산, 보상과 제재 등에 관한 권한을 과감하게 아래로 위임해야 한다.

경력직 관료는 일괄적인 기준을 적용하는 대규모 공채에서 부처와 직무별 맞춤형 소규모 채용 방식으로 전환해 계약직 공무원제, 직위공모제와 경력경쟁 채용제를 확대해야 한다. 직무 중심의 인사관리를 강화하고, 계급제 요소와 순환보직 등을 축소[5]해야 한다. 아울러 인사 기록 카드의 부속명세서 내실화를 비롯해 객관적인 성과관리와 실적 평가제도 확립에 힘써야 한다. 그에 바탕을 두고 우수 공무원 발탁승진과 저성과자 퇴출 제도 도입, 보수체계 다양화, 성과급 강화, 특정 과업 수행에 대한 보로금 지급 허용 등 인사, 정원과 보수의 미시적인 근접 통제를 완화해야 한다.

나. 불신의 악순환에서 신뢰의 선순환으로

우리의 문화와 시스템은 불신과 배제, 강제와 감시, 처벌과 반목의 악순환을 조장하는 '낮은 길'에 매몰되어 있다. 신뢰와 포용, 자율과 독려, 자성과 존중의 선순환을 촉진하는 '높은 길'로 나아가야 한다.

---

5 순환보직의 대안으로 Y자형 또는 工자형 보직제도가 제안되기도 한다. 전자는 10년 이상 근무 후 전문직과 정책관리직으로 경력을 이원화하며, 후자는 첫 15년은 여러 부처에서 근무하다가 과장급부터는 특정 부처에서 일하고, 그리고 고위공무원이 되면 다시 여러 부처를 거치도록 하는 제도다.

이를테면, 단속 카메라와 과속방지턱으로 교통사고를 줄이겠다는 발상은 하책(下策)이다. 단속 카메라 앞에서만 속도를 줄인다니까 뒤에서도 속도를 측정하겠다는데, 운전자는 카메라 시야에서 벗어나면 또 속도를 올리는 방식으로 대응하게 된다. 정부와 운전자가 게임을 하는 셈이다. 서로 불신하면서 돈은 돈대로 쓰고 정작 효과는 보지 못하는 시스템이다.

비슷한 예가 공직 퇴임 후에 적용되는 획일적인 취업 규제다. 사안별 이익 상충을 규제하는 방식으로 전환해야 한다. 이른바 '김영란법'의 까다로운 규정도 여건의 변화에 따라 현실화해야 한다. 전반적으로 우리는 기준을 너무 이상적으로 높게, 그리고 획일적으로 설정하는 편이다. 주(週) 52시간 근무제만 하더라도 여건이 제각각인 산업, 기업이나 직종에 같은 잣대를 강제한다.

그리스 신화에 행인을 잡아다 침대에 눕힌 뒤, 키가 침대보다 길면 그만큼 잘라내고 짧으면 늘여서 죽이는 '프로크루스테스(Procrustes)의 침대' 얘기가 나온다. 현실은 천차만별인데 정부는 획일적 기준을 들이대는 경향이 강하다. 불신이 그 바탕에 작용하기 때문이다.

공공기관, 기업, 학교, 지역공동체 및 시민사회의 역량과 다양성을 인정해야 한다. 과잉 규제와 획일적인 간섭을 가격 기제를 활용한 시장 친화적인 지원과 규제로 바꿔 민간의 자율을 신장하고 창의를 촉발해야 한다. 교육의 자율과 개방을 확대하고, 노사의 자치와 합의도 존중해야 한다.

무리한 '도덕 지향성'[6]이 초래한 이상과 현실의 괴리를 좁혀야 한다. 지킬 수 있는 법을 만들고, 만들어진 법은 예외 없이 지키는 관행을 확립해야 한다. 거의 모든 장소를 금연 구역으로 지정하고 흡연구역 지정엔 인색해 금연 구역

6 철학자 오구라 기조(小倉紀藏)는 저서 『한국은 하나의 철학이다』(2017, 모시는 사람들)에서 한국인은 '도덕 지향적'이지만, 도덕적이지는 않다고 지적했다. 주자학 뿌리가 깊은 한국인은 이념과 도덕을 대변하는 절대 규범인 '리(理)'를 신봉한다. 현실과 욕망을 집약한 '기(氣)'와 대칭되는 '리'에 매달리다 보니 현실과 이념, 욕망과 도덕의 괴리가 커졌다. 자구책으로 한국인은 그런 간극을 무시 · 회피하거나 심지어 합리화한다. 남의 언동은 도덕적으로 환원해 냉정하게 평가하지만, 자신이 그에 걸맞게 살아가는 경우는 흔치 않다. 심리학의 '인지 부조화'와 같은 이중성이다.

에서 흡연하는 일이 다반사가 되는 잘못이 되풀이되어선 안 된다.

역사와 현실을 존중하는 가운데 미래를 지향함으로써, 연속성을 담보해야 한다. 점진적이고 질서 있는 변화를 통해 지속성과 예측 가능성을 높이고, 빅뱅(Big bang)의 반작용과 급격한 변화에 수반하는 신뢰(기대)이익 침해와 불공정성을 차단해야 한다. 같은 맥락에서 인수와 인계의 내실도 도모해야 한다. 전임자의 노하우를 후임자에게 충실히 전수해 '제도화된 기억'(Institutional memory)을 축적해야 한다. 부서 할거주의를 완화해 문턱과 칸막이를 낮추고 소통과 협업을 강화하는 노력도 절실하다.

다. 형식주의에서 실용주의로

쓸데없는 일을 줄이고, 핵심 업무에 집중해야 한다. 무엇보다 '보모국가'로의 질주에 제동을 걸어, '작고 유능한 정부'를 지향해야 한다. 정부가 모든 문제를 다 해결하겠다는 생각부터 버려야 한다. '정부실패'만 누적되고 민간 활력을 위축시키기 십상이기 때문이다. 지나친 규제와 행정지도를 줄이고, 과감한 민간 위탁, 민관의 동반 협력(PPP)과 민영화를 확대해야 한다.

새로운 정책과 제도를 출시하려는 압박과 유혹에서 벗어나야 한다. 정권, 자치단체장이나 기관장이 바뀌면 기존 정책의 포장만 달리해 재탕 삼탕으로 출시하거나, 전임자와 차별화를 위해 뚜렷한 근거 없이 정책을 백지화 또는 번복하는 일은 지양돼야 한다.

형식과 의전에 치중하는 문제도 개선하여야 한다. 보여주기식 전시성 행사와 대책 회의, 행사를 위한 행사는 알맹이 없는 형식주의 행정의 표본이다. 평가를 위한 평가, 아무도 거들떠보지 않는 기본계획, 5년마다 바뀌는 생색용 비전과 전략, 통과의례와 책임 전가용으로 활용되는 수많은 자문위원회, 시시콜콜 언론 대응, 짜증스러운 집합교육 등 일일이 열거하기도 어렵다.

데이터베이스(DB) 구축과 같이 생색은 나지 않지만, 꼭 필요한 기본직무를 충실히 수행해야 한다. 실험을 비롯해 근거에 기반한 정책과 행정'을 지향하여, 신뢰할 수 있는 데이터 생산과 정보공개를 확대하는 한편, 입법 및 행정예고와 공청회를 내실화해야 한다. 디지털플랫폼인 '하나의 정부'에 박차를 가하고, 화상회의와 원격근무를 확산하며 종이 행정을 과감하게 청산해야 한다.

라. 공민의식 함양과 사회자본 확충

사회갈등이 심화해 원심력이 커지면, 국민 에너지가 분산되고 국력이 쓸데없이 소진되어 국가는 위기에 봉착한다. 통일신라, 고려와 조선이 각각 출범하여 연착륙한 동력은 탕평(蕩平)과 국민통합에 기초한 구심력이었고, 쇠락한 기저에는 여러 세력의 반목과 분열에 따른 원심력이 작동하였다. 로마제국이나 중국 역대 왕조의 흥망도 그러하였다.

갈등을 순화하고 사회통합을 이루려면, 공화정의 필수요건인 공민의식을 함양하고 법치, 신뢰, 투명성과 같은 사회자본을 확충해야 한다. 건전한 토론을 장려하고 다양한 의견을 존중하되, 터무니없는 억지 주장과 트집 잡기나 생떼 부리기는 경계하여야 한다. 공동체 유지의 필수 전제조건인 법(法)은 물론이고, 그 상위 가치인 예(禮)와 덕(德)도 고양해야 한다. 예(禮)는 신뢰, 승복, 감사, 염치와 존중의 호혜 문화를 뜻하고, 덕(德)은 양보, 헌신, 응원, 기부, 봉사 문화와 맞닿아 있다.

관자(管子)가 말하길, "나라에는 사유(四維)가 있으니 하나가 끊어지면 기울고, 두 개가 끊어지면 위태로우며, 세 개가 끊어지면 뒤엎어지고, 네 개가 끊어지면 멸망한다"라고 했다. 그가 지적한 사유는 예의염치(禮義廉恥)로서, 절도를 지키는 예(禮), 자랑하지 않는 의(義), 잘못을 감추지 않는 염(廉), 남의 잘못을 따르지 않는 치(恥)를 일컫는다.

공자도 자절사(子節四)라 하여 네 가지를 배제하였다고 한다. 곧, 무의(毋意), 무필(毋必), 무고(毋固), 무아(毋我)가 그것이다. 자기 마음대로 결정하지 아니하고, 틀림없이 그렇다고 단정하지 아니하고, 고집부리지 않았으며, 아집에 빠지지 않았다고 한다. 선진국 중에는 이처럼 너그러운 문화가 정착된 곳이 적지 않다. 프랑스의 관용(Tolerance), 노르딕(Nordic) 국가들의 얀테(Jante) 불문율, 일본의 화(和) 문화가 그러하다.

우리도 사회지도층부터 솔선하여, 분위기를 쇄신해야 한다. 윗물이 맑아야 아랫물이 맑게 되는 만큼, 공직자는 선공후사(先公後私)의 선비정신을 갖추고, 공공성에 헌신하는 마음가짐을 지녀야 한다. 아울러 '넉넉하고 너그러운 문명국가(法禮德國)'로 발돋움할 수 있도록 공민의식을 함양하는 교육을 강화하고 계도 캠페인도 전개했으면 한다.

2. 성공을 위한 방법론

가. 존중과 통합의 협치, 숙의와 공론의 진작

집권층은 정당과 계파를 초월하여 국정을 운영해야 한다. 특히, 정권 교체에 따라 공직을 전리품처럼 여기는 엽관주의 인사는 최소화하고, 적재적소, 불편부당(不偏不黨)과 잡종강세(雜種强勢)의 원칙에 따라 탕평(蕩平)인사를 구현해야 한다. 대통령 인사의 권한과 책임이 일치하도록 대통령 참모, 실세나 비선(秘線)의 인사권 남용도 경계해야 한다. 미국 연방정부의 '플럼 북(Plum book)'처럼 행정부와 공공기관의 대통령 임명직 9천여 개에 관한 책무, 자격요건, 임명 절차와 방식 등을 정리해 정무직 인사를 정교하게 다듬고 재량이 개입될 여지를 줄여야 한다.

아울러 여민(與民)을 지향하는 참여와 위민(爲民)을 꾀하는 숙의의 조화를 통해 정책 결정의 대표성과 책무성을 확립해야 한다. 전문가의 검증, 경연(經筵), 창도(唱導), 공론을 촉진해 교조주의, 원리주의와 극단주의를 걸러내야 한다. 필요한 경우 공론조사와 주민투표도 활용해야 한다. 국민연금, 건강보험, 노동, 교육, 탄소 중립 등 백년대계에 관한 주요 사안은 이견과 반론을 충실히 경청하고 합의를 모색하는 노력이 절실하다.

조선왕조는 세도(勢道) 정치로 견제와 균형이 무너짐으로써 끝내 망국에 이르렀다. 척신(戚臣)이 독점한 실권이 세습되자, 한양과 기호(畿湖) 출신 등 경화사족(京華士族)이 비대해졌다. 대간(臺諫)[7]의 감찰과 탄핵 기능이 퇴색하면서 왕권에 대한 견제 장치가 무력화됐다. 임시기구였던 비변사(備邊司)가 인사권 등 국정을 장악하자 공론과 숙의가 실종되며 정론이 들어설 자리가 없어졌다.

미국은 건국 직후 연방파와 공화파가 극한 대립을 거듭했다. 1790년대 후반엔 내전과 분리 독립마저 불사할 일촉즉발의 위기에 처했다. 친영국이었던 연방파는 공화파가 지방분권을 강화해 연방을 무력화하려 한다고 의심했고, 프랑스와 가까웠던 공화파는 연방파가 미국을 영국 왕권에 복속시키려 기도한다고 봤다. 그때 정치가(Statesman)의 표상이자, 공화정의 태두로 불리는 제임스 매디슨(J. Madison, 제4대 미국 대통령)이 중재에 나섰다. 특정 계층만 대변하는 정치인(Politician)을 넘어 상생과 타협의 공화정 신봉자였던 그는 남부, 성공회와 농장 출신이면서 북부, 침례교와 상공업자까지 배려했다. 매디슨이 제시한 '버지니아(Virginia) 결의안'[8]은 양측의 격돌을 극적으로 막고 오늘날 미국 연방정부의 초석이 됐다.

19세기 영국의 벤저민 디즈레일리(B. Disraeli) 수상은 보수당 출신이면서도 서민, 노동자와 귀족, 자산가의 유대와 공생을 추구했다. 보수당에 불리할 것이 예견되었지만, 그는 1867년 농민과 노동자에 선거권을 부여하는 개혁을 주도했고, 그 때문에 다음 선거에서 패배했다. 이후 재기한 디즈레일리는 근로자 권익, 주거 여건과 공중위생 개선에 힘썼고, 빈민 구제에 앞장섰다. 그 결과 영국은 프랑스혁명과 같은 유혈혁명을 막고, 질서 있게 개혁을 추진할 수 있었다.

---

7 사헌부의 대관(臺官)과 사간원의 간관(諫官)을 통칭한다.

8 단일 연방정부를 인정하면서도 준사법 기능은 대통령으로부터 독립하는 중재안이다.

21세기 독일 앙겔라 메르켈(A. Merkel) 수상의 '엄마(Mutti) 리더십'도 본보기다. 그녀는 집무실을 정기 개방하고, 남과 함께 하는 시간의 80% 동안은 듣고, 20% 동안만 말하는 걸 원칙으로 경청과 소통에 충실했다. 메르켈은 중용과 균형을 중시해 자신과 연고가 깊은 보수, 동독, 여성에 편향되지 않았고, 집권 기간 4분의 3 동안 대연정(大聯政) 내각을 꾸렸으며, 정적(F. Steinmeier)을 대통령으로 천거하기도 했다.[9]

나. 경세방략(經世方略)의 천착(穿鑿)

주요 정책을 설계하고 추진할 때는 총론(무엇)도 중요하지만, 그 못지않게 각론(어떻게)에 역점을 둬야 한다. 명확한 청사진은 물론, 그에 이르는 구체적인 경로와 치밀하게 설정한 일정표를 제시해야 한다. 시범 적용할 계획이나 경과조치도 마련하여 이해관계자의 적응과 준비를 촉진하고, 신뢰(기대)이익을 보호하며 예측 가능성을 높여야 한다.

이해관계가 첨예하게 맞서는 사안일수록 정예부대를 형성하고 지지 세력 또는 적어도 우호 계층을 확보하는 전략이 긴요하다. 저항의 重心(Center of gravity)을 타격하는 한편, 뇌관, 가교와 변곡점을 파악해 긴밀하게 대응해야 한다. 나아가 '기회의 창(A window of opportunity)' 포착, 관성과 면역의 유지와 순화, 변종이나 우발상황에 대비한 예비계획(Plan B) 준비 등 전술적 측면도 빼놓을 수 없다.

획기적인 변화를 추구하는 혁신 정책이 성공하려면, 의제를 이끄는 주무 정무직의 역할이 무척 중요하다. 이념 지향성, 진영논리나 정권에 대한 논공행상(論功行賞)보다는 전문성과 일머리를 갖춘 우수 인재가 맡는 것이 바람직하다.

---

9 그녀는 소박하고 청렴해 공사 구분도 확실했다. 사저에 거주하며, 복장에 신경을 쓰지 않아 '패션 테러리스트'라는 애칭을 얻기도 했다. 화학 교수였던 남편은 수상 취임식에 불참했고, 2019년 4월 모친이 별세했지만, 장례가 끝난 후에야 언론에 보도되었다(양돈선, 2017: 『기본에 충실한 나라, 독일에서 배운다』. 미래의 창).

03. 바람직한 공직 생태계와 핵심역량

1. 미래의 공직 생태계

미래의 공직 생태계는 유연하고 생산적이어야 한다. 정치적 중립성을 확보하고, 전문성을 갖춘 가운데, 유인과 책무를 확립해 공직자가 자율적이고 안정적으로 국리민복의 증진에 전념할 수 있어야 한다.

그러기 위해서는 지금처럼 1~2년 근무 후 이동하는 계급제 방식의 순환보직 관행 대신에, 자질과 적성에 걸맞은 직무에 오래 근무하면서 전문성을 쌓아나가는 직무 중심의 인사제도를 정착시켜야 한다. 중앙인사기관에서 계급별로 대규모 인력을 일률적으로 채용해 교육한 후 각 부처로 배치하는 시스템은 더 이상 작동하기 어렵다. 부처별 직무별로 각각 필요한 전문역량을 갖춘 맞춤형 인재를 소규모라도 수시로 적기에 선발하는 시스템으로 전환해야 한다.

기여와 보상이 부합하는 공정한 인사시스템 구축도 절실하다. 곧, 평가, 승진과 보상이 근속기간, 지역 안배나 연고가 아니라, 능력, 노력과 성과를 중심으로 이뤄져야 한다. 그러자면, 누구에게나 균등한 기회가 보장되고, 투명하고 공정한 규칙과 절차가 확립되어야 한다. 당장은 미덥지 않아도 장관과 기관장의 인사권을 확대해야 한다. 그렇다고 해서 장관과 기관장이 재량을 남용해 정실과 엽관 인사를 자행하지는 않을 것이다.

획일적이고 타율적인 환경보다는 유연하고 자율적인 여건에서 일해야 자긍심과 주인의식, 업무 효율과 성과도 드높일 수 있다. 그래야만 자기가 한 일에 대한 책무성(Accountability)도 확립할 수 있다. 정책 실명제를 확대해 자신이 한 일에 대한 자긍심과 책임감을 심어주고, 그러한 업무성과를 인사 기록 카드에 상세히 기록하여 정당하게 평가받을 수 있는 여건을 마련해야 한다.

조직과 정원, 정책과 예산에 관한 권한도 미시적인 근접 통제에서 거시적인 원격 제어로 전환해야 한다. 기관장이나 부서장이 소신껏 일하고 그 결과에 책임지는 시스템을 구축해야 한다. 보수체계도 계급과 연공에 기초한 호봉제에서 벗어나, 직무 특성에 따라 차별화, 다양화하고, 직무급과 성과급 요소를 강화해 나가야 한다.

2. 미래의 공무원상

미래의 공무원은 시대정신을 읽고 가파른 변화의 흐름을 지구촌의 관점에서 내다볼 수 있어야 한다.

자신이 맡은 분야에 관해서는 근시안이 아니라 적어도 한 세대의 시평(時平)을 조망하는 혜안, 실사구시(實事求是)의 일머리와 슬기, 환경과 기술의 변화에 발 빠르게 대처하는 전문역량을 갖춰야 한다.

정책 기획과 집행 역량이 선진국의 공직 표준을 선도하고, 민간 기업에 필적할 정도에 이르러야 한다. 그러기 위해 학계, 국제기구, 연구소, 시민사회단체, 이익집단 등 다양한 경로에서 쏟아지는 정보를 충실히 분석하고 꾸준히 학습해야 한다.

공직자로서의 덕목을 가꾸고 벼리기 위해 자기 수양도 게을리해선 안 된다. 특히 애국심과 애민(愛民) 정신을 체화하여 선례와 관행을 그대로 답습하거나 법령이나 지시에 따라 마지못해 일하는 것이 아니라, 스스로 할 일을 찾아서 하는 능동적인 자세가 필요하다. 아울러 '대리인 문제'를 불식하고 조직 이기주의에서 벗어나 이해관계자와 열린 마음으로 소통하고 다른 부서와 기꺼이 협업에 나서야 한다.

3. 바람직한 공무원의 덕목

지도자가 경세학 또는 지도자학에 대한 기초와 이해 없이 미숙한 상태에서 나라 운영이나 정치의 책무를 맡으면, 국가가 큰 어려움을 맞을 수 있다. 국가

지도자가 되려면 큰 뜻을 세우고 그에 필요한 덕목과 자질을 키우는 각고의 노력과 준비를 해야 한다. 그래야 본인은 물론 시대도 순항할 수 있다.

이런 맥락에서 박세일(2017)[10]은 지도자의 능력과 덕목으로, 다음 네 가지를 제시하였다.

가. 애민(愛民)과 수기(修己)

지도자는 국민을 사랑하는 마음가짐을 지녀야 하고, 자기 수양에도 앞장서는 수기치인(修己治人)을 실천해야 한다. 사욕과 소아심(小我心)을 줄이고 공심(公心)과 천하심(天下心)을 확충해 지행합일(知行合一)의 구현에 힘써야 한다.

나. 비전과 방략(方略)

지도자는 최소한 세계의 흐름과 국정 운영의 대강을 파악하고, 나아가 미래에 관한 비전과 그것을 실현하는 방략까지 준비하여야 한다. 반드시 안목을 갖춰야 할 분야는 부민(富民: 경제와 복지), 흥교(興教: 교육, 도덕과 인륜), 기강(법치, 신상필벌)과 외치(外治: 국방과 외교)이다.

다. 구현(求賢)과 선청(善聽)

지도자는 천하의 현명한 인재들을 예(禮)와 의(義)를 다하여 널리 구해야 한다. 아울러 말을 줄이고 그들의 이야기를 경청하며, 의견을 달리하는 둘 이상의 입장을 함께 들어야 한다.

라. 후사(後史)와 회향(回向)

지도자는 먼 미래까지 내다보고 다음 세대를 준비하는 역사의식을 지녀야 한다. 자신이 할 수 있는 일의 한계를 알고, 다음 세대에게 넘겨서 맡길 일을 파

10 박세일. (2017). "지도자의 길: 안민학 서론." 『법경제학연구』. 14(1): 1-14.

악해야 한다. 그리고 다음 세대를 위하여 무엇을 어떻게 도울 것인지 고민하며, 차세대 인재를 키우고 차세대 정책의 개발을 도와야 한다. 끝으로 자신이 이룩한 성과는 국민과 역사의 덕으로 돌려야 한다. 함께 노력한 공직자, 국민과 오늘이 있게 한 역사의 주역들에게 감사하고 그들에게 공을 돌려야 한다.

4. 공직자의 자질: 증자(曾子)의 충(忠)과 서(恕)[11]

충(忠)은 마음을 한가운데 놓으라, 곧 중심을 잘 잡고 원칙을 지키라는 뜻이다. 윗사람에게 무조건 복종하는 게 아니라, 정성을 다해 윗사람을 한마음으로 받들어야 한다. 서(恕)는 내가 원하지 않는 바를 남에게 행하거나 억지로 강제하지 말라, 곧 다른 사람의 입장까지 생각하라는 뜻이다. 역지사지(易地思之)하는 바로 그 마음을 말한다.

가. 충(忠): 원칙과 소신 ['찬 머리']

공무원은 모든 사람을 늘 만족시킬 수는 없기에, 차가운 머리(이성, 판단력)를 지녀야 한다. 의견을 두루 차분히 듣고 심사숙고하되, 옥석을 가려야 하고, 때로는 공동체를 위해 어떤 이에게는 고통을 줄 수도 있는 결단을 과감하게 내려야 한다. 공무원은 일의 노예가 아니라, 일을 주도하는 주인의식을 가져야 한다. 직책과 무관하게 대통령처럼 생각하고, 나무보다 숲을 조망하는 넓은 시각을 가져야 한다. 꾸준히 내공을 쌓고, 맡은 분야엔 영혼을 불어넣어 최선을 다해야 한다. 의로운 일이면 끝까지 큰 소리로 문을 두드려 누군가는 반드시 깨우려는 끈질긴 근성도 지녀야 한다. 국가를 이끄는 소수정예로서 자부심과 역량을 갖추어야 한다. 항상 위기 상황에 대비해 긴장을 늦춰서는 안 되며, 기회가 왔을 때 핵심적인 역할을 성공적으로 수행할 수 있는 역량을 갖추어야 한다.

11 논어(論語) 이인편(里仁編)에 나오는 일화 가운데 증자(曾子)가 집약한 내용이다. 송(宋)나라 때 주희(朱熹)가 명신의 문집과 전기를 편찬한 『송명신언행록(宋名臣言行錄)』에도 수록 되어 있다고 한다.

나. 서(恕): 포용과 유연성 ['따뜻한 가슴']

공무원은 따뜻한 마음을 지녀야 한다. 날이 가물면 농민을 걱정하고, 비가 오면 막노동자와 노점상을 걱정해야 한다.

문제는 늘 내부에, 주로 자신에게 있다고 생각해야 한다. '공(功)은 부하에게, 과(過)는 자신에게' 돌리는 자세가 절실하다.

공무원에게 포용력은 필수 덕목이다. 가위의 양날이 서로 달라야 제 기능을 발휘하는 것처럼, 서로의 차이가 축복이라고 여겨서 유유상종(類類相從)을 경계하고 잡종강세(雜種强勢)를 지향해야 한다. 시경(詩經)에 나오는 "나무꾼에도 물어보라"라는 경구처럼 현장 목소리에 귀를 기울여야 한다.

나아가 공무원은 겸허한 자세로 일해야 한다. 아집이나 독선에 빠지지 않고 마음을 비우고(虛心) 소탈한 자세(空我)를 유지하며, '버림의 미학(美學)'을 구현하면 '되로 주고 말로 받을 수 있다.'

공무원은 늘 복기하고, 자성하며, 끊임없이 새로움을 추구해야(更張) 한다.

5. 미래 공무원의 핵심역량

가. 필요조건: (집합적) 인적 역량

미래 사회의 공무원은 기본적으로 다음과 같은 역량을 갖추어야 한다.

1단계: 기초(표준) 역량

먼저 반드시 갖춰야 할 기초(표준) 역량으로: [1] 문해(文解; Literacy); [2] 수리(數理; Numeracy); [3] 컴퓨터 활용력(Computing skills)을 들 수 있다. 경제협력개발기구(OECD)의 성인 역량 조사(PIAAC)에 따르면, 우리 공공부문은 위 3개 기초역량이 민간 부문보다 뒤떨어진다. 해외자료를 포함해 다양한 자료를 올바로 해독하고, 각종 통계자료를 제대로 분석하여 정책 시사점을 도출해야 하며, 인공지능(AI) 등 첨단 디지털 기술을 적극 활용할 수 있어야 한다.

2단계: 혁신역량

공무원은 급변하는 환경 변화에 대응하여, 참신하고 창의적인 정책을 만들어 내야 한다. 그러자면: [1] 기존의 관행이나 시스템에 의문을 제기하는 탐구(Inquiry); [2] 참신한 발상을 제기하는 창의(Creativity); [3] 새로운 시도를 두려워하지 않는 모험(Risk taking); [4] 그리고 낯설거나 돌발 상황에 대처하는 문제 해결(Problem solving) 역량을 각각 갖춰야 한다.

3단계: 포용역량

공무원은 [1] 주인이자 정책과 행정의 대상인 국민이 처한 상황을 파악하고 문제의 핵심을 적기에 인지(認知; Cognition)하며; [2] 국민의 어려움과 기대에 공감(Empathy)하고; [3] 국민과 원활하게 소통(Communication)하면서; [4] 다양한 이해관계자, 공공기관, 시민사회 및 언론 등과 역할을 분담하여 긴밀하게 협업(Collaboration)함으로써; [5] 이해관계의 첨예한 갈등을 순화하고 제3의 건설적인 대안을 제시하는 융합(Integration) 역량이 각각 필요하다. 앞에서 필요조건으로 '인적 역량' 앞에 '집합적'이란 용어를 굳이 수식어로 덧붙인 까닭은 바로 이 포용역량 때문이다.

4단계: 공인 의식

공무원은 나라의 일꾼이라는 사명감을 지녀야 한다. 개인적인 이해보다 공적인 책무를 우선하는 선공후사(先公後私) 의식이 투철하여야 한다. 아울러 공무원으로서 자긍심을 갖고, 공직 수행에 보람을 느끼며, 공직을 명예롭게 여겨야 한다.

나. 충분조건: (견실한 국가 거버넌스에 기초한) 공정한 시스템 구축

필요조건인 인적 역량만 뛰어나다고 해서 바람직한 공직 생태계가 절로 조성되는 것은 아니다. 충분조건은 기여와 보상이 부합하는 공정한 시스템 구축이다. 공산권은 기여와 보상이 어긋나고 특권이 난무하다 몰락했다. 인도는 신분을 중시하는 카스트(Caste)제도가 열심히 일할 유인을 훼손해 잠재력에 못 미치는 발전단계에 머무르고 있다.

연공서열, 정실, 기득권, 지대 추구를 배제하고 노력과 기여에 상응하는 정당한 보상을 줘야 열심히, 그리고 창의적으로 일할 유인과 함께 그 결과에 대한 책무까지 확립할 수 있다. 그래야만 '대리인 문제'를 극복하고 각자 맡은 바에 최선을 다함으로써 공직사회의 활력을 극대화할 수 있다.

나아가 폭민(暴民) 우중(衆愚) 정치로 인한 정책 오염을 최소화해야 한다. 공무원이 법치를 근간으로 정치적 중립을 지키면서 오로지 국리민복을 위해 소신껏 전문성을 발휘하고 백년대계를 지향할 수 있도록 견실한 국가 거버넌스가 정착되어야 한다.

04. 바람직한 공직 생태계를 위한 교육시스템

바람직한 공무원의 덕목과 핵심역량의 여러 요소는 한 사람의 관점에서 유/초/중/고/대학(학부/대학원)의 교육과정, 군 복무와 사회생활 등 단계별로 교육과 훈련을 통해 꾸준히 함양되고 체화되어야 한다.
미래에 필요한 공무원 인재를 확보하고 육성하는 단계별 방안은 다음과 같다.

1. 학교 교육

공무원의 덕목과 핵심역량, 곧 기초역량, 혁신역량과 포용역량은 유/초/중/고/대학 등 학교 교육을 통하여 충실히 함양되어야 한다. 그러나 우리 교육 현장은 미흡한 점이 많고, 따라서 획기적인 변화가 절실하다.

가. 현 학교 교육의 문제점

현재의 각급 학교 교육에서는 상급 명문 학교 진학을 겨냥한 입시 위주의 교육에 초점이 맞춰져 있다. 그에 따라 오직 시험 점수를 잘 받기 위해 기출 문제 풀이와 정답 맞히기 요령을 익히기 바쁘고, 수박 겉핥기와 같이 그저 정답을 암기하고 지식을 일방적으로 주입하는 교육 방식이 대세를 이룬다.

사안의 본질에 대한 의문 제기나 토론, 사례연구, 각자의 입장을 뒤바꿔 이해할 수 있는 역할 연기, 실습 등 심층학습은 거의 이루어지지 않는다. 개별 학생의 수행 과제에 대해 교사가 당연히 해야 할 꼼꼼한 피드백이 생략되는 경우가 태반이다. 협동심, 희생정신과 신사도를 배우고 익히는 데 필수적인 체육활동도 부실하다. 말하기 훈련의 일환인 웅변이나 연극 등 특별활동 역시 미미한 실정이다.[12]

나. 학교 교육시스템의 전환 방향

1) 기초역량 함양

공무원으로서 갖추어야 할 기초역량인 문해, 수리와 컴퓨팅 역량은 학교 교육과정에서 사실상 완성에 가까운 수준에 이르도록 충실히 길러져야 한다.

다양한 자료와 문서 등 수많은 정보를 올바로 해독하고, 각종 통계자료를 적절한 기법을 동원해 제대로 분석할 수 있어야 한다. 인공지능(AI) 등 첨단 디지털 기술을 실습하고 활용할 수 있어야 한다.

2) 혁신역량 함양

무엇보다 유대인 교육처럼 수업 중 엉뚱한 질문과 활발한 토론을 장려하는 분위기를 조성해야 한다. 이미 확립된 이론이나 모두가 받아들이는 관행에 대해서도 의문을 품고 참신한 발상을 제기하며, 새로운 시도를 두려워하지 않도록 독려해야 한다.

역사의 분기점이 된 경험이나 진행 중인 복잡한 상황 등에 관한 사례연구

12 2023.10.27.일 공직 인재 양성 세미나 때 토론자였던 함재봉 박사의 논평.

를 통하여 해법을 찾고, 낯설거나 돌발 상황에 창의적으로 대처하는 문제 해결 역량을 키워야 한다. 세계를 이끌어 온 위인들의 발자취를 반추하고 그 과정에서의 혁신적인 아이디어와 도전정신을 배우고 익혀야 한다.

3) 포용역량 함양

먼저 원만한 의사소통을 위한 교육을 강화해야 한다. 웅변, 발표와 토론은 자기 생각을 정확하게 표현하고 전달하며 상대를 설득하는 능력을 기르는 데 유용하다. 또한, 상대의 의견을 경청하고 이해하는 자세는 물론, 서로 다른 주장들의 차이점을 찾아내 장단점을 따지는 분석 역량도 기를 수 있다. 토론 과정에서 정해진 규칙에 따름으로써 민주적 절차에 대한 이해를 증진하고, 적극적 참여를 통해 주인의식도 고양할 수 있다.

공동체 의식의 함양도 긴요하다. 그러기 위해선 팀 학습 과제를 자주 부여해야 한다. 팀원이 함께 과제를 수행하고, 토론하며 그 결과를 발표한 뒤 다른 팀들의 피드백을 받아 최종 결과물을 제출하도록 하면 공동체 의식의 함양에 효과적이다. 이해관계가 첨예하게 맞서는 사안에 관한 사례연구, 체험학습과 역할 연기 등도 도움이 된다.

인문학 소양을 갈고 닦는 것도 필요하다. 고전과 문학작품을 접하면 자신이 직접 체험한 것 외에도 다른 이들의 삶을 간접 경험할 수 있다. 그럼으로써 다른 사람을 더 잘 이해하고 때론 감동과 교훈까지 얻게 된다.

체육 활동을 의무화해 협동심, 희생정신과 신사도도 함양해야 한다. 아울러 1인 1 특기 교육을 시행하면, 개개인의 개성과 잠재력을 계발하는 한편, 학업으로만 우열을 가리지 않고 다들 각자의 특성과 장점으로 공동체에 이바지할 수 있다는 자부심을 지닐 수 있다.

2. 공무원 교육훈련

가. 선진국의 고위공무원 교육훈련 체계

1) 독일

독일의 고위행정직은 대학의 전공, 이수 과목, 실습 분야와 기간 등을 고려한 서류심사를 통하여 대상자를 1차 선발한다. 그 후 2~3년 동안 이론과 실무에 관한 교육을 이수하고, 자격시험을 거쳐 임용된다. 임용 후에도 3년의 시보 기간을 거친 후 정식 공무원으로 최종 임용된다. 다만, 특수전문직은 이런 과정을 밟지 않아도 학위, 전문자격과 관련 분야의 실무경력을 갖추면 개별 채용 절차에 따라 임용될 수 있다.

2) 프랑스

프랑스 국립공무원연수원(INSP; National Institute of Public Service)은 1945년 설립되었다가 2021년 폐지된 2년제 그랑제콜(Grandes Écoles) 국립 행정대학원(ENA)[13]을 승계한 대학원 과정의 고위공무원 양성 및 재훈련기관이다. 입법, 행정, 사법 3부에 근무할 고위공무원 양성을 총괄하며, 고위관리직의 평생학습도 관장한다.

일반대학이나 그랑제콜 졸업생을 대상으로 엄격한 선발 절차를 거쳐 신입생을 선발한다. 종전 ENA보다 입학 문호가 넓어져 일반 학생 외에도 4개의 입학 경로가 추가됐다. 4년 이상 전문직 경력을 지닌 현직 공무원, 8년 이상 전문직 경력을 지닌 민간 부문 종사자, 공무원 자질(Public service talents) 양성반의 장학생 등 뛰어난 사람과 박사 학위 소지자도 지원할 수 있게 됐다. 2024년부터 선발시험은 학문 소양보다 전문성에 더 중점을 두기로 했다.

교육과정은 인턴십과 수업 등 2단계로 나뉜다. 인턴십은 국제기구와 지방자치단체 두 군데에서 수행해야 한다. 수업은 관리역량 확충에 초점을 두고

13 ENA는 프랑스 정관계를 주도하는 엘리트 양성기관으로 역할을 해왔지만, 지나친 특권과 막강한 연계망 시비에 시달린 끝에, 졸업생인 에마뉘엘 마크롱(E. Macron) 대통령에 의해 폐지됐다.

실무교육 위주로 진행한다. 외부 전문가가 수업을 이끌며, 고위직 동문 상당수가 실무 차원의 정책 수립과 집행의 경험을 전수하는 데 동참한다. 교육 기간은 종전 21개월에서 2023~24학년도부터 24개월로 늘어났다.

졸업하면 고위직에 임명되어 10년 동안 의무복무를 한다. 그 후에는 본인 선택에 따라 공직에 남을 수도 있고, 민간 대기업이나 금융기관으로 옮긴다. 졸업생들은 프랑스의 정관계 주요 직위에 포진하여, 프랑스를 이끌고 나간다.

3) 싱가포르[14]

싱가포르는 학업성적이 탁월한 고교생과 대학생을 고위공무원(Administrative Officers; AO) 후보인 정부 장학생으로 미리 선발하여, 공무원으로서 필수 역량을 키우는 과정을 거쳐 미국 등지의 저명 대학에 유학까지 보낸다. 그들이 학업을 마치고 귀국하면 수습 기간을 거쳐 핵심 고위직으로 임명한다. 장학금과 국비 해외 유학이 엘리트를 고위공무원으로 끌어들이는 강력한 유인책으로 작동하는 셈이다. AO는 첫 2년간 소속 부처에서 일한 후, 다음 2년은 다른 부처에서 일하며 다양한 안목과 역량을 쌓는다.[15]

한편 관리직 공무원(Management Officer; MO) 채용 절차는 특정 대학 재학생이나 졸업생 대상의 시험(GMR)과 특정 직무에 관한 자격이 필요한 시험(DMR)으로 나뉜다. MO는 부처별로 서류와 면접을 거쳐 선발하고, 1년 동안 수습 기간을 거친다.

나. 한국 공무원의 교육훈련 강화 방안

1) 문제점

우리나라 공무원은 산업화, 민주화, 선진화 등 국가 발전을 주도하였다. 그 과정에서 우수 인재들이 공직에 몰려들었다.

14 문명재 이주호(2017)에서 발췌("개방형 국가인재관리제도의 도입과 과제." 박재완 김성배 이주호 편. 『국가 재창조를 위한 정부 개혁』. 한반도선진화재단: 149-202).

15 고위공무원은 젊은 시절 공직에 봉사하지만, 나중에 민간 기업이나 정치권에 진출하기도 한다.

그러나 오늘날 공무원의 위상, 자긍심과 전문성은 종전에 비해 현저히 저하되었다. 우선 민간 부문이 비약적으로 발전했고, 민주화의 진전과 함께 행정에 대한 의회와 언론의 민주적 통제가 확대되었다. 더욱이 대중 영합 정치가 위세를 떨치며, 근시안이나 날림 정책이 강요되면서 공무원의 소명 의식과 자긍심도 추락했다. 중앙부처 대부분이 세종시로 옮겨갔지만, 대통령실과 국회는 서울에 남아 있어 출장으로 보내는 시간과 경비가 늘고, 승진마저 지체되면서 이직을 선택하는 공무원이 늘어나고 우수 인재들이 공직을 기피하는 현상도 나타나고 있다.

그런데 공무원을 뽑아서 역량을 기르고 수시로 갱신하는 교육훈련 시스템은 이런 여건 변화에 적절히 대응하지 못한 채 예전의 시스템을 그대로 유지하고 있다. 선진국처럼 특정 부서의 특정 직위에 꼭 필요한 인재를 찾아서 뽑지 않고, 막연히 공직에 뜻이 있는 사람들을 한꺼번에 필기시험 위주로 공개 선발하는 대규모 공채 제도부터 문제를 안고 있다. 부처와 직무별 맞춤형 소규모 채용 방식으로 전환해 계약직 공무원제, 직위공모제와 경력경쟁 채용제를 확대해야 한다. 나아가 선발할 때부터 필기시험 외에 문제해결 과제 수행, 역할 연기, 심층 면접 등 다양한 평가 방식을 적용해 자질과 역량을 검증해야 한다.

2006년 도입한 '고위공무원단' 제도는 형식만 갖춘 채 부실하게 운영되고 있다. 임기제이긴 하지만, 퇴출 사례는 매우 드물고, 민간의 우수 인재를 영입하기도 어렵다. 개방형 직위는 보수, 임기와 퇴직 후 취업 등에 대한 획일적인 규제로 인하여, 그 취지를 충실히 구현하지 못하고 있다. 경력직도 대규모 공채, 기계적인 순환보직 관행, 그리고 계급제의 뼈대를 계속 유지하고 있어서, 전문성이 취약하고 맞춤형 인재를 육성하기에 한계를 지닌다.

교육훈련 역시 5급 공무원 입직자는 1년 과정으로 실시되고 있으나, 선진국과 비교하면 기간이 너무 짧다. 게다가 7급과 9급의 입직자는 더 짧은 교육훈련만 받고 현장에 바로 투입된다. 교육 프로그램도 실무에 관한 교육의 비중이 낮은 편이다.

2) 공무원 교육훈련 강화 방안

선진국 사례처럼, 우수 인재를 선발하여 넉넉한 기간 동안 다양하고 충실한 교육훈련을 거쳐 공직자로서 갖춰야 할 핵심역량을 함양해야 한다. 인사혁신처 산하 국가인재개발원을 중심으로 각 부처와 지방자치단체 단위로 교육훈련 전문기관이 운영되고 있으나, 미흡한 점이 적지 않다.

5급 공채 공무원에 대한 교육훈련 과정은 현행 1년 과정을 2년으로 늘려야 한다. 입직자의 기초역량이 아직 미숙하다고 전제하면, 글쓰기와 말하기, 보고서 작성과 데이터 분석을 수련해야 한다. 특히, 긴 문서의 제목 뽑기, 1개의 문장 또는 문단, 1~2쪽으로 축약하기 등 발표나 보고 문건 작성하기에 중점을 둬야 한다.

혁신역량과 포용역량의 함양도 게을리할 수 없다. 성공 또는 실패 사례의 심층 연구, 역할 연기(대통령 업무 보고, 국회나 지방의회 상임위 질문과 답변, 기자회견, 공청회, 노사협상, 인터뷰 등), 보도자료 작성과 언론 대응, 이익단체와 시민사회단체 협의, 국제회의 참석과 협상 등 실무를 중심으로 다양한 교육훈련 기법을 활용해 현장감을 높이는 한편, 문제 해결 능력을 키워줘야 한다.

아울러 선진국처럼 시보 기간, 곧 실무 수습이나 인턴십 기간도 늘려서 체험훈련을 강화해야 한다.

05. 정책 제언: '낮은 길'에서 '높은 길'로

미래 한국 사회에 필요한 포용역량과 혁신역량의 향상 및 공정한 시스템 확립을 위한 개혁 방향은 지금의 '낮은 길'에서 '높은 길'로 전환하는 것이다.

1. 자유와 기회를 확대해 활력을 증진하고 혁신을 촉진하여야 한다.

자율, 분권과 다양성을 진작하고 개방, 공유와 창의를 고취해 유인과 책무를 강화하고, 그와 함께 노력과 성과에 상응하는 보상이 주어지도록 균등한 기회 보장, 공정한 규칙과 질서 확립을 병행하여야 한다.

정무직과 공공기관장은 짧은 임기와 잦은 교체에 따른 비효율을 극복하고 소신껏 일해 성과를 거둘 수 있도록 일정한 재임 기간을 보장하고, 조직, 인사, 예산, 보상과 제재 등에 관한 권한을 과감하게 위임하여야 한다.

경력직 관료는 부처와 직무별 맞춤형 소규모 채용 방식으로 전환해 계약직 공무원제, 직위공모제와 경력경쟁 채용제를 확대하고, 직무 중심의 인사관리를 강화하며, 계급제 요소와 순환보직 등을 축소하여야 한다. 근속기간에 초점을 맞춘 철 지난 평가와 보상 시스템도, 노력과 성과에 비례하도록 갱신하여야 한다.

객관적인 성과관리와 실적 평가제도를 확립하여, 우수 공무원 발탁승진과 저성과자 퇴출제도를 도입하여야 한다. 그와 함께 정책 실명제, 인사기록카드 부속명세서 내실화, 정원과 보수에 관한 미시적인 근접 통제 완화 및 보수체계 다양화, 특정 과업 수행에 대한 보상금 지급 허용 등 운영시스템의 유인 기제를 강화하여야 한다.

2. 불신의 악순환에서 신뢰의 선순환으로 전환하여야 한다.

불신과 배제, 강제와 감시, 처벌과 반목을 전제한 '낮은 길'에서, 신뢰와 포용, 자율과 독려, 자성과 존중의 선순환을 촉진하는 '높은 길'로 전환하여야 한다.

무리한 '도덕 지향성'이 초래한 이상과 현실의 괴리를 좁혀야 하며, 지킬 수 있는 법으로 현실화하되, 예외없이 엄정하게 집행하여야 한다.

공직 퇴직 후의 획일적인 취업 규제를 사안별 이익상충 규제로 전환하여야 한다.

이른바 '김영란 法'의 획일적인 규정도 그 여건에 맞춰 현실화한 후에 단계적으로 폐지하여야 한다.

공공기관, 기업, 학교, 지역공동체 및 시민사회의 역량과 다양성을 인정하고, 정부의 과잉 규제와 획일적인 간섭을, 시장 친화적인 지원과 규제로 바꾸어야 한다. 교육의 자율과 개방을 확대하고, 노사의 자치와 합의도 존중하여야 한다.

정책 변화는 점진적이고 예측할 수 있도록 질서 있게 도모해 신뢰(기대) 이익 침해와 불공정성을 차단하여야 한다. 인수와 인계를 내실화하여 '제도화된 기억'을 축적하고, 부서 할거주의를 완화하여 소통과 협업을 강화해 나가야 한다.

3. 포기와 집중으로 생산성을 향상시켜야 한다

쓸데없는 일을 줄이고, 핵심 직무에 집중해 생산성을 높여야 한다.

'보모국가' 추세에 제동을 걸고, '작고 유능한 정부'를 지향하며, 규제와 행정지도를 줄이고, 과감한 민간 위탁, 민관의 동반 협력과 민영화를 확대하여야 한다. 새로운 정책과 제도의 출시 압박에서 벗어나, 기존 정책의 포장만 달리한 재탕 정책의 출시와, 전임자와 차별화를 위한 정책의 잦은 백지화와 번복을 지양해야 한다.

과잉 의전, 보여주기식 전시성 행사와 회의, 평가를 위한 평가, 아무도 거들떠보지 않는 기본계획, 5년마다 바뀌는 생색용 비전과 전략, 통과의례와 책임 전가용 위원회, 시시콜콜 언론 대응, 짜증스러운 집합교육 등을 절제해야 한다.

데이터베이스(DB) 구축 등 생색은 나지 않지만, 꼭 필요한 기본직무를 충실히 수행해야 한다. 실험을 비롯해 '근거 기반 정책과 행정'을 지향하며, 신뢰할 수 있는 데이터 생산과 정보공개를 확대하고, 입법 및 행정예고와 공청회를 내실화하여야 한다.

디지털플랫폼인 '하나의 정부'에 박차를 가하고, 화상회의와 원격근무를 확산하며, 종이 행정을 과감하게 청산하여야 한다.

4. 공민의식을 함양해 사회자본을 확충하여야 한다

사회 갈등을 순화하고 사회통합을 이루기 위하여 공민의식을 함양하고, 법치, 신뢰, 투명성, 자조 의식 등 사회자본을 확충하며 가족 가치를 고양하여야 한다.

'넉넉하고 너그러운 문명국가(法禮德國)'로 발돋움할 수 있도록, 공민의식을 함양하는 교육을 강화하고, 계도 캠페인을 전개하여야 한다. 건전한 토론을 장려하고 다양한 의견을 존중하되, 억지 주장과 트집 잡기나 생떼 부리기는 경계하여야 한다.

공동체의 전제조건인 법(法)은 물론, 그 상위 가치인 예(禮)와 덕(德)을 고양하여야 하며, 신뢰, 승복, 감사, 염치와 존중의 호혜 문화를 장려하고, 양보, 헌신, 응원, 기부와 봉사를 활성화하여야 한다.

또한 공직자는 선공후사(先公後私)의 선비정신과 공공성에 헌신하는 마음가짐을 최우선적으로 가져야 한다.

5. 존중과 통합의 협치와, 숙의와 공론을 진작하여야 한다

참여를 중시하는 여민(與民)과 숙의를 강조하는 위민(爲民)의 조화를 도모하여, 국정의 대표성과 책임성을 확립하여야 한다.

전문가의 검증, 경연(經筵), 창도(唱導), 공론과 숙의(熟議)를 활성화해, 정론(正論)의 입지를 강화해야 한다. 반론을 경청하고 이견을 수용하는 등 소통을 강화해 합의를 모색하는 동시에, 교조적인 극단주의를 걸러내어야 한다.

국민연금, 건강보험, 탄소 중립, 교육개혁 등 백년대계에 관한 핵심 정책은 공론조사와 주민투표를 적극 활용하고, 집권층은 정당과 계파를 초월해 국정을 운영하여야 한다.

'전리품 인사'를 최소화하고, 적재적소, 불편부당(不偏不黨), 잡종강세의 탕평(蕩平)인사를 구현하고, 대통령 인사의 권한과 책임을 일치시켜야 한다. 대통령 참모와 실세, 비선의 인사권 남용을 경계하며, 미국 연방정부의 '플럼북'처럼 정무직 인사체계를 정교하게 구축하여, 재량이 개입될 여지를 줄여야 한다.

6. 경세방략(經世方略)과 천착(穿鑿)

총론[무엇]에 못지않게 각론[어떻게]에 역점을 두어야 한다.

핵심 정책은 명확한 청사진, 치밀한 경로와 일정표를 제시하고, 시범 적용계획과 경과조치를 마련하여, 정책에 대한 이해관계자의 적응과 준비를 촉진하는 한편, 신뢰(기대)이익을 보호하여야 한다.

정책을 추동할 정예부대와 우호적 세력을 형성하고, 저항의 重心[Center of gravity]을 무력화할 대응책을 마련하여야 한다. 정책 발진과 추동의 뇌관, 가교와 변곡점을 파악하고, '기회의 창'을 포착해 긴밀하게 대응해야 한다. 정책의 관성 유지와 면역력 순화에 힘쓰며, 변종 또는 우발상황에 대비한 예비계획을 준비하여야 한다.

혁신 정책을 이끌 정무직은 논공행상(論功行賞)이 아니라, 전문성과 일머리를 갖춘 탁월한 인재를 발탁해 국민 공감대를 확산하여야 한다.

7. 공직자 양성을 위한 학교 교육을 개선해 나가야 한다.

학교 교육과정을 거치며 공직에 필수적인 혁신과 포용역량을 충실히 함양하여야 한다.

수업 중 질문과 토론을 장려하며, 확립된 이론이나 관행에 대해서도 의문을 품고 참신한 발상을 제기하며, 새로운 시도를 두려워하지 않도록 독려하여야 한다. 사례연구를 통하여 실용적인 해법을 찾고, 낯설거나 돌발 상황에 창의적으로 대처하는 문제해결 역량을 키워 나가야 한다.

발표와 토론 등 의사소통 교육과 팀 학습 과제, 체험학습, 역할 연기 등을 강화해 포용역량을 향상시키고, 고전과 문학작품을 통하여 다른 이들의 삶을 간접 경험하는 등 인문학 소양을 갈고 닦아야 한다.

체육 활동을 의무화해 협동심, 희생정신과 신사도를 함양하고, 1인 1 특기 교육을 통해 개성과 잠재력을 계발하는 한편, 각자의 장점으로 공동체에 이바지할 수 있다는 자부심을 제고하여야 한다.

8. 공무원 교육훈련을 강화하여야 한다

우수 인재를 선발하여, 넉넉한 기간 동안 다양하고 충실한 교육훈련을 거쳐, 공직자로서 갖춰야 할 핵심역량을 함양하여야 한다.

5급 공채 공무원에 대한 교육훈련 과정을 2년으로 연장하고, 글쓰기와 말하기, 보고서 작성과 발표, 데이터 분석 역량의 향상에 집중해야 한다. 정책사례의 심층 연구, 다양한 역할 연기, 보도자료 작성과 언론 대응, 이익단체와 시민사회단체 협의, 국제회의 참석과 협상 등 실무를 중심으로 현장감을 높이는 한편, 문제 해결 능력을 함양하여야 한다. 시보 기간, 곧 실무 수습이나 인턴십 기간을 늘리고 체험 훈련을 강화하여야 한다.

9. 정치가[Statesman] 양성

"윗물이 맑아야" 하므로 유권자의 '합리적 무관심'과 '불합리한 편견'을 극복할 혜안과 열정, 중도(中道)의 도량(度量), 실용의 슬기, 소통 및 공감할 수 있는 창도(唱導) 역량을 지닌 정치가 양성이 긴요하다.

장기적으로는 승자 독식의 단임 대통령제를 의원내각제로, 단원제 국회는 양원제로 각각 전환하여야 한다. 정무직의 역량과 경력을 체계적으로 배양하고, 여당 의원은 경력에 따라 차관보, 차관, 장관 등으로 내각에 순차 참여하며 전문성을 쌓고, 야당은 '그림자 내각'을 운영해 정책의 책무성을 배가하여야 한다.

젊어서부터 정계에 조기 입문해, 교육 훈련 과정을 충실히 이수하고 다양한 현장 경험과 함께 인지 역량을 축적하는 한편, 일상생활에서도 도덕성에 관한 경각심을 유지하여야 한다.

연립정부를 모색해 과격한 정책을 순화하고, 경과조치와 단계적 적용을 거쳐 변화의 연착륙을 도모해야 한다. 상원은 쟁점 법안에 대한 숙려와 중재 역할을 맡아 정쟁을 순치하는 역할을 맡아야 한다.

제3장

대한민국의 미래를 위한 산업 인재 육성: 한국형 신장인론(新匠人論)

장원섭 (연세대학교 교육학부 교수)

01. 한국형 신장인(新匠人) 제안의 배경

'G3 대한민국'으로 가기 위해서는 국민 모두 의미 있게 일하고 행복하게 살아가면서 사회와 국가에 기여할 수 있는 역량을 갖추어야 할 것이다. 우리나라의 산업 경쟁력은 1960-70년대 산업화 이래 우수한 인적자원을 기반으로 하여 빠르게 상승해 왔으나, 이제는 전통적인 산업화와는 차원이 다른 지속 가능한 경쟁력을 갖추어야 하는 과제에 직면하였다. 지속적 성장을 위해서는 기업들이 윤리경영과 사회적 책임을 다하는 '위대한 일터(great workplace)'를 만드는 동시에 모든 근로자가 최대한 역량을 발휘하여 '의미 있게 일(meaningful work)'하며 조직과 국가사회에 기여할 수 있도록 해야 할 것이다.

이를 위해, 이 장에서는 한국형 신장인론(新匠人論)을 제안하려고 한다. 신장인(新匠人)은 '일다운 일'의 본질적인 회복을 추구하는 동시에 '제4차 산업혁명' 시대에 걸맞은 창조적인 산업 인재를 일컫는다. 한국형 신장인론은 일하는 사람 모두가 자기 분야에서 최고 수준의 역량을 발휘하고, 일터와 사회 전반에서 장인성(匠人性)을 고취하기 위한 지향점을 가진다. 그럼으로써 대한민국을 '장인의 나라'로 건설한다는 국가적 비전을 설정한다(장원섭, 2015). 현대적 장인은 전통적인 기술의 전수나 계승을 넘어서 새로운 창조적 생산을 하는 인재를 말하고, 1, 2차 산업 중심의 기능 인력뿐만 아니라 서비스 산업과 첨단지식 산업 근로자, 그리고 전문직 종사자 등 모든 산업 분야 인재를 포괄한다. 한국형이라 함은 독일의 마이스터 제도나 일본의 가업 계승형 장인 전통 등과의 차별성을 의미한다(장원섭2015). 이는 우리나라의 경제적·사회적·교육적·문화적·역사적 상황에 맞는 독특하고 고유한 장인 육성 체제를 도입할 필요가 있음을 시사한다.

지금 한국형 신장인론(新匠人論)을 주창하는 이유는 우리 일터가 당면한 다음과 같은 문제 인식에 따른 것이다. 그것은 노동 공급과 수요 측면으로 나눠 살펴볼 수 있다.

1. 노동 공급의 측면: 고령화와 청년 세대의 등장

노동 공급의 측면에 있어서 우리나라는 노동력의 고령화와 새로운 청년 세대의 등장으로 다음과 같은 우려와 과제가 제기되고 있다.

첫째, 인구의 고령화가 급속히 진행하면서 노동력의 고령화와 더불어 산업화의 역군이었던 베이비붐 세대가 노동시장에서 빠르게 퇴장하고 있다(장원섭, 2021b). 저출생 고령화에 따라 우리나라의 인구구조는 피라미드 형태에서 종형을 지나 점차 항아리와 역피라미드에 가까운 모양으로 바뀌고 있다. 전 세계적으로 유례없는 빠른 속도로 인구의 고령화 추세가 나타나서,

우리나라는 2000년에 전체 인구의 7% 이상이 65세 노인인구인 '고령화 사회(ageing society)'에 진입했고, 2018년에는 14% 이상의'고령사회(aged society)', 2026년에는 20% 이상인 '초고령 사회(super-aged society)'가 될 것으로 예상된다(한정란, 2005).

2017년 대비 2040년의 연령대별 인구 구성비의 변화를 보면, 생산가능인구의 비중은 73.0%에서 56.5%로 줄어드는 반면 고령인구의 비율은 13.7%에서 32.3%로 증가하는 것으로 예측된다. 인구의 고령화는 경제적으로 생산력의 저하와 활력의 감소를 초래할 우려가 있다. 고령화된 노동력은 과학기술의 빠른 발전에 따라 숙련 기술 노후화에 직면한다. 우리나라에서 1955년부터 1963년 사이에 태어난 730여만 명의 베이비붐 세대는 우리나라 인구의 가장 큰 코호트 집단을 형성한다. 이들은 2023년 현재 60대의 나이로 이미 노동시장에서 퇴장하고 있다.

이런 노동력 구조의 변화는 경제적으로뿐만 아니라 사회적으로 큰 문제를 낳을 수 있다. 예를 들어, 젊은 층의 노년층 부양 부담이 크게 늘어날 수 있다. 총부양비는 생산가능인구(15~64세)에 대한 유소년인구(0~14세)와 고령인구(65세 이상)의 합의 백분비로 측정한다. 우리나라의 총부양비는 2019년 37.6에서 2067년 120.2로 향후 50여 년 동안 3배 이상 증가할 전망이다. 이것은 전 세계 201개국 중 193위에서 2067년 가장 높은 국가로 급격히 상승하는 수치다. 이렇게 고령화가 급진전함에 따라 더 적은 수의 청장년 세대가 더 많은 수의 노령인구를 부양해야 하는 부담이 크게 증가하여 세대 간 갈등이 커지게 된다. 또한, 일자리를 비롯한 연금 문제 등 경제적 갈등과 세대 간의 문화 갈등도 첨예하게 나타날 수 있다(비상경제 중앙대책본부, 2020). 결국, 고령자가 스스로 자신을 부양할 수 있도록 근로를 연장할 수 있는 동시에 세대 간의 단절보다는 고령 근로자의 오랜 경험과 숙련 기술을 젊은 세대 근로자가 이어 나갈 수 있는 체제를 구축하여야 한다.

둘째, 소위 'MZ세대'라 불리는 청년 세대가 노동시장에서 주요한 인력으로 등장하고 있다. 이들은 특히 일하는 삶을 대하는 방식에 있어서 이전 세대와는 매우 다른 특징들을 갖고 있다고 보고된다(김은수, 장원섭, 2023). 'MZ세대'는 1982~1995년도에 태어난 밀레니얼 세대와 1996~2011년도에 태어난 세대를 Z세대를 합친 것이다.(네이버 시사상식사전 https://terms.naver.com/entry.naver?docId=5900733&cid=43667&categoryId=43667) 우리나라에서 1981년에서 2000년까지 태어난 인구는 총 13,832,347명으로 전체 인구수의 약 26.8%를 차지한다(통계청, 2019). 이들은 20여 년 전부터 노동시장으로 진입하면서 이제는 일터의 중추 세력으로 성장하고 있다. 특히 베이비붐 세대의 퇴직자 수가 증가함에 따라 조직 내 그 비율이 더욱 늘어나고 있다. 청년 세대는 일과 삶에 있어서 기성세대와는 다른 독특한 가치관과 행동 양식을 보인다(김은수, 장원섭, 2023). 그들은 개인의 가치를 더욱 중요한 삶의 기준으로 두어 다양한 가치를 지향하며, 삶과 일에 있어서 의미를 중요하게 여긴다. 디지털 생활 방식에 익숙하고, 개인적인 삶을 추구하는 동시에 타인과의 소통과 협업도 원활히 한다. 자율성이 강하고, 유연하여 실패에 대한 두려움이 적다. 주관이 뚜렷하고 솔직하며, 수평적인 소통방식을 지향한다. 이들은 기성세대가 조직에 헌신하고 몰입했던 것과 달리 평생직장을 고려하지 않는다. 또한, 경력이나 나이에 구애받지 않고 동등한 구성원으로 존중받는 것이 조직 공정성의 핵심이라고 여기면서(정수영 외, 2021) 수직적이고 경직된 구조보다는 능력 중심의 공정한 분위기와 체계를 갖춘 조직에서 일하기를 원한다(고태경 외, 2021).

청년 세대를 중심으로 일하는 삶에 있어서 '워라밸(work-life balance)', '욜로(YOLO, you only live once)', '조용한 사직(quiet quitting)' 등의 풍조가 크게 확산하고 있다. 이들이 지향하는 '일과 삶의 균형'이 단순히 정시퇴근, 유연한 근무 환경만을 뜻하지는 않는다. 이들은 직장 내에서 자신의 공식적인 역할을 충분히 마친 후 어느 정도 일과 분리되어 시간적인 여유를 누리면서, 동시에 일에서 흥미와 재미를 찾고 발전된 일을 하는 상태를 추구하며, 일과 삶의 두 영역에서 만족감을 조율하고 균형을 찾고자 한다(이혜정, 유규창, 2013). 즉, 의미 있는 일, 하고 싶은 일에 높은 가치를 두고 있다(김은수, 장원섭, 2023).

아예 노동시장에서 떠나는 청년 니트족도 증가하고 있다. 니트(NEET)란 'Not in Education, Employment or Training'의 줄임말로 교육이나 취업을 위한 직업훈련을 받지 않으면서 고용상태가 아닌 청년층을 의미한다. 2021년 우리나라의 월평균 청년 니트족은 약 158만 5천 명으로 청년인구의 20.9%를 차지했다(한국고용정보원, 2021). 이는 OECD 평균을 크게 상회하는 것으로 이탈리아(23.5%)와 멕시코(22.1%)에 이어 높은 값이다. 국내 니트족은 2010년대 중반 이후 지속해서 증가하여 코로나바이러스 감염증 19가 확산한 2020년에는 그 수가 163만 명까지 급증하였다. 특히 우리나라는 4년제 대학을 졸업한 고학력 니트족의 비중이 25.6%로 높은 비율을 차지하고 있으며, 취업에 의지가 없는 비구직형 니트가 꾸준히 증가하고 있다는 특징을 보인다(남재량, 2013; 김광석, 2015). 이렇게 일을 회피하는 현상은 자신뿐만 아니라 사회에서도 부담으로 작용할 수 있다. 그러나 사회적 지원과 관심이 전제된다면 청년들에게 니트 기간은 무력과 단절의 기간이 아닌, 일과 삶의 가치관을 변화시키는 '사회적 근육'을 단련하는 시간(백선기, 2020)이 될 수도 있다. 그러므로 니트에 대한 인식을 전환하여 청년들이 건강한 사회 구성원으로 성장할 수 있도록 지지하는 사회적 제도와 정책이 필요하다(최솔, 2022).

저출생에 따른 절대 인구의 감소와 노동력의 고령화 상황 속에서, 우리나라의 젊은 직장인들에게서 더욱 두드러지게 나타나는 일의 의미 상실의 위기와 이에 따른 생산력 저하의 문제는 개인 차원에서뿐만 아니라 조직과 국가 사회적인 차원에서도 반드시 극복해야 할 당면 과제라고 할 수 있다.

2. 노동 수요의 측면: AI 기술과 긱 경제 확산

노동 수요의 측면에 있어서, 우리나라는 미래 산업을 주도할 인재를 육성해야 하는 당면 과제를 안고 있다. 그것은 AI로 대변되는 첨단 디지털 산업 전환과 긱 경제 체제의 도래와 같은 VUCA(Volatility, Uncertainty, Complexity, Ambiguity) 시대로의 빠른 변화의 상황 속에서 이루어져야 한다.

첫째, AI, 로봇, 빅데이터 등 첨단 산업의 빠른 발전은 인간의 일을 크게 변화시키고 있다. 이런 가운데 새로운 산업 인재는 디지털 역량뿐만 아니라 메타역량을 갖추고 끊임없이 스스로 성장할 것을 요청한다(Mckinsey&Company, 2019).

인공지능의 영향에 대한 논의는 기계가 인간의 일자리를 위협할 것이라는 우려로 나타났다. 2016년 세계경제포럼에서는 향후 5년간 200만 개의 새로운 일자리가 생기겠지만 710만 개의 일자리가 사라져서 총 510만 개의 일자리가 감소할 것이라는 예측을 제시했다(World Economic Forum, 2016). 이런 일자리의 변화는 주로 인공지능 등에 의한 자동화에 기인한다. 특히 과거 산업사회의 자동화가 주로 기계에 의한 공장 생산라인에서 이루어졌다면 이제는 인공지능에 의해 사무실에서 지식노동이 자동화된다. 기계가 업무를 처리하여 더 적은 수의 사람이 그 일을 하게 된다면 인건비가 절약되고 생산성이 높아질 수 있으므로 많은 기업이 자동화를 도입할 것이다(전재식 외, 2019).

그럼에도 불구하고, 기술 발전 속도가 매번 예상을 뛰어넘는 수준으로 빨라지고 있기 때문에 다음 세대의 일자리 변화를 예측하기는 더욱 어렵다. 사실 기계가 사람을 대체한다는 우려는 기계 파괴를 주도한 19세기 초 영국의 러다이트 운동에서도 본 바 있다. 실제로 인공지능 기술은 새로운 일자리를 창출하기도 할 것이다. 그럼에도 불구하고, 어떠한 직업이나 직무가 사라질 것인가에 대한 예측은 어느 정도 가능한 반면, 어떤 일자리가 생겨날지에 관한 전망은 불확실하다(이준웅, 장원섭 외, 2019).

다른 한편, 새로운 기술은 일자리를 위협하기도 하지만 동시에 일을 더 잘 수행할 수 있도록 도움을 준다. 누구나 자신의 업무에서 인공지능을 도구로 사용할 수 있다. 인공지능 덕분에 지금의 일을 더 효율적으로 할 수 있고, 과거에 할 수 없었던 일을 할 수 있게 된다. 한마디로, 인공지능은 '노동의 배제가 아닌 노동의 증강' 도구가 될 수 있다(전재식 외, 2019). 예를 들어, 인공지능은 의료계에 폭넓게 도입되어 의사와 협력적인 관계를 형성할 것이다. 인공지능은 의사들이 일상적으로 사용하는 도구가 되어 질병을 진단하고 외과 수술을 하는 등에서 의사를 보조하면서 의사의 일을 줄여 줄 것이다. 인공지능 기술이 고도로 발전하더라도 각종 임상증례를 종합적으로 판단하는 등의 중요한 업무는 의사의 일로 남을 것이다(장주희 외, 2020). 결국, 우려해야 할 것은 기계와 일자리 그 자체가 아니라 기계와 함께 일하는 방식에 있다(이준웅, 장원섭 외, 2019).

따라서, 인공지능, 로봇 등으로 대변되는 디지털 전환의 시대에 산업과 일터 환경의 빠른 변화에 대응할 수 있는 창조적이고 성찰적인 역량을 갖춘 산업 인재가 필요하다. 기계가 인간을 대체하기보다는 인간과 사회의 능력을 확장하고, 인간은 새로운 디지털 기술들을 부리면서 더 깊고 더 넓게 일할 수 있어야 한다. 즉, 자동화에 따른 일자리 감축 위기를 극복하면서 인간다운 일을 하며 조직과 사회 발전에도 기여하는 신장인(新匠人)을 육성하여야 한다.

둘째, 긱 경제의 확산과 변동적이고 복잡하며 불확실하고 모호한 경제사회 환경(VUCA)은 이전보다 훨씬 자유롭고 유연하며 창의적으로 일하는 산업 인재를 필요로 한다. 긱 경제(gig economy)란 기업들이 필요에 따라 수시로 단기 계약직이나 임시직 인력을 채용하고 그 대가를 지불하는 방식의 경제를 뜻한다. 기존의 고용이 회사가 직접 직원을 채용하여 오랜 기간 근로계약을 맺는 형태였다면, 긱 경제에서는 기업이 빠른 수요 변화에 대응하여 유동적으로 노동자를 활용하는 단기계약 형태가 주를 이룬다(한국정보산업연합회, 2017). 한마디로, 필요에 따라 사람을 구해 임시로 계약을 맺고 일을 맡기는 방식이다.

첨단 디지털 기술에 기반한 플랫폼 노동자 수도 크게 늘고 있다. 플랫폼 노동은 '고객이나 일감을 구하기 위해 웹사이트나 핸드폰 앱 등 온라인 플랫폼을 이용하는 일자리'로 정의된다. 플랫폼 노동자를 협의로 정의할 때 그 수는 아직 우리나라 취업자의 1% 미만인 약 22만 명이다. 그렇지만 구인 구직 앱을 포함한 디지털 플랫폼을 이용해 노동을 거래하는 사람을 전부 계산하면 약 7.5%인 179만여 명에 달한다(장지연, 2020).

플랫폼 사업은 판매자와 소비자가 디지털 네트워크상에서 시간과 공간의 제약을 받지 않고 거래하도록 한다. 그것은 우버, 에어비앤비 같은 첨단 산업으로 시작하였다. 국내에서는 배달 앱이 실생활에 자리 잡으며 주도했다. 특히 2020년 코로나19 바이러스 감염증으로 인한 비대면 풍조가 확산함에 따라 그 성장 가능성이 더욱 커졌다. 실제로, 전 세계 시가총액 10위 기업 중 플랫폼 기업의 비중이 2009년 2개에서 2019년 7개로 크게 늘었다(삼정KPMG 경제연구원, 2019). 이런 현상은 단순노무직에서뿐만 아니라 지식노동에서도 발견된다. 과거 언론이나 정보통신 등 분야가 한정되었던 것에서 이제는 건설, 재무, 과학기술, 컨설팅 등 전문성과 맞춤화가 요구되는 여러 전문 분야에서 독립 근로가 늘고 있다(황준욱, 2009; Krueger, 2018).

긱 경제에서는 노동자가 유연한 고용계약을 통해 자신이 원하는 시간에 원하는 장소에서 일할 수 있는 결정권을 가진다고 볼 수 있다(Healy, Nicholson, & Pekarek, 2017). 여러 기업에서 동시에 일하면서 유연하게 근무 시간을 스스로 선택하고 유동적으로 일자리를 바꿀 수 있다. 다른 한편, 노동자가 어딘가에 상시적으로 고용돼 있지 않고 필요할 때 일시적으로 일하는 임시직 경제를 의미하기도 한다. 일하는 방식이 다양해지면서 노동자와 고용주의 구분과 노동시장의 경계도 모호해졌다. 이런 가운데 이들은 많은 경우에 기존 노동법의 적용 대상에서 배제되어 있다. 비전형적 노동이 증가하는 흐름에 맞춰 이들을 보호할 수 있는 법 제도적인 장치가 마련되어야 한다. 이와 동시에, 이들의 노동시장 변동성에 대한 적응력과 평생 고용 가능성을 높여야 하는 과제도 안고 있다(장원섭, 2021b).

02. 장인성(匠人性) 개념과 형성 과정

일은 인간 삶의 기본적 활동이고 중심에 있다. 지금까지 그래왔고, 인공지능과 로봇 등과 같은 첨단 디지털 기술이 확산하는 소위 '제4차 산업혁명' 시대에도 그럴 것이다. 기계가 사람의 일을 대체할 것으로 전망되기도 하지만(Schwab, 2016; 정민, 2016), 인간의 욕구는 무한하고 그런 욕구를 충족시켜 줄 미지의 새로운 사업과 일들은 끊임없이 창출될 수 있기 때문이다(허재준, 2018). 따라서, 독일의 <노동 4.0>에서 "기본적으로 노동은 신성하며 인간에게 주어진 소명이기 때문에 노동 없는 사회는 생각하지 않는다"고 전제한 것처럼(이명호, 2018: 8쪽), 인간의 일은 사라지지 않을 것이다. 다만, 일의 개념과 세계는 그 양태가 달라져 왔고 앞으로도 계속 달라질 것이다(장원섭 2006). 인공지능, 로봇 등을 기반으로 하는 자동화가 인간이 하던 일을 일부 대체하겠지만, 이와 동시에 인간의 능력을 확장시키는 하나의 최적화 도구로서 기능할 것이다(이경전, 2017). 따라서 인간은 새로운 기계를 이용하면서 첨단기계들과 함께 일하며 살아가야 할 것이다.

그렇다면, 누가 새로운 욕구를 충족시켜줄 수 있는, 지금은 알지 못하는 새로운 일들을 만들어 갈 수 있을 것인가? 어떤 역량을 갖추어야만 인공지능과 같은 새로운 기술들을 부리면서 더 깊고 더 넓게 인간다운 일을 해나갈 수 있을까? 그런 역량을 가진 산업 인재들을 어떻게 육성할 수 있을까? 이 질문에 대한 대답으로 나는 한국형 신장인 육성을 제시한다.

1. 장인성이란 무엇인가

미래 산업 인재들이 어떤 역량을 갖추어야 할 지에 대해 많은 이들이 다양한 미래 역량에 대해 제시했다. Gray(2016)는 제4차 산업혁명 시대에 인간이 더욱 복잡한 문제를 해결하고, 비판적으로 사고하며, 창조적으로 일할 수 있는 역량을 갖출 것을 요구받고 있으며, 다른 사람과 함께 협력하고, 감성적이며, 냉철하게 판단할 수 있는 능력도 갖추어야 한다고 주장한다. 독일의 <노동 4.0>에 의하면, 노동시간과 노동 공간의 유연성이 커지는 시대에 노동자들은 일에 대한 책임감을 갖고 자기 자신을 지킬 수 있는 역량을 길러야 한다. 즉, 자신의 일하는 삶을 스스로 꾸려갈 수 있는 능력을 갖춘 사람이 되어야 한다(이명호, 2018). Mckinsey&Company(2019)는 미래에 필요한 역량으로 디지털 역량과 휴먼 역량뿐만 아니라 메타 역량이 필요하다고 제안하였다. 메타 역량이란 역량에 대한 역량 또는 역량을 얻을 수 있는 역량을 뜻한다. 그것은 불확실성에 대처하는 능력, 학습과 성찰을 준비하는 능력, 역량에 대해 고민하는 역량을 말함. 구체적으로, 적응력, 자기 주도성, 리더십, 기업가 정신 등을 포함한다.

결국, 변화무쌍한 현대사회에서 필요한 역량은 단순한 숙련성을 넘어선 것이다. 자신을 지속적으로 교육하여 성장시켜 나가는 일하는 삶의 방식이 필수적이다. 이런 자기 갱신성이야말로 초연결과 자동화의 시대에 기업가, 노동자, 그리고 새롭게 일을 구하는 젊은이 모두에게 필요한 요소라 할 수 있다(이준웅, 장원섭 외, 2019). 장인성(匠人性, masterity)은 이런 새로운 역량을 일하는 삶의 맥락에서 구체화한 개념이라고 할 수 있다(장원섭, 2021a).

어떤 분야에서든 오랜 기간 한 분야에서 일해 온 장인은 자신만의 고유한 행동 특성을 갖기 마련이다. 오랜 경험을 통해 축적하여 몸에 밴 습성이다. 장인의 이런 특성을 '장인성'이라고 부른다(장원섭, 2015). 장인성은 일반적으로 떠올리는 장인정신과는 다르다. 그것은 장인정신을 포함할 수도 있으나 그

보다는 더 물질성에 바탕을 둔 다른 차원의 개념이다. 장인은 정신세계가 아니라 현실 세계의 존재이고, 따라서 장인의 일은 머리로 아는 것이 중요한 게 아니라 실제로 훌륭한 제품을 만들어 내는 것이기 때문이다.

몸에 밴 습성, 즉 일종의 아비투스로서 장인성은 형성적 특성을 갖는다. 장인성을 형성할 수 있다면 '누구나' 장인이 될 수 있을 것이다. 그러나 그 지난한 과정을 견뎌내야만 한다는 점에서 '아무나' 될 수 있는 것은 아니다. 이런 점에서 장인성은 소수에게만 허락된 천재성과는 다르다. 장인성은 선천적으로 타고나기보다는 후천적으로 형성될 수 있다. 예를 들어, 혁신적으로 일하는 기업가의 능력마저도 타고나는 것이라기보다는 배워가는 것으로 보는 것이 적절하다. 처음 창업을 경험하는 기업가보다 두 번째, 세 번째 창업을 경험하는 기업가들이 성공할 확률이 더 높은데, 이는 이전 창업 경험을 통해 기업을 만들고 운영하는 데 필요한 지식과 기술을 배웠다는 증거다(Politis, 2005). 또한, 기업가 역량은 사고방식뿐만 아니라 태도와 행동까지 포괄하고, 그것은 학습을 통해 길러질 수 있다. 한마디로, 유능한 기업가들은 매우 뛰어난 학습자들이다. 이것은 스타트업 기업가들의 사례를 통해서도 확인했다(장원섭 외, 2023).

장인성은 일하는 사람의 전범(典範)으로서 현대 장인이라 일컬어질 수 있는 실제 사례들을 통해 찾아냈다. 장원섭(2015)은 한복, 편물, 도자기 같은 전통 분야와 보일러, 주조, 자동차, 양복, 이용, 제과 등 기능 분야 장인뿐만 아니라 변호사, 의사, IT 전문가, 조각가, 배우 등 15명의 사례를 연구했다. 이들이 하는 일의 내용과 직무를 수행하는 방법 등은 상당히 달랐지만, 자기 일을 대하는 태도와 일하며 성장하는 방식에 있어서는 매우 유사한 특성을 찾았고 이를 '장인성'으로 명명했다. 장인성은 전문비서(송민영, 원윤정, 장원섭, 백지연, 2018), 기업의 연구직 마스터(이정, 2019), 영업 사원(최현우, 2017; 신상현, 2018; 김연희, 2020), 세운상가 기술자(강예지, 이호진, 최솔, 장원섭, 2019), 전통 차(茶) 산업 장인(이진구, 2019), 스타트업 기업가(이호진, 장원섭, 이수용, 최솔, 장경진, 2020), 여성 리더(구유정, 박수연, 장원섭, 2020; 구유정, 황정산, 장원섭, 2021), 반도체 엔지니어(공석민, 2022) 등을 대상으로 한 후속 연구들에서도 확인했다.

현대적 장인들이 보여준 장인성은 성장에의 의지와 지독한 학습, 주체적이고 창조적으로 일하기, 배움의 확장과 공유, 정상 경험과 자기 갱신의 삶 등으로 나타난다(장원섭 2015). 즉, 성장하고자 하는 의지를 갖고 지독하게 스스로 단련하며, 주체적으로 일할 수 있을 만큼 전문적이면서 새롭고 창조적으로 일하며, 지속적으로 배움을 넓힐 뿐만 아니라 공동체와 후속세대를 위해 아낌없이 나누고 베풀며, 일에서 최고의 희열을 느끼고 주변으로부터 인정받는 정상을 경험(peak experience)하지만, 편안하고 쉬운 삶이 아니라 자기 자신과 경쟁하며 더 높이 오르려는 척박한 고원에서의 삶을 선택하는 등과 같은 요소들로 이루어져 있다. 이런 특징들을 관통하는 핵심에는 일하는 삶에서 끊임없이 자기 자신을 갱신하고 성장하는 데 있다.

이처럼 장인성은 시간의 흐름과 누적에 따른 역동적 개념이다. 일에서 작은 성취와 정상 경험을 계속 축적하며 이어갈 때 끊임없이 스스로를 넘어설 수 있게 된다. 이런 점에서 장인성은 일하는 사람 누구나 자신만의 고유하고 독특한 기반 위에서 만들어진다고 할 수 있다.

2. 장인성의 8요소

장원섭(2015)와 장원섭 외(2023)에 소개한 현대적 장인들의 사례들을 통해 장인성의 8가지 요소들을 구체적으로 살펴보면 다음과 같다.

1. 성장에의 의지

현대적 장인들이 직업에 입문하게 된 계기는 많은 경우에 우연한 만남이거나 예기치 않은 경험을 통해서 이루어졌음에도 불구하고 이러한 우연적 사건들이 기회로 작용하여 자신의 분야에서 최고의 장인이 되었다. 우연을 필연의 길로 만들어 낼 수 있는 열의와 힘을 가지고 있었기 때문이었다.

성광호 보일러 명장은 고향을 떠나 태권도 사범으로 일하고 있었는데, 태권도장 아래층에 대중목욕탕이 있었고, 거기서 숙식을 해결하던 중에 보일러 기관장을 만나서 처음 보일러 일을 알게 되었다(장원섭, 2015).

태권도 도장은 1층이고 밑에 대중목욕탕 목욕탕 있잖아요. 목욕탕에서 당시 40, 50된 기관장이 보일러를 하셨는데 그분이 보일러 관련된 자격증 공부를 하고 계시다고. 어깨너머로 보일러 이론적인 공부를 하고 어깨너머로 보일러를 배우고. 그렇게 해서 시험을 볼 때 저는 장난삼아서 시험을 봤고, 그분은 꼭 필요해서 다른 자격증이 필요해서 봤는데 그분은 불합격이 되고 저는 합격이 되고. - 성광호 보일러 명장

김갑유 변호사는 사법고시에 합격한 후 아르바이트를 하던 중에 국제 업무에 관심을 가지면서 변호사를 선택했다. 그 이후에 해상 전문가의 길을 걷다가 우연한 계기로 국제중재 전문 변호사로까지 나아갔다(장원섭, 2015).

시험합격하고 바로 연수원을 안 들어가고 대학원을 다니면서 아르바이트를 하다가 그 과정에서 로펌이라고 하는 프랙틱스가 있구나, 국제 업무를 하는 곳이 있구나 했고, 국제 업무를 하고 싶어서 제가 변호사의 길을 선택했고. - 김갑유 변호사

이처럼 장인의 길에 들어선 것은 처음부터 자신의 일에 대한 소명을 가졌기 때문이 아니었다. 계획했던 사건이라기보다는 우연한 기회에 그 길로 접어들고 빠져들어 성장하는 일의 여정을 구성해 온 것이었다. 성장하고자 하는 의지를 갖고 일하고, 배우고, 경험하며, 이것을 눈덩이처럼 부단히 굴려 더 큰 하나의 덩이로 통합해 가며 결국은 긍정적인 결과로 만들어 간 것이었다(장원섭, 2015).

2. 지독한 학습

우연한 계기로 일을 시작했더라도 그 일에 입문한 이후에는 최고의 기술인 또는 전문가로 성장하였다. 이 과정에서 장인은 부단히 노력하고 열심히 학습했다. 무수한 시행착오를 겪으며 스스로 주도적으로 배움으로써 혹독한 숙련의

과정을 거쳤다. 한마디로, 장인은 지독한 학습자다.

자동차 명장 박병일은 누가 가르쳐주지 않아도 여기저기 돌아다니며 배우는 편력(遍歷)의 학습을 하였다(장원섭, 2015).

기술자들을 정말 많이 찾아다녔어요. 우리나라에서 최고의 기술자들 대구의 누구, 대전의 누구, 신설동의 누구, 청계천의 누구... 사실 기술 하나하나는 자신의 밥그릇이니까 절대 가르쳐 주지 않아요. 그러나 직접 찾아오기까지 하니까 성의를 봐서 하나씩 알려주는 거예요. 이렇게 해서, 하나씩 하나씩 배우고. - 박병일 자동차 명장

현광훈 시계 메이커는 자신이 생각했던 시계 메커니즘이 적용된 핀홀 카메라를 성공적으로 만드는 데까지 2년의 세월이 걸렸다. 그 시간은 뭔가에 푹 빠져 있었던 가장 행복한 시간이었고, 그 사이에 비약적인 성장을 경험했다(장원섭 외, 2023).

그냥 이렇게 깊게 빠져서 연구를 했던 것 같아요. 진짜 눈만 뜨면 검색하고 잠들기 전까지 검색하고 맨날 구글 유튜브 이런 데 이베이 이런데 와치 메이크 와치 메이크 툴 와치 메이크 머신 맨날 검색하고 이미지 봤던 거 계속 넘기면서 그리고 버스 타고 작업실 오는 와중에도 지하철에서 버스에서 맨날 검색하고 검색하고 그게 일이었던 것 같아요. 그게 너무 재밌었어요. - 현광훈 시계 메이커

김영진 테솔로 대표는 연구실에서 모형을 만드는 것과 판매를 위한 상품을 생산하는 것은 전혀 다르다는 것을 깨달았다. 그 간극을 극복하기 위해 시행착오를 겪으며 새롭게 배울 수밖에 없었다(장원섭 외, 2023).

상품을 배우는 과정은 창업하러 나와서 알았어요. 왜냐면 당시 연구실에서 만들었던 기술만 가지고 만들면 처음 시작할 때 제품 2주에 만드는 줄 알았어요. 그래서 시작했어요. 사실. 뭔가. 오래 걸릴 거라고 생각하지 않았거든요. (중략) 이렇게 생각했다가 처음에 이제 막 생소한 사람들을 만나는 거죠. 부품 조달, 공급업체, 설계 업체, 양산 금형 업체들을 만나다 보면 한 개를 만들면 가격이 상당히 올라가고 가격을 낮추려면 많이 만들어야 한다는 걸 알게 되고... - 김영진 테솔로 대표

누구든 장인의 경지에 오르려면 지독하게 학습해야 한다. 자신의 일에 깊이 몰입하여 새로운 가치를 발견하고 창출한다. 성찰과 실천의 지속적인 반복 그리고 그 일을 완수하겠다는 끊임없는 의지와 인내력으로 스스로를 지속적으로 성장시켜 나간다.

Ericsson(2008)에 따르면, 최고 수준으로의 전문성을 개발하기 위해서는 장기간의 의도적이고 '집중적인 실행(deliberate practice)'이 필요하다. 이는 뚜렷한 목표를 세우고 지속적으로 자신의 수행을 되돌아보고 개선해 나가며 또다시 새로운 목표를 세우는 선순환적인 학습 과정이다. 단순히 경력의 기간이 길다고 하여 전문성이 발달되는 것이 아니라 더 집중적이고 의도적인 노력이 중요하다.

또한, 고숙련을 형성하는 과정에서 주목할 만한 것은, 손으로 일하는 기능인들이 고숙련의 과정에서는 이론을 먼저 습득한 후에 실행으로 옮기는 사고 기반의 학습 방식을 강하게 나타냈고, 머리로 일하는 전문직 종사자들이 실전에서 몸소 경험함을 통해서 배웠다는 사실이다. 한마디로, 손과 머리 또는 실천과 이론이 통합적으로 고숙련과 전문성을 형성하는 데 중요하게 작용하였다.

3. 주체적으로 일하기

장인은 일 그 자체에 몰두한다. 그럼으로써 자신의 일에서 기쁨과 보람을 느끼고 일 그 자체에서 성장한다. 따라서 장인들에게 있어서 일은 단순히 먹고 살기 위한 생계유지의 수단을 넘어선다. 처음에는 그렇게 시작했을지 몰라도 일하면서 자신의 정체성과 가치를 발견하고 자기를 실현하며 종국에는 공동체에 기여한다. 일의 즐거움, 의미와 가치는 그들에게 행복감을 준다.

장인은 일의 참된 본질을 발견하고 그 일의 리듬을 자신의 리듬으로 만들어 행함으로써 일 그 자체를 해방시키는 일의 주인(master)이자 해방자가 된다. 이처럼 일로부터의 자유는 일에서 떨어져 있을 때가 아니라 일에 더욱 깊이 들어갔을 때 얻어지는 것이다. 일의 주인이 된다는 건 단지 주인정신만을 강요하는 것을 넘어선다. 그것은 공정한 보상과 안전한 근로 여건 같은 일의 조건이 기반이 되어야 함을 뜻한다. 장인들은 그들이 가진 최고의 숙련과 전문성을 통해 구조적인 문제들을 극복할 수 있었다. 즉, 탁월한 숙련도와 전문성을 가진 장인들은 독립적으로 또는 자율적으로 자신의 일을 할 수 있었다.

제과 명장 안창현은 몸에 좋고 맛있는 빵을 만드는 원칙을 고수하여 거대 자본을 앞세운 프랜차이즈 제과점의 위협을 이겨냈다(장원섭, 2015).

나름대로 기술을 가지고 10년, 20년 오랫동안 다져 온 우리 같은 이런 데는 쉽게 안 무너져요. 오히려 우리 집 앞에 있는…… (중략) 우리 집 길 건너편 옆에 프랜차이즈가 하나 들어온 거야. 망했습니다. - 안창현 제과 명장

4. 창조적으로 일하기

현대적 장인은 단순히 전통을 계승만 하는 사람이 아니다. 일의 전통을 새롭게 창조하거나 새로운 일의 전통을 창조한다. 새로운 일을 찾기보다는 자신의 일에서 새로움을 만들어 낸다. 그럼으로써 일의 지평을 넓히고 새롭게 창조하는 힘을 발휘한다.

장인의 창조적 일하기는 IT 같은 첨단 산업 분야나 혁신적 기업가들에게뿐만 아니라 전통수공업 분야에서도 마찬가지였다. 예를 들어, 한복 장인 백애현은 디지털 프린팅 기법을 활용하기도 하고 가죽으로 한복을 만들기도 했다(장원섭, 2015).

남들이 시도하지 않은 거, 이런 걸로도 한복을 만들 수 있을까? 이런 시도를 좋아하는 것 같아요. 그래서 가죽으로도 한복을 만들어 보고 서로 다른 원단을 사용해서 만들어 보기도 하고, 창의적인 거일 수도 있고 무모한 것일 수도 있고… - 백애현 한복 장인

보향다원은 세계 최초로 금차(Gold-Tea) 개발에 성공해서 국내를 넘어 세계에 알려졌다. 보향다원의 창의적 상품들은 깊은 고민과 인내, 예기치 않

은 만남과 수많은 시행착오를 거쳐 세상에 나왔다. 장인의 창조력은 고숙련의 끝에서 만들어졌다(장원섭 외, 2023).

기업가들은 인내를 갖고 자신의 기업과 제품에 대한 신념, 사회에 기여한다는 믿음과 가치를 원동력으로 삼아 혁신적 제품을 내놓는다(장원섭 외, 2023).

세상에 없는 가치, 지금까지는 다 이렇게 생각해 왔는데 세상에 없는 가치를 하나를 이런 가치가 있었으면 좋겠어. 항상 이렇게만 생각했는데 이런 가치가 있으면 어떨까? 라고 해서 새로운 가치가 정립되고 그 가치를 세상에다 던지는 게 제일 중요한 것 같아요. 단순히 돈을 벌겠다 그러면 어느 순간에는 다 무너져 가는 것 같아요. - 신웅철 맥파이테크 대표

이러한 장인의 창조력은 첫째, 자신의 기술을 한 길로 하여 최고 수준으로 숙련한 이후에 나타났다. 둘째, 최고의 숙련 단계에서는 자연스럽게 내적, 외적인 일의 확장과 그에 따른 학습이 이루어지고 그런 과정의 전, 중, 후에 창조력이 발휘되었다. 셋째, 거기에는 자신만의 일에 대한 열정과 몰입이 기반이 됐다. 이렇게 창조력을 발휘하였기에 그들은 최고의 위치를 계속 유지할 수 있었다(장원섭, 2015).

5. 배움을 계속 넓히기

장인들은 최고의 숙련과 전문성 수준에 올랐음에도 불구하고 끊임없이 배운다. 자신의 일의 분야를 유지하면서 더 넓은 확장을 시도했다. 일의 확장과 창조는 배움의 넓힘을 통해 가능하다. 그럼으로써 더욱 창조적이면서도 그 깊이를 더해간다. 한마디로, 장인은 배움을 넓히는 자다.

현대자동차의 임용환 주조 명장은 자신이 지금까지 쌓아 온 지식에 집착하기보다는 새로운 틀로 바꾸는 시도를 하면서 전환적이고 확장적으로 배움의 과정을 이어갔다(장원섭, 2015).

실제로는 저는 금속 쪽에 일만 하고 왔었는데 최근에부터 업종이 새로 늘어났어

요. 플라스틱 사출. 우리가 하는 자동차에 보면 플라스틱이 상당히 많아요. 차를 타면은 눈에 딱 보이는 대부분의 것들이 플라스틱입니다. - 임용환 주조 명장

이미 최고의 숙련 단계에 이른 반도체 장비 엔지니어들은 스스로 전문가라고 말하지 않았다. 오히려 반도체 장비 산업 특성 때문에라도 자신들은 다른 분야를 더 배워야 한다고 강조했다(장원섭 외, 2023).

반도체는 기본적으로 하이테크 산업이에요. 이 큰 장비들이 얼마나 많은 기술이 집약되어 있겠어요. 그만큼 배울 것도 많고 한번 장비를 만들었다고 그 기술이 계속 유지되냐? 그것도 아니야, 얼마나 새로운 변화가 빠른지 잠시도 방심할 수가 없어요. 방법은 배우는 수밖에 없어요. - 김동식 반도체 장비 엔지니어

대학병원에서 비서로 오래 일해 온 한정은(가명)은 비서로서의 경력을 쌓아가면서 전산학, 광고학, 한국어교육, 국제사무학 등 다양한 분야를 학습함으로써 자신을 발전시켜 나갔다. 그러면서 업무에 있어서도 자신의 영역을 조금씩 확장시키고 전문성을 더해갈 수 있었다(장원섭 외, 2023).

저는 공부해서 굉장히 보람 있었던 게 사실 돌아보니까 계속 공부했던 게 나 비서 생활 하는데 도움이 되었구나 하고 느끼는 거예요. - 한정은(가명) 대학병원 비서

6. 배움을 널리 베풀기

장인들은 최고 수준으로 일하면서 친사회적인 일 가치감을 형성하였다. '나'가 아닌 '우리'에 관한 관심과 목표를 갖고 더욱 배움을 넓히고 베풀기 위해 노력하였다. 또한, 자신들이 평생에 걸쳐 어렵게 배운 지식과 기술을 공동체와 인류를 위해, 그리고 후세를 위해 기꺼이 나누고 있었다.

한복 장인 백애현은 국가와 사회에 대한 기여를 매우 자랑스럽게 생각하면서 널리 베풀기 위해 애썼다(장원섭, 2015).

내가 하는 일로, 그래도 뭔가 이 나라에 조금이나마 도움이 된다고 생각하면 정말 가슴 여기 끝에서부터 뿌듯함이 밀려와요. 사실 이런 게 얼마나 행복한 일이에요.

제가 하는 일이 저한테만 좋은 게 아니고 다른 사람들도 즐겁게 해 줄 수 있고, 그게 또 이 나라에 도움이 된다고 생각하면…… 저는 정말 기분 좋은 거죠. - 백애현 한복 장인

비트컴퓨터 조현정 대표는 이미 존경받는 기업가로 자리 잡은 인물이었다. 그는 기업가들이 성장할 수 있는 생태계를 조성하고자 노력하고 있었다(장원섭 외, 2023).

나는 전체가 좋아야 부분이 좋다고 말하는 거예요. 내가 아무리 똑똑해도 시장이나 생태 환경이 나쁘면 한계에 도달한다. (중략) 그래서 사막 같은 분위기가 아니라. 정글이나 숲에 있는 나무여야 한다. 숲은 누가 조성하느냐 하는 거지. 그러던 어느 날 눈 떠봤더니 숲이 있는 것은 아닐 것이다. 내가 속해 있는… 나라면, 나라면 우리, 다 함께 숲 조성에 같이 노력해야 한다. 그게 생태계 조성이다. - 조현정 비트컴퓨터 대표

7. 일에서의 정상 경험

장인들은 일 그 자체에서의 성취감과 기쁨 같은 절정의 쾌감을 경험했다. 일하는 사람으로서의 희열, 즉 '워커즈 하이(worker's high)'(장원섭, 2018)는 Maslow(1999)가 말한 '절정 경험(peak experience)'에 해당한다. 장인들은 일 자체에 몰입하는 과정과 그 결과를 통해 기쁨을 느끼는 최고의 순간들을 경험하였다.

김갑유 변호사는 사회정의를 위해 반드시 이겨야 한다고 생각하는 재판에서 이겼을 때 그런 기분을 느꼈다고 하였다(장원섭, 2015).

그거 말고도 뭐 다른 사건에서 인제 뭐 이겨서 돈을 많이 번 사건들은 있습니다만, 이기면 저희 뭐 보수 좀 더 받고 그렇게 해서…… (중략) 사실 도덕적으로…… 그러니까 그냥 돈이 문제가 돼서 생긴 사건이 아니라, 이런 거는 그냥 넘어가면 안 된다, 그런 사건에서 이기면 진짜 진짜 기분이 좋아요. - 김갑유 변호사

장인은 자신이 한 일을 통해 사회적으로 인정받고 자신이 최고의 위치에 있다는 사실을 인식함으로써 정상의 경험을 하기도 하였다. 주조 명장 임용환은 상을 받고 박수를 받은 순간을 잊을 수 없다고 하였다(장원섭, 2015).

그때 이제 상을 받고 돌아서서 나오는데 내 눈 앞에 보이는 사람들이 다 내가 이제 입사해가지고 나한테 OJT를 했던 사람들이나, 대졸 사원들이지만 다 나보다 입사가 늦는 사람이 대부분 다…… 거의 한 99%가 다 늦거든요. 이제 이야기를 듣고 박수를 치는데, 저는 이제 상만 받고 나와야 되는 자리예요. 거기 중역들이 또…… 하는 자리니까. 상 받고 나와서 옆문으로 계단 내려서 한참 걸어 나오는데 그때까지도 계속 박수를 치는 거야. - 임용환 주조 명장

8. 고원에서의 삶

장인의 삶을 총체적으로 설명하기 위해서는 정상의 기쁨과 희열만으로는 불충분하다. 그들은 끊임없이 자신과 경쟁하면서 자신을 극복해 나가는 고통스런 삶을 기꺼이 살아가고 있기 때문이다. 그것을 '고원에서의 삶'이라고 표현할 수 있다. 정상에 올랐던 장인들에게는 주변의 기대가 생겨나고 그들은 그 기대를 쉽게 저버리지 못한다. 다른 사람들로부터 인정을 받은 장인들은 스스로에 대해 자부심을 가지게 되는데 그것이 그들을 더욱 노력하도록 강화한다. 정상에 계속 머무를 수는 없겠지만 적어도 고원 아래로는 내려오지 못하도록 만든다. 즉, 장인에 대한 사회적 인정으로 인해 여러 사람이 그들을 바라보는 시선이 생겨나고 그것이 그들을 부담스럽게 한다. 한마디로, 사회적 투명성(visibility)과 그로 인한 사회적 강화 기제가 작용한 셈이다(장원섭, 2015).

저는 어떨 때 보면 명장이고 기능한국인이고. 지금 교수고. 이런 것들 때문에 뭘 할 수가 없는 거예요. 우리 아들이 하는 말이 '아버지는 지금 모든 명성을 가졌지만 아버지한테 이득 되는 게 뭐냐' 나한테 그래요. 이제 저도 어떤 시점에서 가야 될까? 중저가 브랜드를 하나 만들어서 가야 될까, 어떻게 해야 될까. 사실 고민이

많아요. 그래서 이게 이제 양복 업계에서도 또 말이 많고 사실 고민이 많아요. 나는 이제 내가 사명이 그거 아니냐고 이렇게 생각을 하는데 그렇다고 제가 무슨 정부에서 훈장을 받겠어요? - 백운현 양복 명장

일 그 자체에서 느끼는 개인적 희열감을 잊지 못하기 때문에 고원에 거주하기도 한다. 장인은 일을 확장하고 창조함으로써 일의 과정에서 만족감을 얻고 일의 결과에서 성취감을 얻는데, 일의 절정에 올랐을 때 느끼는 희열감을 잊지 못한다. 조각가 오광섭은 절정의 맛을 끊지 못해서 힘겹더라도 작가로서의 삶을 살아가고 있다(장원섭, 2015).

그 무한의 세계, 그 우주를 알고 경험했기 때문에 그 맛을 끊을 수 없어요. 이 세계는 모든 열정과 집념을 바쳐 90도로 직면해야만 넘어설 수 있는 세계예요. 그래서 계속 그 너머의 세계로 들어가기 위해서 노력할 수밖에 없어요. 이러한 원동력이 생활고와 같은 극심한 어려움을 인내하고 작가로서의 삶을 살게 하는 거죠. - 오광섭 조각가

반도체 장비 고숙련 엔지니어들은 최고의 인생 역작을 만들기 위해서 끊임없이 노력하였다. 초창기 RTP 장비를 개발할 시점부터 A사에서 장비 개발을 하는 지상현은 자신들이 만든 장비에 대해 자긍심이 매우 컸고, 고객에게 만족을 넘어 전율을 줄 수 있는 세계 최고의 장비를 만들고 싶어 했다(장원섭 외, 2023).

네덜란드 'ASML' 알죠? 삼성 이재용 부회장도 거기 노광장비 사려고 부탁할 정도예요. 그 회사 장비를 사기 위해 반도체 회사들이 줄을 서요. 제 꿈이에요. 'ASML'처럼 고객이 만족을 넘어 전율을 느끼고 구매를 위해 찾아올 수 있는 그런 장비를 만들고 싶어요. 이게 내 삶의 가장 중요한 목표이기도 해요. - 지상현 반도체 장비 엔지니어

3. 장인성 형성의 긍정적 순환

한 사람의 장인이 탄생하기까지는 앞서 살펴본 모든 요소가 뒤얽혀 서로서로 영향을 미친다. 일과 배움의 모든 요소가 모든 요소에 상호작용하면서 선순환

을 만들어 장인으로 성장하는 데 긍정적 발판으로 작용한다. 그것은 정상을 향해 그리고 고원에서 걷는 한 걸음 한 걸음을 통해서 나타난다. 한마디로, 일과 배움의 긍정적 순환 작용을 통해 장인은 조금씩 성장해 나가는 삶을 살아간다.

그림 장인 성장의 긍정적 순환 모형

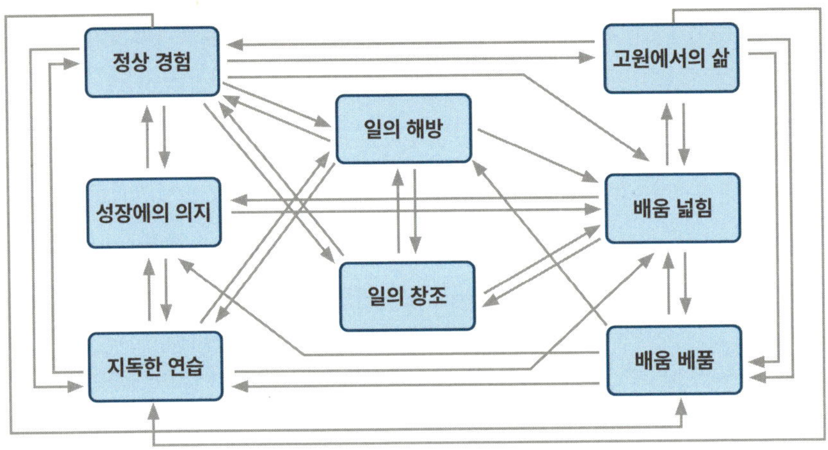

* 출처: 장원섭(2015)

예를 들어, 기업가가 지난한 배움의 과정을 끝까지 인내하며 가치를 창출하는 과정을 반복하며 갱신하는 이유는 배움을 통해 얻은 일의 유의미성 때문이었다. 기업가는 일의 과정에서 얻은 일의 희열과 "일에서 맛본 손맛"이 추동력이 되어 더 나은 가치로움을 얻기 위해 지난한 배움의 여정을 다시 떠난다. 개인적으로는 일의 성취물을 통해 얻는 희열이 사회와 상호작용하면서 사회적 가치로 확장되며 더 큰 보람을 느끼게 된다. 일의 유의미성은 기업가로 하여금 또다시 혁신의 길을 걷게 만든다. 기업가의 혁신과 창조는 장인적 학습의 끝에서 발현되며, 그 창조는 시간의 역동에 따라 변화와 확장을 거듭한다. 이 과정에서 기업가는 '나의 성공의 크기는 세상에 던져진 가치의 크기"라는 사실을 경험하며 배우고 알게 된다(장원섭 외, 2023).

장인성은 일의 의미가 퇴락하는 현실에서 일의 교육적 회복을 위한 가능성을 보여준다. 장인성은 타고났다기보다는 일하면서 축적되고 형성되는 일종의 '아비투스(habitus)'이기 때문이다(Bourdieu, 2005; Chang & Koo, 2017). 이미 세상에 태어나서 일하며 살아가는 우리에게 중요한 것은 자신의 길을 최고의 숙련 수준으로까지 이끌어 올릴 수 있는 힘에 관한 것이다. 이런 점에서 장인성은 산업 인재 육성을 위한 실제적인 시사점을 제공하며, 특히 그 교육적 의미가 큰 희망의 개념이다.

03. 한국형 신장인(新匠人) 육성을 위한 정책 제언

새로운 산업사회에서는 끊임없이 스스로를 갱신하며 성장시킬 수 있는 메타 역량을 가진 장인적 인재를 필요로 한다. 자신이 하는 일에서 장인의 경지에 오르려는 강한 의지를 갖고 자발적으로 배움에의 길을 걸으면서 다른 사람과 더불어 일하며 성장할 수 있도록 학교와 일터, 그리고 사회 여건을 조성하여야 한다.

1. 학교에서 깊은 숙련을 형성하는 맥락 중심의 일 교육 강화

새로운 산업 시대에 필요한 장인을 육성하기 위해 깊은 숙련을 형성할 수 있는 맥락(context) 중심의 교육을 더욱 강화하여야 한다(장원섭.2015). 이를 위해, 초·중등학교에서는 전통적인 교과(subject matter) 중심의 벽 쌓기보다는 학생이 스스로 탐구하고자 하는 주제나 문제에 대해 깊이 파고들어 갈 수 있는 기회를 폭넓게 제공하고, 이를 통해 무언가 결과를 성취해 낼 수 있는 문제 중심 또는 프로젝트 중심 학습으로 개편한다. 또한, 진로교육은 안정된 일의 세계를 반영하는 산업사회 패러다임의 테스트와 텍스트 중심의 진로교육에서 변화무쌍한 경제사회 변화에 대응하는 진로 구성 능력을 키울 수 있는 컨텍스트 중심의 진로교육으로 전환한다. 취업을 준비하는 특성화고 및 대학 직업교육은 단편적 기능을 숙달하는 방식의 직업훈련이 아니라 깊은 숙련의 경험을 하고 이를 재맥락화할 수 있는 역량을 기르도록 교육한다.

2. 학생과 근로자의 일에 대한 문해력(work literacy)과 일의 의미 제고

인공지능 시대에 인간이 의미 있게 일하기 위해서는 일의 의미와 가치에 대해 더욱 깊이 성찰할 수 있어야 한다. 단순히 단기적인 기술적 역량을 높이는 훈련을 넘어 깊이 사고하고 주변을 돌아보며, 스스로 자기 자신을 단련하며 성장해 나갈 수 있는 인간 본연의 일하는 자세와 일에 대한 태도를 함양해야 한다. 그러면서 의미 있게 일하는 삶의 모습과 그 중요성을 인식하고 되새기고 스스로 성장할 수 있는 의지와 힘을 북돋울 수 있도록 해야 한다. 이를 위해, 미래의 산업 인재로 성장할 학생들이 단순히 새로운 일을 기술적으로 준비하는 직무훈련에서 더 나아가 '일에 대한 문해력(work literacy)'을 갖도록 해야 한다(장원섭.2006). 즉, 급변하는 일의 세계에서 일과 일의 세계에 관한 윤리적 태도와 비판적 의식을 함양하는 교육이 필요하다. 구체적으로, 초·중등학교의 각 교과별로 직업 또는 노동 관련 내용들을 이런 시각에서 재검토할 수 있는 프로젝트를 진행하여 교육과정 개편에 반영할 수 있도록 해야 한다. 또한, 고등학교 <직업·진로> 교과목에서는 미래 일의 세계에 대한 이해, 인간의 일과 노동의 가치, 그리고 직업 역량과 윤리 등의 내용을 강화하여야 한다. 다른 한편, 일터에서는 개별 기업들이 교육 체계에 일의 의미 교육을 더욱 체계적으로 실시하여야 한다. 구체적이고 활용성 있는 교육이 되기 위해서는 기존의 직급별 교육과 직무별 교육 일부를 확장·통합하는 방식으로 직급과 경력 단계에 맞는 일의 의미와 가치를 성찰하는 학습과 직무 또는 직군별로 장인성을 형성하는 맞춤형 교육 프로그램을 실시하여야 한다. 이런 교육은 전통적인 공장모형식 훈련이어서는 곤란하고 스스로 자신의 일을 성찰하고 깨닫는 방식으로 이루어져야 한다.

3. 학교, 기업 및 사회에 초연결 학습공동체 체제 구축

우리는 일을 통해 각자의 경제적 소득을 얻기도 하지만 일하는 과정에서 동료와 함께 역량을 발휘하고 일의 성과를 사회에 제공하고 있다. 따라서 미래 지향적인 산업 인재 역시 새로운 시대에 적합한 공동체성을 함양하여야 한다. 이를 위해, 상생의 가치 위에 지식을 공유하며 경험을 통해 배우는 열린 학습 공동체인 '모두의연구소' 등과 같은 사례에 주목할 필요가 있다(이준웅,장원섭 외. 2019). 디지털 전환에 따른 초연결사회의 도래는 블로그, SNS, 유튜브와 같은 전 세계로 연결된 배움의 링크를 통해 폭넓은 배움의 기회를 제공한다. 따라서, 학생, 근로자 등을 대상으로 하는 코딩교육이나 디지털 직무훈련 프로그램을 확산하는 동시에, 향상된 디지털 역량을 바탕으로 자신의 관심 분야와 주제에 터해 해결해 내고자 하는 문제 인식을 갖고 전 세계와 연결된 학습망을 통해 주도적으로 학습하고 같은 문제를 가진 전 세계인들과 교류할 수 있는 초연결 학습 프로그램과 체제를 구축하여야 한다. 이러한 초연결 학습공동체 체제가 학교, 기업, 사회 전반에 걸쳐 확산할 수 있도록 국가적인 차원의 지원이 필요하다.

4. 일터와 국가의 장인 인정 제도와 존경 문화 조성

일터와 사회에서 장인답게 일하는 사람이 인정받고 존경받도록 해야 한다. 그래서 그들이 다른 모든 일하는 사람의 롤 모델이 되어야 한다. 그래야만 일의 의미를 상실하는 악순환의 고리를 끊고 장인성 형성의 선순환 구조가 만들어질 수 있게 된다. 이를 위해, 장인답게 일하는 구성원을 인정하는 인사체계를 구축하며, 고숙련의 인재를 계속 활용할 수 있는 제도를 도입해야 한다. 기업의 인사제도와 보상 체계가 장인답게 일하는 사람을 충분히 인정할 수 있는 방향으로 재편되어야 한다. 또한, 독일의 마이스터가 최고의 숙련기술자인 동시에 후배 육성과 지도의 책임을 갖고 있다는 점을 본받아, 우리나라에서도 많은 경험과 지식을 보유한 고숙련 직원들이 후배 사원들에게 기술과 노하우를 전수하는 제도를 도입하여 적극 활용하여야 한다. 이들에게 임금 피크제를 적용하면서 정규직의 처우를 받도록 하고 신입사원이나 현장실습생을 위한 사내 강사 또는 멘토로 활동할 수 있도록 한다. 이들을 계속 고용하는 경우에 국가가 임금의 일부를 지원하는 것도 고려해야 한다. 그럴 경우, 산업인력의 고령화와 대량퇴직에 따른 문제들을 해소할 수도 있을 것이다. 다른 한편, 국가와 지역사회의 장인 인정 제도를 강화하고 이들을 존경하는 풍토를 조성해야 한다. 기존의 대한민국 명장제도 이외에도 산업에서의 숙련 고수인 장인을 발굴하고 이들에게 자격을 부여하는 시스템을 새롭게 설계할 필요가 있다.

5. 사회 전반적으로 조화롭게 일하는 삶의 체제 구축

2023년 노벨경제학상 수상자 Goldin(2021)이 주창한 바와 같이, 사회 전반적으로 '탐욕스러운 일(greedy work)'로부터 탈피하여 모두가 일의 행복을 누리도록 조화롭게 일하는 삶을 살아갈 수 있는 체제를 서둘러 구축해야 한다. 여성뿐만 아니라 MZ로 대변되는 젊은 세대가 우리 사회와 노동시장에서 핵심 세력을 이루어 가는 지금, 일하는 삶을 포기하지 않고 자신의 일에서 성장하고자 하는 욕구를 충족하면서 조화로운 삶을 살아갈 수 있도록 제반 여건을 마련해야 한다. 이를 위해, 경력 사다리의 외길이 아니라 '정글짐'과 같은 다방면의 길을 걷는 의미 있고 가치롭게 일하는 삶의 체제를 구축해야 한다(장원섭 외, 2023). 구체적으로, 여성, 청년 니트 등과 같이 육아, 취업난 등으로 인해 어쩔 수 없이 일을 쉬고 있는 사람들이 다시 의욕을 갖고 의미 있게 일하는 삶으로 복귀할 수 있도록 돕는 시스템을 만들어 가야 한다. 기업과 국가는 '탐욕스러운 일'의 기준에 따라 전일제 정규직 근로를 위주로 하는 천편일률적인 승진과 평가 체계 대신 생애의 필요에 따라 일의 속도와 리듬을 조율할 수 있는 개인적 통제권을 허용함으로써 일의 지속가능성을 보장해 줄 수 있어야 한다. 그 과정에 암묵적인 불이익이 발생하지 않도록 법·제도적 정비를 해야 한다.

참고문헌

강예지, 이호진, 최솔, 장원섭(2019). 세운상가 장인의 일과 학습에 대한 연구. Andragogy Today, 22(4), 59-82.

고태경, 임현지, 왕정하, 최다은, 이철승(2021). 세대 문화와 기업 문화: 기업 내 세대 간 문화적 차이에 따른 일 만족도를 중심으로. 문화와 사회, 29(2), 39-96.

공석민(2022). 고숙련 엔지니어의 장인성 형성에 대한 질적 사례 연구 : 반도체 장비 A기업을 중심으로. 연세대학교 교육대학원 석사학위논문.

구유정, 박수연, 장원섭(2020). 장인(匠人)적 여성 리더의 일과 학습에 대한 탐색적 연구. 교육연구논총, 41(3), 137-163.

구유정, 황정산, 장원섭(2021). 경력역량을 통해 드러난 여성의 장인성에 대한 질적 연구. Andragogy Today, 24(4), 1-41.

김광석(2015). 청년 니트족(NEET) 특징과 시사점. 이슈 페이퍼. 서울: 현대경

제연구원
김연희(2020). SPA 브랜드 영업점장의 장인성 형성에 대한 질적 사례연구 : A 기업을 중심으로. 연세대학교 교육대학원 석사학위논문.
김은수, 장원섭(2023). '90년대생' 대졸 직장인의 일의 의미에 대한 질적 연구. 미간행 원고.
남재량(2013). 청년 니트, 새로운 글로벌 청년고용 지표 가능성. 국제노동브리프, 11(5), 1-3.
백선기, 2020 백선기 (2020. 1. 21). [공감인터뷰]월급도 없는 회사에 청년 600명이 몰린 이유는? 이로운넷. https://www.eroun.net/news/articleView.html?idxno=27410
비상경제 중앙대책본부(2020). 인구구조 변화 대응방향. 관계계부처 합동. 2020. 8. 27.
삼정KPMG경제연구원(2019). 플랫폼 비즈니스의 성공 전략.
송민영, 원윤정, 장원섭, 백지연(2018). 고경력 비서의 일터에서의 성장과정에 대한 질적 사례연구. 비서 사무경영연구, 27(4), 59-86.
신상현 (2018). 영업직 초기경력자의 조직사회화 과정에서 장인성 형성에 대한 질적사례연구: 사무기 A 기업 근로자를 대상으로. 연세대학교 교육대학원 석사학위논문.
이명호(2018). 노동 4.0. 서울: 스리체어스.
이정(2019). 여성 연구직 마스터의 일터에서 학습과 성장 과정에 대한 질적 사례연구: 장인성 이론을 중심으로. 연세대학교 교육대학원 석사학위논문.
이준웅, 장원섭 외(2019). 일과 노동의 미래: 자동화를 넘어 연대와 성숙으로. 일의 미래 포럼, 서울대학교 언론정보연구소.
이진구(2019). 농업분야 차(茶) 산업의 현대적 장인에 대한 질적 사례연구. 연세대학교 교육대학원 석사학위논문.
이혜정, 유규창(2013). Y세대의 일과 삶의 균형: 세대별 일의 가치를 통해 본 의미 및 역할. 노동정책연구, 13(4), 1-31.
이호진, 장경진, 최솔, 이수용, 장원섭(2020). 기업가 학습 특성에 관한 사례연구: 일의 교육 관점에서. 성인계속교육연구, 11(4), 27-49.
장원섭(2015). 장인의 탄생. 서울: 학지사.
장원섭(2006). 일의 교육학. 서울: 학지사.
장원섭(2018). 다시, 장인이다. 서울: 영인미디어.
장원섭(2021a). 인적자원개발: 이론과 실천(3판). 서울: 학지사.
장원섭(2021b). 교육과 일의 세계. 서울: 학지사.
장원섭, 이호건, 구유정 외(2023). 마스터리티. 서울: 학지사.
장주희, 방혜진, 이윤진, 이진솔, 한상근, 이승희(2020). 인공지능 시대의 전문직 직업연구. 한국직업능력개발원.
장지연(2020). 플랫폼노동자의 규모와 특징. 고용 · 노동브리프 제104호. 한국노동연구원.
전재식 외(2019). 일과 학습의 미래. 경제·인문사회연구회.
정민(2016). 2016년 다보스 포럼의 주요 내용과 시사점: "4차 산업 혁명", 글로벌 성장 원동력으로. 이슈리포트, 2016(2), 1-12.
정수영, 윤혜원, 이영선, 변기용(2021). 밀레니얼 세대 초등교사가 인식하는 조직공정성의 의미와 영향 요인에 대한 연구. 교육행정학연구, 39(4), 341-372.
최솔(2022). 청년 니트(NEET)의 자립경험에 관한 일의 교육적 의미 탐색. 연세대학교 교육학과 박사학위논문.
최현우(2017). B2B 영업 우수 성과자의 학습 활동과 장인성 형성에 대한 질적 사례연구. 연세대학교 교육대학원 석사학위논문.

통계청(2019). 장래인구추계.

한국고용정보원(2021). 고용동향 브리프. 한국고용정보원.

한국정보산업연합회(2017). 긱 이코노미 동향과 시사점. 서울: 한국정보산업연합회.

한정란(2005). 노인교육의 이해. 서울: 학지사.

허재준(2018). '4차 산업혁명 기술로 일자리 줄지 않아'. 매일경제, 2018. 8. 12. http://opinion.mk.co.kr/view.php?year=2018&no=505541

황준욱(2009). 프리랜서 노동 특성과 정책대응. 노동리뷰, 55-66.

Ericsson, K. A.(2008). Deliberate practice and acquisition of expert performance: A general overview. Academic Emergency Medicine, 15(11), 988-994.

Goldin, C.(2021). 커리어 그리고 가정(김승진 역). 서울: 생각의 힘.

Gray, A. (2016). The 10 skills you need to thrive in the Fourth Industrial Revolution. (http://www.weforum.org/agenda/2016/01/the-10-skills-you-need-to-thrive-in-the-fourth-industrial-revolution?utm_content=buffer813d5&utm_medium=social&utm_source=facebook.com&utm_campaign=buffer) [2017. 7. 3. 확인].

Healy, J., Nicholson, D., & Pekarek, A.(2017). Should we take the gig economy seriously?. Labour & Industry: a journal of the social and economic relations of work, 27(3), 232-248.

Krueger, A. B. (2018). Independent workers: What role for public policy? The ANNALS of the American Academy of Political and Social Science, 675(1), 8-25.

Maslow, A. H. (1999). 존재의 심리학(정태연·노현정 역, 2012). 서울: 문예출판사.

McKinsey & Company(2019). The skilling challenge. McKinsey & Company.

Politis, D. (2005). The process of entrepreneurial learning: A conceptual framework. Entrepreneurship theory and practice, 29(4), 399-424.

Schwab, K. (2016). 클라우스 슈밥의 제4차 산업혁명(송경진 역, 2016). 서울: 새로운 현재.

World Economic Forum(2016). The future of jobs. World Economic Forum.

제4장

교육자는 어떻게 만들어져야 하는가

박남기 (광주교육대학교 교수)

01. 서론

1. 교육자의 개념 정의

이 글에서는 글의 목적에 비춰 교육자를 학교라는 제도 안에서 가르치는 역할을 담당하는 사람으로 규정하고자 한다. 그들은 학교 내에서 학생을 지도하는 역할을 담당한다. 하지만 우리 사회 지도자로서의 역할을 함께 수행할 수 있어야 하고, 그 역할을 수행하도록 사회 문화와 제도가 정립되어야 한다. 교사가 우리 사회의 지도자라는 인식이 학생과 학부모에게 정립될 때 학생 지도도 성공할 수 있다. 학부모와 학생 및 사회 전반으로부터 교사가 사회 지도자로 인정받을 때 학생들도 교사를 신뢰하고 존중하며 가르침을 수용한다. 학부모들이 교사를 학생을 가르치는 교사이자 우리 사회적 지도자라고 인식할 때, 교사에게 위임한 자녀교육을 신뢰하며 따르게 될 것이다. 부모의 이러한 인식과 태도는 교사에 대한 학생들의 태도에 직접적 영향을 미쳐 교사의 가르침에 대한 학생들의 수용성(원동연, 2000)을 높이게 될 것이다.

2. 교직 선호 선순환 고리 복원

우리 사회가 기대하는 유능하고 소명의식을 가진 교육자를 육성해 내기 위한 전제 조건은 유능한 미래 교육자 확보이다. 이는 제반 분야의 인재 육성에 적용되는 원리이다. 훌륭한 인재가 어려서부터 교육자가 되고자 하는 꿈을 가질 때 원하는 질을 갖춘 교육자 육성이라는 사회적 목적은 달성이 용이해진다. 교직을 선호하지 않는 극단적인 사회 분위기가 형성되어 있다면, 교육자 육성 프로그램을 아무리 잘 만든다고 하더라도 소기의 목적 달성은 어려워질 것이다. 다이아몬드 가공에 필요한 기계를 완비하고, 가공 전문가들의 기술력이 뛰어나더라도 다이아몬드 원석이 아닌 평범한 돌멩이를 확보하여 가공한다면 빛나는 보석을 만들어낼 수 없는 것과 같은 이치이다.

사회가 교육자를 존경하는 풍토를 가지고 있고, 높은 사회경제적 처우가 보장될 때, 유능하고 소명의식을 가진 인재가 교직을 희망하게 될 것이다. 이들이 제대로 역량을 발휘하면 교육자에 대한 학생과 학부모 및 사회 전반의 존경도가 향상되는 선순환 고리가 형성될 것이다. 최근 들어 교육자에 대한 학교교육에 대한 사회적 신뢰가 저하되고, 학부모들의 과도한 민원 제기 및 교사 대상 신고 및 소송으로 인해 교사들의 사기가 추락하고 있다. 이러한 상황이 지속되면 그동안 고등학생 선호직업 1위 자리를 유지했던 교직에 대한 선호도가 떨어지는 빈곤의 악순환고리가 형성될 것이다. 2022년 한국교육개발원의 교육여론조사에 따르면 자녀가 초·중·고교 교사가 되는 것에 긍정적인 답변의 비율이 2014년 이후 가장 낮은 것으로 나타났다(권순형 외 8인,

2022). 전체 응답자 중에서 자녀가 초·중·고교 교사가 되는 것에 긍정적이라고 답한 비율은 56.4%이고, 자녀가 있는 집단에서는 61.6%로 더 높지만, 이 역시 2014년(57.5%) 이후 최저다. 2023년 사태의 후유증으로 학생과 학부모들의 교직 선호도는 더 낮아질 가능성이 있다.

우리 사회가 기대하는 훌륭한 교육자를 육성하려면 교육자 육성 시스템과 프로그램만이 아니라 그러한 시스템과 프로그램이 원하는 결과를 가져오게 할 기본 토대가 잘 마련되어야 한다. 이 글은 이러한 기본 전제를 바탕으로 훌륭한 교육자 육성 시스템과 프로그램을 제시하고자 한다. 이 글이 제시하는 기본 틀은 교육자 육성만이 아니라 우리 사회 각 분야별 중요한 인재 육성 생태계 및 체제 구축에도 보탬이 될 것으로 기대한다.

02. 분석 및 대안 도출을 위한 틀

1. 체제공학과 복잡계가 교원양성체제 개혁에 주는 시사점

"교육자는 어떻게 만들어져야 하는가?"라는 물음은 우리가 원하는 교원이 길러질 수 있는 체제(생태계)는 어떠한 모습인가라는 질문으로 대체할 수 있다. 이에 필요한 체제를 설계하여 실행하는데에도 우리 사회가 원하는 수준의 역량과 자질을 갖춘 교육자를 배출하지 못하고 있다면 이는 시스템 설계가 잘못된 것으로 봐야 할 것이다. 이러한 오류 발생 가능성을 줄이기 위해 시스템 공학(system engineering)에서는 포괄적 접근을 사용한다. 포괄적 접근이란 "시스템 수명 주기, 전문 분야, 이해 관계자, 임무·목표, 자연 환경, 외부 시스템, 불확실성 요소 등 상호작용을 하는 모든 것들을 고려하여 개발의 문제와 해결책을 정의하고 찾는 방법이다."[1] 교원양성 생태계 개혁 방향을 제시할 때

1 위키백과, 시스템 공학 https://goo.gl/rMdZan

에도 이러한 제반 요소를 함께 고려해야만 도깨비도로 함정[2]에 빠지지 않게 될 것이다. '포괄적 접근'에서 이야기하는 제반 요소간의 상호작용이 빚어낼 결과까지를 염두에 둘 때 오류를 조금이나마 줄일 수 있을 것이다.

교육자 육성 생태계를 설계할 때 포괄적 접근과 함께 고려해야 할 것은 복잡계(complex system) 개념이다. 복잡계는 쉽게 말하자면 복잡한 체제(시스템)인데 수많은 사람들이 서로 영향을 주고받으며 만들어가는 사회도 대표적인 복잡계의 하나이다. 교원양성체제도 하나의 복잡계로서 기관 내부의 구성원과 외부의 구성원들이 상호 영향을 주고받으며 체제를 형성해가고 있다. 구성원은 자기 나름의 대응을 통해 수정을 거듭하면서 현상을 만들어 간다. 제도와 정책 변화에 대해 구성원들이 보이는 행동양식은 이러한 복잡계 개념으로 설명이 가능하다. 따라서 교원양성체제를 개혁하고자 할 때에는 구성원의 행동양식과 상호영향 방식이 설계한 시스템 기대에 부응하는 방향으로 이루어질 것인가에 초점을 맞추어야 한다. 가령 교원양성 체제를 이루고 있는 구성원들이 역할을 제대로 수행하지 못하므로 외적 책무성 확보기제를 강화하겠다며 시스템을 설계하고자 한다면 복잡계 구성원들이 시스템이 의도한대로 움직이도록 면밀하게 설계를 해야만 성공할 수 있다. 그렇지 않으면 시스템은 바뀌었지만 구성원의 행동양식과 상호영향 방식은 바뀌지 않거나 아니면 새로 도입된 시스템에 저항하는 데 에너지를 쏟아 오히려 시스템이 기대한 것과 반대의 결과가 나타나기도 한다. 교원의 사기를 진작시키기 위해 도입한 교원성과급제가 오히려 사기를 저하시킨 것이 그 예이다.

복잡계는 완전한 질서나 완전한 무질서 상태가 아닌 그 사이에 존재하는 시스템으로 몇 가지 특성을 가지고 있다. (최무영·박형규, 2007). 복잡계의 특성 중에서 교원양성체제를 설계할 때 고려할 점을 살펴보면 다음과 같다. 하나는 복잡계는 안정한 평형상태로 나아가는 데 오랜 시간이 걸린다는 것이

---

2 박남기, 2012.08.13.

다.[3] 그래서 일반적으로 안정한 평형이 아닌 준안정 상태에 머무르게 된다. 사회도 최대다수의 행복, 혹은 공평한 세상이라는 안정한 상태에 도달하려면 너무 오랜 시간이 걸리므로 현실의 사회는 준안정상태에 머무르는 것이 보통이다. 가만히 놓아두면 안정상태에 이르는 데 오랜 시간이 걸리는 이러한 복잡계도 '적절한 건드림(관여)(perturbation)'을 주면 빨리 안정상태에 도달하기도 한다(최무영·박형규, 2007: 4). 개혁이나 혁명은 우리가 꿈꾸는 안정상태에 빨리 도달하기 위한 일종의 적절한 건드림이다. 교원양성체제 개혁이란 사회가 기대하는 역량을 갖춘 교원을 성공적으로 양성하기 위한 '적절한 건드림'이다. 적절한 건드림이라는 개념은 자율을 존중하면 원하는 안정상태에 도달할 것이라는 주장이 복잡계에서는 타당하지 않을 가능성이 높음을 보여준다. 준안정상태에 있는 체제가 우리가 원하는 바람직한 체제를 향해 더 빠른 속도로 나아가도록 하기 위해서는 적절한 건드림이 필요하다. 교원양성체제 개혁이 적절한 건드림이 되게 하려면 교원양성 체제가 복잡계임을 전제로 시스템공학의 포괄적 접근을 시도해야 한다.

또 하나 고려해야 할 특성은 예측불가능성이다. 예측불가능성을 속성으로 하는 복잡성은 생명이나 조직 현상의 존재에 필요할 뿐만 아니라 외부 환경과 상호작용하면서 최적의 방향으로 나아가는 원동력이 된다(최무영·박형규, 2007: 6). 교육개혁안 제시자들이 빠지기 쉬운 유혹은 예측불가능성을 간과하는 것, 무시하거나 의도적으로 단순화하여 인과관계를 추출하고자 하는 것 등이다. 그 결과 한 정부에 의해 바람직한 개혁안으로 제시되고 집행되었던 안이 다음 정부에서는 아주 문제가 많은 안으로 비판을 받게 된다. 과거의 안을 비판하면서 등장한 새로운 안이 그 다음 정부에서는 실패한 정책으로 비판받는 과정이 반복되는 것을 줄이기 위해서는 교원양성체제 개혁 방향을 탐

3 가령 복잡계인 유리(glass)가 안정 상태가 되기 위해서는 우주 나이 이상의 시간이 걸린다(최무영·박형규, 2007: 3)

색할 때 체제의 원동력이 되고 있는 예측불가능성을 받아들이며 시스템을 설계해야 할 것이다.

복잡계는 일반적으로 환경의 변화에 적응하며 끊임없이 변화해 가므로 거시변수가 변화하지 않는 평형 상태에서는 복잡계의 특성이 제대로 나타나지 않는다(김세균 외, 2015). 2023년 시점에서 교원양성 생태계의 문제점과 개혁방향에 관심을 갖는 것은 생성 AI의 급속한 발전을 비롯한 4차 산업혁명의 도래, 교육부의 교육전문대학원 체제 도입 시도, 서이초 사태로 드러난 교사 근무 여건 문제 등의 거시 변수가 변하고 있기 때문이다. 거시변수의 변화로 인해 복잡계의 특성이 제대로 나타나는 이 때가 '적절한 건드림'을 시도할 수 있는 좋은 때이다.

복잡계에서 많은 구성원이 상호작용하여 떠오르는 집단 성질은 계의 거시상태로 나타난다(김세균 외, 2015). 문화는 '복잡계에서 많은 구성원이 상호작용하여 떠오르는 집단성질'이라고 볼 수 있다. 교원양성 및 근무 생태계에서 관련된 집단과 개인의 문화는 우리가 원하는 교육자가 길러질 수 있을지, 그리고 길러진 교육자가 뜻을 펼치며 인재 양성에 헌신할 수 있을지를 결정한다. 따라서 교육자 양성 생태계를 설계할 때에는 복잡계 관점에서 교육자 양성에 영향을 미치는 외부 사회 시스템과 교육자 양성 시스템의 관계자인 사회 구성원, 교사 양성대 교수, 학생들이 만들고 있는 집단성질을 파악하고, 이 집단 성질이 우리가 원하는 모습이 되도록 시스템을 설계하는 것이 참으로 중요하다.

시스템을 설계할 때 인간의 본능(생물학적 정보) 중에서 바람직한 속성이 발휘되도록 유도하는 것이 필요하다. 모든 구성원이 미래 인재양성의 꿈을 가지고 교육자가 되고자 한다고 가정하거나, 교사가 그러한 내적 동기를 가지고 있고, 그것에 의해 움직이는 존재라고 가정하고 자율성을 존중하는 방식으로 동기 부여 시스템을 설계할 경우 오류가 발생하게 된다. 역으로 우리 사회 구성원들과 교사들의 내적 동기가 고갈되어 있다고 가정하여 외적보상에 초점을 맞춘 동기 부여 시스템을 설계할 경우에도 사회 구성원이나 교사들로부터 강한 저항에 부딪히게 된다. 우리 사회 전체의 인재 육성 생태계와 이를 둘러싸고 있는 환경에 따라 미래 교육자 인재 유인을 포함한 교육자 육성 시스템이 설계 되어야 할 것이다.

생명체가 환경의 변화에 응답하듯이 조직과 조직구성원도 환경의 변화 즉 정책 변화에 응답, 즉 적응한다. 조직과 구성원이 변화에 응답한다는 의미가 시스템 설계자가 기대하는 방향으로만 응답한다는 의미는 아니다. 가령 국가가 대입제도를 바꿀 때마다 학부모와 학생들은 새로운 시스템 하에서도 자신이 원하는 것을 얻을 수 있도록 가능한 빠르게 적응한다. 이들의 적응은 새로운 시스템이 지향하는 목적을 이루는 것이 아니라 자신들이 원하는 결과를 얻기 위함이다. 따라서 아무리 좋은 의도를 가진 대입 시스템이라고 하더라도 학생과 학부모들의 적응 방식을 감안하지 않고 설계할 경우 시스템 설계자가 원하는 결과가 나타나지는 않을 것이다. 교육자 육성 체제를 설계할 때에도 미래 인재 및 부모 그리고 양성기관과 구성원들의 적응 양태에 대한 예측이 필요하다.

복잡계는 진화한다. 바이러스를 죽이는 새로운 의약품이 나오면 처음에는 효과가 아주 크지만 시간이 지나면서 바이러스가 약의 공격에 대응하는 방식으로 진화하면서 그 약에 대한 내성을 갖게 되면 드디어 약은 효과를 발휘하지 못하게 된다. 교육 시스템을 이루고 있는 교원, 학부모, 학생들도 정부가 내놓는 다양한 대책에 대해 빠르게 적응하며 진화해간다.[4] 그래서 초기에는 정책 효과가 나타나는 것 같다가도 시간이 지나면서 효과가 사라지는 경우가 발생한다. 교원양성체제 설계시에 조직과 개인의 적응과 진화도 염두에 두어야 할 것이다.

---

4 바이러스와 달리 복잡계 생명체 진화는 긴 시간 단위 속에서 이루어지는 생명 현상이지만 최근 과학 연구는 부모가 습득한 기능이 자녀에게 유전될 수 있음을 보여줌으로써 짧은 시간 단위 속에서도 진화가 가능함을 일깨워주고 있다. 인간으로 구성된 조직도 외부환경 변화에 적응하며 빠른 속도로 진화해간다.

2. 밝은 점 찾기 전략

정책 제안을 할 외국의 사례를 주로 벤치마킹했다. 하지만 그 경우 기대하는 효과보다 부작용이 더 많이 발생하기도 한다. 이러한 문제를 완화시키면서도 효과를 발휘할 수 있는 전략 중의 하나가 '밝은 점 찾기 전략'이다. '밝은 점' 찾기 전략이란 어려움을 겪고 있는 지역과 사람들 속에서도 잘 적응하거나 문제를 극복하고 있는 사례를 찾아 이를 보편화시키는 전략을 의미한다.

"베트남 아동들의 영양실조 퇴치 임무를 부여받았던 스터닌이 자료를 검토해보니 당시 베트남은 위생 설비가 형편없었고, 깨끗한 물이 충분히 공급되지 않았으며, 시골사람들은 대부분 영양실조에 대해 무지했다. 하지만 이러한 분석은 모두 TBU(true but useless), 즉 '사실이지만 쓸모없는 것'이었다." (Heath and Heath, 2010: 50). 스터닌은 문제 해결을 위해 어떻게 접근했나? 우선 그렇게 열악한 환경에서도 영양상태가 좋은 아이들의 가정을 방문하여 다른 가정과의 차이를 찾았다. 그러한 노력을 통해 그가 찾은 것은 동일한 양의 음식을 일반가정과 달리 4회에 나누어 먹임으로써 흡수율을 높임, 아이들에게 적절치 않다고 받아들여지고 있던 논 새우와 작은 게를 잡아 밥에 섞여 먹임, 형편없던 식품으로 여겨지던 고구마 잎을 섞여 먹임 등의 세 가지였다.

여기에서 더 중요한 것은 사람들을 모아놓고 그가 발견한 것을 권고하는 방식을 택하지 않았다는 것이다. 그는 "지식은 행동을 변화시키지 못한다. 비만 상태인 의사, 이혼한 결혼 상담 전문가를 보면 알 수 있다."라면서 자신이 발견한 것을 단순히 알려주는 것이 아니라 어머니들의 행동을 변화시키기 위한 프로그램을 만들어 실행에 옮겼다. 그것은 영양실조 퇴치 규칙 다섯 가지를 만든 후 영양실조에 걸린 50개 가정을 10가구씩 나누어 매일 오두막에 모여 함께 식사를 준비하게 하는 프로그램이었다. 그 성과는 기대 이상이었다. '밝은 점' 해결책은 또한 'NIT 증후군(Not Invented Here Syndrome: 외부에서 들어온 해결책에 대해서는 우리 지역 실정에 맞지 않는 비현실적인 해결책이라며 무조건 회의적으로 반응하는 태도를 보이는 증후군)' 문제까지 해결해준다(Heath and Heath, 2010: 53-55).

밝은 점 찾기 전략을 교육자 육성 생태계 혁신 전략에 적용하기 위해서는 현재 교육자 육성과 관련하여 당면하고 있는 어려움 중에서 해결하고자 하는 문제(예: 교사들의 낮은 열의와 직무만족도)를 선택한다. 그 다음으로는 동일한 지역이나 학교 안에서 유사한 배경적 특성(연령, 성, 교직경력, 가정배경 등)을 가지고 있으면서도 다른 교사들과 달리 교직에 대한 만족도도 높고 열의도 높은 교사를 찾는다. 이들에 대한 집중적인 관찰과 면담 등을 통해서 어려운 상황 속에서도 그렇게 높은 열의와 사기를 갖게 하는 요인이 무엇인지를 찾아낸다. 그 중에서 의미가 있고, 확산 가능한 요인을 선별하여 교사들이 이 요인을 내재화 할 수 있는 프로그램을 만든다. 만들어진 프로그램에 의거하여 연수를 실시하고 실행에 옮기도록 교사네트워크 형성을 지원한다. 만일 의제 선택부터 시작하여 밝은 점을 찾기, 밝은 점을 내재화할 프로그램 만들기, 프로그램 확산을 위한 연수 운영하기, 네트워크 형성하기까지를 모두 의욕적인 교사들이 스스로 주도하도록 기회를 제공한다면 그 성과는 더욱 클 것이다.

교원 양성에 더 많은 예산을 투자하고 교사들의 근무여건과 급여를 높여야 할 필요는 있다. 이와 함께 현재 상황에서도 뛰어난 인재가 교육자가 되겠다는 꿈을 가지고 그 길을 걷고 있는 인재를 찾아, 그들이 그러한 생각을 갖게 된 환경적· 심리적· 교육적 배경을 찾아 그것을 확산시키는 전략이 바로 교육자 육성에서의 밝은점 찾기 전략이다.

3. 우리교육 강점 찾기

하그리브스와 셜리(2009: 168-169)가 제4의 길이 중시해야 한다고 주장하는 사항들은 신뢰가 바탕이 된 사회, 더불어 사는 사회가 구축되어야 나타날 수 있는 모습이다. 가령 미국 정부와 사회는 '능력 있는 교사들을 유인하고 유지'

할 필요는 인정하지만 이에 필요한 재원을 투자할 의향은 없어 보인다. 이런 경우 미국의 저학력 학생과 저소득지역 교육은 현재의 상황을 벗어나기 어려울 것이다. '잘하는 곳이 못하는 곳을 도와주는 혁신 지향의 문화'는 상호신뢰와 소통, 그리고 소득 격차가 그리 크지 않을 때 가능하다. 미국이나 우리나라와 같은 경우에는 당장에 이러한 문화가 형성되기를 기대하는 것은 무리이다. 문화라는 것은 잘 아는 것처럼 하루아침에 변화되는 것이 아니기 때문이다. 우리의 교육이 나아갈 수 있는 '한국형 학교 혁신의 길'의 하나는 현재 우리가 가지고 있는 강점에 초점을 맞추어 이를 최대한 발전시켜나가는 것이다.

하지만 우리교육의 문제점을 열거하라고 하면 모두들 할 말이 많지만 우리교육의 강점을 열거하라고 하면 별로 떠오르지 않는 것이 교육전문가를 포함한 우리나라 사람들의 공통점이다. 박남기(2003)는 우리 사회의 이러한 모습을 이솝우화에 나오는 '통나무 다리 위의 개'에 빗대고 있다. 국내의 다양한 비판에도 불구하고 세계가 관심을 갖는 오늘의 한국교육이 되기까지에는 우리가 관심을 두지 않았던 여건과 제도적 강점들이 있었다. 교육 여건 및 제도와 관련하여 자랑할 수 있는 것은 우수한 교사, 교사 순환근무제, 지역간 낮은 교육격차, 부모의 배경이 직접적으로 영향을 미치는 것을 철저하게 차단하는 각급 학교의 입학제도, 자녀교육에 대한 부모의 열의, 그리고 공부하고자 하는 열의를 가진 학생이 많은 것 등을 들 수 있다. 향후 교육자 육성 체제 혁신을 비롯한 교육 혁신에서는 우리 교육의 강점을 제대로 파악하여 이를 미래에 맞게 발전시켜나가는 전략도 필요하다. 미국에서도 최근 들어 학교와 학교 제도 내의 온갖 문제들을 다루던 '병리적 연구(misery research)'로부터 잘 작동하고 있는 것들을 발굴하는 긍정적 연구로 방향을 선회하고 있다.(Hargreaves & Shirley, 2009: 129)

우리나라가 벤치마킹하고 있는 핀란드 교육도 그대로 베껴오기는 어렵다. 핀란드는 인구가 겨우 500만을 넘는 조그만 나라이기 때문이다. 우리는 강대국과 강소국에 대한 분석을 통해 강점이 나타나게 된 배경을 이해하며 적용 가능성을 탐색하되, 더 바람직하기로는 이제 교육선진국으로서의 역량을 깨닫고 우리가 지금까지 만들어 놓은 '한국형 교육발전 모형'을 제대로 이해하고, 그 강점을 살려가며 문제점을 보완해가야 한다.

한국교육을 세계 최고의 수준으로 이끌어 올린 요소 몇 가지를 열거한다면 부모와 학생의 높은 교육열, 우수한 교원, 국가공무원 지위 유지를 통한 전국 교원 급여 동일화, 교원 순환근무제, 상대적으로 낮은 교육 불평등도, 광역 단위의 학교 배정제, 부모의 배경이 직접적으로 영향을 미치는 것을 철저하게 차단하는 각급 학교의 입학제도 등등을 들 수 있다. 이러한 기본적인 제도적 강점으로 인해 우리 교육은 소득계층간 성적 차이가 다른 나라에 비해 상대적으로 작다. 다른 이유를 들어 유지해온 이러한 기본틀을 깨는 방향으로 교육혁신을 추진한다면 더 많은 것을 잃게 될 것이다. 이후 추진되는 제반 혁신에서는 어떠한 경우에도 지켜가야 할 우리 입에 물려 있는 '고깃덩어리'를 잘 규명하여 이들은 지키고 발전시켜가야 할 것이다.

03. 교사(교수 포함) 자격 및 유형에 대한 현행법 체계와 특징

1. 교사 유형과 자격 취득 조건

우리나라의 교사는 학교단계별로 보면 영유아 단계의 보육교사(영유아보육법 제21조)와 유치원 교사(유아교육법 제22조), 초중등학교 및 특수학교 교사(초중등교육법 제21조), 대학의 교원(고등교육법 제16조)으로 나뉜다. 초중등 및 특수학교 교사는 정교사(2급, 1급), 준교사, 전문상담교사, 사서교사, 실기교사, 보건교사, 영양교사로 나뉜다(초중등교육법 제21조 ②항). 해당 법률에는 각각 교사자격 취득 조건이 상세히 규정되어 있다. 특수학교는 학교단계가 아니라는 이유로 영유아 단계의 보육교사나 유치원 교사와 달리 관련 법이 아니라 초중등교육법에 교사 자격이 규정되어 있다. 특수학교 교사자격과 유형은 일반 학교 교사와 크게 차이가 있으므로 영유아 교사와 마찬가지로 특수교육법에 교사 자격 조항을 신설하는 것이 타당할 것이다.

교사자격은 유치원 및 초중등교사는 교육부장관이, 보육교사는 보건복지부장관이 검정(檢定)·수여하는 자격증을 받아야 생긴다. 그런데 대학 교원은 별노의 자격증을 받는 것이 아니라 법이 정하는 대학졸업자 및 동등자격자로서 법이 정하는 연구와 교육 경력을 갖거나 대학인사위원회의 인정을 받으면 자격이 생긴다(대학교원 자격기준 등에 관한 규정 제2조).

2. 일반 대학 교수 자격

우리나라에는 교수 자격(증)이 따로 없다. 이 때문에 교수를 양성하는 기관이나 프로그램이 별도로 존재하지 않는다. 그 결과 일반 교사가 기본적으로 갖추어야 할 교육적 지식은 고사하고 교수법, 평가 및 측정, 학급경영기법, 학생상담 및 진로지도 등의 기초 역량을 갖추지 않은 채 가르치는 일을 하는 교수들이 상당수 있다. 이는 세계적인 추세에 따른 것으로 보인다. 의사, 변호사, 신부, 그리고 교사들까지 전통적인 전문직종은 모두 자격 조건이 있고, 공인자격증이 있는데 교수만 예외인 이유는 찾지 못했다.

프랑스는 국가대학심의회의 '국가교수자격자격자 명단'에 등록된 사람들 가운데서 신임 교수를 채용(교수후보자격인증제)한다. 부교수직은 "박사학위 논문의 수준, 연구 업적의 학문적 질, 박사 이후 연구 업적과 학문적 교류, 교육 경력을 보며, 교수직의 경우는 이외에도 교수자격학위(아빌리따시옹)의 자격이 필요하다. 교수자격학위는 교수자격 논문 준비와 과정 이수 및 연구 후 심사위원들 앞에서 자신의 논문을 발표하고 공개구두시험에 성공적으로 통과하여 교수로서의 자질을 갖추었다고 판정되면 취득하는 자격이다. 본인 소속 이외의 대학에서 심사를 거쳐 취득하는 자격증이다."(관리자, 2008). 이처럼 교수자격제를 택하고 있는 프랑스의 경우에도 부교수나 정교수자격 요건에 교수법이나 학생 지도 역량 과정 이수 요건 등 가르침과 관련된 지식, 역량, 태도 등은 들어있지 않다.

우리나라 경우에는 앞에서 살핀 것처럼 법이 정한 학위와 연구 및 교육경력만 갖추면 자동으로 교수자격이 생기게 되어 있고, 심지어 그러한 조건을 갖추지 못했더라도 각 대학인사위원회가 인정하면 자격이 주어진다. 따라서 교수가 되고자 하는 사람이나 현직 교수 모두 교수법 등에 별다른 관심이 없었다. 하지만 강의평가제가 도입되고, 그 결과가 연봉 및 승진 등에서 중요한 역할을 하자 교수법에 대한 관심이 높아졌다. 그리고 교수 채용과정에서 시범강의가 갖는 의미도 커지고 있다. 하지만 강의관련 교과목 이수 여부는 평가 대상이 아니다.

3. 교사양성기관 교수 자격

교사를 기르는 교수라면 교수법을 비롯하여 교육에 정통한 전문가이고, 일반 교사들보다 훨씬 더 뛰어난 태도, 역량, 교육에 대한 소명의식 등을 갖추었을 것으로 가정하기 쉽다. 하지만 교사양성기관도 교수 채용시 일반 대학처럼 교육학적 지식이나 교육에 필요한 역량 및 태도를 갖추었는지는 따지지 않고 있어서 이러한 가정과 현실 사이에는 차이가 있다. 법과 제도 미비로 인해 이러한 자질을 갖추지 못한 채 예비교사 양성에 임하는 교수가 늘어나면 교수 본인만 어려움을 겪는 것이 아니라, 그 아래서 길러지는 예비교사도 사회나 교육계가 기대하는 모습의 예비교사가 되기 어려울 가능성이 높다.

교사양성기관이 제 역할을 하도록 하기 위해서는 동 기관 교수 요원에 대해서라도 사전에 혹은 채용 후에라도 관련 과목 이수 여부 등을 파악하여 필요 최소한의 범위에서 교육학적 지식과 역량 및 태도, 그리고 교사를 기르는 교수로서의 소명의식을 갖추기 위한 과정을 이수하는 조건으로 채용할 필요가 있다. 아울러 현장 경험이 없을 경우에는 실습학교에서 적어도 6개월은 직간접 실습을 통해 현장에 대한 감을 익히는 것으로 조건으로 채용해야 한다.

교사 양성의 질을 좌우하는 것이 교수 요원인데 그동안 교사 양성을 담당하는 교수에 대한 관심은 상대적으로 낮았다. 교사 양성기관의 교수가 교사 양성자로서의 소명의식과 전문성, 그리고 열정을 가지고 있어야 우리 사회와 교육계가 바라는 수준과 역량 및 소명의식을 갖춘 교사를 양성해낼 수 있을 것이다. 이를 위해서는 향후 교사양성기관 교수 채용과 연수에 중점을 두어야 할 것이다.

04. 우리나라의 교사 양성체제와 발전 방향

1. 기존 양성체제의 강점과 약점

기존 교사 양성기관을 없앨 수 없다면 기존 체제의 강점과 약점을 상세히 분석하여야 한다. 그러한 강점과 약점이 나타난 이유, 강점을 살려가면서 약점을 완화시키기 위해 필요한 대책 등이 모색되어야 한다. 현재 나타나고 있는 문제가 양성체제 자체 때문인지, 교수 요원의 특성 때문인지, 아니면 국가의 지원이 부족한 탓인지 등등 문제 발생의 원인에 대한 정확한 분석이 선행되어야 한다. 중등교사양성의 경우 대부분 문제가 과잉공급 상황에서 발생한 것이므로 교육전문대학원에서 양성하더라도 졸업생 수를 수요에 맞추지 못한다면 어떻게 개혁하든 양성교육 프로그램은 제 역할을 하기 어렵다. 초등교사 양성의 경우에는 교수, 교대 지배체제의 교수 중심 구조, 정부의 낮은 투자 등등에 기인하는 문제가 많으므로 체제 개편만으로 기존의 문제를 해결하기는 어려울 것이다.

교대와 여타 교사 양성기관을 구분할 때 전자는 목적형이고 후자는 개방형이라고 표현하는 것이 최근의 추세이다. 그러나 이렇게 구분하는 것은 범주 오류이다. 목적형의 상대어는 일반형이고 개방형의 상대어는 폐쇄형이다. 특수목적대학은 사관학교, 경찰학교, 한국전통문화대학교 등등처럼 특수 분야의 인력을 독점적으로 양성하기 위한 목적으로 가지고 별도의 설치법에 의해 설치된 경우가 대부분이다. 특수목적대학은 인력 양성 독점권으로 인해 폐쇄형이 될 수밖에 없다. 교육대학교는 별도의 설치법이 아니라 고등교육법에 열거된 대학의 한 유형이다[대학 및 산업대학(제2절), 교육대학 등(제3절), 전문대학(제4절)]. 따라서 법적으로는 특수목적대학이 아니다. 다만 초등교사 대부분이 교대 체제에서 양성되고 있고, 일반 교사와 달리 초등학교 전과목을 담당할 뿐만 아니라 학급을 경영하는 경영자라는 특수 인력을 배출하는 점에서 의대, 치과전문대학원, 법학전문대학원처럼 폐쇄형의 특수목적대학 특성을 가지고 있으로 일종의 준특수목적대학, 혹은 그냥 목적대학이라고 칭하는 것이 타당하다.

중등교사의 경우는 사대가 아니라 그 이외의 기관에서 배출되는 중등교사 자격증 소지자 비율이 높으므로 말 그대로 개방형 양성체제에서 양성되고 있다. 사대 졸업자 중에서 교사가 되는 비율 또한 낮아 목적대학으로서의 위상도 잃어가고 있다. 따라서 현행의 사대는 목적을 가진 개방형의 대학에서 일반대학으로 변화되고 있는 중이라고 보는 것이 타당하다. 우리나라 중등교사양성기관의 경우는 가지고 있던 부설중고등학교를 없애거나 대학 캠퍼스에서 몰아내 실습기관으로서의 기능을 약화시켰다. 현재로서는 의대처럼 실습을 제대로 시킨 후 배출하는 양성기관으로서의 역할을 하기가 어렵게 되어 있다. 이러함에도 불구하고 중등교사 임용시험 응시자격을 해당 분야 교사자격증 소지자로 제한하고 있어서 전체 중등교사 양성기관의 관점에서 보면 독점권은 보장받고 있는 셈이다. 중등교사 교육전문대학원제도 도입시 입학자격을 사대 졸업생으로만 제한한다면 이러한 독점권을 보장해주는 것이지만, 만일 그렇지 않다면 이는 사대를 일반대로 전환하겠다는 의미와 유사해진다.

2. 전문직종(profession) 종사자 양성 및 선발 체제 유형

전문직종 종사자 양성 및 선발 체제 유형은 양성 임용 일체형, 양성 임용 연계형, 선발후 양성형 등으로 나뉜다. 양성 임용 연계형은 높은 임용률을 보장하는 체제와 그렇지 않은 체제로 나뉜다. 우리나라 초등교사 양성체제는 양성 임용 연계형 중에서 높은 임용률을 보장하는 체제로, 유치원 및 중등교사 양성체제는 낮은 임용률 보장체제로 유지되고 있다. 낮은 임용률 보장체제에서는 전문직종에 종사할 사람들의 전문성을 제대로 길러줄 수 없다. 의사나 법조인 양성체제처럼 높은 합격률(임용률 혹은 높은 취업률)을 보장해야만 높은 전문성을 가지고 교단에 서게 될 것이다. 글 길이의 제약상 생략한다.

양성후임용형에서 양성기관은 대부분 양성독점권을 가지고 있다. 이 유형은 일반인이나 일반대학 졸업자들이 대체하기 어려운 전문직업 종사자 양성에 활용된다. 이 체제에서는 양성기관에 입학하여 소정의 양성과정을 성공적으로 이수할 경우 특별한 문제가 있는 사람이 아니라면 곧바로 해당직종에 종사할 수 있도록 곧바로 임용한다. 과거 의무발령 시절의 국립 교사양성기관, 그리고 현재의 사관학교, 경찰학교 등의 특수목적대학이 여기에 속한다. 일반대학의 의대 졸업생은 사관학교와 달리 졸업후 의사고시에 합격해야 하지만 대부분 합격할 수 있게 되어 있어서 의대도 일종의 양성임용일체형 기관으로 간주된다.

이 체제에서는 졸업 후 곧바로 해당 직종에서 직무를 수행할 수 있을 정도로 기초 지식과 필요한 실무 역량을 길러주고, 이를 위해 충분한 실습기회도 제공해야 한다. 다른 특수목적대학들은 그렇게 하고 있는데, 의무발령제도 시절의 국립교사양성기관은 다른 일체형기관과 달리 충분한 실무역량이나 지식을 갖추도록 교육시키지 못했다는 비판을 받았다. 그 이유는 교사양성기관에 대한 낮은 투자 때문이기도 하다.

3. 교육전문대학원을 통한 교사 양성안[5]

2023년 1월 5일, 교육부는 연두 업무보고를 통해 '교육전문대학원(교전원) 시범운영 방안'을 4월까지 마련하겠다고 밝혔다. 현장교원과 전문가 등이 포함된 위원회를 1월 중 구성해 미래역량 함양, 교육현장 연구 · 실습을 기반으로 대학원 수준 교사양성과 교 · 사대 혁신을 지원하는 '교육전문대학원 시범운영 방안'을 4월까지 마련한다는 것이 교육부의 당초 계획이었다. 하지만 교사양성기관의 반대에 부딪혀 추진을 보류하였다. 이는 교육부가 정책을 추진하려고 하더라도 관련 집단과의 협치가 되지 않으면 추진이 어려울 수도 있음을 보여준다. 인재개발연구원이 사회 각 분야 인재육성방안을 제시할 때에도 유념해야 할 점으로 보인다.

도중에 추진을 보류했지만 정책 담당자로부터 이 정책을 포기한 것이 아니라 적절한 시기에 다시 추진하겠다는 이야기를 들었다. 이 글에서는 정부 정책 방향 및 관련 이슈를 살펴보고자 한다. 이어서 교전원 설치 방향을 좌우할 교전원 설치 필요성을 따져보겠다. 마지막으로는 제기될 수 있는 제반 이슈를 완화시키면서도 교전원 설치 목적을 달성할 수 있는 교전원 체제를 간략히 제시하겠다.

가. 교육부 교전원 설치 계획의 핵심과 관련 이슈

1) 교전원 정책 핵심

현장교원과 전문가 등이 포함된 위원회를 1월 중 구성해 미래역량 함양, 교육현장 연구 · 실습을 기반으로 대학원 수준 교사양성과 교 · 사대 혁신을 지원하는 '교육전문대학원 시범운영 방안'을 4월까지 마련한다는 것이 교육부의 당초 계획이었다. 하지만 교사양성기관의 반대에 부딪혀 추진을 보류하였다.

5 이글은 박남기(2023.02)의 "교사되려면 6년? 교육전문대학원이 온다" 글을 토대로 한 것임.

교육전문대학원도입방향(안)

- **(수여학위 및 자격)** 전문석사학위(M.Ed) 또는전문박사학위Ed.D) / 정교사1급
- **(운영)** 양성규모 **적정화·양성교육 전문화 목표만 제시**하고, 운영 **자율성 보장**

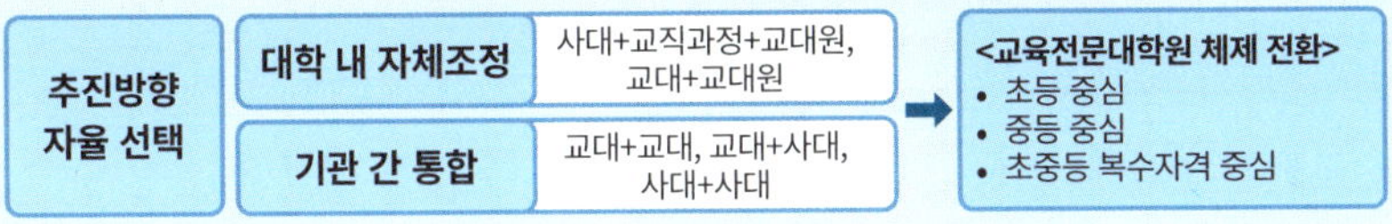

출처: 교육부, 2023.5

교육전문대학원 졸업자에게 전문석사학위 또는 전문박사학위를 수여하고, 동시에 정교사 1급 자격증 부여한다. 기존 교대와 사대가 대학 내 자체조정 혹은 기관 간 통합을 통해 교육전문대학원 체제로 전환하는 안을 제시하고 있다. 신설될 전문대학원은 초등 중심, 중등 중심, 혹은 초중등 복수자격 중심 체제 중의 하나가 될 수 있다. 시범 기간 중 입학생에게는 임용을 보장하고, 학비는 장학금을 통해 국가가 지원할 계획이다. 시범 실시 후 확대해 가겠다는 방침이다.

2) 관련 이슈

장기적으로 교사양성기관을 모두 교전원 형태로 바꾸고자 하는 것인지 아니면 미래형 모델로 몇 개만 유지하고자 하는지에 따라 관련 이슈는 상당히 달라진다. 일부만 교전원으로 전환하고자 할 경우에는 양성기관에 대한 정부 지원 형평성, 배출되는 교사 자질 차이, 교사 이원화 등의 문제가 발생할 수 있다. 교사 이원화란 일부 경찰만 경찰대에서 배출함으로써 나타난 현상과 유사한 문제가 발생할 수도 있다는 의미이다.

장기적으로 교전원에서만 교사를 양성하고자 할 경우에는 기존 양성기관을 어찌할 것인지, 지속적으로 모든 교전원 학생들에게 장학금을 지급하고 임용을 보장할 것인지 등에 대한 정책을 명확히 해야 한다. 모든 교전원 졸업생의 임용을 보장하려고 하면 많은 복잡한 문제가 야기될 것이고, 임용을 보장

하지 않으면 교전원 입학 유인은 크게 떨어질 것이다. 고교학점제로 인해 늘어날 다양한 교과 담당 교사를 비롯한 특수교과 교사를 모두 교전원에서 배출하는 것은 현실적으로 불가능할 것이다.

나. 교전원 설치의 필요성에 비춰본 교전원 정책 방향 제안

1) 에듀테크를 비롯한 세상의 급변

세상이 따라가기 어려울 정도의 속도로 변하고 있다. 교사가 되기 위해 배워야 할 것도 급속히 증가하고 있다. 미래에 적합한 교사는 디지털시대에 부응하는 에듀테크 역량만이 아니라, 일반 교사가 상대하기 힘든 학생과 학부모의 급증 및 교육수요의 고급화, 교육무관심 학부모 증가, 기초학력 미달(부진) 학생 증가 및 교육 양극화 심화 등의 상황에 대응할 수 있는 역량도 갖춰야 한다. 교사 양성을 4년이 아니라 6년으로 해야 한다는 주장이 설득력을 갖는 이유이다. 다른 전문직종(법전원, 의전원, 약전원 등)도 최소 6년의 교육 기간을 거쳐 양성되고 있다. 이러한 기관들의 시설과 학생 1인당 교육비는 교·사대와 비교할 수 없이 높아서, 질높은 교육이 가능하다.

최고의 시설과 교수진 그리고 미래형 교육과정을 갖춘 새로운 대학을 신설하다시피 해야만 설치 목적을 달성할 수 있을 것이다. 다른 전문대학원 수준의 투자가 필요하다는 의미이다. 시범 대학에 몇 십억을 지원을 해서는 그러한 여건을 갖추기 어렵다. 파격적인 지원을 통해 새로운 양성기관을 신설하듯이 접근해야 한다. 그렇지 않으면 다른 재정지원 사업에 신청하여 예산을 받은 경우처럼 개혁 목표 가령, 교육과정의 파격적인 개편, 교수 요원 역량 증대 등등의 목적은 달성하지 못한 채 예산만 허비할 가능성이 있다. 특히 등록금 지원에 예산의 상당 부분이 투자된다면 교육전문대학원 설치 효과는 기대에 미치지 못할 가능성이 높다.

2) '새 술은 새 부대'에

첫 번째 필요성과 관련된 또 다른 이유는 시대 요구에 부응하는 데 있어서 기존 양성기관 자체 개편이 가지고 있는 한계이다. 교대나 사대가 자체적으로 시대에 부합하는 교육과정 개편을 시도하고는 있으나, 성과는 미미하다. 교·사대 평가를 통해 개혁을 유도했지만 그 또한 한계가 많다. 여타 고등교육기관 개혁의 경우도 마찬가지다. 전국에 5개의 과기원을 만들었던 이유 중에는 기존 국립대 내의 공대 개편으로는 원하는 새로운 차원의 인재를 배출하기 어려웠던 것도 있나. 과기원을 만들 듯이 기존 양성체제를 완전히 개혁한, 혹은 새로운 형태의 교전원을 만들어야 할 필요성이 커지고 있다. '새 술은 새 부대에'라는 표현이 나오는 이유이다.

이 필요를 충족시키기 위해서는 미래형 교육전문대학원 모델을 제대로 정립하여 제시하고, 기존 양성기관 중에서 이에 부합하는 완전한 개혁을 이뤄낼 기관을 지정할 필요가 있다. 성패는 기존 양성기관 교수들의 마음가짐, 역량, 열정을 교전원의 기대에 부합하는 수준으로 변화시킬 수 있을 것인가에 달려있다.

여기서 하나 고려해야 할 것은 국가가 전액 지원하는 교전원을 설치하고자 할 경우, 중등교원 양성기관의 다수를 차지하고 있는 사립사범대는 어찌할 것인가에 대한 것이다. 사립 사범대 대상 별도의 정책이 필요할 것으로 보인다.

3) 교사 양성교육 내실화

세 번째 필요성은 과잉배출에 따른 사범대(교육대학원, 교직과정 포함)의 교사양성 부실 문제 극복이다. 간호대도 100시간(25주) 실습을 하는데, 사대의 경우에는 형식적인 교직과목 운영, 4주간이라는 짧은 실습을 통해 교사 자격을 부여하고 있다. 사대처럼 극히 일부만 교사가 되는 양성기관에서는 제대로 된 교사 양성을 하기가 어렵고, 바람직하지도 않다. 교전원은 이 문제를 어찌 해결할 것인가에 대해서도 답을 하는 체제가 되어야 할 것이다.

4) 교사의 권위 추락 대응: 교육기간 연장을 통한 교직의 전문직성 강화

위에서 언급한 교사양성교육 내실화와 관련되어 있지만, 별도로 고려해야 할 차원은 교직의 전문직성이다(박남기·임수진: 2023). 2023년은 서이초 교사의 극단적선택으로 인해 교권수호에 대한 사회적 공감대가 형성된 새로운 해이다. 교권추락의 원인은 여러 가지가 있지만 그중의 하나는 교직의 전문직성에 대한 교사, 학부모, 그리고 정부의 인식 차이이다. 소위 말하는 악성민원에는 교사와 학부모의 인식차가 바탕에 깔려 있고, 학폭업무 처리, 과도한 업무에도 교원과 국가 간의 인식차가 깔려 있다. 아동학대 논란을 불러일으키는 교육활동권에는 교원과 학생(학부모) 간의 인식차가 깔려 있다.

법원에 설치된 정수기나 CC 카메라 관리를 법원 판사에게 맡기는 것은 상상하기 어렵다. 하지만 초등교사에게는 건물 내의 정수기나 건물 밖의 CC 카메라 관리 등을 맡기고 있다. 이는 교사를 바라보는 사회적 인식이 반영된 것이다. 국가에서 돌봄기능을 초등학교에 포함시키려고 하는 것도 그러한 인식의 반영으로 볼 수 있다.

만일 초등교직의 전문직성을 인정하지 않고, 전통적 전문직으로서의 지위를 보장할 필요가 없다고 생각한다면, 또한 초등학교가 방과후학교, 다양한 돌봄기능도 모두 하도록 하면서 상응하는 지원을 별로 하지 않는다면, 상당수 초등교사는 교직을 떠나게 될 것이고, 미래교사의 수준도 크게 낮아지게 될 것이다. 이는 우리나라 공립 초등교육의 실패로 귀결되고, 차츰 사립초등학교 혹은 대안 초등학교가 번성으로 나타나게 될 것이다. 교사들이 가지고 있는 국가공무원이라는 신분은 교사에게 제약이면서 동시에 보호막 역할을 한다. 교사는 50만명에 달하는 거대한 국가공무원 집단이라는 상황을 받아들이면서 주관적 기대 수준을 조금은 낮출 필요가 있다. 국가와 사회도 미래세대에게 질높은 교육을 제공하기 위해 교사집단을 바라보는 인식 수준을 전환할 필요가 있다.

박남기(2000)는 '초등교직의 전문성 문제와 확보 방안' 연구를 통해 초등교원교육기관과 초등교사들이 주장하듯이 초등교직이 전문직인가(전문직이어야 하는가), 현재의 초등교직은 어떠한 면에서 그리고 어떠한 이유로 전문직으로서의 기준을 충족시키지 못하고 있는가, 그리고 만일 전문직이어야 한다면 초등교직의 전문직성을 확보하기 위하여 관련 집단들이 어떠한 노력을 해야 하는가 등등의 초등교직의 전문직성과 관련된 질문에 답을 시도하였다.

다. 교육전문대학원 정책 방향 제언

교전원 필요성에 부응하면서도 위에서 분석한 다양한 문제를 극복할 수 있는 하나의 방안은 과거 사법연수원처럼 교사임용시험 합격자를 대상으로 집중실습이 포함된 2년간 세계 최고 수준의 교사교육을 시키는 것이다. 합격자 전원을 수용하기 어려울 경우에는 당분간은 합격자 중에서 희망하는 사람, 희망자가 너무 많을 경우에는 교전원 시험을 통해 합격한 사람들을 대상으로 교육을 시키면 될 것이다. 만일 희망자가 너무 적다면 교전원 입학에 따른 유인을 높이면 될 것이다. 장기적으로는 교전원 숫자와 정원을 늘려 급변하는 시대를 선도할 세계적 수준의 교사를 더 많이 배출하는 것이 바람직할 것이다.

다른 하나의 방안은 시범기간동안 교사임용시험과 교전원제도를 병행하는 것이다. 이는 사법시험과 법전원을 병행한 것과 유사하다. '시범 운영 실시 후 여건 조성하여 확대'한다는 기본 방침에는 확대할 경우 교전원을 통해 배출되는 교사의 비율을 어느 정도까지 늘릴 것인가에 대해서 중장기 로드맵을 제시할 필요가 있다. 의전원, 법전원은 자격 취득후 국가가 취업을 책임지는 것은 아니지만, 교전원은 취업을 책임져야 하는 상황임은 염두에 두며 체제를 구축해야 할 것이다.

정부가 밝힌 교전원 유형은 초등 중심, 중등 중심, 초중등 복수 자격 중심(초중등 통합형)이다. 초등 중심의 경우는 전과목을 가르치고, 학급담임으로서의 역할이 중요한 초등의 특성상 절반 이상은 학석사 통합 과정(6년제)으로, 나머지는 약학전문대학원처럼 2+4 형태로 운영하는 것이 타당하다. 아니면 전과목 교사로서의 교육을 받은 교대졸업생을 2년제 교전원에 입학할 기회를 주는 방안도 생각할 수 있다.

중등 중심의 경우는 6, 2+4, 4+2(해당 사대 졸업생에게 교전원 응시 가점 부여), 2(2년제 교전원) 등이 모두 가능하다. 초중등 통합형의 경우라도 초등 중심과 중등 중심의 별도 체제는 유지하는 것이 바람직하다. 초중등 통합형 교전원이 만들고자 한다면 훨씬 더 많은 예산을 투자하고 유인을 제공해야만 실현 가능할 것이다.

향후, 관련 집단이 다양하게 참여하여 안을 도출할 것이라고 한다. 이때 반드시 우리 양성체제의 강점 분석, 싱가폴, 핀란드를 비롯한 외국 사례 벤치마킹, 국내 전문 연구자의 참여 등을 고려하기 바란다. 그래야만 100여년간 축적되어온 우리 체제의 강점을 살려가면서도, 급변하는 시대를 선도할 교사 양성 시스템이 만들어질 것이다.

05. 교육자 육성을 위한 스말로그교육 패러다임[6]

박남기(2021)가 디지털시대 새로운 교육패러다임으로 제시한 '스말로그(smart+ analogue) 교육' 틀과 이를 활용한 "AI 시대의 대학 교양교육 패러다임 탐색(박남기, 2023.07)" 글을 토대로 디지털과 AI 시대에 적합한 교육자 및 사회 인재 육성 패러다임을 탐색해보고자 한다. 스말로그교육이라는 용어는 디지털 기반 스마트 교육과 전통의 대면 아날로그식 교육을 조합한 용어이다. 스말로그교육에서 말하는 스마트교육의 핵심은 전통 강의실에서도 스마

6 이하 내용은 박남기(2023.07)의 "AI 시대의 대학 교양교육 패러다임 탐색"을 토대로 수정·보완한 것임.

트 기기, 다양한 앱과 AI를 포함한 첨단 디지털 기반 에듀테크를 활용하는 교육, 아날로그 세계(현실 세계, 직업 세계)를 적극 활용하는 교육, 그리고 현실의 이슈와 연계하는 교육이다(박남기, 2021). 스마트 기기(디지털기기와 AI 등)를 활용하면 강의실이라는 공간에서 실시간으로 강의가 이뤄지더라도 공간과 시간의 제약을 넘어설 수 있다. 그리고 교사교육이 대학의 강의실에서만 이뤄지는 것이 아니라 현실 세계에서 살아가고 있는 멘토와 밀접한 관련 속에서 이뤄짐으로써 현실과의 접목 및 실용성 차원도 높일 수 있다. 스말로그교육 패러다임을 적용하면, 교사교육은 학교 현장과 밀접한 관련 속에서 진행될 수 있다. 현실 세계의 이슈와 연관 속에서 진행되고, 이슈 발굴, 이슈에 대한 새로운 해석 및 분석과 함께 이슈 해결책을 탐색하는 역할을 함께 수행하는 것이 시대의 요구에 부응하는 길이다. 이러한 변화가 성공한다면 예비교사들은 기존 교사양성기관의 교수들이 지도하는 아날로그 교육의 강점을 최대한 누리면서 동시에 첨단 에듀테크와 다양한 센터 활용 교육, 현직 교사들로부터의 지도까지 함께 경험하는 새로운 차원의 교육을 받으며 성장하게 될 것이다.

스말로그교육 패러다임에 의한 교육자 육성이 구현되려면 다음의 조건이 갖춰져야 한다.

1. 실천을 위한 기본조건

스말로그교육 실천을 위한 기본조건은 교내와 교외로 나누어 볼 수 있다. 교내의 필요조건은 대학과 강의실에 스마트 수업이 가능한 인프라 구축, 1인 1 스마트 학습 기기 구비, 교수와 학생의 에듀테크 활용 역량 제고, 그리고 스말로그교육 수용 문화 축적이다. 최근에 도입되고 있는 가상현실과 생성 AI를 결합한 실습 시스템을 갖추는 것도 보탬이 될 것이다. 대표적인 사례로는 TLE TeachLivE™ Lab(https://education.wm.edu/centers/teachlive/)을 들 수 있다. 이 프로그램은 University of Central Florida에서 개발된 것으로 교사교육 및 연수 프로그램에 활용되고 있다. 여러 가지 프로그램이 들어 있는데 그중 하나는 학부모-교사회의 기술 실습이다. 예비교사와 교사는 이 가상 프로그램을 통해 현실감 있게 학부모와 소통하면서 필요한 역량을 길러 갈 수 있다. 교수와 직원, 그리고 학생들이 이러한 변화에 적응할 수 있도록 필요한 연수 기회를 제공하고, 원하는 교수들에게는 스말로그교육 실시에 필요한 컨설팅을 제공한다면 훨씬 더 역동적이고 유익한 교사교육이 될 것이다.

이제는 교사교육이 강의실 밖의 강의실 즉, 지구촌의 삶과 직업 현장에서 사회구성원 및 전문가와 함께 이뤄져야 할 때가 되었다. 이를 위한 교외 필요조건은 담당 교수가 주도한 국내외 타 대학과의 교사교육 네트워크 형성, 멘토 역할을 할 사회 및 학교 교원 자원 인사 확보 및 필요한 인적 네트워크 구성, 이러한 네트워크 형성을 지원할 역량을 갖춘 교사교육센터 구비이다. 대학의 교사교육센터는 다른 부서와의 협력을 통해 동문들, 지역사회 및 지구촌의 다양한 교육기관 및 인사들과의 네트워크를 구축하고, 다양한 분야의 인적 자원을 확보해두어야 한다. 지역사회를 비롯한 세계의 모든 기관을 일종의 교육센터로 이용하는 '센터 활용 교육' 개념을 접맥할 필요가 있다.

인적자원 풀의 범위는 담당 교수들의 요청 및 이들과의 협의를 통해 정할 수 있을 것이다. 원칙적으로는 학생들 스스로 멘토를 찾도록 유도하고, 찾지 못하거나 찾기 어려운 경우에는 담당 교수가 멘토를 지정해줄 수 있을 것이다. 자원 인사가 부족할 때에는 담당교수와 수강생이 교사교육센터에 도움을 요청할 수 있도록 시스템을 만들어야 한다. 이렇게 하면 학생들은 해당 교과 수강 중에 적합한 멘토교사를 만나게 되고, 스스로 택하여 배우는 내용을 현재의 교육세계와 연결 지으며, 관심의 폭과 깊이를 더하고, 문제 해결력 및 교육역량을 향상시킬 수 있을 것이다.

2. 교육 방법

스말로그 수업은 강의실 내의 대면 수업의 경우에도 닫힌 강의실에서 교수와 학생만이 소통하며 학습하는 기존의 대면 수업을 벗어나는 수업을 의미한다. 에듀테크를 활용하여 타 지역(국가)의 학생들과 함께 수업을 들으며 소통할 수도 있다. 참여하는 교수들은 협동 수업 형태로 수업을 진행할 수 있다. 지역사회, 전국, 세계 수준의 관련 전문가를 초청하여 수업과 관련하여 짧은 강의를 듣거나 질의 응답 시간을 가질 수도 있다. 이처럼 교수 혼자서 수업을 하는 것이 아니라 교수가 주도하되 다양한 자원 인사를 활용하는 역동적인 수업을 만들 수 있다. 이를 위해 필요한 것은 앞서 제시한 것처럼 대학 교사교육센터와 교수의 폭넓은 인적 자원 네트워크 형성 능력이다. 스말로그교육은 이처럼 세계와 연결된 열린 강의실에서 다양한 전문가를 통해 학생들이 배우며 성장하도록 돕는 교육을 지향한다.

생성 AI 등장으로 인해 챗GPT와 같은 생성 AI를 자원 인사처럼 활용할 수도 있다. 챗GPT는 거의 모든 영역의 질문에 대해 상당한 수준의 답을 제공할 수 있다. 제시한 답의 신뢰성이 떨어지는 부분은 조별 활동을 통해 스스로 오류를 찾도록 하거나, 각 조가 챗GPT의 도움을 받아 제시한 답에 대한 최종 피드백을 해당 분야 최고 전문가인 교수가 제공함으로써 보완할 수 있을 것이다.

학생들 스스로가 교사교육 관련 현실 속의 이슈를 찾도록 유도하고, 이를 찾는 과정에서도 생성 AI를 활용하도록 지도할 수 있다. 이슈를 찾은 경우 해당 이슈를 이해하고 해결하는데 보탬이 될 현실 세계의 멘토를 찾아 접촉하고, 도움을 청하는 역할도 학생이 수행하도록 격려하는 것이 바람직하다. 학생이 접촉하기 어려운 직업이나 지위를 가진 멘토의 경우에는 교수나 교사교육센터(혹은 대학의 다른 부서)가 갖고 있는 인적 네트워크를 활용해서 멘토 역할을 하도록 요청할 수 있을 것이다. 학생들은 삶의 현장으로 직접 들어가서 성인 멘토(학습조력자)의 도움을 받으며 현실 세계에 대한 이해의 폭과 깊이를 더하고, 미래 직업을 탐색하며, 필요한 역량을 기르고, 삶의 원리를 터득하는 활동을 하게 될 것이다. 동시에 미네르바 스쿨 학생들이 하듯이 학생들이 파견되어 직업과 삶을 배우는 기관이나 학교가 속한 지역사회의 문제를 해결하는 프로젝트 수행 등을 통해 현실 개선에 참여하는 활동을 할 수도 있을 것이다.

급부상하고 있는 인공지능(AI)을 포함한 에듀테크는 교육을 새로운 차원으로 변화시킬 것으로 기대되고 있다. 그러나 인공지능이 인간처럼 자연어를 자유자재로 구사하고, 다양한 업무를 동시에 수행할 수 있는 인간 유사형의 보편인공지능(AGI) 수준으로 발전하기 전에는 기계교사가 인간교사를 대체하기는 어려울 것이다. 향후 한동안은 AI를 포함한 다양한 기계는 인간교사가 물리적·시간적·공간적 제약을 벗어나서 슈퍼 파워를 발휘하며 교육을 할 수 있도록 돕는 IA(지능 증폭 Intelligence Augmentation 혹은 Amplification) 역할을 하게 될 것이다. 스말로그 교육은 수업의 방향과 방법만이 아니라 한발 더 나아가 교육에 있어서 에듀테크와 인간교사의 관계, 에듀테크의 역할 등을 명확히 해주고, 인간교사(교사 교육에서는 양성기관의 교수)와 학생들의 불안감을 줄여주는 역할을 할 것이다.

3. 교육 내용

다니엘 코핸(Daniel Cohen)에 따르면 19세기와 20세기의 과학 기술 혁신 시기에는 중산층도 기술 혁신의 혜택을 누렸다. 그러나 21세기에 접어들면서 중산층은 새로운 과학기술이 제공하는 혜택에서 소외되고 있다. 과학기술의 혜택을 누리는 사람이 일부 계층으로 국한되면서 계층간 격차는 더욱 벌어질 것이라고 그는 예측하고 있다(Kazumoto, 2018: 148). 이 문제를 완화시키기 위해서 예비교사들이 인공지능을 포함한 새로운 과학기술이 주는 혜택에서 소외되지 않도록 교사교육의 내용과 방법을 보완할 필요가 있다. 교사교육 프로그램에 새로운 기술을 직접 활용하도록 동기를 부여하는 것도 하나의 대안이다.

교사교육 내용의 디지털 기술과의 통합이 필요하다. 데이터 리터러시 역량을 강화하기 위해 데이터 분석, 시각화 도구와 같은 다양한 소프트웨어 및 도구를 사용하는 방법을 가르치거나 더 많은 온라인 리소스 및 자료를 전통적인 교사교육과정과 통합할 필요가 있다. 다음으로 강조되는 것은 AI와 자동화가 야기하는 복잡한 윤리적 문제에 대한 예비교사들의 대응 역량 강화이다. 이러한 기술의 영향에 대한 비판적 윤리적 사고력, 이를 책임감 있게 사용하는 역량 강화도 필요하다.

디지털시대의 교사교육은 학생들이 여러 학문 분야를 넘나들며 생각하는 능력을 개발하고 다양한 연구 분야와 현실세계를 연결하는 데 도움을 줄 수 있도록 학제간 사고 촉진자의 역할을 해야 한다. 또 하나 필요한 것은 '인간 기술(기계 기술 상대어)' 개발이다. 특히 교사교육에서는 인간과의 소통, 공감, 문제 해결, 독창성 등과 같이 기계가 복제하기 어려운 '인간 기술' 개발에 초점을 둘 필요가 있다. 이를 통해 감성지능, 커뮤니케이션 기술, 혁신력과 독창성 등의 역량을 길러줄 필요가 있다.

AI 시대가 되면서 학생들은 자신들이 살아가고 있는 아날로그 세계로부터 멀어지고 있다. 교사양성교육이 현실 교육 세계와 연결된 현실 참여형 교육이 될 때 그 가치를 인정받게 될 것이다. 초예측(Kazumoto, 2018: 51)에서 유발하라리는 현대인이 수렵채집인에게서 배울 점으로 '자기 몸과 감각에 민감함'을 들고 있다. 현대인이 느끼는 소외감은 물리적 세계에서 단절되었기 때문에 생기는 것이므로 자기 몸과 감각에 주의를 더 기울이고 물리적 환경과의 접촉을 늘려가야 한다는 것이다. 디지털시대가 진행될수록 현실과 유리된 강의실(일종의 학습목적의 가상공간)에서 벗어나 실제 세계와의 접촉을 증가시켜야 한다.

미래학자들에 따르면 현대인이 갖춰야 할 가장 중요한 역량은 자신을 환경에 적응시키는 것이다(Kazumoto, 2018). 새로운 기술에 적응하고 새로운 기술을 빠르게 배우는 능력은 급변하는 디지털 환경에서 가장 중요한 역량이다. 이와 함께 평생학습력의 핵심인 유연성을 기르는 것도 급변하는 미래에 생존하며 성장하기 위해 꼭 필요하다. 예비교사나 교육 주관자인 대학과 교수 모두 생성 AI 출현이라는 환경 변화에 빠른 적응이 필요하다.

06. 정책 제언

1. 초중등단계

가. 학습되어야 할 가치, 태도, 습관

교육자의 경우 다른 그룹과 달리 초중등단계에서 훌륭한 교육자 육성은 더 용이하다. 교사가 훌륭한 본보기가 되면, 학생들은 교사를 보면서 그 교사를 본받을 수 있는 교육자로 성장하고자 하기 때문이다. 초중등단계에서의 훌륭한 미래 교사 자원 육성 방법은 교사가 본보기가 되는 것이 최선의 방법이다.

아울러 교사들은 한 학생을 오래 지켜보면서 그 학생이 교사로서의 잠재력을 지니고 있고, 적성에도 맞는지를 파악할 수 있으므로, 현직 교사들에게 우리 사회와 교육계를 이끌어갈 미래 교육자 자원을 발굴하는 역할을 수행하도록 요청하는 것이 바람직할 것이다.

초중등단계에서 미래 교육자를 육성할 때 강조해야 할 가치관과 태도는 학습 역량, 고급 역량, 그리고 사회성 역량 등으로 나눠볼 수 있다. 특히 초등학교 단계에서는 반드시 모든 학습자가 기본적으로 갖춰야 할 호기심, 집념과 끈기, 그리고 주어진 과제 완수 습관 등을 길러주어야 한다. 고급 역량으로는 분석, 비판, 창의력, 협력 역량 등을 이야기하고 있는데 요새 특히 강조되고 있는 것은 디지털 리터러시이다.

사회 생활과 관련해서는 급격히 다문화 사회로 이동하고 있는 추세에 맞춰 다양성 존중 태도, 타인의 인권 존중이 강조된다. 아울러 지구 환경 및 지속가능성장 등에 대한 관심과 이에 기여할고 실천할 수 있는 역량도 강조되고 있다. 가장 기본적으로는 인간에 대한 사랑, 세상에 대해 감사하는 마음과 태도를 갖게 하는 것이다. 그 외에도 겸손, 관대함, 공감 등 다양한 가치관과 태도도 함께 갖춰야 할 것이다. 직업의 의미, 직업을 바라보는 관점 등 직업과 관련된 태도도 학습시켜야 한다.

초중등 단계에서 어떤 가치관과 태도 그리고 생활 습관을 갖도록 하는 것이 바람직할 것인가에 대해서는 시대의 흐름과 사회 분위기에 따라 지속적으로 바뀔 것으로 예상된다. 이번 연구를 통해 연구자 관점에서 반드시 어떤 특정 가치관과 태도를 가르쳐야 한다고 주장하는 것은 하나의 주장으로서는 의미가 있을 것이다. 하지만 더 바람직한 것은 사회적 구성원들이 공감하는 가치관과 태도를 지속적인 의견 수렴 노력을 기울이는 것이다. 사회 구성원이 참석하여 공감하는 가치관과 태도를 도출해낼 때 인재 육성에 더 쉽게 받아들여지게 될 것이다.

나. 우리의 강점 살리기

우리나라 교원정책이 가지고 있는 강점의 하나는 교원우대정책이다. 가령 「교원지위법」 제3조(교원 보수의 우대)에 보면 "국가와 지방자치단체는 교원의 보수를 특별히 우대하여야 한다."라고 되어 있다. 최근에는 사기업에 비해 급여가 상대적으로 낮아졌지만 아직도 일반공무원에 비해서는 높은 편이다. 그 외에도 동 법에는 많은 우대 조항이 포함되어 있다. 이 법에 포함되어 있는 내용이 실현될 수 있도록 노력하는 것도 정부가 해야 할 중요한 역할이다. 정부는 현재 우리나라 교원양성, 임용, 교원 보수 및 근무여건과 관련해서 문제점을 줄여가고 개선하는 노력을 하겠지만, 그때 반드시 기억해야 할 것은 우리 체제가 가지고 있는 강점을 밝혀서 이를 보완하면서 지켜가려는 노력도 병행해야 한다는 점이다. 지난 수십년간의 흐름을 보면 새로운 제도 혹은 체제를 도입하는 과정에서 기존 체제가 가지고 있던 강점을 잃는 경우가 많았다. 혁명이 아니라면 우리 사회는 누적적으로 발전해간다. 과거의 경험과 강점을 살리는 토대 위에서 정책들이 수립되기를 기대한다.

교원의 지위에 대한 사회적 인식은 우수한 인재가 교육자가 되도록 유인을 제공하는 중요한 바탕이 된다. 사회적 인식은 법과 제도를 통한 지위 및 여건 보장에 따라 만들어지게 된다. 혹자는 교직에 너무 우수한 인재가 들어오는 것이 인재 낭비라고 이야기하기도 한다. 그러나 이는 교사의 역할에 대한 오해, 현실에 대한 부정확한 인식에 기인하는 것이다. 다른 어느 분야보다도 우수한 인재가 들어와야 할 분야가 바로 교육 분야이다.

다. AI 시대에 부응하는 우수 인재 유치 방안 마련 필요

AI 시대가 되면 교사의 역할이 줄어들 것으로 생각하지만 그렇지 않을 가능성이 더 높다. 오히려 AI 시대의 교사는 지금까지의 교사보다 더욱 우수한 사람들로 구성되어야 할 것이다. 대형언어모델인 ChatGPT가 제공하는 정보에는 오류가 섞여 있어서 교사가 뛰어난 전문성으로 오류를 잡아낼 수 있을 때 활용할 수 있다. 높은 전문성을 가진 교사가 AI가 제시하는 수업 방식을 포함한 다양한 아이디어의 타당성과 신뢰성, 실현가능성, 부작용 등에 대해 판단하고 수정보완하여 활용할 때에만 AI와의 협업이 가능하다. 만일 교사의 전문성이 높지 않다면 AI에 의존하여 오류가 섞인 정보를 제공하고, 적합하지 않은 방식으로 수업을 하며 학생들을 동기화시키려고 할 것이다.

AI 시대의 특징 중의 하나는 동일 직업에 종사하는 사람들이라고 하더라도 집단간 역량 차이가 더욱 커질 것이라는 점이다. 앞에서 이야기한 것처럼 우수 교사는 다양한 AI의 도움을 받아 더욱 우수해지고 생산성이 높아질 것이다. 그렇지 못한 교사는 사용을 꺼려하거나, 단순하게 AI에 의존하여 교육을 시키면서 그 전문성이 점점 떨어지게 될 것이다. 국가 미래 인재가 낮은 전문을 가진 교사로부터 교육을 받게 된다면 우리 사회 전체의 역량 또한 떨어지는 악순환 고리에 빠지게 된다. 오래된 격언이지만 "교육은 교사의 질을 넘어설 수 없다." 우리사회는 보다 우수한 교육자 자원이 교육에 헌신하도록 유도할 수 있도록 급여를 비롯한 근무여건 고도화에 더욱 관심을 기울여야 한다. 이는 우수 인재를 유인하기 위한 필요조건이다.

라. 미래 교육자 대상 여름과 겨울 캠프 운영

각급 학교 교사들이 추천한 미래 교육자로서의 잠재력이 뛰어난 학생 대상 지자체와 교육청이 공동으로 주관하는 지자체 단위의 미래 교사 캠프 운영이 필요하다. 국가 차원에서는 전국 단위의 미래교사를 한 자리에 모아 이들이 꿈과 교사로서의 소명의식을 키워갈 수 있는 미래교사 한마당 프로그램을 개최하는 것도 좋을 것이다. 초중등학교 시절부터 미래 교육자로서의 자부심을 갖고, 꿈을 같이 하는 친구들과 교류하며 꿈을 키워갈 수 있도록 시민사회, 지자체, 교육청, 그리고 국가가 힘을 모아가길 기대한다.

마. 미래교사 멘토 제도 운영

스말로그교육 패러다임을 통해 사회인들이 자신의 직장에서 그 직업을 꿈꾸는 젊은이들의 멘토로서 활동할 것을 제안하였다. 초중등학교에서 존경받고 있으며 헌신적인 교사를 선정하여 미래 교육자가 되고자 하고, 그 잠재력이 확인된 학생들의 멘토가 되게 하는 시스템을 구축할 필요가 있다. 멘토는 이들이 훌륭한 교육자 자원으로 성장해갈 수 있도록 지속적으로 소통하며 지원하는 역할을 맡게 된다. 멘토는 학교 교사, 대학 교수, 시민단체 구성원 등 다양한 사회 지도자들이 맡을 수 있을 것이다. 이들이 멘토로서의 역할을 할 수 있도록 필요한 여건을 마련하는 것은 국가와 교육청이 맡아야 할 것이다.

바. 미래교사 네트워크 운영

미래교사 자원으로 선발된 학생들 대상 온오프라인 네트워크를 만들어 이들이 서로에게 영향을 주며 함께 성장해갈 수 있도록 기회를 제공할 필요가 있다. 고등학교 수준의 학생들은 후배들에게 학교생활 관련 멘토 역할을 하게 할 수도 있을 것이다. 미래교사 네트워크 운영은 교육청이 담당한다면 효과적일 것이다.

2. 대학단계: 6년제 교원양성기관 설치 및 투자 증액

가. 6년제 교육전문대학원 도입

이 연구에서 제안한 것처럼 교직의 전문직성을 높이기 위해서는 교사의 전문성 향상과 이를 위한 양성 기간 연장 및 거기에 상응하는 프로그램 마련, 질 높은 교사교육자 확보가 필요하다. 현재의 양성 기관이 제 역할을 할 수 있으려면 충분한 투자가 필요하다. 현재 교육대학교 학생 1인당 교육비는 전문대 수준에도 미치지 못하는 것으로 나타났다.

나. 교원교육개발원 설치

교육자가 제대로 길러지려면 교사양성기관의 프로그램이 잘 만들어지고, 역량을 갖춘 교수 요원이 교육을 해야 한다. 교육과정을 비롯한 프로그램의 개발 및 질 향상을 위한 지속적인 평가를 위해서는 교원교육개발원이 독립적으로 혹은 반독립적으로라도 설치 운영되어야 한다. 한국교육개발원의 교원정책실의 경우에는 담당 연구자가 지속적으로 바뀜에 따라 지속성을 갖지 못하고 있다. 교원양성기관 평가를 비롯한 제반 역할을 독립적으로 수립할 수 있는 교원교육개발원 설치가 필요하다. 이는 국가 차원에서 이뤄내야 할 사업이다.

3. 군복무단계: 예비교사 군 교관 및 조교 활용

예비교사들이 군 복무기간에도 교사로서의 역량을 키워가고, 자부심과 소명의식을 기를 수 있도록 하려면 이들을 군 교관이나 조교로 활용하는 것이 바람직하다. 사병으로 입대한 예비교사들 대상 군대 차원의 특별 교육 프로그램 마련 운영이 필요함. 이 특별 프로그램을 통해서는 교사 즉, 대한민국 지도자로서의 역량을 길러주고, 자부심을 가질 수 있도록 상응하는 체험을 하도록 할 필요가 있다.

4. 평생교육단계

가. 교사 연수

평생교육단계에서 고려할 사항은 교사가 시대의 흐름을 선도할 수 있도록 지속적인 연수를 하도록 유도하는 것이다. 교육기관이 주관하는 연수만이 아니라 기업체, 사회의 다양한 공공기관에서 교사 대상 연수 기회를 제공하는 것이 바람직하다. 이러한 연수 기회를 제공할 때에는 교사와 사회의 다양한 직종 사람들이 함께 교류하며 성장해갈 수 있도록 프로그램을 구성할 필요가 있다.

나. 교사 양성

사회 각 분야에 종사하는 사람들 중에도 교사가 되고자 하는 사람들이 있다. 사회적 경륜을 갖춘 사람들도 교사양성기관을 통해 단기간에 교사가 될 수 있도록 하는 프로그램 마련이 필요하다. 이들도 교직에 종사할 수 있으려면 교사로서의 기본 소양과 전문 지식, 그리고 실천 역량을 갖춰야 한다. 대학 프로그램 중에 평생교육 차원에서 사회경력자를 대상으로 하는 1-2년 기간의 교사양성 프로그램을 설치 운영하는 것도 검토할 수 있을 것이다.

참고문헌

관리자(2008.03.17.). 프랑스의 교수임용제도. 대학교육. (https://goo.gl/AK7uyk)

권순형 외 8인(2022). 한국교육개발원 교육여론조사 2022. 한국교육개발원.

교육부(2023.1). 2023년 주요업무 추진계획 - 교육개혁, 대한민국 재도약의 시작. 교육부.

김세균 외 12인(2015). 다윈과 함께: 인간과 사회에 관한 통합학문적 접근. 서울: 사이언스북스.

박남기(2023.07.31.). [현안쟁점] 미래사회에 적합한 교사양성 체제: 교육전문대학원 도입 논의에 부쳐. 한국교육학회 소식지, 59(1), 4-13.

박남기(2023.07). AI 시대의 대학 교양교육 패러다임 탐색. 교양교육과 시민, 8, 7-41.

박남기(2023.02). 교사되려면 6년? 교육전문대학원이 온다. 새교육, 75(2), 10-15.

박남기(2021.06). 포스트 코로나 시대 교육 새 패러다임 탐색. 서울교육대학교 초등교육연구, 32(2), 17-32.

박남기(2020.11). 교사양성체제 개혁 논의의 초점과 방향, 새교육, 72(11), 8-11.

박남기(2020.9.4.). '미래사회에 적합한 교사교육 체제' 토론. 국가교육회의, 미래사회에 적합한 교사교육 체제 호남지역 경청회. 광주광역시 교육청 과학관 스튜디오.

박남기(2019.10.23). [박남기의 중심잡기] 교사양성의 필수조건. 한국일보, 30. (https://www.hankookilbo.com/NewsRead/201910221033090098)

박남기(2017.04.28.). 미래사회를 대비한 교원양성체제 개혁 방향. 한국교육학회, 교원양성제도의 문제점과 개선 방향(3-37). 대전 평생교육진흥원 식장산홀. 2017 한국교육학회 교육정책포럼 자료집.

박남기(2016.05.21.). 한국 교육행정학에서의 '전문성' 의미 구조 토론: 교육 전문성, 교직 전문성, 교사 전문성, 그리고 교육행정 전문성 개념의 관계. 2016년 한국교육행정학회 춘계학술대회 자료집, 178-186.

박남기(2012.08.13). 정책결정과 도깨비도로의 함정. 서울신문, 30면.

박남기(2003. 01). 교육전쟁론. 서울: 장미출판사.

박남기(2000. 02).초등교직의 전문성 문제와 확보 방안.초등교육연구, 13(2), 한국초등교육학회. 239-254.

박남기·임수진(2023.09.09.). 초등교직의 전문직성과 늘봄학교 제도화의 관계. 제195차 KEDI 교육정책포럼 및 법제처-대한교육법학회(제112차) 관학공동학술대회 자료집, 121-124.

원동연(2000). 5차원 전면교육학습법. 서울: 김영사.

최무영·박형규(2007.10), 복잡계의 개관. 물리학과 첨단기술, 16(10), 2-6.

Hargreaves, A., &Shirley, D.(2009). The fourth way. 이찬승·김은영 (역). 학교교육 제4의 길. (2015). 서울: 21세기교육연구소.

Heath, C., & Heath, D.(2010). Switch. 안진환 (역)(2010). 스위치. 서울: 웅진하우스.

Kazumoto, Ohno ed., Mirae Wo Youm(Super forecast). 정현옥 역, 초예측: 세계 석학 8인에게 인류의 미래를 묻다. 웅진지식하우스, 2018.

———

제5장

국방 인재 양성 방향과 과제

최병욱 (상명대학교 국가안보학과 교수)

01. 문제인식

2022년을 기준으로 한국군은 50만 명 규모의 병력을 유지하고 있다. 이중 약 30만 명은 병으로, 20만 명은 간부로 구성되어 있다. 병역자원 부족을 초래하는 인구절벽의 시대를 맞이하여 현재 병은 병대로, 간부는 간부대로 적정 수요의 군 병력을 충원하는 것이 어려운 상황이다. 2022년의 연말 병력은 정원 50만 명보다 2만 명이나 부족한 48만 명에 그치고 있다. 앞으로 이러한 병력충원의 어려움은 시간이 지날수록 더욱 악화될 것이기에 국방인력의 규모와 질적 수준, 국방인재의 충원과 육성에 대한 새로운 관점의 형성과 구조조정이 시급하다.

정부는 지난 3월, '국방혁신 4.0 기본계획'을 발표했다. 북한의 핵·미사일과 같은 비대칭 위협에 압도적으로 대응하고, 미래 전장환경에서 싸워 이길 수 있는 전투형 강군으로 거듭나며, 3군의 합동성과 장병들의 정신전력을 한층 더 강화하고, 전력증강체계 혁신을 통해 'AI 과학기술 강군'으로 도약할 것임을 주요 기조로 삼고 있다. 과학기술 강군은 군 구조 개혁의 목표인 '다양한 위협에 능동적으로 대응할 수 있는 정보·기술 집약형 군'을 의미한다. 이를 위해 군은 상비병력 감축과 연계하여 간부중심의 병력구조로 전환하고 숙련도와 전문성이 요구되는 직위에 부사관 위주로 간부를 충원하는 등 병력구조의 정예화를 추진하고 있다. 간부중심의 병력구조 정예화 추진의 관점에서 볼 때, 국방인재의 정예화는 국방개혁의 성과를 담보하는 중요한 과제이다.

국방인재의 중요성에도 불구하고 우리 군이 당면하고 있는 국방 인재의 문제는 심각하다. 정예자원 획득은 고사하고, 정원을 채우기에도 급급한 상황이다. 모집경쟁률은 이미 하락을 넘어 추락하는 단계에 있다. 장교 등용문인 3사관학교, 학사장교, 학군사관 경쟁률은 해마다 추락하고 있다. 3사관학교의 경우 2014년 7.3 대 1을 기록한 뒤 2020년 4.7 대 1, 2021년 4.5 대 1, 2022년 3.6 대 1로 하락했다. 학사장교 역시 2013년 6.2 대 1을 비롯해 5 대 1 안팎이던 경쟁률이 2021년과 2022년 2.6 대 1로 줄어들었다. 학군 경쟁률도 2014년 4.4대 1에서 2022년 2.4대 1로 하락하고 있다. 올해 7월을 기준으로 육군 학군사관(ROTC)를 운영하는 전국 108개 대학 가운데 정원이 미달한 학교는 54곳에 달한다. 학군사관 제도 도입 이후 올해 최초로 후반기에 추가모집을 하고 있는데, 이는 국방인재 획득의 어려움을 단적으로 나타낸다. 부사관의 경우도 유사하다. 2015년 7대 1의 경쟁률은 2022년 3.6대 1로 떨어졌다. 부사관의 2022년 채용대비 충원율은 82.9%로 정원을 채우지 못하는 형편이다. 더욱이 통계로 제시되는 모집 경쟁비가 인터넷 지원 기준인 점, 인터넷 지원자 중 시험 포기자가 상당하다는 점을 고려할 때 실제 모집 경쟁비는 제시된 수치보다 낮다. 학군사관 최종선발 합격 후에도 학군단 입단 전、후로 중도 포기자가 상당수 발생하고 있다는 점까지 고려한다면 현재 ROTC 인력획득은 심각한 상황에 직면해 있다.

양적 경쟁률의 하락보다 더욱 심각한 것은 질적 수준의 하락이다. 이미 수도권 주요 대학의 학군단 정원 미달 사태는 오래된 이야기다. 단적으로 서울대 학군장교의 경우 1963년에 1기생으로 528명이 임관하였으나 지난해 60기에서는 단지 9명만이 임관했다. 올해 학군단 지원자는 4명에 불과하다. 사관학교도 예외는 아니다. 육·해·공군사관학교의 경쟁률은 5년 새 예전의 절반 수준으로 떨어졌다.[1] 사관학교 재학 중 자퇴자의 증가와 함께 장교와 부사관을 막론하고 중기 및 장기복무 직업군인들조차 이직자가 증가하는 상황 또한 국방인재 확보의 심각성에 시사하는 바 크다. 군에 따르면 지난해 전역을 신청한 육·해·공군 5년 차 장교는 184명으로 2019년 이후 최다였다.

군 인재 획득에 어려움이 많지만, 직업으로서의 군인에 대한 평가와 평판은 우려할 만큼 낮지 않다. 사회적으로 직업군인을 꿈꾸는 잠재적 지원자는 상당하다. 2022년 12월 교육부와 한국직업능력연구원에서 6학년, 중학교 3학년, 고등학교 2학년 학생 2만 2,702명을 대상으로 조사한 초.중등 진로교육 현황을 발표한 바 있다. 조사결과 초등학생의 희망직업 순위에서는 보이지 않지만 중.고등학생 희망직업 순위에서 '군인'은 3년 연속 상위 직군에 포함되어 있다.[2] 학생들이 선택시 가장 중요하게 고려하는 요소는 '좋아하는 일이어서'가 가장 많았다. 인재의 획득에 어려움이 가중되고 있는 시점에서 이것이 시사하는 바 크다. 국방인재 획득에 과연 무엇이 문제인지, 진단과 처방이 필요하다. 병사와의 복무기간 차이, 병의 급여인상, 병의 나아진 병영생활, 전역 후 취업의 어려움 등 제기되는 문제가 있지만, 무엇보다 정예 국방인재 육성과 조직혁신의 관점에서 포괄적으로 접근하는 것이 바람직하다.

---

1 국방부의 '최근 5년간 육·해·공군사관학교 경쟁률' 자료에 따르면 사관학교 경쟁률은 하락세가 이어지고 있다. 육군사관학교의 경우 2020년 44.4대1이었던 경쟁률이 올해는 25.8대 1로 하락했다. 같은 기간 공군사관학교 경쟁률은 48.7대1에서 21.4대1로 떨어졌다. 해군사관학교 경쟁률은 2019년 38.5대 1에서 올해 18.7대 1로 낮아졌다.

2 2022년 결과에 따르면 이 결과에 따르면 중학생은 1위 교사, 2위 의사, 3위 운동선수, 6위 군인의 순이었다. 고등학생은 1위 교사, 2위 간호사, 3위 군인으로 나타났다. 신하영, "학생들 희망직업, SW개발자 약진", 이데일리, 2022.12.19.

02. 안보환경 변화와 국방인력

미래 국방인재의 문제는 안보환경 변화에 따른 국방인력의 구조와 밀접한 관련이 있다. 국방인력의 구조의 변화가 필요하며 이 틀 안에서 국방인재의 양적 규모와 질적 수준을 탐색하는 것이 바람직하다. 미래 국방인력은 1)과학기술강군으로의 변화와 혁신을 지향하는 국방개혁의 기조와 방향, 2)'정해진 미래'인 저출산·고령화의 인구변화에 대응하는 관점에서 구조조정이 불가피하다.

1. 국방개혁과 국방인력

군은 변화하는 국내외 안보상황과 군내의 구조개혁에 대한 요구를 반영하기 위해 오랫동안 국방개혁을 추진해 왔다. 국방개혁이란 변화하는 국방환경에 적응해 지속적으로 발전하기 위한 혁신적 변화를 의미한다. 변화에 최적화된 군대, 그리고 한정된 자원으로 건설할 수 있는 최강의 군대를 만드는 것이 핵심이다.

국방개혁의 핵심은 '양적 군 구조'를 '질적 군 구조'로 전환하는 데 있다. 이 중심에는 병력의 감축과 간부 증가 등 국방인력 구조의 혁신이 자리하고 있다. 국방개혁을 법적, 제도적으로 뒷받침하기 위해 제정된 국방개혁기본법은 국방인력 운용구조와 관련하여 "미래 안보환경에 부응할 수 있도록 군구조를 기술집약형으로 개편하고, 기술집약형 군대의 원활한 운영 및 관리를 도모하며, 병역자원의 양적、질적 변화에 능동적으로 대처하기 위하여 국방인력 운영구조를 개선、발전시켜야 한다"고 발전방향을 제시하고 있다. 2005년도에 수립된 '국방개혁 2020'을 시작으로 2023년도의 '국방혁신 4.0'에 이르기까지 6차례에 걸친 국방개혁계획은 모두 '기술집약적 미래 군 구조 개편과 국방인력 정예화'에 방점을 두고 있다. 최초의 국방개혁 기본계획인 '국방개혁 2020'은 '국방개혁이 더 이상 미룰 수 없는 절실한 과업'인 이유로 '우리

군은 아직, 병력 위주의 大軍체제를 유지'하고 있다는 점을 밝히고 있다.[3] 이 문제인식은 현재의 시점에서도 여전히 유효하다.

한국은 지난 20여 년 가까이 국방개혁을 통해 양적 군 구조를 질적 군 구조로 전환하는 노력을 추진하여 왔다. 그럼에도 불구하고 한국의 군 구조는 여전히 양적 군 구조의 한계를 안고 있다. 아래 표에서 볼 수 있듯이 미국, 영국, 프랑스, 독일 등 대부분의 선진국은 대군(大軍, mass army)체제에서 탈피하고 있다. 1975년 대비 2015년 미군의 병력은 63% 수준이 되었으며, 독일 36%, 영국 46%, 프랑스 42% 수준으로 감축되었다. 이에 따라 전체 인구규모에서 차지하는 현역병력의 비율은 대체로 0.2%~0.4% 내외로 나타난다. 일본, 한국, 이스라엘만이 현상 유지 혹은 증원된 상황이다.

표 1 각 국의 현역 병력 변화 (단위: 1,000명, %)

구 분	현역병력						인구규모 (2021) (B)	현역병력 비율 (B/A)
	1975	1984	1995	2005	2015	2021 (A) ('75 대비)		
미국	2130.0	2135.9	1547.3	1433.6	1346.0	1388.1 (65.2%)	332,639	0.42
일본	236.0	245.0	239.5	239.9	247.1	247.2 (104.7%)	125,507	0.20
독일	495.0	495.0	339.0	284.5	181.5	183.5 (37.1%)	80,160	0.23
영국	345.1	325.9	263.9	207.6	159.1	148.5 (43%)	65,761	0.23
프랑스	502.5	471.3	409.0	259.0	215.0	203.3 (40.5%)	67,848	0.30
대한민국	625.0	622.0	633.0	687.7	655.0	599 (95.8%)	51,835	1.16
대만	-	484.0	376.0	290.0	290.0	163(-)	23,603	0.69
이스라엘	156.0	141.0	172.0	168.3	176.5	169.5 (108.7%)	8,675	1.95

출처: 독고순·김푸름, "저출산의 심화와 선진국의 군 인력획득 이슈", 한국국방연구원, 2017.; The Military Balance 2021, IISS.

3 68만명의 병력을 2020년까지 50만명으로 감축하고, 유급지원병제를 도입하며, 여군 및 민간인력을 확대하고, 예비군 규모를 300만에서 150만으로 감축하며, 예비군 복무기간을 8년에서 5년으로 단축하는 혁신적 계획을 포함하고 있다. 국방부, 「국방개혁 2020」, 2005. 11.

한편 국방환경의 변화에 따른 여러 어려움에도 불구하고 한국은 이미 군사강국으로 자리매김하고 있다. 글로벌파이어파워(GFP)의 2023년 보고서에 따르면 한국의 군사력 순위는 미국, 러시아, 중국, 인도, 영국에 이어 세계 6위를 차지하고 있다. 일본은 8위, 북한은 34위이다. GFP는 2021년 보고서에서 한국의 국방비는 국내총생산(GDP)의 2.7%인 480억 달러로 세계 8위의 순위에 있다. 북한은 GDP의 1/4에 가까운 무려 24%인 35억 달러를 국방비로 지출하고 있다. 그럼에도 북한의 국방비 순위는 세계 59위, 한국 국방비의 7.29%에 불과하다. 2023년 한국의 국방예산은 57조원을 상회한다. 2022년 북한의 국민총소득 36조 7천억원을 훨씬 상회하는 규모이다. 남북한 간 국력과 군사력의 비교는 국방혁신의 방향, 바람직한 국방인력의 구조에 대한 검토와 함께 국방인재의 틀을 어떻게 만들어 나가야 하는지에 대해 시사하는 바 크다.

2. 정해진 미래, 저출산·고령화와 국방

우리나라 합계출산율은 1960년 6.0에서 2005년 1.08명, 2020년 0.84명, 2022년 0.78명으로 급격히 줄어들고 있다. 1명에도 미치지 못하는 합계출산율은 OECD회원국 중 유일하고, 전 세계 국가를 통틀어 가장 낮은 수준이다. 초저출산에 따른 인구감소 현상이 국방에 미치는 영향은 직접적이고 심대하다. 대학생 인구는 24% 줄어들고, 군에 입대할 만 20세 남성 수는 24만 명으로 30% 급감한다. 2020년과 2025년, 단 5년 사이 벌어질 '인구 재난'이다.

국방개혁에 따라 병사의 규모가 30만명으로 줄더라도 18개월의 복무기간을 감안하면 연간 필요한 신규 입영대상자는 20만명이다. 문제의 심각성은 지난 해 출생아 수만 봐도 확연하다. 2022년 출생아 수는 24만 9186명이다. 산술적으로 20년 이후인 2042년의 병역자원(남성)은 12만 5천명에 미치지 못한다. 이중 장교 및 부사관으로 임관할 인원을 제외하면 약 10만명 수준으로 지금의 연간 입대인원 20만명의 절반에 불과하다. 당장 2025년부터 병력규모

그림 1 병역자원 급감

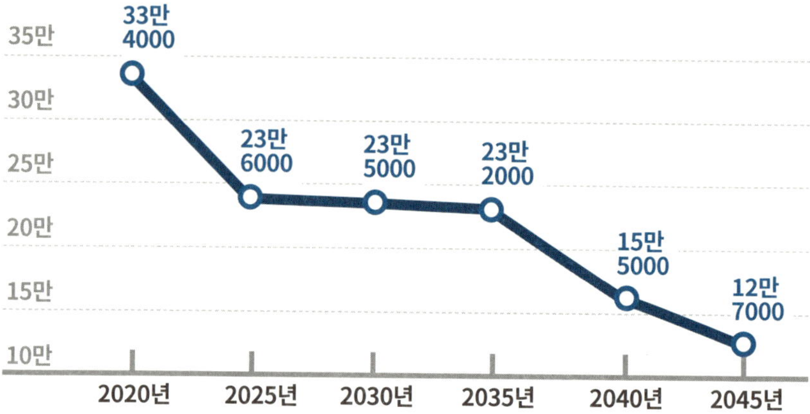

출처: "인구재난, 단 5년간 대학생 24%, 군입대 인원 30% 줄어든다", 중앙일보, 2022.2.10. (기획재정부 자료 인용)

를 유지하는 것이 어렵다. 2030년대 중반 이후부터는 상황이 더욱 심각해서 청년 모두가 군에 와도 병력을 채우는데 턱없이 부족하다.

현재의 징병제를 유지하는 한 병역자원 축소시대에 대한 대응으로 검토할수 있는 방안은 병력규모의 감축, 복무기간 연장, 여성의 징병제 등이다. 그러나 이 세 가지 안 모두 안보상황에 대한 면밀한 검토와 사회적 합의가 필요한 민감한 사안이라 정책적 결정과 실행이 쉽지 않다. 한국의 안보상황을 고려할 때 비교적 단기간 내에 병력을 축소하기는 쉽지 않다. 복무기간 연장은 사회적 합의를 이루기 쉽지 않고, 여성의 징병제 시행 또한 제도의 효율성보다 사회적 갈등을 확산시킬 위험성이 크다. 현재의 병역제도의 틀을 뛰어넘어 새로운 문제인식과 관점으로 국방인력구조를 바꾸고 병역제도를 혁신해야 한다.

한국의 인구감소는 전 세계에 유례가 없는 초고령화와 함께 진행되고 있다. 고령화현상이 국방에 미치는 영향이 지금으로서는 체감하기 어렵지만 멀지 않은 시기에 심각한 수준으로 부각될 가능성이 크다. 2011년부터 2020년까지 최근 10년간 우리나라 65세 이상 인구의 연평균 증가율은 4.4%에 달해 OECD 평균(2.6%)의 약 2배로 고령화 속도가 가장 빠르다. 저출산은 산업인구의 감소와 세수의 감소를 가져와 궁극적으로 정부재정 확보에 어려움을 초래한다. 급증하는 사회보장비용과 국가재정의 한계는 향후 국방비 증대 요구를 압박하는 요소로 작용할 것이다. 저출산·고령화에 따라 재정정책기조의 변화가 예상됨에 따라 국방예산확보의 어려움이 가중될 가능성이 높다. 우리 사회가 당면하고 있는 초저출산·초고령화의 시대상황은 미래 병역제도가 적정 국방인력을 확보하는 한편, 청년사원 부족시대에 국가인적자원을 효율적으로 활용하고 국가의 성장동력을 확보하는 방향으로 재구조화되어야 함을 시사한다.

그림 2 저출산.고령화와 국방

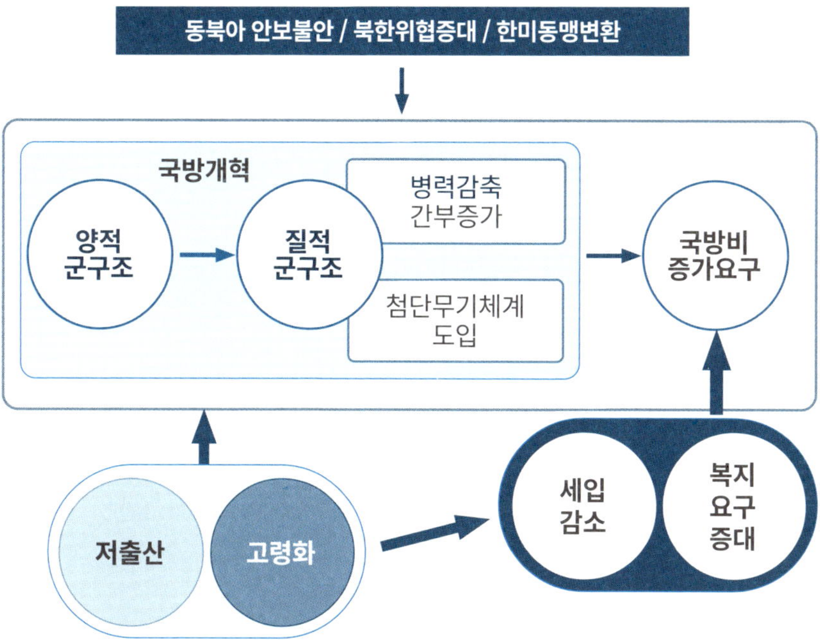

출처: 신성호.양희용, “저출산·초고령 사회와 국방”, 국방연구, 국방대학교, 2015.9.

03. 국방인력구조의 혁신과 국방인재

국방인력 구조의 문제는 단순히 병력수급의 문제를 넘어선다. 미래 국방인력의 구조는 변화하는 인구구조의 상황에서 적정 병력규모를 충원할 수 있어야 할 뿐만 아니라, 선진화된 군의 모습에 걸맞게 군의 조직문화와 군 구조를 혁신하고, 나아가 국가인적자원의 효율적 활용과 국가성장동력을 유지하는데 기여해야 한다. 이러한 기조에서 미래 국방인력 구조의 방향을 설정하는 것이 바람직하다.

첫째, 징병제를 기반으로 하는 병역제도의 변화와 혁신이 바람직하다. 모병제가 갖는 많은 장점에도 불구하고 모병제는 병역자원 확보에 심각한 문제를 초래한다.[4] 한국국방연구원(KIDA) 연구보고서에 따르면 한국에서 모병제를 하게 된다면 20세 남성인구를 기준으로 '열 명 중 한 명(9.9%)이 입대'하여 '12년 이상의 장기복무'를 해야 겨우 30만 명의 병력규모를 유지할 수 있다. 이 수치는 미국의 젊은이들이 군에 지원하는 비율의 두 배, 유럽 선진국의 서너 배 수준이다. 병력규모를 현재의 50만 명에서 30만 명, 아니 20만 명으로 감축하더라도 모병제하에서는 충원이 어려울 수 있음을 연구는 시사하고 있다.[5] 징병제의 가장 큰 장점은 국방인력의 안정적 충원에 있다. 한반도의 군사적 위협이 상승하는 경우, 모병의 충원은 더욱 어렵다. 국민개병제의 헌법적 가치, 병역의무에 대한 국민적 일체감, 예비 병력의 확보, 유사시 징병제가 갖

4 인구규모, 군사적 위협, 군 복무 환경, 군인에 대한 사회적 위상 등 여러 면에서 우리보다 모병 여건이 좋은 해외에서도 모병은 갈수록 어려운 과제가 되고 있다. 1963년도에 가장 먼저 모병제를 도입한 영국은 현재 5년 이상 거주한 외국인에게까지 입대를 허용할 만큼 모병에 어려움을 겪고 있다. 독일은 통일 이후 20년이 지난 2011년에야 모병제를 시행했지만 여전히 병력부족을 겪고 있고 징병제로의 환원을 검토하고 있기도 하다. 지원 부족으로 세 차례 연기 끝에 2018년에야 모병제를 시행한 대만의 지원병 충원율은 81% 수준에 불과하다. 이웃나라 일본의 자위대 충원율은 77% 수준이다. 낮은 충원율 보다도 자위대 구성원의 질적 수준 하락이 더 큰 문제라는 분석이다.

5 조관호·이현지, "외국 사례 분석을 통한 미래 병력운영 방향 제언", 주간국방논단, 한국국방연구원, 2017.2.6.

는 한반도의 안전판 역할[6] 등도 징병제를 유지해야 하는 중요한 이유다.

둘째, 간부중심의 인력구조로 전환하는 토대 위에서 징집병을 중심으로 병력감축을 추진해야 한다. 상비병력 50만명 중 병사는 30만명인 60%를 차지한다. 심각한 병역자원의 감소와 과학기술군으로의 전환이라는 위기와 도전 앞에서 징집병 규모의 감축을 전향적으로 검토해야 한다. 1인당 현역 수 대비 국방예산에 대한 GFP의 비교는 우리 군의 바람직한 국방인력 구조가 과연 적절한지 의문을 제기한다. 2021년의 GFP 보고에 따르면 한국의 1인당 국방예산은 6.7만달러로 미국의 1/8 수준, 독일과 프랑스의 1/4 수준, 이탈리아와 일본의 1/3 수준에 불과하다.[7] 세계 8위 규모의 국방예산을 사용하면서도 1인당 국방비는 매우 낮은 수준이다. 이와 같은 수치는 우리 군이 처한 양적 규모의 한계를 보여주고 있다. 국방인력의 정예화 차원에서도 바람직하지 않을 뿐만 아니라 국방혁신 4.0의 기조인 '첨단과학기술 기반 군구조 발전'에도 적합하지 않다. 인력의 정예화를 위해 현재의 병력규모가 적절한지, 국방인력 구조는 적합한지에 대한 검토와 혁신이 필요하다.

셋째, '국방인력체계의 틀'을 바꾸어야 한다. 상비병력인 '군인' 위주의 국방인력 구성 및 운영, 대규모의 병력유지, 낮은 간부 비율, 민간인력과 여성의 참여율 저조 등은 국방인력 운영의 경직성을 초래하는 문제로 첨단과학기술군으로 나아가기 위해 넘어야 할 과제이다. 혁신의 방향은 첨단 과학기술군에 부합하는 국방인력의 정예화에 있다. 이 관점에서 단기복무 현역병 위주의 국방인력을 장기복무의 숙련된 인력으로 전환해야 한다. 상비병력 위주의

6 2006년 찰스 랭걸 미국 민주당 하원의원은 "징병제로 미국 관료와 정치인 자식이 군대에 있었더라면 정부가 빈약한 정보로 이라크를 침공하지 않았을 것"이라고 주장하였다. 1960년대 베트남전쟁 때 대학생 징집에 항의하는 반전운동이 대학가를 중심으로 불붙었다. 이와 견주면 이라크전쟁, 아프가니스탄전쟁 때는 미국 내 반전운동이 크게 눈에 띄지 않았다. 미국 안에서는 이를 징병제와 모병제의 차이로 설명하기도 한다. 한겨레, "모병제는 진보' 도그마 경계해야", 2021.5.4.

7 보고서에 나타난 1인당 국방예산(현역 수 대비)는 미국 53.0만 달러, 영국 41.4만 달러, 프랑스 27.0만 달러, 독일 28.0만 달러, 일본이 20.1만 달러, 중국 9.5만 달러, 러시아 6.7만 달러, 인도 4.3만 달러이다. '2021 World Military Strength Rankings', Global Firepower(GFP), 2021.

국방인력의 개념과 방향을 민간인력을 포함하는 총체적 국방인력으로 전환해야 한다. 국방 민간인력인 군무원의 규모는 향후 2024년까지 군인 정원 대비 8.8% 수준까지 확대할 계획이지만 여전히 미국의 56%, 프랑스의 30%, 영국의 28% 등 세계 주요국의 수준에 크게 미치지 못한다. 아울러 여군의 비율도 더욱 높여가야 한다. 군은 여군의 비율을 2022년 기준 8.8%로 확대할 계획이지만 더욱 확대하는 것이 불가피하고 바람직하다. 인력의 정예화의 관점에서 간부 비율을 더욱 확대해야 한다. 2022년 기준 50만의 병력은 간부 20만(40%)과 병 30만(60%)으로 구성된다. 점진적으로 부사관 확대를 통해 간부의 비율을 더욱 높여서 간부가 중심이 되는 국방인력체제로 바꿔나가야 한다.

끝으로, 국가인적자원의 효율적 활용을 통해 국가 성장 동력을 확보하는데 기여해야 한다. 민간인력, 여군, 부사관 확대는 이러한 맥락에서 의미가 크다. 숙련된 우수인력의 확보와 함께 일자리 창출에 기여하는 방향에서 전향적으로 검토해야 한다. 군무원은 정년이 60세로, 급여와 수당 등은 일반직 공무원과 동일하고 연금제도도 공무원 연금법 적용을 받는 타 공무원과 동일하다. 장교 또는 부사관의 여군 경쟁비율이 남군보다 높다는 점에서 여군의 확대는 일자리 창출은 물론 우수인력 확보 차원에서 바람직하다. 부사관 확대는 숙련된 간부인력 확충 차원에서 장기적으로 미국과 같이 병에서 진급하여 부사관이 되는 체제(NCO: Non-commissioned officer)로 전환하는 것이 바람직하다.

현재 우리 군은 병역자원 부족으로 적정병력의 충원이 어렵고, 병역의무에 대한 개인과 국가사회의 부담이 증가하는 한편, 과학기술 강군 육성을 위해 국방인력을 정예화해야 하는 시급한 과제를 안고 있다. 미래 병역제도와 국방인력구조는 1)징병제를 기반으로 병역의무 이행의 공정성과 효율성을 제고하고 2)현대전 양상에 최적화된 숙련된 국방인력 확대를 중심으로 하는 인력구조 개편을 통해 군 구조 혁신을 견인 및 선도하며, 3)국가인적자원의 효율적 활용과 국가 성장동력 유지에 기여하는 체제로 혁신되어야 한다.

04. 국방인재의 역량과 덕목

국가사회 차원에서 국방인재를 양성함에 있어 국방인력 구조의 혁신과 함께 어떤 인재가 바람직한 국방인재인가에 대한 성찰과 논의는 중요하다. 이러한 바탕에서 우리 사회가 국방인재를 양성하는 교육적 토대를 갖출 수 있다.

2015년에 제정된 '군인의 지위 및 복무에 관한 기본법'(이하 군인복무기본법)은 제5조에서 "국군은 국민의 군대로서 국가를 방위하고 자유 민주주의를 수호하며 조국의 통일에 이바지함을 그 이념으로 한다."라고 국군의 이념과 사명을 밝히고 있다. 군인복무기본법은 국가방위, 자유민주주의 수호, 조국통일 이바지 등 군의 구체적 역할과 사명에 앞서 '국민의 군대'를 국군의 성격으로 명시하고 있다.[8] 군인복무기본법 5조는 한국군의 군인정신을 명예, 충성, 용기, 필승의 신념, 임전무퇴의 기상, 책임완수로 기술하고 있다. 이와 같은 군인정신 또는 군대윤리의 덕목은 군인의 가치와 태도, 사고와 감정, 의지를 지배하는 기능을 한다. 문제는 일반사회의 보편적인 가치인 기본권, 인권, 자율, 공정, 개인주의 등의 가치들과 군의 전통적인 가치인 상명하복, 군기강 확립, 책임완수, 단체주의, 군인정신 등의 가치들이 조화를 이루는 것이 중요하다. 군대의 규범은 궁극적으로 국가사회의 윤리적 가치와 모순되거나 상반되어서는 안된다. 군대의 규범이 사회의 시민적 가치와 상반될 때 민주 사회에서의 군대는 존재의 합법성을 유지할 수 없게 된다.[9]

---

8 군인복무규율을 대체하는 법령을 제정하면서 국군이 특정 정부의 군대가 아닌 국민 일반을 위한 군대라는 점을 특별히 강조하고 있다고 할 수 있다. 그러나 보다 근본적으로 군이 폐쇄성 보다는 투명성을, 강압적이고 권위주의적인 군대보다는 보편타당한 시민사회의 가치를 따르고 그것을 수호하는 국민의 군대로 이념적 지향성을 정립해야 함을 강조하고 있다.

9 이 점에서 오늘날 군인은 사회적 가치규범을 내면화한, '제복 입은 민주시민(citizen in uniform)'의 면모를 갖추는 것이 바람직하다. '제복 입은 시민'의 표현은 군인이기 이전에 민주시민임을 강조하고 있다. 기능적 측면에서도 민주시민의 가치와 역량은 중요하다. 미국의 국제정치학자인 댄 라이터와 알랜 스탐은 민주주의 국가의 군대가 전쟁에서 승리할 가능성이 더 높다는 사실을 경험적으로 입증하였다. 자율과 존중, 참여와 연대의 시민성을 갖춘 민주시민들로 구성된 군대는 통제에만 따르는 군대에 비해 전투 효율성이 높다. 정상근, "독일 연방군 '내적 지휘'의 한국적 적용", 「정신전력연구」 제58호, 2019., 독고순 조영진 이현지, 『직업군인 윤리 연구』. 한국국방연구원, 2002.

미 육군은 리더십 모델을 통해 육군의 가치와 인재육성의 방향을 제시하고 있다. 군 가치의 특수성과 민주시민의 보편적 가치와의 조화를 지향하면서, 훌륭한 군인은 훌륭한 민주시민이 될 수 있음을 강조하고 있다. 미 육군은 조직의 핵심가치를 충성(Loyalty), 책임(Duty), 존중(Respect), 헌신(Selfless Service), 명예(Honor), 정직(Integrity), 용기(Personal Courage) 등 7대 가치로 정립하고 첫 글자를 따라 LDRSHIP으로 명명하고 있다. 핵심가치의 구현을 위해 구성원의 성장과 육군의 발전을 지향하는 관점에서 Be-Know-Do의 리더십 프로그램을 전 구성원을 대상으로 하여 실천하고 있다. Be는 품성과 자질, Know는 군사전문지식과 능력, Do는 실천력으로서 이끌기, 역량개발, 성과달성을 포함한다. 미 육군의 리더십 모델은 이를 군 구성원의 특성(Attributes)과 역량(Competencies)으로 제시하고 있다. 특성은 성격(Character), 존재

그림 3 미 육군의 리더십 역량개발 모델

출처: U.S. Army, 「Army Leadership and the Profession」(ADP 6-22), 2019.

(Presence), 지적능력(Intellect)으로 구성되어 있고, 유능함은 리드(Leads), 발전(Develops), 성취(Achieves)로 구성되어 있다. 각각의 덕목과 역량은 하위의 요소로 구성되어 있는데, 예컨대 리더십을 구성하는 지적능력은 지적 민첩성(Mental agility), 건전한 판단(Sound Judgement), 혁신성(Innovation), 대인관계(Interpersonal tact), 전문성(Expertise)을 포함한다.

대한민국 육군은 위의 미 육군 리더십 모델을 기초로 한국군 리더의 가치와 덕목을 제시하고 있다. 육군이 추구하는 바람직한 리더상은 '올바르고 유능하며 헌신하는 전사'이며, 구체적인 덕목은 Be-Know-Do의 미 육군의 모델을 따라 품성, 역량, 실천력의 3대 영역으로 구분하여 각각 육군 리더가 갖추어야 할 덕목과 역량을 제시하고 있다. 첫째, 품성은 육군의 리더가 올바른 인간이자 리더로서 갖추어야 할 됨됨이라고 정의하고 있으며, 이중 육군 핵심가치는 나라를 위해 목숨을 바칠 각오로 임무를 수행하는 '위국헌신', 군인의 본질인 국토방위의 책무를 완수해야 한다는 가치인 '책임완수', 전우애로 굳게 단결하고 민주시민으로서의 가치를 다져야 한다는 '상호존중'으로 구성하고 있다. 둘째, 역량은 구성원들이 리더를 보고 믿음직하게 여겨 나의 리더로서 인정할 수 있게 만드는 내외적 모습이라고 정의하고 있다. 전문전투원일 뿐 아니라 높은 도덕적 가치와 신념체계를 갖춘 전사다움, 육체적 강건함, 주도성을 핵심가치로 설정하고 있다. 셋째, 실천력으로서의 이끌기는 목표 달성을 위해 구성원들의 자발적 참여를 이끌어내는 능력으로 규정하며 솔선수범, 동기부여, 공감 및 소통의 핵심가치를 강조하고 있다.[10]

위에서 언급한 군 인재에게 필요한 역량과 덕목의 속성을 고려할 때, 국방인재로 성장하기 위해서는 생애단계 전반에 걸쳐 이에 대한 지속적인 학습과 경험 및 체화의 과정이 중요하다. 군 인재를 양성하는 차원에서 다음과 같은 역량과 덕목을 학교 단계별로 강조하는 것이 중요하다.

10 육군본부, 초급간부 자기개발 리더십, 2019.

표 2 생애주기별 군 인재의 덕목과 역량의 강조

구분	내 용
초중등단계	도덕과 윤리: 도덕적으로 올바른 행동과 책임있는 행동 강조 협동심과 리더십: 동료들과의 협력과 리더로서의 역량 함양 국가와 역사: 국가의 역사를 학습하고 안보의 중요성을 이해
대학단계	자기주도적 학습: 지식과 역량을 스스로 탐구하고 확장 소통 및 협업: 타인과 적극적으로 소통하고 협력 안보와 사회적 책임: 안보와 사회적 책임을 인식
군복무단계	헌신과 책임: 공익적 가치와 목표를 이루기 위한 책임감 리더십 발휘: 팀을 이끌고 효과적으로 임무를 완수하는 능력 자기통제와 스트레스 관리: 자기 통제를 유지하고 대처하는 능력
평생교육단계	지속적인 역량 강화: 지속적인 자기계발을 통해 자신의 역량을 강화 윤리적 리더십: 올바른 리더로서의 행동과 타인을 이끄는 능력을 중시 사회공헌과 공동체 기여: 사회에 기여하고 공동체 발전에 참여

요컨대, 국방인재에게 요구되는 가치관, 역량과 품성 및 태도는 군사전문지식과 업무수행 능력 등 군사적 영역을 제외하면 실상 민주시민의 바람직한 윤리, 가치, 태도 등 보편적 자질과 역량과 유사하다. 학교교육을 통해 다음의 가치와 덕목을 부단히 학습하고 경험하과 체화하는 것이 중요하다.

첫째, 직업군인으로서의 소명의식이 자라날 수 있도록 국가관, 나라사랑의 마음, 안보와 국방에 대한 인식 등과 같은 공동체에 대한 가치를 지속적으로 학습하고 경험하는 것이 중요하다. 둘째, 자율과 책임, 명예, 충성심, 용기, 존중, 배려 등 시민적 가치와 동일한 수준의 보편적 윤리의 함양이 필요하다. 셋째, 학교 및 사회에서 이를 학습 및 체화하는 것이 중요하며 이러한 맥락에서 팀 스포츠를 중심으로 체육활동을 활성화하는 것이 바람직하다. 체육활동을 통하여 팀워크, 리더십, 인내와 근성, 자기희생정신, 스트레스 관리, 규칙준수, 책임감 등을 배양할 수 있다. 공동체에 대한 가치, 시민적 가치와 보편적 윤리가 발현되는 바람직한 군대문화를 세워나가는 것은 국방인재 양성에서 중요하다.

05. 국방인재 양성 혁신방향과 과제

인구감소시대의 진전과 군사과학기술의 현신적 발전, 군의 기능과 역할의 확대로 요약되는 안보환경의 변화에서 정예 국방인재의 양성은 핵심적 사안이다. 첨단 군사과학기술이 적용 및 확산된다 할 지라도 여전히 사람의 중요성은 무기에 앞선다. 무기보다 사람(man over weapon)이라는 고전적 담론이 이를 반증한다. 정예 국방인재를 양성 및 활용하는 관점에서 다음의 방향과 과제를 검토하는 것이 필요하다.

1. 건전한 시민, 국방인재 양성을 위한 주니어사관(JROTC)제도 발전

건전한 민주시민 육성과 함께 국방인재에 대한 꿈을 꾸고, 바람직한 가치와 덕목을 함양하며, 진로를 탐색할 수 있는 프로그램을 국가사회차원에서 검토하는 것이 바람직하다. 이 맥락에서 청소년 리더 육성을 위한 미국의 주니어사관(JROTC: Junior ROTC) 제도를 발전적으로 적용 및 확대하는 것이 필요하다. J-ROTC 프로그램은 미국 고등학생들이 4년간의 교과 과정 중에 자발적으로 지원하여 참여하는 군사교육 형태의 리더십 프로그램이다.[11] 1916년에 전시에 국방인력을 확보하는 차원에서 국가방위법(National Defense Act)에 근거하여 설치되었으나, 이후 건전한 민주시민 육성에 중점을 두고 지금의 제도로 정착되었다. 건전한 민주시민 육성을 교육이념으로 하며, 교육의 목적은 학생들에게 민주시민의 가치, 국가관 및 안보관, 개인적 책임감, 성취감 등을 고취하여 국가 및 사회에 필요한 리더를 육성하는 데 있다. "To Motivate Young People to be Better Citizens"라는 미션 선언문은 이를 잘 표현하고

11 과거 우리나라에도 교련이라는 형태로 고등학생을 대상으로 하는 군사교육 훈련과정이 있었다. 그러나 이는 인성 및 공동체 의식 함양 또는 군에 대한 직업적 탐색에 비중을 두기보다는 안보상황을 고려한 군의 예비전력 확보 성격이 강했다. 그 결과 과거 군사정권을 거치면서 군사문화에 대한 강한 반발과 비우호적 정서로 인해 폐지 되었다.

있다. 학생들은 프로그램에 참여하기 위한 가입비나 교육비를 별도로 지불하지 않으며, 참여 학생들에게 필요한 모든 비품, 제복, 장비, 교보재 등은 군에서 무료로 제공한다. JROTC 교관은 예비역 군인들로 편성된다. 교관 급여는 군과 일선 고등학교에서 공동 부담하고 있다.

JROTC에 대한 군과 사회의 평가는 매우 긍정적이다. 군은 JROTC 과정이 사회와 군에 중대한 이익, 특히 공공과 관련한 이익을 제공한다고 평가하고 있다. 일반 시민들은 본 프로그램이 학생들의 학업성취도와 건전한 민주시민 육성에 긍정적 영향을 미치고 있다고 평가하며, 특히 교육과정 이수 시 장학제도 등을 통해 학비의 일부를 지원받고 직업군인의 길을 택하면 신분획득, 사회보장, 학업, 취업 등의 기회가 부여되는 것에 매력을 느끼고 있다. JROTC 졸업생들의 30~50%는 이후 군에서 일하는 것으로 알려져 있다. 참여하는 학교는 대략 전체 고등학교의 25% 수준이며, 학교별 프로그램 참여자는 약 10%로 연간 약 314,000명의 학생이 참여하고 있다.

표 3 미국의 JROTC 프로그램에 대한 평가[12]

구분	일반학생	JROTC 학생
출석률	87.5%	91.3%
졸업률	50%	66%
규칙위반 비율	2.6%	1% 이하
중퇴율	1% 이하	1% 이하
GPA(성적)	2.23	2.5

국내에서는 2009년부터 국방부와 한국국방연구원을 중심으로 JROTC의 한국적 적용을 논의하였다. 이에 따라 2014년에 한민고등학교에서 처음으로 JROTC가 창단되었고, 2023년 5월 현재 전국의 24개 고등학교에서 운영되고 있다. 그러나 여전히 범 정부 차원의 제도적 지원은 없는 상황에서 학교별로

12 https://www.usarmyjrotc.com/ (검색일: 23.10.24)

자율동아리 형태로 운영되고 있어 사실상 미국의 JROTC와는 많은 차이가 있다. 건전한 민주시민, 청소년 리더, 국방인재를 양성한다는 관점에서 JROTC의 한국적 적용을 검토하는 것이 필요하다. 국방부 및 교육부를 중심으로 제도를 설계하고 법률적 토대 아래 프로그램의 내용과 지원을 발전시켜야 한다. 과거 교련교육 수준의 인식에서 탈피하여 미래 국가 및 국방인재 육성의 관점에서 범정부 차원의 노력이 있어야 한다.

2. 국방인력 구조의 전환과 민간인력 확대

한국군의 국방인력은 징집병 중심의 현역위주 인력구조를 형성하고 있다. 육군 기준 18개월을 복무하는 30만의 징집병은 머지 않아 유지하는 것 조차 불가능하다. 20만 명의 장교 및 부사관 중 상당수는 단기복무자로 군에 잠시 복무하다가 떠나는 사람들이다. 매년 획득하는 장교의 70%는 사실상 의무복무의 성격에 해당하는 단기복무자이다. 국방분야 민간인력은 그 규모가 크지 않고, 현역을 보조하는 정도의 위상과 역할을 갖고 있어 인력활용의 성과가 크지 않다. 이러한 한국군의 인력구조는 과학기술 강군을 지향하는 국방혁신의 관점에서 바람직하지 않다. 상비병력의 규모를 감축하는 한편 민간인력의 규모와 활용성을 높이는 방향에서 국방인력체계의 틀을 바꾸어야 한다. 수동적으로 병력을 감축하기보다는 적극적인 관점에서 더 적은 인력으로 더 효율적으로 일할 수 있도록 군 운영체계를 혁신하여야 한다.[13]

13 이 점에서 탈 냉전시대 미 육군의 개혁사례가 주는 시사점이 크다. 미 육군은 1990년에 군 정예화 차원에서 대규모 병력감축을 포함한 개혁을 추진하였다. 군 스스로 수동적으로 끌려가기보다 조직재설계 및 체제적 전략 차원에서 개혁을 선도하려는 노력을 기울였다. 미 육군이 병력감축을 추진하면서 1995년의 병력규모를 법령(NDAA: National Defense Authorization Act, 1990.11.5.)에서 규정한 52만 명보다 1만 1,400명이나 더 적은 50만 8,600명으로 감축했다. 미 육군의 병력감축은 그 자체가 개혁의 목표라기보다 조직 재설계의 관점에서 개혁을 이루어가는 수단이었음을 반증한다. 1989년의 육군과 1995년의 육군 사이에 가장 극명한 차이는 규모이다. 현역은 1989년 770,000명에서 510,000명으로, 예비군 내 주방위군은 467,000명에서 375,000명으로, 육군 예비군은 594,000명에서 241,000명으로, 군무원은 488,000명에서 324,000명으로 감축되었고, 18개의 현역사단은 10개로 축소되었다. 전체적으로 1989년에서 1995년 사이에 육군의 예산은 38% 감축되었고 인력은 35%가 넘게 감축되었다. 주목할 만한 것은 병력감축이 완료되었을 때 남은 10개사단과 기타 부대들에 대한 편성, 훈련, 장비, 인력의 자질 등이 최고의 우수성을 보였다는 것이다. 케블라 군단 의 저자인 존 슬론 브라운의 평가에 따르면 '미군 역사상 이렇게 놀라운 능력을 보여준 적은 없었고, 이는 대단한 업적'이라는 것이다. 최병욱, "국방개혁 추진, 어떻게 해야하나?: 탈 냉전시대 미 육군의 개혁사례와 교훈", 국방정책연구, 한국국방연구원, 2019. 7.

국방인력구조 변화의 핵심은 단기복무 현역병 위주의 국방인력을 장기복무의 숙련된 인력으로 전환하는 데 있다. 상비병력 중 징집병의 규모는 감축하되 국방력은 강화되도록 숙련된 간부와 민간인력의 규모와 활용성을 높여야 한다. 예컨대 2040년을 목표연도로 하여 징집병을 감축하고 부사관을 증원하여 간부 25만(62.5%), 병 15만(37.5%)으로 상비병력의 규모와 구조를 전환하되, 민간인력을 확대 하는 방향으로 국방인력체계의 구조와 내용을 전환하는 방안을 검토할 수 있다.

표 3 미래 국방인력구조의 대안적 구상

구분	2022년	2040년
총 국방인력	**56만명**	**51만명(-5만)**
상비병력	50만명	40만명(-10만)
장교/준사관	7만명	7만명
부사관	13만명	18만명(+5만)
징집병	30만명	15만명(-15만)
국방민간인력	6만명	11만명(+5만)

출처: 최병욱, "미래 병역제도의 기조와 방향", 「미래 국방정책 발전방안」, 국방대학교, 2021.

국방분야 민간인력 확대는 군 전투력 발휘와 부대 운영 등의 문제로 우려가 제기되고 있지만, 확대의 방향성 유지는 불가피하다. 2023년을 기준으로 군무원의 규모는 4.6만 명 수준이다. 군무원 인력을 향후 2024년까지 4.4만 명, 군인 정원 대비 8.8% 수준까지 확대할 계획이지만 여전히 미국, 프랑스 등 세계 주요국의 수준에 크게 미치지 못한다. 현재 각국의 국방분야 현역

대비 민간인력(군무원 등)의 비중은 미국 56%, 프랑스 30%, 영국 28%에

달한다. 미국의 경우 규모는 상비병력 대비 약 55.9%인 76만 명이다. 영국은 비전투분야부터 작전분야까지 다양하게 민간인력을 활용 중이다. 영국의 민간인력은 법적인 신분 보장 측면에서 한국의 군무원과 비교하는 편이 적절한데, 이들 민간인력은 2020년 기준 4.1만 명으로 현역 14.4만 명 대비 약 28% 수준이다. 이들 민간인력은 활용분야는 정보, 특별교관, 의료, 아동지원, 경영관리 등의 생성 및 개발(Generate & Develop)분야 약 50%; 보안, 안전, 경계, 시설관리, 연구 등 실행(Enable)분야 약 25%; 획득, 사업관리, 기술, 군수지원 등 획득(Acquire)분야 20%; 정책, 전략, 의회대응, 재정, 경영혁신 등 총괄(Direct)분야 4%; 국내 및 해외부대의 직접적인 작전 지원(Operate) 분야 1% 등이다. 국방업무 대부분에 민간인력이 활용되고 있다. 한국군은 향후 군무원 확대의 기조를 유지하면서 채용, 교육 및 훈련, 인사관리 등 군무원 인재양성 시스템 전반을 조속히 개선해야 한다.

3. 초급간부의 위상과 역할 제고: 계약진 인턴의 신분에서 정규직 직업군인으로

초급간부 지원율 하락의 원인으로 급여와 복지 및 시설 등 처우의 문제가 제기되고 있다. 이와 같은 문제인식에 따라 국방부와 각군은 군 간부 획득을 위해 처우를 개선하기 위해 여러 노력을 추진하고 있다. 그러나 장려금 인상, 수당 상향, 주거환경 개선 등의 정책은 모종의 단편적, 단기적 접근으로 한계가 있다. 보다 근본적으로 매력있는 군, 성장가능성, 보람있는 업무의 수행, 자부심과 긍지 등이 충만한 복무의 환경을 조성하는 것이 중요하다. 무엇보다 초급간부의 신분과 위상을 정규직의 개념으로 전환해야 한다. 현재와 같이 비정규직, 계약직 신분의 약화된 위상으로 정예 국방인재를 모집하는 것은 어렵다. 매년 8천여 명의 장교가 임용되지만 장기복무자 선발비율은 25%에 불과하다. 부사관의 경우 매년 9천여 명이 임용되지만 그 중 43%만이 장기복무자로 선발된다. 이런 의미에서 보면 장기복무로 확정되지 않은 대부분의 초급간부는 '비 정규직, 계약직 인턴'의 신분과 위상을 갖고 있다. 장기복무가 불확실하고 정년도 짧은 군 직장은 사회에 비해 취약할 수밖에 없다. 계약직 인턴을 모집하는 것이 아닌, 정규직 직업군인을 선발한다는 인식과 접근으로 전환하는 것이 초급간부 획득정책의 핵심이다. 장기복무가 가능토록, 임관과 동시에 장기복무를 확정하는 구조로 인력구조를 전환해야 한다. 수준 미달자가 장기복무를 하게되는 상황이 우려되는 경우, 현역복무 부적합심의제도를 활성화하면 부작용을 낮출수 있다. 이 관점에서 사관학교는 장기복무 직업군인, 3사관학교는 중기복무, 학군 및 학사는 단기복무 인재라는 암묵적 인식과 구조, 패러다임을 쇄신하는 것이 바람직하다.

4. 장교 양성교육체계 혁신

장교는 군을 이끌어 가는 핵심 리더 인력이며, 전투력 발휘의 요체이다. 따라서 정예 장교인력을 효과적으로 확보하고 원활하게 운영하는 것은 군 인사정책의 중요한 요소이다. 현재의 장교 육성체계는 육군사관학교, 3사관학교, 학군사관, 학사사관, 전문사관, 간부사관 등 지나치게 다기화(多岐化)되어 있다. 장교의 다양성 확보라는 긍정적인 측면보다는 양성과정 출신간의 이질성의 심화, 중복의 낭비와 비효율, 불명확한 장교의 활용유형(복무기간과 복무유형)의 문제가 크다. 차제에 정비가 필요하다. 아래의 표는 사관학교 현황을 나타낸다. 육·해·공군사관학교 한해 졸업생은 600여명인데, 교관 및 교수는 380명이고 지원인력(기간장병)은 2,760명이다. 졸업생 1명을 양성하는데 드는 비용은 2.5억에 달한다.

중복의 비효율을 줄이고, 교육의 질을 제고하며, 인력획득의 유리한 상황을 만들어 갈 수 있다는 전제하에 장교의 양성교육 체계를 혁신해야 한다. 예컨대 육군사관학교와 3사관학교의 통합, 육·해·공군 사관학교와 간호사관학교를 국군사관학교로 통합, 학군과 학사사관의 통합 등을 전향적으로 검토하

표 4 사관학교 운영 현황

구분	육사	해사	공사
모집정원	330명	170명	235명
연간 임관인원	280여명	140여명	180여명
교관·교수	160여명	100여명	120여명
기간장병	810여명	590여명	1,360여명
시설	38.5만평/서울	65.1만평/진해	139.5만평/청주
교육예산*	59.8억	72.7억	46.1억
1인양성비용	2.5억	2.4억	2.4억

* 교육예산: 직접경비로 교육재료, 교보재, 용품비 등으로 인력운영, 탄약, 유류, 급식, 피복, 시설운영 예산 등 제외

출처: 김수광, "국방과학기술 인력 양성이 시급하다: 국방첨단과학기술사관학교 설립", 국회세미나 자료, 2023.9.5., p.24.

는 것이 바람직하다. 각군 사관학교를 국군사관학교로 통합하는 문제는 인력 운영의 효율성 측면도 크지만, 무엇보다 각군 간의 노력을 원팀으로 만들어가는 '합동성'을 생도시절부터 함양토록 한다는 데에 큰 의미가 있다. (통합된) 국군사관학교에서 모집인원을 대폭 확대하고, 임관자 중 5년차 전역을 확대하는 경우, 우수인력의 단기복무 초급간부와 중장기 복무 인력을 동시에 양성 및 확보하는 것이 가능하다는 장점이 있다.

5. 매력있는 군으로의 변화와 혁신

초급간부는 한국군 간부의 70%를 차지한다. 초급간부의 정예화는 기술집약형 군 구조로의 전환과 선진 정예강군 건설의 핵심이다. 초급간부의 중요성에도 불구하고, 이들의 신분은 불안하고 위상과 역할도 모호하다. 초급간부들은 임관한 지 1년 내지 5년 정도에 있는 자들로서 군 간부로서의 첫 걸음을 내딛는 단계에 있고, 병사들과 연령대가 비슷하며 사회경험이나 지식도 일반 병사들과 별반 차이가 없다. 따라서 자신과 비슷한 연령대에 있는 병사들과 잦은

마찰과 갈등을 겪는 한편, 상급자들로부터도 인정을 받기보다는 지적과 질책을 받으며, 간부이면서도 간부로서의 대우를 받지 못하고 있다고 토로하기도 한다. 군 생활에 적응하지 못한 병사들이 자살을 시도하거나 탈영을 하는 사건들이 언론의 주목을 받고 있으나, 실제로 초급 간부들의 복무 부적응 문제는 병사들에 비해 더욱 심각하다.[14]

이런 관점에서 군 복무의 보람과 일에 대한 의미와 자존감에 관심을 기울여야 한다. 어떤 면에서 보면, 이 문제는 단기복무 간부의 문제가 아닌, 직업

군인 전체의 문제로 볼 수 있다. 나의 미래로 비쳐지는 예컨대 소령 및 중령, 그리고 상사 원사의 위상과 역할 및 직업적 가치가 높지 않으면 단기복무를 하면서 인내하는 것이 거의 불가능하다. 군의 일하는 문화, 일에 대한 의미와 자존감 등 매력있는 군으로의 변화 차원에서 이 문제를 검토해야 한다. 인사관리를 통해 장기복무가 가능한 구조로 개편하더라도 관건은 '근무하고 싶은 직장'으로의 변화에 있다. 군 복무의 보람과 성취를 느낄 수 있도록 병영문화 전반에 걸쳐 각별한 노력이 필요하다. 개개인을 '병력(man power)'의 관점이 아닌, '개별적 인적자원'으로 대우하고 관리하는 인식의 전환이 있어야 한다.

예컨대 향후 병에서 부사관으로 임관하는 경우 지원자 개인의 선택에 있어서 중요한 것은 군의 조직문화일 가능성이 높다. 권위적·위계적 군 문화를 개선하여 각자가 업무 파트너라는 인식과 운영의 틀을 바꿔나가야 한다.

14 국방부가 2022년 국정감사에서 더불어민주당 송옥주 의원에게 제출한 자료에 따르면 2017년부터 2021년까지 군에서 자살한 인원은 총 271명이다. 이 중 병사는 99명, 간부는 158명, 군무원은 14명이다.국방부의 다층적인 노력을 통해 병사 자살자 수는 과거와 비교해 상당히 줄어든 것이 사실이나, 간부의 자살자 수는 꾸준히 늘어왔다. 현 병력 총원 중 간부가 40%, 병사가 60% 정도임을 고려하면 간부의 인원이 병사보다 적음에도 자살자 수가 1.5배나 높은 현실은 군에서의 자살 문제가 새로운 국면에 접어든 지 오래임을 방증하는 수치다. 특히 간부 자살자 158명 중 60%에 해당하는 96명은 소위 '초급간부'로 분류되는 저년차 직업군인들이란 점을 주목해야 한다. 이들은 하사, 중사, 소위, 중위 등 통상 근속이 10년을 넘지 않은 간부들인데, 이 중에서도 전체의 34%가량인 33명은 하사다. 하사는 간부 중 가장 계급이 낮고, 평균 연령도 2019년 기준 23.1세로 가장 어리다. 다시 말해 직업군인의 꿈을 품고 입대하였으나 얼마 되지 않아 극단적 선택에 이르는 군인의 수가 계속 늘어나고 있다는 것이다. 김형남, "극단적 선택하는 군 간부들... 안타까운 죽음에 공통점 있다", 오마이뉴스, 2022.11.10.

참고문헌

국방부, 「국방개혁 2020」, 2005.

국회입법조사처, “국방과학기술 인력 양성이 시급하다: 국방첨단과학기술사관학교 설립”, 국회세미나, 2023.

김도희, 이스라엘 탈피오트 제도와 시사점, 국회입법조사처, 2023.

김원대.김인국, J-ROTC 프로그램의 국내 적용 가능성 진단 및 실행방안, 국방정책연구, 한국국방연구원, 2013.

독고순·김푸름, “저출산의 심화와 선진국의 군 인력획득 이슈”, 한국국방연구원, 2017.

독고순.조영진.이현지, 『직업군인 윤리 연구』. 한국국방연구원, 2002.

육군본부, 초급간부 자기개발 리더십, 2019.

이종건.최병욱, “군 장교의 역량개발 체계 개선에 관한 연구: 우수기업 사례가 주는 시사점을 중심으로”, 국방정책연구, 한국국방연구원, 2007.

신성호.양희용, “저출산·초고령 사회와 국방”, 국방연구, 국방대학교, 2015.

최광표.김인국, “군의 역량기반교육 도입·적용을 위한 제언”, 주간국방논단, 한국국방연구원, 2010.

최병욱, “국방개혁 추진, 어떻게 해야하나?: 탈 냉전시대 미 육군의 개혁사례와 교훈”, 국방정책연구, 한국국방연구원, 2019.

최병욱, “국방환경 변화에 따른 미래 국방인력 구조조정 혁신 방향.” KIMA 정책연구, 한국군사문제연구원, 2023.

최병욱, “미래 병역제도의 기조와 방향”, 「미래 국방정책 발전방안」, 국방대학교, 2021.

최병욱, “병역제도 혁신의 방향과 과제: 군 구조 혁신과 일자리 창출.” 2021 국방학술세미나, 한국국방연구원.대통령직속정책기획위원회, 2021.

최병욱, “초급간부 획득정책의 새로운 접근.” 2023-5 KIMA 포럼, 한국군사문제연구원, 2023.

최병욱, “현 병역제도 개선방향”, 국회세미나, 대한민국성우회·병무청, 2023.5.11.

IISS, The Military Balance 2021, 2021.

U.S. ARMY, 「ARMY LEADERSHIP AND THE PROFESSION」(ADP 6-22), 2019.

Global Firepower(GFP), '2021 World Military Strength Rankings', 2021.

———

토론문: 정치 인재

자유민주시민을 위한 정치교육과 정치리더십의 형성

함재봉 (한국학술연구원 원장)

자유민주주의의 시민을 교육하기 위해서 미국이나 영국에서는 하고 있지만 한국 교육과정에는 없는 것들이 있다.

1. 미국과 영국 등의 자유민주주의 선진국에서의 교육의 가장 큰 특징이자 장점인 교육 활동을 소개한다.

학생들이 제출하는 모든 과제물을 교사들이 세심하게 읽고 검토하여 의견을 제시한다는 점이다. 과제에 대한 점수만 주는 것이 아니라 어떤 점이 부족한지, 어떤 점이 잘 되었는지 답을 준다. 이렇게 함으로써 선생과 학생 간에는 학생의 학습 과정, 진도는 물론 학생의 성격, 인성, 특기, 인격에 대한 깊은 이해와 교감이 생기고 학생은 자신의 의사를 보다 적극적으로 표현하고 싶어하는 동기가 생긴다. 반면 한국의 교육 과정에서는 선생이 학생들이 제출하는 과제물에 대한 답변/feedback 이 거의 없다. 한국의 대학생들에게 질문을 해보면 대부분 초등학교에서 대학에 입학할 때까지, 그리고 대학에 다니면서도 과제물에 대한 선생이나 교수의 심도 있는 답변/feedback을 받아 본 적이 없다고 한다. 한국 민주교육의 가장 큰 맹점이다.

2. 미국과 영국 등의 자유민주주의 선진국에서의 교육과정에는 있지만 한국의 교육과정에는 없거나 태부족한 것들을 소개한다.

가. 운동(스포츠)이다. 스포츠, 특히 팀스포츠는 공동체성, 협력(팀플레이) 등의 소양을 기른다. 특히 '포츠맨쉽'은 스포츠를 통해서만 기를 수 있다. 스포츠의 또 다른 장점은 적극성과 진취성을 함양한다는 점이다. 미국, 유럽 등의 선진국에서는 오후 3시가 되면 대부분의 학생들이 운동장에서 스포츠를 한다. 이것은 신체의 건강에만 중요한 것이 아니라 스포츠를 통해서만 습득할 수 있는 민주시민 정신과 태도를 함양해야 한다고 믿기 때문이다.

나. 연극에 참여하거나 웅변을 하는 기회다. 연극이나 웅변은 명문장을 외워야 하기 때문에 고전과 인문학에 대한 이해가 깊어질 수 있는 최고의 기회를 제공한다.

다. 고전 읽기다. 선진 민주국가에서는 어려서부터 수많은 시와 연설문, 고전 문장들을 읽고 외움으로써 표현력, 대화 능력, 토론 능력을 키운다.

라. 기숙사 생활을 통한 공동체 생활이다. 미국이나 영국에서는 초, 중, 고등학교에도 기숙학교가 많지만 대학에서는 거의 100% 기숙사 생활을 하게 되어 있다. 타인과 같은 방, 화장실, 부엌 등의 공간을 사용하면서 책임과 권리를 배울 수 있는 기회를 제공하는 것이 기숙사 생활이다.

3. 한국의 정치사상은 어떤 것이어야 하나?

미국의 정치사상은 자유주의나 공화주의, 기독교 등 하나로 규정될 수 없다. 그 대신 서로 상충되고 이론적으로 공존하기 힘든 자유주의, 공화주의, 기독교가 조화를 이루고 공존할 수 있는 제도적 장치와 관행, 관습 들을 만들어 냄으로써 고유의 정치사상과 문화를 창출하였다. 하나의 사상을 고집한다면 그것은 전체주의일 뿐이다. 자유민주주의 사회에서는 다양한 사상들이 공존해야 한다. 한국적 상황에 맞는 사상의 조합이 필요하다.

토론문: 공직 인재

대한민국 미래를 위해 공무원은 어떻게 만들어져야 하나?

김정일 (전 인사혁신처 인재정보기획관)

공무원의 역량 수준

공무원은 일은 못한다는 말이 있다. 그 내용을 좀 더 자세하게 살펴보자. 나는 공무원의 역량은 많은 일을 애매한 실력으로 대충 처리하는데 특화되어 있다고 말하고 싶다.

첫째, 공무원은 많은 일을 처리해야 한다. 과거에도 많았고 현재도 많지만, 계속해서 일을 늘인다. 사회적으로 문제가 생기면 공무원의 일을 늘리는 것이 해답이 된다. 공무원이 그것을 어떻게 처리할 것인지는 고민의 대상이 아니다. 관리자들도 어떻게 일을 잘할 지보다는 얼마나 많이 할 것인가에 초점을 맞춘다. 인력 증원에 있어서도 잘하기 위해서 인력이 더 필요하다는 말은 호응을 얻을 수 없다. 새로운 업무 영역이 추가되었다고 해야 약간의 관심을 받을 수 있다. 결국 공무원의 관심사는 업무의 깊이가 아니라 범위이다.

둘째, 공무원의 지식 수준은 애매하다. 공무원은 일반 상식에 비추어 논리적인 보고서를 만드는 데 매우 뛰어나다. 또한 행정규정에 있어 한국 최고의 전문가이다. 그러나 이들은 전문지식이 부족하다. 대부분의 공무원은 순환보직을 기반으로 전문가(specialist)가 아닌 일반관리자(generalist)로 성장하기 때문이다. 이근면 초대 인사혁신처장이 “국장 5명의 인사관련 경력을 모두 합쳐도 본인 한 명의 인사관련 경력보다 짧다”고 말 한 적이 있다. 인사혁신처가 분리되기 전 행정안전부에서는 대부분의 직원이 지방행정, 전산, 인사, 조직, 안전을 두루 거치게 된다. 인사로만 한정한다면 인사의 주요 부분인 인사전략, 보수, 노무, 채용, 교육, 문화 중에서 하나를 전문으로 하는 직원은 없다. 공무원은 현장 지식이 부족하다. 법규정이 정책 현장 및 시장에서 어떻게 활용되고, 시민은 어떻게 반응하는지에 대한 이해가 부족하다. 또한 최근 들어 강화된 특징 중의 하나는 공무원이 스스로를 문제해결자라기 보다 과정관리자로 정의하는 경향이다. 문제에 대해 고민하고 해결책을 제시하기 보다는 문제를 해결하는 프로세스 관리자의 역할로 자신의 일을 다했다고 생각한다. 결국 공무원은 일을 대충한다. 많은 일을 해야하는데 초점은 잘하는 것이 아니라 문제가 안생기는 것이다. 여기에 소극행정의 문제가 발생한다. 많은 일을 해야하는데, 그 내용을 구체적으로 알지 못하고, 전문지식도 쌓지 못했다. 그렇다고 충분한 시간을 두고 준비할 시간도 없다. 마감은 급하고, 새로운 문제가 또 생긴다. 일의 완성도를 높이는 것은 끝없는 작업이다.

공무원뿐 아니라 공공기관에서도 동일하게 나타나는 현상인데, 이들은 전문성이 떨어진다는 말을 아주 싫어하고, 인정하지 않는다. 기본적으로 전문성에 대한 기대가 낮다. 한 분야에서 4,5년 일하면 그 분야의 전문가라고 한다. 민간 부분에서 10년 이상 일해야 하는 것과는 차이가 크다. 또한 한 분야에 특화된 인력은 승진에서도 불이익을 받는다. 장관을 위한 보고서는 여러 분야를 경험한 인력이 잘 쓰고, 담당한다. 결국 상식적 수준의 해결책을 멋있게 엮은 보고서가 만들어진다.

정책제언

이런 문제는 한 두개의 해결책으로 간단하게 해결할 수 있는 문제가 아니다. 그 중에서 전문성에 대해서만 몇 가지 대안을 제시하겠다.

공공기관 직무급이나 정부의 전문직 도입할 경우, 가장 큰 저항의 하나는 다 같은 시험을 보고 입사했는데, 보상, 전보에서 차별을 하느냐는 것이다. 채용 단위의 세분화가 필요하다. 민간부분에서는 대규모 공채에서 직무단위 상시 채용으로 채용 방식의 변화가 뚜렷하다. 대규모 공채의 경우 객관성, 공정성에 대한 강점이 있지만, 이제는 이를 넘어설 때가 되었다고 본다. 정부에서는 직무 단위의 면접 중심 채용의 전면 도입은 국민의 수용이 어렵겠지만, 일반직을 부처별로 3~5개의 채용 단위를 구분하고, 전보를 제한하는 방식을 고려해 볼 수 있다. 이를 위해서는 CDP에 대한 체계적인 검토가 필요할 것이다.

또한 보직자의 임용 기준에 전문성을 강화할 필요가 있다. 현재는 전보 제한을 통해 어느 정도의 전문성을 확보하려고 하지만, 이는 직원들이 전문성을 쌓고자 하는 동기를 부여하지는 못하는 최소한의 방어장치이다. 실제로 제한 기간 전부터 모든 공무원은 다른 자리로 옮기려고 여러 활동을 한다. 전문성을 쌓는 것이 진급에 유리하게 만들어야 한다. 과장이 되기 위해서는 그 과에서 4년 이상, 관련 분야에서 8년 이상을 요구한다면 여러 분야를 경험하려는 동기를 완화하고 전문성을 제고하는데 도움이 될 것으로 본다.

토론문: 공직 인재

대전환의 시대, 공무원 인재 전략 혁신해야

곽노성 (연세대학교 글로벌인재대학 객원교수)

저출생 고령화, 글로벌 공급망 재편, 4차 산업혁명이라는 시대적 변화와 함께 높은 부채와 경제성장률 저하로 인해 대한민국 경제는 큰 전환기를 맞이하고 있다. 슬기롭게 대응하기 위해 가장 중요한 것은 인재다. 인재가 신이 나서 자신의 역량을 충분히 발휘하면 피해를 최소화하며 벗어날 수 있다. 그렇지 못하면 과도한 피해를 보고 악순환의 고리에 빠져들 수 있다.

지금 정부의 인재는 과연 자신들의 역량을 충분히 발휘하고 있을까? 유감스럽게도 그렇지 못하다. 국가전략을 수립하고 이를 체계적으로 추진해야 하는 공무원 사회는 한껏 위축되어 있다. 인공지능이 전 분야로 확산하는 상황에서 업무에 활용하는 것은 엄두도 내지 못하고 있다. 오히려 그간 전자정부의 대표성과로 인정받던 행정전산망은 사흘 동안 멈춰서기도 했다.

사명감으로 국가발전을 고민하는 모습이 과거에는 공무원의 당연한 모습이었다면 이제는 특별한 모습이 되고 있다. 위에서 지시한 것을 그대로 실천하는, 사회 각층의 반대를 묵묵히 감내하면서 큰 변화를 만들지 않는 것이 유능한 공무원의 인재상이 되었다. 공무원이 자신의 몫을 하기에는 지고 있는 불필요한 짐이 너무나도 많다. 이제 이런 것을 덜어내야 한다.

우선 철 지난 평가 시스템을 개편해야 한다. 글로벌 기업은 성과평가의 부정적인 결과에 주목하면서 성과평가 자체를 폐지하는 경우가 발생하고 있다. 환경에 유연하고 민첩하기 대응하기 위해 다양한 기능을 가진 인재들로 팀을 구성하고 권한과 책임을 부여하는 애자일 조직도 도입하고 있다. 정부 조직의 특성상 완전한 폐지는 어렵더라도 지금처럼 그 필요성을 현장에서 인정받지 못하는 상황이 지속되어선 안 된다.

정부의 업무 평가 시스템은 도입 당시부터 많은 논란이 있었다. 정부 업무는 공무원 한 사람이 잘한다고 되지 않는다. 조직적으로 움직여야 한다. 성과 달성 여부에 국회나 이익단체와 같은 외부적 요인이 크게 작용한다. 큰 성과일수록 행정보다 정치의 영향을 많이 받는다. 이런 상황에서 엄격한 성과평가는 오히려 제일 중요한 일을 기피하는 결과를 초래한다.

중요한 것은 평가 자체가 아니다. 앞으로 업무에 도움이 되어야 한다. 그렇지 못하다면 과감하게 축소해야 한다. 민간 기업처럼 전면 폐지는 하지 못하더라도 공무원들이 공감하고 업무에 도움이 되는 방향으로 바꿔야 한다.

정부 업무의 선택과 집중이 필요하다. 어느 때부턴가 공무원은 새로운 정책을 발표하는 것을 성과로 인정받았다. 정작 지금 문제가 있는 제도를 개선하는 것에는 소극적이다. 언론 보도가 어렵고 일하는 모습을 부각하기 어렵기 때문이다. 이런 관행이 굳어지면서 기존 정책을 포장만 바꿔서 다시 발표하는 경우까지 발생하고 있다.

일하는 모습을 보여주지만 정작 성과가 나오지 않는 대표적 사례는 진흥법 제정이다. 새로운 산업이 나오면 정부는 진흥법 제정을 추진한다. 국회도 입법 성과를 낼 수 있어 여기에 적극 동조한다. 정작 성과는 미흡하다. 진흥법 중 몇 개만 성공했어도 지금 대한민국의 모습은 크게 달라졌을 것이다.

오히려 민간 기업이 스스로 성과를 창출하기보다 정부의 예산에 의존하는 비즈니스 모델을 만드는 부작용을 초래했다. 때로는 진흥 정책이 공정한 정책을 저해하면서 규제로 작용하기도 한다. 실제 벤처업계에서는 진흥법을 폐지하는 것이 규제개혁이라는 주장까지 나오고 있다.

중요한 것은 문제 해결이다. 아무리 많은 대책을 발표하더라도 성과를 내지 못하면 무의미하다. 아니 오히려 행정력을 소진하는 세금 낭비다. 소리소문없이 묵묵히 일해서 성과를 내는 공무원을 칭찬하고 그런 사람들이 공무원 사회를 주도할 수 있는 분위기를 만들어줘야 한다. 그러기 위해서는 포기할 것은 포기하고 문제 해결에 필요한 정책에 집중하는 선택과 집중이 필요하다.

세상은 4차 산업혁명, 인공지능으로 큰 변화를 맞고 있다. 당연히 공무원의 일하는 방식도 이런 변화를 수용해서 더욱 효율화해야 한다. 그러려면 일하는 방식이 합리적이어야 한다. 데이터 중심, 근거 기반 정책은 디지털 정부의 필요조건이다. 지금 공무원의 일하는 방식은 이와 거리가 있다. 윗사람의 생각이 중요하다. 사회적 반대가 있으면 섣불리 분석 결과를 발표하지 못한다. 이런 상황에서는 좋은 기술도 활용하기 어렵다.

점점 더 좋은 인재가 공직사회를 떠나고 있다. 민간의 역동성을 찾아가는 경우도 있지만 처음 공직사회에 들어올 때 가졌던 초심을 살릴 수 없어 좌절하고 떠나는 경우도 있다. 아무리 기술이나 제도가 발전해도 결국 일은 사람이 한다. 좋은 인재가 우대받고 신나게 일할 수 있는 문화가 형성되어야 한다. 이제 이런 문화를 만드는 공무원 인재 전략이 필요하다.

———

토론문: 산업 인재

대한민국의 미래를 위한 산업 인재 육성: 한국형 신장인론

김형만 ((사)아이야 대표이사)

최근 UNCTAD에서 선진국으로 분류함에 따라 한국이 명실공히 국제적으로 선진국 반열에 들었지만, 아직 한국은 선진국 중에서도 선도 국가로 도약해야 하는 과업을 남겨두고 있다. 1995년 "5.31 교육개혁으로 인재 양성과 활용을 연계하려는 노력은 있었지만, 이 또한 이미 25년 전에 일로 산업화 시대의 잔재를 그대로 안고 있다. "신장인론"이 담고 있는 내용은 이러한 산업화 시대의 잔재를 넘어서는 국가 발전의 새로운 동력을 창출하는 시사점을 담고 있다고 생각된다. 이 토론문에서는 "신장인론"이 국가정책의 중요한 축이 되기 위한 논거로 현재의 쟁점과 대응 방향에 대한 의견을 제시한다.

먼저 우리의 당면 현실을 짚어보는 것이다. 당면 현실적인 쟁점은 인구구조변화(학령인구 급감, 고령인구 급증), 디지털 및 비대면 전환, 기후변화 등의 빠르게 진행되는 경제사회 환경변화에 조응해야 하는 것이다. "인구구조변화는 학습 수요가 다원화를, 디지털 전환은 산업현장에서 숙련의 생존 주기 단축을, 기후변화는 산업에서 소위 녹색 일자리와 녹색 숙련으로 전환을" 필요로 한다. 이들은 모두 인재를 기르고 활용하는 근본을 뒤흔드는 것들로 "장인론"에서 제시하는 "스스로 하기, 일-학습-삶의 조화"의 방향으로 나아가야 할 이유와 맞닿아 있는 것이다.

다음은 과거 고도성장의 결과 또는 잔재를 경제성장과 생산성, 그리고 고용구조와 노동력 고학력화 현실을 조망함에 의해 우리가 극복해야 할 쟁점이다. 우리나라의 경제성장률 장기 추세는 2010년대 이후 2%로, 그리고 최근에는 1%대로 떨어졌고, 하향 안정되면서 잠재성장률이 하락하고 있다. 노동생산성은 OECD 국가들에 비해 매우 낮다(특히 중소기업에서 낮음). 고용구조는 다수 근로자가 250인 이하 중소기업에서 일하고 있으며, 이는 OECD 국가 중에서 가장 높다. 또한 2000년대 중반 이후 대학 진학률이 83%대로 높아진 이후 최근에서 70% 수준을 유지하고 있어서 학령기 인구의 대부분이 고등교육을 마치고 노동시장으로 진입하고 있어서 노동력의 고학력화가 빠르게 진전되었다. 이러한 현상은 인재 양성에 있어서 학력 수준은 높지만, 노동시장에서 성과(생산성)가 저조함을 보여주는 것이다. 또한 중소기업에서 낮은 생산성은 중소기업 근로자들이 소득불평등에 직면하게 되어 사회적 불평등에 직면하는 근원이 되고 있다. 더욱이 소득불평등에 직면한 계층의 자녀들은 학교교육 영유아의 돌봄(인적자본 투자에 기반을 두는 돌봄)이 부진하여 이들이 초중등교육에서 교육격차에 직면하면서 다시 이들이 소득격차라는 악순환의 고리를 형성하게 된다. 결국 사회적 불평등이 성장잠재력을 올리는 데에 한계를 가져올 것임을 짐작할 수 있다. 그동안 포용성장과 혁신성장에 대한 논의도 이러한 근본적인 관점을 숙고하지 못한 것으로 생각되며, 이제 혁신이 어디에서 일어나야 하는지에 대한 분명한 관점이 필요한 상황이다. 특히 중소기업이 혁신은 분명 인재의 양성과 활용을 바탕으로 추진될 정책 유인 체계의 필요성이 제기되는 것이다.

이와 같은 현실의 변화에 대응하고, 우리나라가 직면한 선진사회로 도약의 제약 요건을 극복하기 위해서는 "신장인론"의 철학이 국가정책의 기반으로 활용될 필요가 있을 것으로 생각한다. 이를 위한 몇 가지 제안을 하면 다음과 같다.

첫 번째는 핵심 인재의 양성과 활용에 있어서 양이 아닌 질적 향상을 지향하는 정책 방향과 실행 과제가 도출되어야 한다. 현재의 고등교육에서 약 70%의 진학률과, 고학력 노동력의 약 70%를 차지하는 현실은 분명 양적 차원에서 인재를 기르고 활용하는 구조가 지배하고 있는 결과라고 할 수 있다. '일방적인 지식 전달과 산업에서의 획일적 숙련, 높은 사교육비, 일터의 낮은 생산성(특히 중소기업의 낮은 생산성)' 등은 인재의 질적 향상을 위한 구조로 전환이 되지 못하고 있는데 기인하는 것이다. 이러한 현실을 타개하기 위해서 인재의 질적 측면에서의 정책이 재확립되어야 할 것이며, "신장인론"은 이를 위한 논거가 될 수 있다.

두 번째는 인재의 질적 측면을 고려하기 위해서는 그동안 인재를 사서(to buy) 쓰는 방식에서 길러서(to make) 사용하는 방향 전환이 필요하다. 이를 위해서는 일터에서 일과 학습이 유기적으로 연계되도록 하고, 학교 교육에서부터 일터에서 평생동안 역량을 기를 수 있는 유인 체계가 요구된다. 학교에서 학습과 일터에서 학습이 개인의 경력개발 차원에서 지속적인 역량개발로 이어지게 하는 학습 방식이 요구된다. "신징인론"에서 제기하는 고원에 이르는 길의 저변을 확대할 학습을 위한 제도적 기반이 필요한 것이다.

세 번째는 학습 결과의 이력 관리를 재확립하는 것이다. 우리나라의 현행 자격제도는 자격(qualification)이 아니라 자격증(certificate)에 집중되어 있어서 생애 학습에 대한 유인 정책을 쓰기가 어렵게 되어있다. 특히 일터에서 학습으로부터 축적되는 역량에 대한 공신력을 확보하기 어려운 점은 학교 졸업 이후 학습에 투자할 유인을 줄이게 만든다. 이에 대한 제도의 재확립은 시급한 과제라 할 수 있다.

네 번째는 "신장인론"에 바탕을 두는 정책을 추진할 기반을 확립하는 것이다. 현재는 교육, 고용, 산업, 복지 등의 정책이 따로따로 이고, 중앙정부 주도의 정책이다. 지방에서 스스로 하는 인재 정책은 없다. 지역의 특색을 살릴 인재 정책이 필요하고, 이를 위한 정보인프라와 정책 전문성을 재확립할 필요가 있다.

이상의 핵심인재 역량을 위한 미래의 정책은 인재 양성과 활용이 함께 해야 하고, 인재의 질적 요소를 중심으로 정책을 설계.운영하는 것이 필요하다. "신장인론"이 핵심인재 정책으로 미래의 산업 정책과 연계될 필요가 있다.

———

토론문: 국가 인재

국가인재 생태계의 전면적 혁신

서원석 (전 한국행정연구원 부원장)

우리나라는 우수한 인적자원의 역량을 극대화하여, 선진국의 반열이 들어서는 '한강의 기적'을 이루었다. 산업화 시대에는 국가와 민간이 협력하여 산업일꾼을 양성하였고, 정보화 시대에는 정보화 인프라를 앞장서서 구축하고, 반도체 등 첨단 기술분야 전문인력의 양성에 집중 투자하여, 현재와 같은 IT 강국의 기반을 조성하였다.

앞으로는 새로운 대전환의 시대를 맞이하여, 또 다시 국가발전에 필수적인 전문인재, 즉 국가인재의 양성에, 국가와 민간이 협력하여 적극적인 전환을 선도해 나가야 한다.

우리나라의 전반적인 교육시스템은 여전히 과거의 '경직적인 교육플랫폼'에서 벗어나지 못하고 있다. 일부 명문대학과 인기 학과에 진학하기 위한, 입시학원 위주의 교육이 사회적으로 성행하고 있고, 이로 인하여 각급 공교육 기관들은 뚜렷한 인재양성의 비전과 목표를 잃어버리고 표류하고 있는 실정이다. 학교에서 배출된 많은 우수한 인력들이 일자리를 구하지 못하고 있으며,

반면에 민간의 산업현장에서는 실무활용 인력은 부족하여 인재난에 빠져있는 상황이 전개되고 있다.

이미 우리는 코로나 팬데믹의 혼란을 거치면서, 환경의 변화가 얼마나 급속하게 전개되고 있는지 경험하였으며, 이러한 도전에 적응하지 못하면 도태될 수밖에 없는 현실을 직시하였다. 디지털 대전환의 시대에는, 필수적 국가인재의 수요와 공급의 불일치에 따른 문제를 해결해야 한다. 국가적인 중장기적인 인력수급 청사진을 제시하고, 향후 시대의 흐름에 따라 필요한 인력을 적절하게 육성하고 공급하는, 국가가 주도하는 민관 합동의 인재양성시스템, 즉 국가인재 생태계의 전면적 혁신이 절실하게 요청된다.

디지털 대학, AI 학과 등 필요한 분야별 학과 및 프로그램의 신설에 대한 규제는 과감하게 철폐하여, 순수 학문과 기초 과학 분야 등을 위한 대학과 대학원 과정을 운영하면서, 실무적 산업 분야별로 특수학과, 특수인재양성 과정들을 재량적으로 설치하고 운영할 수 있도록, 대학의 자율성을 대폭 확대해 나가야 할 것이다.

또한 학교에서 배출된 국가인재들이, 직장현장에서 실무경험을 축적하며 성장할 수 있는 환경도 조성하여야 한다. 소수의 벤처기업이 전 국가를 먹여 살리는 것이 현실인 상황에서는, 소규모 벤처기업과 다양한 중소기업의 활성화를 위한 국가적인 노력과 지원이 필요하다. 현재 우수한 인재들이 벤처기업에의 진출을 기피하고, 대기업 입사에 목을 매는 이유는 중소기업의 낮은 보수수준과 불확실한 미래에 대한 우려 때문이므로, 중소기업의 보수 수준과 대기업의 보수수준의 차이를 좁혀나가는 노력이 요청되며, 중소기업에서의 현장근무 경험을 바탕으로 하여, 더 나은 직장으로의 직장이동이 활성화 되도록,

노동시장의 유동성 증대를 위해 노력하여야 한다.

국가인재 육성의 정책 범위를, '국내적·현재적' 측면에 국한하지 말고, '세계적·미래적' 변화와 흐름에 대응하는, 열린 자세로 정책을 추진해 나감으로써, 국내인재의 세계 진출 및 외국인재의 국내 영입 또한 활성화해 나가야 한다. 그래서, 우리나라가 전 세계 전문인재들의 교류와 협력의 시장이 되고, 분야별 최고수준의 전문인재를 육성하여 제공하는, '세계적 전문인재의 블루오션'이 되어야 한다.

토론문: 교육 인재

교육자는 어떻게 만들어져야 하는가

변기용 (고려대 고등교육정책연구소 소장)

박남기 교수의 챕터는 우리 사회가 유능한 교육자를 제대로 양성하기 위해서는 유능한 미래 교육자 확보가 중요하다는 점을 강조한다. 이를 위한 전제 조건으로 교사가 존경받는 교육 환경과 적절한 처우가 필요하며, 특히 현행 교사 양성 프로그램의 개선이 중요하다고 주장한다. 이와 관련 그는 2023년 교육부가 발표한 교육전문대학원(이하 '교전원') 도입 계획을 소개하며, 이를 시행하기 위한 현실적 문제점들을 고려할 때 생각할 수 있는 다양한 절충적 방안을 제안하고 있다. 중장기적으로는 대학원 수준에서의 교사 양성 체제를 강화해 나가는 것이 필요하다고 주장한다.

토론자는 이 같은 박남기 교수의 주장에 대해 큰 틀에서 공감한다. 다만 박남기 교수가 충분히 언급하지 않은 부분, 그리고 일부 관점을 달리하는 부분을 중심으로 다음과 같이 토론자의 생각을 보완적으로 제시하고자 한다.

먼저 박남기 교수의 챕터에 현재 기술된 내용은 주로 교원의 양성 체제에 초점이 맞추어져 있다. 따라서 "교육자는 어떻게 만들어져야 하는가" 라는 이 챕터의 보다 큰 문제 인식에 비추어 본다면 논의해야 할 주제들 중에서 일부

제한된 부분만을 다루고 있는 것은 아닌가 하는 의문이 든다. 토론자가 볼 때 이 챕터에서의 문제 인식은 "(1) 어떤 사람을 유치해서 올바른 교육자로 양성하고, (2) 어떻게 좋은 교육자들이 임용될 수 있는 선발, 임용, 연수체제를 구축해 나가며, (3) 이들이 학교 현장에서 책무성을 가지고 학생과 사회를 위한 교육을 해 나갈 수 있도록 적절한 동기 유발 체제를 구축할 수 있을 것인가"라는 점이다. 토론자가 볼 때 현재 우리나라는 교사의 처우는 상대적으로 낮지만, 전교조나 교총 등 교직단체의 목소리가 강하다. 더욱이 교사가 공무원 신분까지 가지고 있다는 점을 감안할 때 직업 안정성은 매우 높은 편이다. 이 같은 상황에서 교사들의 동기를 유발시키는 것은 결코 쉽지 않다. 따라서 우수한 교육자의 유치와 양성 뿐만 아니라, 임용된 우수한 교사들이 교사로서 본연의 역할을 제대로 수행할 수 있도록, 이들을 어떻게 동기유발시켜 나갈 것인가 라는 책무성 확보 방안에 대한 논의는 매우 중요한 일이다.

둘째, 예측되는 미래사회의 변화를 감안할 때 과거 산업화 시대를 기반으로 구축된 현재의 교원 양성 체제의 변화가 필요한 것은 자명하다. 특히 소위 '제4차 산업혁명시대'로 대변되는 급속하고 광범위한 과학기술과 지식의 발전 상황 속에서, 교사들의 양성과정도 과거의 단순 교과 중심 양성 체계의 한계를 보완해 나갈 필요가 있다. 산업화 시대에 필요했던 특정 직업과 학과가 일대일로 매칭되어 인력을 양성하던 체제(예컨대 국어교육과, 지리교육과, 역사교육과 등)의 한계가 무엇인지에 대한 사회적 논의가 본격적으로 이루어져야 한다는 뜻이다. 특히 융복합 인재 교육에 필요한 지식과 역량 중심의 새로운 교육과정으로 교사 양성 체계의 변화를 모색할 필요가 있다.
토론자가 볼 때 이와 관련 현재 특히 문제가 되는 것은, 고립된 섬처럼 좁은 공간에서 그것도 교사에게 필요한 소양과 역량 배양보다는 임용 고시를 준비하는데만 치중하고 있는 현재 교대의 교육체제라고 할 수 있다. 교대는 학교 규모가 적어 교수 숫자도 적을 수밖에 없다. 따라서 원초적으로 미래 사회에 필요한 기초교양 교육을 충실히 제공하기는 어려운 여건에 있다. 특히 일부 지역의 경우 향후 교대를 졸업한다고 하더라도 임용이 되기가 점점 어렵게 될 가능성이 많다. 이러한 상황에서 매우 협소한 소속 학교의 테두리 내에서 초등교원 임용 중심의 교육만을 받는 것은 학생들의 입장에서 많은 문제가 있다. 교대 학생과 사회의 공익을 생각한다면, 교대가 독립된 기관으로 존재하기 보다는 다양한 학과와 교수들이 연계하여 학생들에게 필요한 종합적인 교육을 제공할 수 있는 일반대학의 한 부분으로 통합되는 것이 타당하다. 이렇게 될 때 교대 학생들은 단순한 교사 임용을 넘어서 자신의 진로와 적성에 맞는 보다 폭넓은 교육을 받고 진로 설계를 할 수 있을 것이다. 교 · 사대 통합이 이루어지고 난 후에는, 미래 사회의 변화 방향을 고려하여 사범대학이라는 전통적인 목적형 교사 양성 체제에 대해서도 이것이 미래 사회의 학생과 사회를 위해 정말 타당한 체제인지에 대한 논의도 함께 이루어질 필요가 있다.

셋째, 박남기 교수는 교사를 대학원 수준에서 양성하자는 교원전문대학원 도입 계획을 이 챕터에서 비중을 두어 소개하고 있다. 이와 관련하여 토론자는 교전원을 전면적으로 도입하는 방안은 일단 비용 효과 측면에서 매우 비효율적이라고 생각한다. 또한 정치적으로도 대학의 반발을 감안할 때 법제화하지 않는 한 매우 어려울 것으로 판단한다. 따라서 박남기 교수가 제안한 '선발 후 예비교사 교육 수단', 즉 임용 고시 합격자를 중심으로 집중 실습이 포함된 체계적 교육 제공 수단으로 교전원을 활용하는 것이 현실적이라고 생각한다. 다만 임용고시 합격 후 모든 예비교사를 2년간 한꺼번에 교육시키는 것은 비용 등의 측면에서 여러 가지 어려움이 예상되므로, 연수 과정을 모듈화해서 제공할 필요가 있다. 예를 들어 적절한 교사 발달 단계(예컨대 1급 정교사 승진, 부장교사, 교감, 교장 승진시 등)를 고려하여 필요한 시기에 연수를 하도록 하고, 교사가 원하는 경우 이를 석 · 박사 등 학위 과정과 연계시키는 방안을 고려해 볼 수 있을 것이다.

넷째, 초중등 교원과는 달리 우리 사회에서 대학 교원과 관련한 거의 모든 문제점의 근원은 기득권을 가진 특정 학교 출신 임용 카르텔의 존재가 아닌가 한다. 특정 학교 출신이 자신의 역량이 아니라 학연이나 인간관계에 따라 교수가 되는 관행이 정착하게 되면, 좋은 교수가 되기 위해 학생들이 열심히 공부할 이유가 없어지기 때문이다. 실제 토론자가 볼 때 현재 우리나라의 상당수 대학에서 교수를 채용할 때는, 미국 대학들과는 달리 후보자가 어떤 논문을 썼는지는 별로 중요하지 않는 경우가 많다. 현실적으로 제한된 심사 기간과 보상 구조로 인해 후보자의 학위 논문의 질을 꼼꼼히 평가하기 어렵고, 그렇게 평가하더라도 채용 결과에 영향을 미치기 어려운 구조(예컨대 소위 '전공 적합성' 등)로 되어 있는 경우가 적지 않다. 학생들도 그런 노동시장의 채용 관행에 이미 물들어서, 논문을 잘 쓰기보다는 어떻게 하면 현재 고착화된 채용 구조와 룰 속에서 자신이 살아남을 수 있을 것인지에 보다 관심을 두는 경향이 있다. 이에 따라 현재 우리 대학 사회에서는 후보자의 능력과 역량보다는, 출신 학교와 이에 기초한 인간관계가 강조되는 정실적 임용 관행이 여전히 무시못할 영향을 미치고 있는 곳이 적지 않다고 생각한다. SCI 학술지 인용 횟수 등 연구실적의 질에 대한 객관적 평가가 상대적으로 용이한 이공계열은 그나마 이런 현상이 과거에 비해 많이 완화되었다고 본다. 하지만 연구실적의 질에 대한 평가가 어려운 인문사회 계열 학과의 경우 상당수 대학들에 이러한 정실에 의한 임용 관행이 여전히 강하게 남아 있는 것이 아닌가 하는 의심이 든다. 먼저 실태 조사를 통해서 특정한 대학, 특정한 학과에서 어떤 채용 기준을 통해서 어떤 사람들이 해당 대학에 주로 교수로 임용되는지를 면밀히 조사할 필요가 있다. 이 조사결과에 더하여 특정 대학에 특정 대학 출신의 교수들의 비중이 지나치게 높거나, 기존 교수의 출신대학(학과)과 신임 교수의 출신대학(학과)이 같은 경우가 지나치게 많은 경우 이러한 채용 관행이 사회적으로 문제점은 없는지에 대해 사회적 논의가 이루어질 필요가 있다. 어렵겠지만 이러한 공개적 숙의 과정을 통해 문제 해결을 위한 사회적 합의를 지속적으로 만들어 나갈 필요가 있다.

다섯 째, 지금 지방 후발 중소규모 대학들은 생존 여부가 가장 큰 문제이다. 이런 대학에는 돈을 지원해 주는 방법도 있지만 비용을 감축해 주는 방법도 큰 도움이 될 수 있다. 마침 윤석열 정부 출범 이후 교육부가 가진 지방대 지원 권한을 지방자치단체에 이양을 하는 RISE 체계 구축을 하고 있다. 이를 활용하면 지역별로 기초/교양과목을 중심으로 공유 교육과정을 만들 수 있다. 그 공유 교육과정을 가르칠 수 있는 공유 강사를 지자체 소속이나 글로컬 30 대학으로 선정된 지역 거점대학 소속으로 채용하여, 후발 중소규모 대학의 기초/교양과목 중심의 공유 교육과정을 지원하는데 활용할 수 있을 것이다. 현재 우리 고등교육법 상으로는 교원의 유형이 크게 정년 트랙 교원과 비전임 교원의 두 종류로만 나누어져 있다. 하지만 교육 중심대학을 중심으로 교육 전담 교원이나 산학협력 전담 교원을 비정년 전임 교원으로 폭넓게 채용하되, 광주형 일자리를 참고하여 지자체가 공유 교원 채용 비용의 일정 부분을 부담하도록 하는 것을 고려해 보면 어떨까? 이들을 공유 교원으로 하여 후발 중소규모 대학들의 비용 경감책으로 활용해 보는 방안을 고민해 볼 필요도 있다고 생각된다.

마지막으로 현재 교육부는 교수 혹은 대학에 자율만 주면 모든 것이 해결되는 것처럼 이야기 하는 경향이 있다. 하지만 토론자가 보기에 '시장의 실패'와 '정부의 실패'가 있듯이 전문가의 실패, 즉 교수나 교사의 실패도 분명히 존재

한다. "잘 가르치는 교수의 특징과 영향 요인(이승희 외, 2020)"이라는 논문에서 잘 지적하고 있는 것처럼, 연구중심대학의 교수들은 통상적인 관점에서 본다면 사실 '잘 가르칠 이유'를 찾기가 어렵다. 연구를 잘해야 명예도 얻고, 연구비도 얻을 수 있는데 합리적 인간이라면 굳이 '돈도 안 되는' 교육에 시간과 노력을 들일 이유를 찾기 어렵기 때문이다. 정도의 차이는 있지만 이러한 상황은 공립 초중고등학교 교사들에게도 적용될 개연성이 크다. 잘 가르친다고 해서 월급 더 주는 것도 아니고 승진을 더 빨리 시켜주는 것도 아니기 때문이다. 이렇게 자율성을 부여할 때 교육에 별로 관심을 두지 않을 가능성이 많은 '합리적인 인간'인 교사/교수들의 가치관과 신념을 어떻게 변화시킬 수 있을 것인가? 즉 학생과 사회를 위해 자신의 소중한 시간과 노력을 투입할 수 있도록 이들을 어떻게 동기유발시킬 수 있을 것인가? 라는 점이 바로 교육개혁의 핵심이 된다. "우수한 교원을 유치, 양성하는가의 문제 이상으로 우리 교육을 변화시키기 위해서는 교사/교수의 동기 유발이 중요하다" 라는 앞서의 주장은 바로 이 때문에 나온 것이라고 할 수 있다.

———

토론문: 국방 인재 양성

국방교육훈련 패러다임의 대전환이 필요하다

노명화 (국방대학교 국방관리학부 교수)

군은 인적자원의 효율적 활용을 위해 선교육 후보직의 패러다임에 입각하여 5천여 개의 교육과정을 운영한다. 그러나 시대가 변화했고 군에서 모든 교육훈련을 소화해야 한다는 생각의 전환이 필요하다. 선교육훈련과 후보직 또는 배치방식의 인적자원관리는 과거에 다음 세 가지 측면에서 운영할 수밖에 없었던 제도였다. 첫째로 국민들의 지식수준과 역량이 충분히 갖춰지지 못한 시기에 징집한 자원을 군에서 바로 활용하는데 한계가 있었다. 이에 군은 징집된 자원을 제대로 활용하기 위해 군에서 필요한 직무와 관련된 교육이 선행되어야 했다. 둘째로 기술 중심보다는 병력 중심의 군 운용도 한몫했다. 많은 병력을 운영하던 시기는 대량 획득이 가능하고 이에 따라 활용할 병과나 특기를 부여하고 교육시킨 후 군에서 활용했다. 마지막으로 군의 직무가 사회에 다른 점도 이 제도 운영의 충분조건이 되었다. 군의 특수성을 반영한 다양한 직무는 사회와 동떨어진 것이 많았다. 그러므로 이러한 직무수행을 위해서는 군에서 교육훈련이 진행되어야 했다.

그러나 오늘날 국민들의 교육수준과 역량은 날로 증가하였고, 별도의 교육없이도 활용이 가능한 직무도 있다. 또한 인구 절벽의 시대에 과거와 같이 대량획득도 용이하지도 않고 더구나 군과 사회의 구분이 중첩되고 연계된 영역도 확대된 상황에서 과거의 선교육 후보직배치 인력관리 패러다임은 재검토가 필요하다.

그러기 위해서는 사회-군-사회로의 이행과정에서 개인의 역량이 배가되는 체제로의 획기적 전환을 고려할 필요가 있다. 사회에서 배운 지식과 경험이 군에서 활용되며, 군에서 축적된 지식과 경험 역시 사회로 환원되는 선순환 구조는 저출산 고령화 시대에 적절한 군 인력관리 개념이라 할 수 있다. 군 특성화 고등학교, 군사학과가 설치되어 운영되고 있는 점은 이런 변화의 시발점이라 여겨진다. 다만 이러한 변화들이 군의 현 직무체계뿐 아니라 미래의 변화도 고려되어야 하며, 보다 체계적으로 진행되어 사회에서도 이들을 활용할 수 있는 병용 또는 범용의 교육기반을 구성해야 할 것이다. 군에서만 필요한 인력을 위해 교육기관을 사회에서 설치하였다면 이렇게 교육과 경험을 축적한 자원역시 사회에서 활용가능하도록 상호 인증체계가 구축되어야 할 것이다.

저출산 시대가 지속될 경우 우리의 병력구조는 어쩔 수 없이 지금보다 현저히 적은 자원으로 운영될 수 밖에 없다. 첨단 과학기술에 대한 보완이 뒤따른다 하더라도 이를 구현하기 위해서는 막대한 재정지출이 요구된다. 첨단 장비를 운영하기 위해서는 운영 인력의 역량이 지금보다 배가 되어야 한다. 병력은 줄이되 그들의 능력은 확장되는 방식의 전환이 인력 구조의 조정, 교육훈련의 방식도 바뀌어야 할 것이다.

사회와의 연계는 과학기술분야와 함께 조직관리 방식의 민간 경영방식의 도입, 더불어 민간인력의 단기적, 순환적 활용도 검토해 보아야 한다. 군수산업에 참여하는 민간 대기업과의 공생뿐 아니라 민간에서 활용가능한 과학기술과 인력 등도 필요시에 군에서 활용 가능한 형태로 준비시켜야 할 것이다. 현재 일부 군에서는 민간의 정비인력이 군에 상주하면서 정비를 지원한다. 과거에는 생각지도 못한 변화이다. 병력부족을 메꾸는 효율적인 방법 중 하나이다. 이제 군 부대에는 군인만 상주한다는 생각도 바꿔야 한다.

단순히 전투병력을 제외한 지원분야를 민간인력으로 전환한다는 생각은 순진한 환상에 불과하며, 전투와 지원을 분리한 개념이다. 러시아-우크라이나 전쟁에서 우리는 지원역량이 전쟁의 성패에 결정적인 경우를 목도하고 있다. 또한 이라크전 이후 민간인력이 전투에 참여하는 것을 확인하였다. 이러한 현상은 우리에게 많은 시사점을 제공한다.

특히나 우리나라에서 인구절벽의 시대가 지속된다면 군사작전에도 민간이 참여할 수밖에 없는 상황이 될 것이다. 미국 등 선진국에서는 이미 군사전문기업이 등장하고 있으며 이들이 단순히 전투지원에서만 활동하는 것을 넘어서 직접적인 군사작전에 참여하여 성과를 내는 것을 인식해야만 한다.

저출산 시대 안보와 국방은 모든 국민이 함께 부담하고 나누어야 한다. 과거 국방은 군인들 그들만 신경쓰면 되었지만 이제는 우리 모두 관심을 가지고 책임을 공유해야만 하는 시기가 되었음을 자각해야 한다. 만일 이러한 것에 합의를 이루기 곤란하다면 용병제를 심각히 검토해야할지도 모른다.

간부들의 교육도 깊이 고민해야 한다. 현장에서의 단기적 활용 때문에 이들의 역량개발에 대한 장기적 투자가 이루어지지 않는다면 군의 발전은 요원하다. 초급간부에서 고급간부로 성장하는 과정은 직무에 대한 경험만으로는 부족하다. 다양한 경험과 함께 체계적인 교육이 병행되어야 한다. 간부들의 자질향상을 위한 위탁교육제도는 한동안 축소되어 왔다. 국방비 절감을 위해 전략투자는 지속되면서도 경상비는 줄이려는 노력에 자질향상교육비도 축소되어 왔다. 그러나 인적자원에 대한 투자는 적은 비용으로 군의 발전을 가져오는 가장 효과적인 투자라는 점을 잊어서는 안될 것이다. 특수한 직무를 수행하기 위한 전문인력뿐 아니라 부대 지휘관리 등을 수행하는 일반관리자에 이르기까지 자질 향상을 위한 노력을 게을리 하지 않아야 한다. 개인의 발전이 군의 발전에 기초가 된다는 점을 국방정책을 담당하는 분들께서는 다시금 상기해야 할 것이다.

과거에 장교는 대졸자를 중심으로 충원되었고 부사관은 고졸자이상이면 지원이 가능했다. 이는 현재까지 지속되고 있다. 70년전의 우리 국민들의 교육수준을 고려해보면 대졸자는 엘리트급이었다. 다시말해 그 당시 장교들은 사회적으로도 엘리트들이었다. 그들의 지휘관리와 명령에는 당연히 존경이 따랐다. 그들은 전역 후에도 사회에서 높은 대우를 받았다.

지금은 국민의 대부분이 대학교육을 받는다. 장교들이나 병이나 부사관이나 나이차가 있을 뿐 구분이 없다. 령이 서질 않는다. 장교들의 사회적 가치 역시 높질 않다. 미국의 장교들을 보면 사회에서도 충분한 능력을 발휘하고 있다. 우리도 다시 장교의 수준을 높여야 한다. 장교 충원 기준을 석사학위로 높일 필요가 있다. 만일 석사자원을 제대로 충원하지 못한다면 획득된 자원에 대하여 적극적인 투자로 모든 장교가 석사까지 취득할 수 있게끔 지원해야 한다. 미군의 지원동기 중 하나가 교육을 받을 수 있다는 점을 주목해야 할 것이다.

제2부

국가 5대 핵심인재는 생애 단계에서 어떻게 형성 되어야 하는가?

제1장

인재 양성의 기초단계, 초·중등교육의 개선[1]

김성열 (경남대학교 명예석좌교수)

01. 문제의식

학교는 국가기구로서 제도화된 교육활동을 통하여 개인의 성장과 국가의 발전에 중요한 기능을 수행한다. 우선, 개인들이 지적.도덕적.정의적으로 성장할 수 있도록 도와줌으로써 그들에게 세상을 이해하면서 독립된 인격체로 살아가게 만든다(subjectification). 영국의 교육철학자인 피터즈(R.S.Peters)는 이를 '인간이 되는 것'이라고 표현하였다(이홍우 역, 1980). 이를 학교 교육의 인격 함양 기능이라고 할 수 있다. 둘째, 학교는 개인들에게 특정의 직무를 수행할 수 있는 역량을 길러준다. 개인은 학교 교육의 과정에서 특정의 지식

1 이 글은 필자가 지금까지 좋은 학교 만들기 등 학교 개선전략과 관련하여 여러 기관에서 강의한 내용과 발표한 내용들에 새로운 내용을 추가하면서 재구성한 것임.

을 학습함으로써 노동시장에서 요구하는 자격을 갖추게 된다(qualification). 셋째, 학교는 국가의 구성원들에게 통일된 의식을 갖게 하고 민주시민의 자질을 길러 국민을 형성하고, 국가를 포함한 사회질서를 정당화(正當化)하는 기능(socialization)을 수행한다. 마지막으로, 학교는 선발기능(selection)을 수행한다. 학교는 사회구성원 중의 어떤 사람들을, 그들이 학교 교육을 통하여 습득한 지식과 기능의 수준에 따라서, 상위의 지위 또는 하위의 지위에 정치(定置)하기도 한다. 개인에게 있어서 학교는 각기 다른 삶의 기회를 제공해주는 통로라고 할 수 있다.

학교 교육은 그 기능 수행 결과가 어떠하냐에 따라 개인이나 사회, 국가 그리고 더 나아가 세계 인류의 삶과 운명에 크게 영향을 미친다. 교육받은 개인들만이 자신의 삶을 개척해 나갈 수 있으며, 사회와 국가 그리고 인류의 발전을 가능하게 할 수 있다. 학교 교육은 우선 국가적 차원에서 볼 때, 경제체제가 요구하는 다양한 특성을 가진 인력, 자유민주주의를 발전시킬 민주시민을 제대로 양성해내야 하고, 개인들의 삶의 기회를 부모 세대의 그것보다 확대하여 사회적 통합을 이루는 데 기여해야 한다. 개인적 차원에서 볼 때, 학교는 다양하고 그 수준도 높아만 가는 학교 교육에 대해 개인이 가지고 있는 기대를 충족시킬 수 있어야 한다. 개인들은 자신의 인간성이 고양되고 사회발전에 따라 이전보다 질 높은 삶을 살 수 있고 그러한 기회가 확대되기를 원한다. 학생이나 학부모들은 학교가 더 나은 삶의 기회(life chances)와 삶의 질(quality of life)을 향한 '희망의 사다리'로서 역할을 하기를 기대한다.
이러한 이유에서 개인은 이전보다 더 나은 학교 교육을 위한 변화에 열망을 품어 왔다. 국가는 학교가 제대로 기능을 수행할 수 있도록 교육개혁 또는 혁신이라는 이름으로 끊임없이 학교 교육에 대한 개선의 노력을 기울여 왔다. 하지만, 회의적인 시각이 여전하다. 미래 인재가 가져야 할 역량의 기초를 형성하는 우리의 학교는 학부모와 학생들의 다양한 교육적 기대와 사회적·국가적 차원의 필요를 충족할 수 있어야 한다.

이러한 문제의식에서 이 글에서는 우선, 미래 인재의 기초를 제대로 놓을 수 있는 학교를 '좋은 학교'로 규정한다. 다음으로, 현실 속의 학교가 어떻게 변화해야만 미래 인재의 기초를 제대로 놓을 수 있는지를 교육활동 개선 전략과 학교 구성 주체들의 역량 개발 전략으로 나누어 탐색한다. 마지막으로, 개별학교와 시·도교육청, 국가가 여기에 기여하기 위하여 어떤 과제를 실천해야 하는지를 생각해 보고자 한다.

02. 인재 양성의 기초단계 학교 교육의 지향 : 좋은 학교

1. 좋은 학교의 의미

학부모들은 우리 학교 교육에 대하여 만족하지 못하고 있다. 한국교육개발원이 매년 실시하는 교육여론조사(한국교육개발원, 2015, 2020, 2022)에 의하면, 이전과 비교하여 학부모들의 학교 교육에 대한 만족도는 해가 거듭될수록 약간씩이나마 개선되고는 있지만 여전히 낮은 수준이다. 특히, 초등학교에서 중학교를 거쳐 고등학교로 올라갈수록 부정적 평가 비율이 높아지는 경향은 계속되고 있다. 다른 한편, 학부모들의 학교 교육에 대한 낮은 만족도와는 달리 경제개발협력기구(OECD)가 주관하는 국제학업성취도평가(PISA)에서 우리나라는 계속하여 최상위 그룹을 유지하고 있다(교육부.한국교육과정평가원, 2019, 2023). 하지만, 개선할 점이 없는 것은 아니다. 우리와 성취 수준이 비슷하게 높은 다른 나라들과 비교하여 하위 성취 수준의 학생 비율이 여전히 높은 것을 개선하는 데는 소홀하지 않았는지를 돌아보아야 할 것이다. 하위 성취 수준이 차지하는 비율이 OECD 평균(23% 내외)보다는 낮지만, 여전히 15% 내외로 정체되어 있다는 점에서 그렇다. 또한, 과학을 제외한 수학과

읽기 영역에서 2012년부터 10년간 평균의 변화가 OECD 평균보다 크게 낮아졌다는 점이다. 이는 우리나라가 비록 최상위 수준을 차지하고 있다고 할지라도 실력은 절대적으로 낮아지고 있음을 의미한다. 뿐만 아니라, 학생 성적 계층 간 평균 점수의 차이가 큰 성적의 양극화 현상도 개선해야 한다.

이러한 상황에서 볼 때, 인재 양성 기초단계 학교 교육을 혁신하거나 개선하는 것은 학교에 대한 학부모의 만족도에서 긍정적 평가가 부정적 평가를 넘어서고 부정적 평가가 최소화한 학교로 만드는 것이라고 할 수 있다. 그리고 학생들의 학업 성취도가 상향적으로 향상하고, 학교 내에서 학생들의 학업 성취도 차이가 줄어드는 학교가 되도록 만드는 하는 것이다. 이를 '좋은 학교'로 지칭할 수 있다.

그런데, '좋은 학교'는 사람이나 사용되는 맥락에 따라 다양한 의미로 해석된다. 그에 따라 '좋은 학교'의 실체가 더욱 혼란스럽게 여겨지고 있다고 볼 수 있다. 그러므로 '좋은 학교'가 나타내고자 하는 정확한 의미는 몇 개의 구체적 주장으로 나누어서 세밀하게 분석한 후에라야 알 수 있다.

학생이나 학부모, 교원들이 생각하는 좋은 학교의 의미는 무엇일까? 어떤 학생이나 학부모, 교원들은 첫째, 학교 교육의 성과(산출)에 초점을 두고[2], 높은 교육적 성취를 보이는 학교를 좋은 학교로 생각한다. 물론 학교급에 따라 교육목적이 다르므로 교육적 성취의 주된 내용이 어떤 것이어야 하는지에 대해서는 이견(異見)들이 존재할 수는 있다. 모든 학교는 전인을 기르는 것을 지향하지만, 학교급에 따라 교육적 활동의 초점은 달라지기도 한다.

역량 기반 교육과정이 도입된 이후에 학교는 교과 지식을 가르치되, 역량을 기르는 것으로 연결할 수 있도록 노력하고 있다. 학교는 단순한 교과 지식만을 학습하게 하는 것이 아니라 그것을 활용하여 문제를 해결하는 능력을 길

2 학교는 다양한 성과를 낳는다. 학업 성취도, 인지적 역량, 정서적 역량, 신체적 역량 또는 핵심역량, 교과 역량 등으로 표현되는 것들이 바로 학교가 만들어 내는 성과를 표현하는 용어들이다. 그런데 모든 학교가 질적으로 같은 수준의 성과를 내는 것은 아니다.

러야 한다는 주장이 설득력 있게 받아들여지고 있다. 이러한 관점에서 보면, 높은 교육적 성취를 보이는 학교는 지식학습 수준도 높이는 학교여야 하지만 그것을 기반으로 학생들에게 높은 수준의 다양한 핵심역량을 길러주는 학교라고 할 수 있다. 학교 교육의 성과를 높이는 일은 인재 양성과 관련하여 현재뿐만 아니라, 여전히 미래에도 중요한 과제이다.

둘째, 다른 학부모나 학생들, 교원들은 학교 교육의 과정이나 운영과정에 초점을 맞추어 학교 구성 주체들 사이에 상호인정과 상호존중이 보편화된 학교를 좋은 학교로 생각한다. 학생이든, 학부모이든, 교사든지, 학교 행정가든지 누구나 다른 학교 구성 주체들로부터 인정받고 존중받고 있음을 느끼고 싶어 한다. 이 점에서 학교 구성 주체들이 교육의 과정에서 차지하는 위치가 다를지라도, 서로 인정하고 이해하며 진심으로 존중하는 분위기가 조성되고 있는 학교는 진정으로 좋은 학교라고 할 수 있다. 미래는 현재보다 모든 사람이 독립적 인격의 주체로 인정받고 존중받는 시대이기에 학교 구성 주체 간 상호인정과 존중은 인재 양성을 위한 좋은 학교의 중요한 의미요소라고 할 수 있다.

셋째로, 또 다른 어떤 학부모나 학생들과 교원들은 안전의 측면에서 심리적·언어적·신체적 위협과 폭력이 없는 안전한 학교를 좋은 학교로 여기기도 한다. 안전한 학교는 학생 개인들의 개성을 인정하고, 존중하며, 배려하는 학교이다. 따돌림과 왕따가 없는 학교이다. 상호인정과 상호존중을 기반으로 서로 배려하고 돌봄이 일상화되어 있는 학교에서는 학교 구성 주체들은 심리적 안전감과 안정감을 가진다. 특히, 상대방의 개별성을 인정하지 않으며 차이와 다름을 존중하지 않고 차별하며 다양한 측면의 위협과 폭력이 종종 발생하는 요즘과 같은 상황에서는 안전한 학교가 좋은 학교로 여겨지는 것은 당연하다고 할 수도 있다.

마지막으로, 쾌적한 시설, 인공지능과 디지털 기반 첨단 시설을 갖춘 학교를 좋은 학교라고 생각하는 학부모나 교원, 학생들이 있기도 하다. 우리 사회가 발전하여 사회의 다양한 분야의 시설들이 첨단 시설로, 쾌적하고 편리한 시설로 바뀌면서, 그리고 정보통신기기 등 학교 시설들이 크게 교육의 효율성에 크게 영향을 미치게 되면서 이를 중시하는 학생이나 학부모들이 늘어나고 있기도 하다. 특히, 4차 산업혁명의 진전으로 학교 현장에 인공지능과 디지털을 기반으로 한 교육공학 기술과 기기가 도입되면서 첨단 시설을 갖추고 교육활동에 활용하는 학교를 좋은 학교라고 생각하는 경향은 더욱 강해질 듯하다.

이렇게 좋은 학교의 의미는 학교를 바라보는 관점에 따라 다르게 규정된다고 할 수 있다.

그림 2-1 '좋은 학교' 의미

2. 주요 연구 및 언론에 나타난 '좋은 학교의 특징

인재 양성 기초단계의 교육이 효율적으로 이루어지는 좋은 학교는 우리 교육 현실에서 실현될 수 있어야 한다. 미래의 어느 날에 갑자기 나타나지 않는다. 현재 교육 현장에서 벌써 시도되고 있어야 하고, 좋은 학교로 여겨질 수 있는 학교도 실제로는 존재하고 있어야 한다. 미래는 현재와 완전하게 단절된 것은 아니기 때문이다. 오늘은 어제의 결과이고, 오늘 우리가 어떻게 노력하느냐에 따라 내일이 달라진다.

그렇다면, '좋은 학교'는 어떤 특징을 보이는가? 이 질문에 대한 대답을 찾기 위한 연구들이 국내외에서 이루어졌다. 미국의 경우, 효과적인 학교(effective school) 연구[3](김재복·윤기옥, 1989)와 21세기 학교 연구[4](김용구 등 공역, 2001)가 그 대표적인 예이다. 한국의 경우에는 한국교육과정평가원에서 수행한 '내실화된 학교'에 대한 연구(조난심 등, 2001)와 한국교육개발원에서 수행한 '학업충실학교'에 대한 연구(이종재 등, 2001)가 대표적인데, 2000년을 전후하여 제기된 '학교붕괴'에 대한 대응으로 이루어졌다. 한국교육과정평가원이 2010년부터 3년 동안 수행한 학업성취 우수학교의 교수·학습 특성 연구(은지용 등, 2010, 2011, 2012)도 어떤 학교가 좋은 학교가 될 수 있는지를 보여주고 있다. 언론들도 가끔 '희망이 싹트는 교실', '학교를 바꾼 리더십' 등 다양한 기획 기사나 프로그램 등으로 좋은 학교들을 다루고 있다.

선행연구와 언론 보도 사례에서 나타난 '좋은 학교'로 불릴 수 있는 학교들의 특징은 다음과 같이 요약할 수 있다. 첫째, 좋은 학교는 실현하려는 뚜렷한 목표를 가지고 있고, 학교 구성원이 그러한 목표를 공유하고 있다. 둘째, 좋은 학교는 나름의 자율성에 기반을 두고 자율경영을 한다. 셋째, 학생들의 수준과 교육적 요구를 반영한 다양한 프로그램이 마련되어 있는 학교는 좋은 학교이다. 넷째, 학교장이 학교구성원들을 학교의 목표 실현에 헌신할 수 있

---

3 효과적인 학교 연구는 미국에서 1960년대 초 중반 초기보상교육(Head Start Project)의 효과에 대한 제임스 콜맨(J. S. Coleman) 등의 연구가 출발점이 되었다. 이들의 연구에 의하면, 학교효과는 학생의 성취에 대하여 가정 배경이 미치는 영향을 넘어서기가 어렵다는 것이었다. 이에 대하여 학교는 가정 배경의 영향력을 축소하거나 상쇄하는 학교가 있다는 것을 밝혀내려고 노력하고 실제 그러한 학교가 있음을 밝혀낸 연구의 흐름이 바로 효과적인 학교 연구이다. 이 연구의 흐름은 지금까지 효과적인 학교를 'high-performing school', 'successful school' 등 다양한 이름으로 표현하면서 계속 이어지고 있다. 미국 오바마 정부의 'Turn Around' 정책이나 'Race to The Top' 정책도 이러한 흐름을 전제로 하였다고 볼 수 있다.

4 21세기 학교 연구는 IBM을 비롯한 미국의 기업들이 도심지 공립학교를 개선하기 위한 노력의 결과로 나온 것이다. 21세기 학교는 성과가 낮은 학교들이 자체의 계획에 의하여 기업들의 지원을 받고 성과가 높은 학교로 개선된 학교들이다.

도록 구성원을 동기화시키는 지도성을 발휘하는 학교는 좋은 학교이다. 다섯째, 좋은 학교에서는 교사들이 자율적이며, 전문성을 개발하는 데 노력하며, 학생들에게 높은 기대를 하고 학생들을 가르치는 데 헌신한다. 여섯째, 좋은 학교에서는 학생들이 자신에 대해 긍정적으로 기대하고 학업에 충실히 한다. 일곱째, 좋은 학교에서는 학부모들은 학교에 대해 높은 관심을 가지며, 학교를 신뢰하며, 참여 의욕이 높을 뿐만 아니라 실제로 참여를 통한 지원활동을 전개한다. 여덟째, 좋은 학교에서는 구성원들이 공동체 의식에 기반을 두고, 상호이해하고 존중하며 각자의 일에 헌신한다. 끝으로, 좋은 학교는 스스로 목표달성도를 평가하는 시스템을 가지고 있다.

03. 인재 양성 기초단계 교육의 개선을 위한 '좋은 학교' 만들기 전략

좋은 학교의 특징을 통하여 성과와 만족도가 높은 '좋은 학교'를 만드는 데는 다양한 요소가 작용하고 있음을 확인할 수 있다. 교육활동이 개선되어야 하고, 전문적 역량과 리더십을 갖춘 학교장과 교사들이 학생들을 동기화시키며 교육활동에 헌신해야 하며, 학부모들로부터 관심과 지지를 끌어내야 한다. 학생들도 배움에 노력해야 하고, 학부모들도 학교에 도덕적·심리적 지지를 하고, 다양한 방식으로 지원하기 위해 함께 노력해야 한다. 교육행정기관과 지역사회, 언론 등도 도와주어야 한다. 정말 온 동네가 나서야 우리 아이들을 제대로 키우는 학교를 만들 수 있다.

[그림3-1]은 '좋은 학교'를 만들기 위한 방안을 모색할 수 있는 기초가 되는 개념도이다. 이 개념도를 기반으로 우리 학교들을 좋은 학교로 만들기 위한 다양한 방안을 모색해 보고자 한다.

■ 그림 3-1 '좋은학교' 만들기 개념도

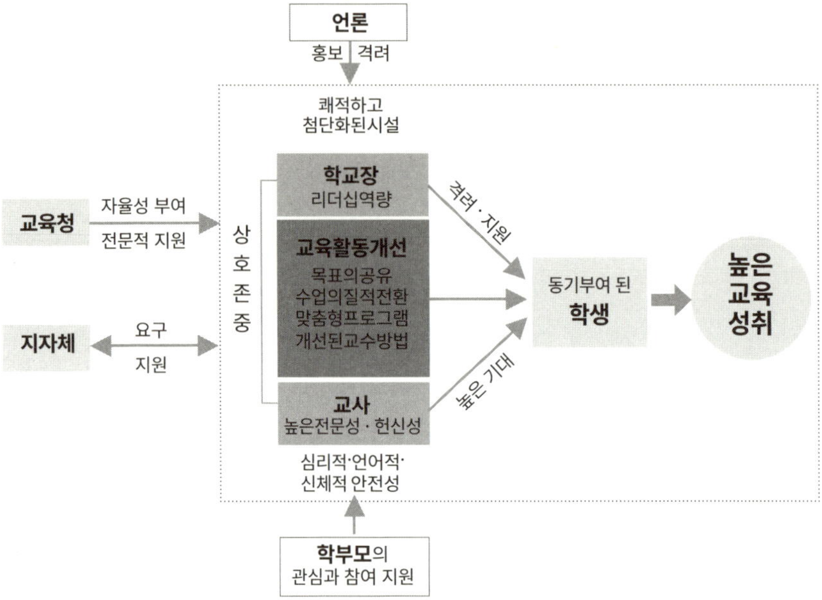

1. 학교의 교육활동 개선전략

1) 학교는 지식의 학습만이 아니라 지식의 활용과 디지털 문해력 등(미래) 역량을 포함하여 학교 수준에서의 목표를 학교 구성원들이 함께 명료하게 세우고 공유하게 해야 한다.

학교에서 목표의 명료화 정도와 그것에 대한 구성원들의 공유 여부는 학교의 성과에 영향을 미친다. 학교가 사라지지 않는 한 미래에도 이 명제는 여전히 유효하다(김성열, 2018).

학교에서 세우는 교육목표는 사회의 변화와 이에 따라 변화하는 학습자의 요구를 반영해야 한다. 물론 교육은 학습자의 자유를 제약하는 측면을 분명히 가지고 있지만, 학교 교육의 목표가 변화하는 사회의 흐름과 학습자의 요구를 반영하지 않는다면 공허하고 학습자와 학부모들에게 호응을 얻기가 어렵다.

학교 교육의 목표는 교과 지식을 기르는 것에 멈추어서는 안 된다. 그것을 넘어서야 한다. 교과 지식을 기억하고 이해하는 것(지식의 수용)을 넘어서서, 그것을 적용하고 분석하며(지식의 비판), 종합하고 재구성하는 것(지식의 창조)까지 나아갈 수 있어야 한다. 그런데, 다양한 분야에 종사할 미래 인재가 갖추어야 할 핵심역량을 함양하기 위하여 교과 지식의 학습이 탄탄하게 이루어져야 한다는 것을 잊어서는 안 된다. 지식이 없는 역량은 공허하고, 역량 없는 지식은 무기력하기 때문이다.

학교는 국가교육과정에서 제시한 '자기관리 역량', '지식정보처리 역량', '창의적 사고 역량', '심미적 감성 역량','협력적 소통역량','공동체 역량' 등과 수리 소양, 디지털 소양, 언어 소양의 함양을 교육목표로 설정할 수 있다. 그리고 OECD에서 2000년대 초반에 제시하였던 핵심역량인 여러 도구를 상호작용적으로 활용하는 능력, 사회적으로 이질적인 집단에서의 상호작용 능력, 자율적인 행동 능력 등을 길러주는 것을 포함하거나 OECD 교육 2030에서 우리가 원하는 미래(Future we want)의 관점에서 제안하고 있는 '모든 학생이 전인적 인간으로 성장, 학생이 가지고 있는 잠재력의 최대한 발현, 개인과 사회의 웰빙에 기초한 공동의 미래 사회 구축'을 위한 교육목표 등을 포함할 수 있을 것이다.

학교 교육목표를 세우는 일이 학교장과 같은 어느 한 사람이나 교원집단에 의해 독점되어서는 안 된다. 특정 사람이나 집단을 배제해서도 안 된다. 함께 세워야 한다. 그래야만 학교 구성원들이 그 목표를 공유하고 실천하는 데 함께 헌신적으로 노력할 수 있다. 특히, 학생들에게 학교 교육목표를 널리 알리고 이해하도록 하며 공감하게 해야 한다.

2) 학교는 정답 교육에서 지식구성 · 지식창조 교육으로, 진도 나가기 수업에서 맞춤형 학습으로, 칸막이 교육에서 넘나들기(융합) 교육으로 수업의 질적 전환을 이루어 나가야 한다.

사회 전반에 걸친 변화의 속도가 급격하게 빠르고 그 범위가 큰 4차 산업혁명 시대에는 미래 인재로 커갈 학생들은 지식을 학습하는 것에 멈추지 않고 그것을 적용.분석하며, 재구성하여 문제를 해결하는 역량을 길러야 한다. 이를 위해서 학교는 수업의 질적 전환을 이루어 나가야 한다(김성열.이화진.박선화.홍미영, 2010).

첫째, 정답 교육에서 지식구성 · 지식창조 교육으로 전환해야 한다. 학교는 학생들이 시험에 나오는 지식과 정형화된 문제 풀이 방법을 익히고, 반복 학습으로 실수를 줄이는 교육과 학습을 이제는 그만두게 해야 한다. 학교는 아이들이 생각과 의견을 자유롭게 표출할 수 있는 수업, 일방적인 정답만을 강요하는 교육에서 지식을 구성하고 창조하는 경험을 할 수 있도록 전환해야 한다.

둘째, 진도 나가기 수업에서 맞춤형 학습으로 변화해야 한다. 학교는 교사들이 정해진 교육과정에 따라 교과 진도를 나가는 것을 매우 중요하게 여긴다. 수업이 빠른 진도 나가기 위주로 진행되면, 선행학습을 받지 않은 학생, 학습이 뒤처지는 학생들은 '학습부진(學習不進)'이 되고, '학습부진(學習不進)'으로 인하여 심각한 '학습부진(學習不振)', 학습 저성취로 내몰린다. 이를 개선하기 위해서는 개별 학생의 특성과 능력, 이해도를 고려한 수업, 학생의 배움이 중시되는 방향으로 교수 중심에서 학습 중심으로, 진도 나가기 수업에서 학습자의 특성과 요구를 고려한 맞춤형 학습으로 전환해야 한다.

셋째, 칸막이 교육에서 넘나들기 교육(융합교육)으로 전환해야 한다. 학교 교육은 교과를 기준으로 이루어지기에 한마디로 칸막이 교육이라고 할 수 있다. 칸막이 교육은 학생의 능력개발에 한계를 지닌다. 창의적 아이디어란 기초.기본.심화 지식의 탄탄한 학습을 기반으로 지식 간의 연계와 융합을 통해 산출된다. 그러므로 과목 간 경계 넘기(border crossing)를 통하여 창의 융합교육, 비판적 사고교육을 하는 것이 필요하다.

3) 학교는 학생들의 특성에 적합한 다양한 프로그램을 운영해야 한다.

학교 교육의 성과는 학생들의 수준에 맞춘 프로그램이 마련되었을 때 높다. 학생들은 도전이 없는 쉬운 과제를 공부하면 곧바로 싫증을 느낄 수 있다. 그리고 너무 어려운 과제는 학생에게 좌절감을 가지게 한다. 적정한 수준의 어려움(optimal discrepancy)을 가지게 하는 과제들은 학생에게 도전하게 만들고 공부하게 만든다(다니엘 T.웰링햄 지음; 문희경 역, 2010). 미래에도 여전히 유효한 명제이다.

우리는 종종 평균 수준의 학생을 염두에 두고 가르친다고 얘기한다. 그런데 누구나 알고 있듯이, 평균 수준의 학생은 통계적으로만 존재할 뿐 실제로는 존재하지 않는다. 학생들은 여러 면에서 모두 다르다. 재능(다중지능이라는 개념을 떠올려 보라)과 관심사가 다르고, 학습 속도가 다르다. 평균에 맞추어 가르친다는 것은 그리스 신화에 나오는 프로크루스테스(Procrustes) 침대를 떠올리게 한다. 학생들의 다양한 관심과 장점 등 개개인성(individuality)을 살려주고(토드 로즈 지음, 정미나 역, 2021), 아이들의 속도에 맞추려고 노력하며, 발전과 성취를 격려해야 해야 한다는 교육적 진리는 시공(時空)을 초월한다.

좋은 학교는 학생들의 다양한 특성과 교육적 필요, 요구 등을 반영한 특색 있는 맞춤형 교육프로그램을 운영하는 학교이다. 그래야만 학교의 교육적 성취 수준이 높아진다. MB정부 시절에 운영되었던 학력향상 중점학교 성과는 이를 확인해 준다. 다소 논란이 없는 것은 아니지만, 방학 중 특별보충 수업, 운동부 선수나 저학력 학생에 대한 지원 프로그램, 그리고 다양한 내신 하위수준의 학생들을 위한 진로 및 직업교육 트랙 개설 노력, 학습 의욕이 저조하고 문제행동을 보이는 학생들을 대상으로 학생의 인지적 특성을 고려한 학습 지원뿐만 아니라 심리 정서적 특성을 고려한 학생의 자존감, 학습 동기 향상을 위한 다양한 상담 및 인성 프로그램을 운영 등은 좋은 성과를 거두었다고 평가받기도 했다(김성열·이화진·오상철·김태은·박소영, 2010.8).

그리고 좋은 학교는 방과 후에도 학생들의 교육적 요구를 반영한 교과와 비교과 영역에서 다양한 활동을 제공할 수 있어야 한다. 학교가 개인 간, 학교 간에 발생하는 다양한 영역에서의 격차를 메꿀 수 있는 방과 후 교육 프로그램을 가지고 있다면, 그만큼 그 학교의 교육성과는 높아진다고 할 수 있기 때문이다. 학교는 학생들의 교과 학습을 보충하거나 심화하고, 비교과 활동을 활성화하여 그들의 다양한 능력을 찾고 개발할 기회를 제공할 때 좋은 학교가 된다.

4) 학교는 교사들이 교과 내용의 성격과 학습자의 특성에 적합한 다양한 교수 방법을 활용하도록 해야 한다.

2000년대 초반에 이루어졌던 학교교육의 성과가 높은 내실화된 학교 연구(조난심 등, 2001)가 밝히고 있듯이, 좋은 학교들은 "창의성을 신장할 수 있는 다양한 수업방법, 평가방법을 자체적으로 연구해 실천한다." 좋은 학교가 되기 위해서 우선 해야 할 일에 대해서 2011년부터 2015년까지 조사대상 학부모 중 많은 초·중·고등학교 학부모들이 수업내용과 방법의 질 개선을 꼽았다(37.8%-46.6%) (한국교육개발원, 2015: 47). 2020년의 조사에서는 약간 그 비율이 떨어졌지만(30.6%), 여전히 수업내용과 방법의 질 개선이 학교육의 성과를 높이는 데 중요한 요인이라는 응답 비율이 제일 높다.

교수방법은 교육내용의 성격과 학습자의 특성에 따라 달라진다. 브루너(J. S. Bruner)가 지식의 표현양식을 동작적 표현, 영상적 표현, 상징적 표현으로 나누었던 것을 떠올려 보라. 교사는 학생들에게 교육내용의 성격에 따라서 신체 활동을 통하여 가르칠 수도 있고, 그림을 통하여 가르칠 수도 있으며, 수나 식과 같은 추상적 언어인 상징을 통하여 가르칠 수도 있다.

학습자는 학습양식에 따라 시각학습자, 청각학습자, 운동학습자로 나뉜다. 시각 학습자는 새로운 정보를 학습할 때 도형으로 그려보거나 교사의 설명을 종이로 인쇄해서 보고 싶어 한다. 청각 학습자는 대개 말로 설명을 듣고 싶어 한다. 운동학습자는 학습자료를 물리적으로 조작하고 싶어 한다. 몸을 움직이면서 학습한다(다니엘 T.윌링햄 지음; 문희경 역, 2010: 208-209) 현실적으로 모든 학생의 학습양식을 고려하면서 수업을 진행할 수는 없지만, 교사는 학생을 수업에 끌어들이기 위해서는 학생의 학습양식에 따라 다른 방법으로 접근하려고 노력해야 한다(다니엘 T.윌링햄 지음; 문희경 역, 2010: 223).

학생들은 타고난 학습자이지만(켄 로빈슨 지음; 정미나 역, 2016), 다양한 인지적·정서적으로 다양한 특성을 가진다. 학생들의 특성을 고려한 맞춤형 교육은 교육의 성과를 높이는 효율적 방법이다. 최근에 발달한 에듀테크는 이 가능성을 높여주고 있다. 현실적으로 쉽지는 않지만, 앞으로 이를 언제나 지향하려고 노력해야만 좋은 학교를 만들 수 있다. 앞으로 학교에서는 아이들의 관심과 장점을 살려주고, 시간표를 아이들의 각자 속도에 맞추려고 노력하며, 아이들의 발전과 성취를 격려하는 평가를 해야 한다.

5) 학교는 교사가 수업의 과정에서 학생들을 존중하도록 해야 한다.

이미 앞에서 언급했듯이, 좋은 학교는 상호인정과 존중의 분위기가 형성되어 있는 학교이다. 학생들이 수업 시간을 포함하여 학교의 일상적 과정에서 존중받을 때 학습에 대하여 동기부여가 될 가능성이 크다.

수업이란 용어는 분명 학습자 존중이라는 특정의 덕목을 본래 함축하고 있다. 가르친다는 말의 표준적 어의(語義)는 기술적인 측면에서 학습자의 사고방식이나 이해 수준을 존중하고, 규범적인 측면에서 독립된 인격으로서 학습자의 자율성을 존중하는 것을 함축하고 있다. 교사들은 수업 시간에 언어적, 비언어적 상호작용과정을 통하여 학생들이 늘 존중받고 있다는 느낌이 들도록 해야 한다.

교육기본법에서 규정하고 있듯이, 학습자 존중이 수업 시간을 포함한 학교의 전 과정에서 이루어져야 한다. 즉, 학생을 포함한 학습자의 기본적 인권은 학교

교육 또는 평생교육의 과정에서 존중되고 보호되어야 한다. 그리고 교육내용·교육방법·교재 및 교육시설은 학습자의 인격을 존중하고 개성을 중시하여 학습자의 능력이 최대한으로 발휘될 수 있도록 마련되어야 한다(교육기본법 제12조).

2. 학교 구성 주체의 역량 개발 전략

앞으로 우리가 만들려고 하는 좋은 학교는 학교의 구성 주체들이 각자의 지위와 역할에 걸맞은 역량을 갖추고 실천해야 실현 가능하다고 말할 수 있다. 교육활동을 개선하는 주체는 바로 학교 구성원들이기 때문이다.

1) 학교장 : 개인적 차원이나 제도적 기회를 통해서 리더십을 탁월한 수준으로 개발해 나가야 한다.

학교의 교육적 성취를 증진하는 데 있어 교장의 역할과 리더십은 아무리 강조해도 지나치지 않다(김성열·이문복 역, 2009). 한 연구(김용주·김성열·박진표·이희숙, 2012)에 의하면, 조사 대상인 평준화 지역의 중·고교 학생들과 교사, 학부모 중 반을 넘는 응답자가 '일반 고등학교 교육의 질을 좌우하는 것은 교장의 지도력이다'라는 문항에 대해 긍정적으로 대답함으로써('대체로 그렇다'41.2%, '매우 그렇다'10.3%) 학교장 리더십 요인의 중요성을 분명하게 인식하고 있었다. 효과적인 학교 연구자들(김재복·윤기옥 공역, 1989)에 의하면, "무능한 교장이 있는 훌륭한 학교는 없다. 훌륭한 교장이 있는 침체된 학교가 없다." 21세기 학교연구(김용구 외 공역, 2001)도 성취 수준이 높은 학교는 "교육의 탁월함에 대한 비전이 있고, 자신이 맡고 있는 학교를 자율적으로 운영하는 열정적이고 대화를 좋아하는 교장"이 있는 학교임을 밝혔다. 2000년대 초반 우리나라에서 이루어진 연구(조난심 등, 2002)에 의하면, 내실화된 학교들의 교장은 언제나 "교사들이 지도와 연구에 몰두할 수 있는 여건을 조성해 준다. 또한 수업을 포함한 각종 학교 정책 결정에 교사들의 의견을 적극 반영하고 시행하는 과정에서도 교사에게 자율권을 많이 준다." 여러 연구가 전하고 있는 바와 같이, 교장이 혼자서 혹은 직접적으로 학생의 성취에 영향을 미치지는 않지만, 분명한 비전과 탁월한 리더십으로 학교 구성원들이 학교의 목표 실현에 헌신할 수 있도록 동기를 부여함으로써 학생의 학습에 의미심장하고 긍정적인 영향을 줄 수 있다.

그런데 작금의 학교 현실은 학교장이 리더십을 발휘하는 것을 어렵게 만들고 있다. 학교장의 지위상의 권위가 1980년대 후반부터 약화하였기 때문이다. 학교장 임기제, 학교장의 지위상 권한을 약화시킨 초.중등교육법의 제정, 학교장 중심의 학교 의사결정 구조가 구성원 참여 중심의 의사결정 구조로 전환된 것은 이를 촉진하였다.

그래서 요즘 학교에서는 '그 좋은 시절에 교장 한번 못해보고, 이 좋은 시절에 교사 못하는 것이 아쉽다.'라고 말하는 교장이 늘어나고 있다고 한다. 이제 결코 교장은 쉬운 자리가 아니며 교장의 지위를 차지하고 있는 것만으로 자동으로 교장의 역할을 할 수 있는 것이 아니라는 것이다. 교장의 지위가 엄청나 스트레스를 주는 자리이고, 하기 힘든 자리라는 미국의 예가 점차 우리의 현실로 다가오고 있다. 이렇게 지위상의 권한의 약화로 리더십 발휘를 어렵게 된 학교 현실에서 좋은 학교를 만들기 위하여 학교장이 리더십을 발휘하려면 전문적·도덕적 권위를 강화하여야 한다.

좋은 학교를 만들기 위하여 학교장은, 첫째, 학생의 지식의 학습과 활용, (미래)역량 함양에 대하여 분명하게 강조하는 것과 더불어 모든 학생에 대하여 높은 성취 기대를 하며, 좋은 학교에 대한 미래 비전을 제시할 수 있어야 한다. 학교장은 학교 구성원과 함께 비전을 창출하여 제시할 수 있는 능력, 그러한 비전을 실현할 수 있는 전략을 설계하는 능력, 그 비전에 뜻을 같이하며, 비전 실현에 기여할 수 있는 인력을 조직할 수 있는 능력, 학교 구성원들에게 비전의 실현을 위해 최선을 다하도록 동기를 부여하는 능력을 갖추어야 한다. 또한, 앞으로 학교장들은 학생들의 높은 교육적 성취에 대한 자신감, 책임감으로 끈질기게 노력하여야 한다.

둘째, 학교장은 교사들이 4차 산업혁명이라는 시대적 변화에 걸맞은 역량을 개발하는 것을 적극 도와주어야 한다. "교육의 질은 교사의 수준을 넘어설 수 없다"라는 진부한 말은 미래에도 여전히 진리이다. 따라서 학교장은 미래지향적이며, 개혁 지향적인 교사들을 찾아내고 그들이 동료 교사들의 변화, 특히 디지털 역량의 함양을 함께 끌어나갈 수 있도록(empowering) 분위기를 조성해야 한다. 절대로 학교장 혼자서 좋은 학교를 만들 수 있는 것이 아니다.

셋째, 학교장은 교사들이 동료 의식을 가지고 상호 협력하도록 공동체 문화를 조성할 수 있도록 유도해 나가야 한다. 앞으로 개인들의 주도성이 더욱 중요하게 여겨지고 강조될 것이지만, 학교의 공동체성은 여전히 유지되어야 할 중요한 가치이다. 교사는 교실이라는 소왕국(小王國)의 왕이지만, 학교에서의 대부분의 활동은 교장과 교사를 포함하여 이들 관계가 협응하는 동료 관계로 변화할 때 목표하는 성과를 올릴 수 있다.

넷째, 학교장은 좋은 학교를 만들기 위해 학부모와 지역사회의 학교 참여를 끌어내는 역량을 가져야 한다. '자녀의 학습에 대한 부모의 적극적인 참여'와 '해당 자녀의 학업성취' 사이에 긍정적인 관계가 있다는 것은 오래전부터 알려져 왔다는 점을 명심할 필요가 있다. 또한, 학교의 교육 성과는 학부모와 가정의 지원뿐만 아니라 지역사회의 지원 없이는 개선되기 어렵다. 학교가 학부모와 지역사회로부터 협력을 끌어내는 일은 학교 내 학생 간의 격차나 학교 간 학습격차를 줄이기 위해서 더욱 필요하다.

끝으로, 학교장은 앞으로 구성원들을 더욱 존중하며, 그들과 활발한 의사소통을 하고, 그들을 정서적으로 지원해야 한다. 많은 연구가 학생이 높은 수준의 성취를 보이는 학교들의 교장은 공적이고 과업 중심적인 영역에서뿐만 아니라 대인 관계 영역에서도 유능하고 배려심이 있는 의사 소통자임을 밝히고 있다. 학교장은 어느 언론인의 지적처럼, 리더로서 하나의 귀를 가진 보스와는 달리 여러 개의 귀를 가지고 경청하고, 구성원에게 겁을 주는 보스와는 전혀 다르게 희망을 주어야 하고, 보스처럼 가라고 지시하지 않고 함께 가자고 해야 한다.

2) 교사 : 전문성과 헌신성을 높게 유지하기 위하여 노력해야 한다.

오바마 대통령은 미국에서 교사들에게 자긍심을 불러일으키고 우수한 인력을 교직으로 끌어들이기 위하여 한국에서 교사는 국가의 건설자(nation builder)로 여겨진다고 얘기했다. 반복되는 얘기지만, 미시적으로 보면 교사는 학교의 교육성과를 결정짓는 데 작용하는 가장 중요한 요인이다. 21세기 학교연구(김용구 외 공역, 2001)는 "다양한 첨단 교육기자재와 공학 기술의 효과적 활용을 극대화할 수 있는 열정과 재능을 갖춘 우수한 교사 집단"이 있을 때 학교의 성과가 높음을 확인하였다. 이 연구는 디지털 시대에도 교사가 중요할 것임을 이미 20년 전에도 간파하고 있었다.

현재에도 그렇고 앞으로도 좋은 학교를 만들기 위해서는 무엇보다 교사들이 개인적 차원에서나 제도적으로나 전문적 역량을 강화할 수 있도록 해야 한다. 미국에서 학교혁신 프로그램을 운영했던 루이스 거스너(1994) 등이 『학교가 달라져야 한다(Reinventing Education)』 라는 저서에서 주장했듯이, 학교가 개선되기 위해서는 교사들이 학생과의 관계에서 더 이상 일방적 주도자가 아니라 코치로서 학생을 지도하고, 학생들이 스스로 목표를 정하는 것을 돕고 그들이 그 목표를 달성하는 데 필요한 지적.정서적 지원을 제공하는 상담자로서 역할을 해야 할 것이다. 그리고 교사들이 학습내용과 학습활동, 수업보조자, 수업 보조기구, 학생 등을 잘 조정하여 이 모든 것들이 최적의 성과로 이어지게 하는 학습관리자로서 역할을 해야 할 것이다. 또한, 교사들은 더 이상 고립적으로 일하지 않고, 팀을 이루어 일을 해야 한다. 이뿐만 아니라, 정해진 교과서를 기계적으로 사용하기보다는 학생들의 특성에 적합한 교재도 개발해야 한다. 만약에 교사들 사이에 전문적 역량의 차이가 존재한다면, 이를 줄여야 한다.[5]

교사들은 학습자가 되어 자신의 역량을 개발해야 한다. 우선으로 자기가 가르쳐야 할 교과 또는 학문에 대하여 정통하고 있어야 한다. 다음으로, 교사는 학습자의 특성에 대한 충분한 지식과 더불어 그들을 이해하고 존중하는 태도를 견지하는 것이 필요할 뿐만 아니라, 교수 방법에 대해서도 정통하고 있어야 한다. 특히, 최근에 급속한 속도로 발달하고 있는 정보통신기술을 수업에 잘 활용할 줄 알아야 한다. 또한 교사는 가르치는 과정에서 가르치는 일과 관련하여 교직 윤리와 같은 독특한 태도를 가져야 한다. 최근에는 역량이라는 용어를 사용하여 수업역량, 배려역량, 정보역량, 협업역량, 민주 역량을 갖추어야 한다는 주장들도 나오고 있다(최석민·김병주·김도기·박수정, 2015).[6]

둘째, 교사들은 동료의식을 가지고 상호 협력해야 한다. 학교의 모든 활동은 교장과 교사 간의 관계를 포함하여 교원들의 관계가 협응적이고 동료적일 때 바라는 성과를 올릴 수 있다.

셋째, 교사들은 학생들이 직접 교사의 지도를 받거나 교사의 면밀한 지도 하에 공부할 때 나은 학업성취를 이루기 때문에 수업 시간을 학구적 활동에 투입하는 비율을 높여야 한다. 정해진 수업 시간 내에서 실제로 중요한 수업 내용을 다루는 시간의 비율이 높아져야 한다.

---

5 객관적 지표가 아니라 주관적 인식이기는 하지만, 중·고교 학생들과 교사, 학부모들은 학교 간에 교사 자질이 차이가 난다고 인식하고 있다. 한 조사연구가 밝히는 바에 의하면, '교사의 자질과 관련하여 지역 내 고등학교들 사이에 상당한 차이가 있다'는 문항에 대해 '매우 그렇지 않다'는 경우는 5.7%이었으며 '대체로 그렇지 않다'는 44.6%, '대체로 그렇다'는 41.4%, '매우 그렇다'는 8.2%로 나타났다(김용주·김성열·박진표·이희숙, 2012).

6 현행 교사 선발제도가 신규교사 임용시험에 지원자 중에서 높은 전문적 역량과 헌신성을 가진 자를 제대로 선발하고 있는지에 대한 의문을 제기하는 사람이 적지 않다. 앞으로 진정으로 전문적 역량과 헌신성으로 학교 교육을 개선해 나갈 지원자를 교사로 선발하기 위해서는 선발제도로서 현행 교사 임용제도의 타당성을 점검해 보아야 한다.

끝으로, 교사들은 학생들에 대하여 긍정적인 기대를 해야 한다. 교사의 학생들에 대한 기대는 알게 모르게 학생들에게 전달되고 학생들은 그러한 기대에 부응하려는 경향이 있다. 그러므로 교사들은 학생들의 능력과 역량을 신뢰한다는 기대를 표명하고 실제로 그렇게 행동해야 한다.

그런데, 교사의 질은 단지 교사가 가지고 있는 체계적인 교과 지식과 교수 방법 등 전문성으로만 결정되지 않는다. 교사가 능력을 맘껏 발휘하여 학생들의 교육에 헌신하려는 태도가 전문성 못지않게 중요하다. 학업충실학교 연구(이종재 등, 2001)는 "학업충실 학교에서는 교사들이 최선의 노력을 한다는 비율이 학업부실학교의 교사들에 비하여 상대적으로 높으며, 잘 안되어 힘들다거나 교직을 포기하겠다는 비율은 학업부실 학교에 비하여 낮다"고 밝히고 있다. 언론들은 성취수준이 높은 학교에는 "학생들을 위해 묵묵히 제 할 일을 하는 교사들이 많다."고 전하고 있다.

그런데, 지난해인 2023년 6월 한국교원단체총연합회(교총)가 발표한 자료에 의하면, 교사들의 교직 만족도가 역대 최저 수준으로 떨어진 것으로 나타났다. 2023년 5월 28일부터 6월 8일까지 전국 유·초·중·고 및 대학 교원 6751명을 대상으로 온라인 설문조사를 한 결과 현재 교직 생활에 만족한다는 응답은 23.6%에 그쳤다. 교직 만족도는 2006년 첫 설문에서 67.8%를 기록했는데 이번에 조사 이래 최저치를 기록했다. '다시 태어나면 교직을 택하겠냐'는 질문에는 20%만이 '그렇다'고 응답했는데, 이 역시 같은 문항 조사를 시작한 2012년 이래 가장 낮다. 이렇게 만족도가 낮아졌다는 것은 헌신성과 열정이 약화할 수 있음을 시사한다.

이 점에서 교사들의 헌신성과 열정을 강화해 나가야 한다고 주장할 수 있다. 교직 생활을 영위하는 동안 계속하여 교사들의 전문성 발달이 이루어진다. 그런데 교사들의 발달은 언제나 우상향의 방향으로 직선적으로만 이루어지는 것이 아니라, 상향과 하향이 반복되면서 순환적으로 이루어지기도 하고,

하향적으로 이루어지는 것이 계속되면 쇠퇴하기도 한다. 교사들이 혼자서 전문성 개발을 하는 데는 한계가 있다. 제도적으로 조직적으로 교사의 전문성 개발을 도와주어야 한다. 물론 최근에 교사들이 자긍심이 낮아지고 교직을 떠날 수도 있다고 생각하고 있는 데는 외부적 요인이 크게 작용하고 있으므로 이에 따른 대책도 필요하다. 2023년 9월 국회에서 교사의 교육활동 보호 및 교권 보호관련 법률들이 개정된 것[7] 그리고 같은 해 교사의 정당한 교육활동과 학생생활지도에 대해서는 아동학대로 보지 않도록 아동학대범죄 처벌 특례법 개정안을 의결한 것은 이런 필요에 부응한 것으로 볼 수 있다.

3) 학생 : 강한 학업 동기를 가지고 학습에 충실해야 한다.

학생의 동기 상태와 의지는 학업 등 특정 과업의 성취에 매우 중요하다. 우리는 "말을 물가까지 끌고 가도 물을 먹일 수는 없다"라는 속담을 익히 잘 알고 있다. 21세기 학교 연구(김용구 외 공역, 2001)는 "근면하고 열정적으로 공부하는 학생"들이 많음이 성과가 높은 학교의 특징임을 밝히고 있다. 학업충실학교 연구(이종재 등, 2001)에 의하면, 학업충실학교 학생들은 자신의 학업 수준을 학업부실학교에 비하여 높게 평가한다. 한마디로, 학생들이 자신과 목표 수준에 대하여 긍정적으로 기대하고 학업에 충실히 할 때 학교의 교육성과는 높다.

그렇다면, 학생들의 수업에 대한 태도와 동기 수준은 어떤가? 오래된 연구

---

7 국회에서 교권보호와 관련된 관계 법령(교육기본법, 유아교육법, 초·중등교육법, 교원지위법)이 2023년 9월 21일 통과되었다. 간단히 주요 내용을 요약하면, 다음과 같다. ◦교육기본법 개정안은 부모 등 보호자가 학교의 정당한 교육활동에 협조하고 존중할 의무를 명확하게 규정했다. ◦유아교육법 개정안은 교원의 유아에 대한 생활지도권의 근거 규정을 신설했다. 교원의 정당한학생생활지도를 아동학대 행위로 보지 않도록 하고, 보호자에 의한 교직원 또는 다른 학생의 인권침해행위를 금지했다. 학교 민원은 교장이 책임지도록 했다. ◦교육지위법(교원의 지위 향상 및 교육활동 보호를 위한 특별법) 개정안에는 △교육활동 침해행위 유형을 공무집행방해·무고죄를 포함한 악성 민원까지 확대 △교원이 아동학대 범죄로 신고된 경우 정당한 사유가 없는 한 직위해제를 금지하고 관련 조사·수사시 교육감 의견제출을 의무화 △교육감이 교원을 각종 소송으로부터 보호, 학교안전공제회 등에 위탁 △교권보호위원회를 각급 학교에서 교육지원청으로 이관 △가해자와 피해 교원을 즉시 분리 △학교장의 교육활동 침해행위 축소·은폐를 금지하는 등의 내용이 담겼다.

이지만, 필자가 참여했던 한 연구(이종재 등, 2001)에 의하면, 수업 시간에 문제 행동을 유발하는 학생이 점차 많아지고 있음이 드러났다. 그들에 대한 교사의 지도가 제대로 먹혀들지 않게 되면서 수업에 참여하는 학생 수가 줄어들고 결과적으로 학생들은 수업내용을 제대로 이해하지 못하고 있다([그림 3-2] 참조).

그림 3-2 일반계 고등학생의 인식 분석 모형

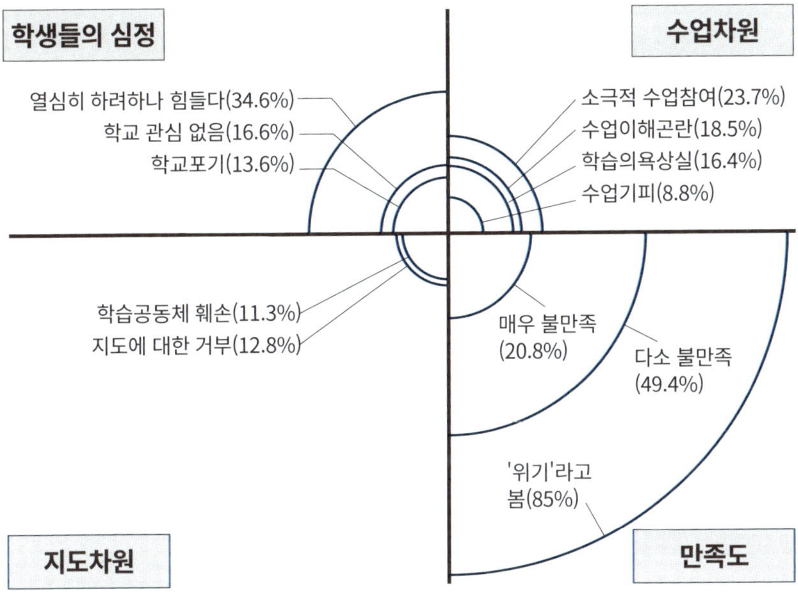

※출처 : 이종재 등(2001)

이러한 경향은 최근에도 크게 개선되지 않고 여전하다. 지난 해인 2023년 6월 28일부터 7월14일까지 전국 교사 1211명과 고교 1~2학년생 4430명을 대상으로 설문조사를 실시하여 연구한 '교실 수업 혁신을 위한 고등학교 수업 유형별 학생 참여 실태조사'를 인용하여 보도한 언론(경향신문, 2024.1.18.)에 의하면, 학생들의 경우에 "우리 반 학생들은 수업 시간에 자는 편이다"라는 문항에 그렇다고 답한 비율은 27.3%로 나타났다. 일반고 교사 중에서는 15.9%가 학생들이 수업 시간에 자는 편이라고 답했다.

한국교육과정평가원(2014.8.21.)이 수능성적과 학교 학습 풍토와 관련하여 분석한 결과에서도 비슷한 경향이 나타났다. 이 결과에 의하면, 우선, 시간에 집중하는 편이다'라고 응답한 학생 비율이 높은 학교일수록 모든 영역에서 표준점수가 높은 것으로 나타났다. 또한, '수업 시간에 토론, 모둠 활동, 실험·실습 등에 적극적으로 참여한다.'라고 응답한 학생 비율이 높은 학교일수록 모든 영역에서 표준점수가 높다. 그리고 '교과서, 참고서 등을 이용하여 스스로 공부한다.'라고 응답한 학생 비율이 높은 학교일수록 모든 영역에서 표준점수가 높은 것으로 나타났다. 뿐만 아니라, '나는 학교에 가는 것이 즐겁다'라고 응답한 학생 비율이 높은 학교일수록 모든 영역에서 표준점수가 높은 것으로 나타났다.

요컨대, 좋은 학교는 학생들이 높은 교육적 성취를 이루기 위해서 자신과 성취 목표에 대한 긍정적 기대를 하고 열정적으로 공부하는 학생으로 변화할 때 실현될 수 있다. 정부나 교육행정기관, 학교가 해 줄 수 있는 것은 최적의 학습 조건을 만들어 줄 수 있을 뿐이기 때문이다. 학교에 가는 것을 즐겁게 생각하며, 학생들이 수업에 집중하며, 공부하는 것에 흥미를 갖고 적극적으로 참여하고, 자기 주도적으로 공부할 때 성취 수준이 높음을 알 수 있다.

4. 학부모와 지역사회 인사 : 학교에 대해 높은 관심을 가지고 적극 참여해야 한다.

학부모들의 학교 교육에 참여는 학교의 성과에 영향을 미친다. 효과적인 학교 연구(김재복·윤기옥 공역, 1989)에 의하면, "효과적인 학교의 학부모들은 학생들의 활동에 관심을 가지고 지원한다." 21세기 학교 연구(김용구 외 공역, 2001)도 "학교 프로그램에 적극적으로 참여하는 학부모"가 있을 경우에 학교 개선의 가능성이 큼을 확인하고 있다. 내실화된 학교 연구(조난심 등, 2001)에 의하면, "학부모들이 먼저 학교를 믿고 지원을 아끼지 않는다." 학업충실학교 연구(이종재 등, 2001)도 "학업충실학교 학부모들은 학교 교육활동에 대한 참여와 지원을 하는 정도가 학업부실학교에 비하여 현저하게 높음"을 밝히고 있다. 언론 보도에 의하면, 성취 수준이 높은 학교들의 특징 중 하나가 동문과 학부모의 적극적 협력이다.

이렇게 여러 연구와 언론 보도가 확인해 주듯이, 좋은 학교로 만들기 위해서는 학부모들의 학교에 대한 높은 관심과 신뢰, 참여를 통한 지원활동 등이 있어야 한다. 우리 사회에서 최근에 벌어지고 있는 일부 학부모들의 교권 침해 활동은 왜곡된 권리 의식에서 비롯된 것으로 볼 수 있다. 학부모는 교사보다 우위에 있지 않다. 학부모와 교사는 학생의 교육을 위한 동반자적 관계에 있다. 학부모는 무엇보다도 학교를 신뢰하고 도덕적·심리적 지지를 보내야 한다.

04. 좋은 학교를 만들기 위한 학교·시·도교육청·정부의 과제

인재 양성의 기초단계 교육을 개선한다는 것은 교육성과가 낮은 학교를 교육성과가 높은 좋은 학교로 만드는 것이다. 이를 위해서는 이미 논의했듯이, 교육활동을 개선하고 학교 구성 주체들의 역량을 개발하는 것이 우선되어야 한다. 그리고, 학교 수준에서는 학교의 자율적 평가체제를 활성화하고 교육 공동체성을 회복해야 한다. 그리고 시·도교육청은 지역 내 교원양성기관과 협력체제를 구축하여 학교장의 리더십을 개발하고, 교원의 전문성과 헌신성을 강화해 나갈 수 있어야 한다. 또한 지역 내 다양한 주체들 사이에 파트너십을 형성해야 한다. 교육부는 국가적 수준에서 학교 교육의 질 관리를 위한 평가시스템을 활성화할 필요가 있다.

1. 학교 수준의 과제

1) 학교의 자율적 평가체제 활성화

여러 연구(김재복·윤기옥 공역, 1989; 조난심 등, 2001)가 밝혀냈듯이, 교육성과가 높은 좋은 학교의 특징 중의 하나는 "학교가 독특한 조건을 잘 고려하여 학교를 경영할 수 있는 자율의 영역을 가지고", 내부 역량을 강화하여야 한다(김인희, 2007). 여기에서 중요한 일은 교육프로그램을 개선할 역량을 갖추는 것과 교육성과를 평가하는 체제 운영을 활성화하는 것이다. 전자는 이미 앞에서 반복적으로 설명하고 강조하였으므로 후자에 대하여 부연하고자 한다.

첫째, 학교는 책무성을 제대로 이행하고 있는지를 형식적으로 존재하는 스스로 평가할 수 있는 자율 평가체제를 실질화해야 한다. 효과적인 학교 연구(김재복·윤기옥 공역, 1989)는 "성취가 높은 학교는 중시하는 학생들의 성취 목표를 다양한 공식적 강화체제를 통해서 분명하게 (그러나 간접적으로) 전달하고 있음"을 보여주었다. 21세기 학교 연구(김용구 외 공역, 2001)는 "학교가 명확하게 규정된 학교의 목표와 그 달성 정도를 점검하는 적절한 시스템"을 갖추고 있을 때 분명 성과가 높다고 밝히고 있다. 교육혁신을 이룬 좋은 학교는 또한 학부모에게 학교를 공개하는 데 주저하지 않는다. '내실화된 학교'에서는 교사들도 자신의 수업을 공개하고 수업 개선 방향을 찾으려 노력한다(조난심 등, 2001). 실제로 교육성과가 높은 학교들은 그렇지 않은 학교에 비하여 학교 운영에 대한 자체평가를 잘하고 있는 것으로 나타났다(김흥주·박재윤·이석희·이정아, 2006).

둘째, 학교 정보를 투명하게 공개하여야 한다. 학교가 확대된 자율을 향유하면서 제대로 책무를 이행하고 있는지는 교육과정, 시설, 재정, 교원, 학업성취 등에 대한 상세한 학교 정보가 충분하게 공개될 때 판단할 수 있기 때문이다. 그리고 학교 정보의 공개는 학교 간의 바람직한 경쟁을 조성하는 출발점이 될 수 있다.[8]

8 현재 시행되고 있는 교육관련기관의 정보공개에 관한 특례법 참조. 초 중등학교는 학교폭력의 발생현황 및 처리에 관한 사항, 국가 또는 시 · 도 수준 학업성취도평가에 대한 학술적 연구를 위한 기초자료에 관한 사항, 학생의 입학상황 및 졸업생의 진로에 관한 사항 등의 정보를 공개해야 한다.

2) 학교에서의 교육 공동체성 회복

일반 학교를 우리가 원하는 교육성과가 높은 좋은 학교로 만들기 위해서는 학교에서의 교육 공동체성을 회복할 수 있어야 한다. 학교 구성원 간에 학교의 핵심 가치, 학교문화에 대한 공유가 이루어지고 구성원 간 협력과 참여가 교육 성과를 높이는 데 중요하기 때문이다(박상완, 2009). 특히, 오늘날과 같이 학교 구성원 간 갈등이 심화하고 있는 시점에서는 공동체성 회복은 더욱 중요하다.

그런데, 학교 공동체 구성원들은 '교육'이라는 과업을 추진하는 것을 공동의 목적으로 하고 있지만, 교육의 상황에서 차지하는 지위가 달라서 교육 또는 학교의 운영과 관련하여 각기 다른 가치관, 사고방식, 필요, 욕구, 이해관계를 가진다. 이들 사이에는 때때로 의견과 이해관계의 대립과 갈등이 생기고, 이를 해결하기 위한 대안을 둘러싸고도 갈등이 존재한다.

학교에서의 갈등은 교육활동의 전반에 걸쳐서 부정적인 영향을 미치기 때문에 완화되거나 해소되어야 한다. 물론 학교공동체 구성원 사이의 갈등이 해결과정에서 학교공동체 구성원들 사이에 권리와 의무 관계를 명확히 하는 데 기여하는 긍정적 측면을 부정하는 것은 아니다.

학교에서의 갈등을 해결하고 학교 공동체성을 회복하기 위하여 다양한 방식으로 노력해야 한다. 첫째, 학교공동체의 가치를 추구하는 것을 일상화해야 한다. 학교 공동체에서는 구성원들은 서로 이해하고 존중하며, 신뢰해야 한다.

둘째, 학교 행정과정에서 학교 구성원의 의견수렴을 활성화해야 한다. 교직원 회의를 비롯하여 다양한 의견수렴기관을 활성화해야 한다. 학부모나 지역사회 인사들로부터 의견수렴은 학교운영위원회를 활성화하여 운영함으로써 가능하다. 학생들로부터는 학생회 운영을 활성화하여 그들의 자치활동을 권장하며 의견수렴을 해야 한다.

셋째, 학교의 교육공동체로서의 성격을 강화하고 교육 주체의 권리와 책무를 명확히 하는 학교 헌장[9]의 제정이 요구된다. 헌장에서는 학교 공동체 구성 주체들이 서로 기대하고 있는 교육과 관련하여 마땅히 해야 할 일을 분명하게 해야 한다.[10] 학교 구성원 간에 발생하는 학교 갈등은 학부모의 권리 의식의 신장과 학생의 인권에 대한 인식의 확산에 따른 교원.학생.학부모 사이에 권리와 책무를 둘러싼 갈등에서 기인하는 경우가 많기 때문이다.

끝으로, 학교 공동체 구성원들은 모두 열린 의사 소통자가 되어야 한다. 대화의 부족이 학교 구성원들을 대결로 이끌 수 있기 때문이다. 학교 구성원들이 대화를 통하여 독선을 버리고 상대방을 서로 이해하고 이치와 필요에 따라 서로 절충하고 타협하며 양보할 때, 나의 최소 필수만이 아니라 상대방의 최소 필수를 긍정하고 들어갈 때 학교에서 갈등은 생기지 않는다(정범모, 1989).

요컨대, 학교 구성원들이 서로를 이해하고, 인정하고, 존중하며 신뢰할 때 교육활동의 개선이 촉진되고 훨씬 학교 교육의 효과가 클 가능성이 높다. 구성원들의 노력이 한 방향으로 모이고 낭비되지 않기 때문이다. 여러 연구결과(조난심 등, 2001;이종재 등, 2001)에 근거할 때, 좋은 학교에서는 "학교 구성원들이 공동체 의식에 기반을 두고, 상호이해와 존중하며 각자의 일에 헌신한다."고 할 수 있다.

---

9 교육부는 최근 학교생활과 관련한 학생, 교원, 보호자의 권리와 책임을 균형 있게 담은 '학교구성원의 권리와 책임에 관한 조례 예시안'(이하 '조례 예시안')을 교육청에 안내하였다(교육부 보도자료 2023.11. 28). 교육부가 마련한 조례 예시 안에는 학교 교육활동 과정에서 교육 3 주체에게 일상적으로 일어날 수 있는 상황에서의 권리와 책임을 구체적으로 제시하고, 교육 주체 간 발생할 수 있는 갈등을 중재하기 위한 방안을 담고 있다.

10 양건 등(2003: i - ii)이 부모 교원 국가 등 주요 교육주체의 교육권이 상호충돌하는 경우의 조정원칙에 대해서 헌법재판소의 견해를 분석한 바는 다음과 같다. 첫째, 부모는 일차적인 교육 주체이며, 부모의 교육권은 원칙적으로 교원 국가에 우선한다. 둘째, 학교 교육에 관한 한, 국가가 독자적이고 광범한 교육권을 갖는다. 부모와 국가간의 교육권 충돌의 경우, 개별적인 경우마다 법익형량에 따라 판단한다. 셋째, 교원과 국가의 관계에서 국가의 교육권이 교원의 교육권보다 우선한다. 교원의 교육권은 국가의 위임에 의한 것이기 때문이다. 넷째, 부모와 교원의 관계에서, 교육권의 원천이라는 관점에서 보면 부모의 교육권이 우선한다. 그러나, 교원의 교육권이 국가의 위임에 의한 것이라는 측면에서 보면, 학교 교육에서 부모와 국가가 원칙적으로 대등한 것처럼, 교원과 부모 사이도 원칙적으로 대등하며, 따라서 양자의 교육권이 충돌할 경우, 개별적인 경우마다 법익형량에 따라 판단한다. 이러한 분석에 근거하여 양건 등은 부모와 국가 사이는 대등하고, 부모와 교원 사이 역시 대등하며, 교원과 국가 사이에는 국가가 우선한다고 결론짓고 있다.

2. 시·도교육청 수준의 과제

1) 학교 구성 주체들의 역량 개발을 위한 교원양성기관과의 협력체계 구축

모두가 알다시피, 보통의 학교를 교육의 성과가 높은 좋은 학교로 만드는 데 핵심적 요인은 학교장과 교사들이다. 여러 연구가 밝혀냈듯이, 학교장은 학생의 학습에 의미심장하고 긍정적인 영향을 미친다. 교육의 질은 교사의 수준을 넘어서지 못한다는 상식적이고 진부한 명제가 여전히 유효하듯이 교사의 전문성과 헌신성이 중요하다. 이미 지적했듯이, 학교 교육에 대한 학부모의 참여와 지원도 학교 교육의 성과를 높이는 데 중요한 요인이다.

시·도교육청은 학교장의 리더십 개발, 교사의 전문성의 지속적 강화, 학부모의 역량 개발을 위하여 해당 지역 내 교원양성기관과 협력체계를 구축하여야 한다. 시.도교육청이 혼자서 학교 구성 주체들의 역량 개발을 떠맡기에는 한계가 있기 때문이다. 교원양성기관의 도움을 받아 학교장과 교사들이 변호하는 시대에 걸맞은 리더십과 전문성, 윤리의식 등을 갖추도록 해야 한다. 시.도교육청 산하의 교육연수원의 기능도 교원의 역량을 끊임없이 개발하고 강화하는 데 효율적이어야 한다. 학부모의 역량 개발도 교원양성기관의 협력을 얻을 수 있으면 좋겠다.

2) 지역사회 내 다양한 주체 간 파트너십 형성

"한 아이를 키우기 위해서는 온 동네가 나서야 한다"는 외국의 속담이 시사하듯이, 좋은 학교를 만들기 위하여 중요한 것은 교장과 교사들, 학부모와 지역사회의 노력이 어우러지는 것이다. 학교장, 교사, 학부모, 지역사회가 좋은 학교를 만들기 위하여 파트너십의 관계를 맺고, 이를 통하여 학부모와 지역사회의 심리적·도덕적 지원과 자원의 제공이 이루어진다면 좋은 학교를 만드는 일은 훨씬 촉진될 것이다.

좋은 학교를 만드는 데는 대학의 역할이 요구된다. 대학은 많은 인적·물적 교육자원을 가지고 있기 때문이다. 특히, 체험학습이 강조되고 있는 요즈음 지역사회의 자원의 교육적 활용은 매우 중요하다. 지역사회에 소재하고 있는 대학들은 교육적으로 가용한 자원을 학교가 사용할 수 있도록 적극 도와주어야 한다.

언론의 역할도 언급하지 않을 수 없다. 언론은 변화하는 학교를 널리 알리고 사회적 지지를 보내야 한다. 교육력이 낮은 학교(poor-performing school)를 교육력이 높은 좋은 학교(high-performing school)로 개혁하는 데는 외부의 자극과 지원이 필요한 경우가 적지 않다. 개혁은 자생적으로 이루어지는 경우가 드물고, 개혁이 지속되려면 외부의 관심이 요구되기 때문이다. 언론은 국내외의 사례를 통하여 우리가 원하는 "좋은" 학교가 어떠한 학교인지를 시민들과 교육정책 당국자, 학교 구성원들에게 알려 줄 수 있다. 언론의 이러한 활동은 좋은 학교에 대한 관심을 가지게 하고 우리들의 학교를 반성적으로 돌아보게 만든다.

3. 정부 수준의 과제

교육부가 시.도교육청의 권한을 강화하는 방향으로 분권화한다고 하더라도 국가 책임을 방기할 수는 없다. 국가는 학교 교육의 방향을 설정하고 그것을 진흥할 여건을 조성할 권한과 책임을 진다. 그 중 대표적인 것이 국가 교육목표에 미달하고 경쟁에 뒤처지는 학생、학교에 대하여 지원하고 교육격차를 해소하며, 교육의 질을 관리하는 것이다. 이를 위한 가장 기초적인 데이터가 학생들의 교육적 성취에 대한 평가자료이다.

교육부는 약화하고 있는 국가 수준 학업성취도 평가를 활성화여야 한다. 학생들의 성취 수준에 대한 정확한 진단 없이는 교육성과가 높은 좋은 학교로 만드는 국가 수준의 정책을 세우는 일은 어렵기 때문이다. 우선, 평가 대상 학년을 확대할 필요가 있다. 교육부도 학생들의 학업 수준을 정확히 진단하기 위한 '맞춤형 학업 성취도 평가' 대상이 현재 세 학년에서 내년부터 일곱 학년으로 확대한다고 밝혔다(조선일보, 2023.12.14.). 지금은 초6, 중3, 고2만이 평가 대상인데, 내년부턴 초3·5, 중1, 고1학년까지 늘린다는 것이다. 이는 기초 학력 미달 학생을 찾아 지원하기 위한 것으로 꼭 실행되어야 한다. 그리고, 표집으로 실시하는 국가 수준 학업성취도 평가를 전체 학생을 대상으로 확대할 필요가 있다. 그리고 현재 학교 단위로만 제공하고 있는 평가 결과에 대한 정보를 전국 수준에 비추어서 해석할 수 있도록 비교 자료도 제공해야 할 것이다. 초·중·고등학교에서 학생들이 거둔 교육 성취가 장차 다양한 분야의 인재로 성장할 수 있는 기초가 된다는 점을 잊지 말아야 한다.

05. 맺음말

좋은 학교는 교육적 성취가 높은 학교이다. 학생 각자가 가지고 있는 잠재력-인지적 능력, 정서적 능력, 신체적 능력-을 최대한 개발하되, 균형 있게 개발하는 학교이다. 좋은 학교에서는 학생들의 학업 성취도가 상향적으로 높아지고, 학생들 간 성적 격차가 줄어든다. 그리고 학부모들이나 학생들의 만족도가 높아진다. 우리 사회에 좋은 학교가 많아질수록 학생들이 다양한 분야의 인재로 성장할 수 있는 기초가 튼튼하게 마련된다.

좋은 학교를 만들기 위해서는 몇 가지 전략이 필요하다. 우선, 교육활동을 개선하는 전략을 구상해야 한다. 첫째, 학교 구성원들이 사회의 변화와 이에 따라 변화하는 학습자의 요구를 반영한 학교 목표를 명료하게 세우고 공유하게 해야 한다. 지식의 학습을 넘어서서 그것을 활용하는 역량을 키우는 것을 목표에 담아야 한다. 둘째, 학교는 정답 교육에서 지식구성 · 지식창조 교육으로, 진도 나가기 수업에서 맞춤형 학습으로, 칸막이 교육에서 넘나들기 교육으로 수업의 질적 전환을 이루어 나가야 한다. 셋째, 학교가 학생들의 특성에 적합한 다양한 프로그램을 운영하도록 해야 한다. 넷째, 교사들이 교과 내용의 성격과 학습자의 특성에 적합한 다양한 교수 방법을 활용하도록 해야 한다. 다섯째, 교육은 도덕적으로 온당한 방법으로 가르치는 것을 함축하고 있으므로 학교 교육의 전 과정에서 학습자를 존중해야 한다.

다음으로, 학교 구성원들의 역량을 개발하는 방안을 모색해야 한다. 첫째, 교장이 탁월한 수준으로 발휘할 수 있도록 리더십 역량을 개발해야 한다. 둘째, 교사들이 전문성과 헌신성을 높게 유지하게 해야 한다. 셋째, 학생들이 강한 학업 동기를 가지고 학습에 충실하게 해야 한다. 넷째, 학부모들이 학교에 대해 높은 관심을 가지고 적극 참여하되, 신뢰에 기반하여 학교를 도덕적·심리적으로 지지하도록 해야 한다.

그 다음으로, 교육활동의 개선과 학교 구성원들의 역량 개발을 촉진하기 위해서는 학교·시·도교육청·정부 수준에서 해야 할 일들이 있다. 학교 수준에서는 첫째, 학교의 자율적 평가체제 운영을 강화해야 한다. 둘째, 교육 공동체성을 회복하여야 한다. 시·도교육청 수준에서는 첫째, 시·도교육청은 학교 구성주체들의 역량 개발을 하기 위하여 해당 지역의 교원양성기관과 협력체제를 구축하여야 한다. 둘째, 시·도교육청은 좋은 학교로 변화하는 데 필요로 하는 일을 지원하기 위하여 지역사회 내 다양한 주체 간 파트너십을 형성해야 한다. 정부 수준에서는 교육의 진흥에 대한 책임을 다하기 위하여 국가 교육목표에 미달하고 경쟁에 뒤처지는 학생、학교에 대한 지원 및 교육격차 해소를 위해 집중해 나가야 한다. 이를 위하여 국가수준 학업성취도 평가제도를 개선하고 그 운영을 활성화하여야 한다.

학교의 교육력에 대한 우리 사회의 회의(懷疑)가 점점 높아지고 있는 상황에서 우리가 만들려고 하는 좋은 학교는 학생들의 다양한 교육적 성취 수준을 높임으로써 앞으로 다가오는 미래에 그들 자신의 꿈을 키우고 역량을 개발하고 우리 사회의 인재로 키우는 기반을 튼튼하게 마련해줄 것이다. 좋은 학교는 국가기구로서 기능을 제대로 수행함으로써 개인적으로는 인간으로서 성장과 삶의 질 향상에 대한 열망에 부응하고, 국가적으로는 지속 가능한 발전에 필요한 인재에 대한 기대를 충족할 수 있다.

참고문헌

경향신문(2024.1.18.). 고교생 27% "친구들 수업 때 자요". (https://n.news.naver.com/mnews/article/032/0003273985?lfrom=kakao)에서 인출.

교육과학기술부(2008.6.11.). '학교현장 자율화로 다양하고 더 좋은 학교 만든다'. 보도자료.

교육부(2023.11.28.). '학교구성원의 권리와 책임을 균형 있게 담은 조례 예시안을 안내한다'. 보도자료

한국교육과정평가원(2019. 12.3). 'OECD 국제 학업성취도 비교 연구(PISA 2018) 결과 발표'. 보도자료

한국교육과정평가원(2023.12.5.). '경제협력개발기구(OECD), 국제 학업성취도 평가(PISA) 2022 결과 발표'. 보도자료

김성열(2021.5.29.). '지방교육자치 시대의 학교장의 역할'. 지방교육자치제의 회고와 전망. 한국교육행정학회·한국교원교육학회·한국교육정치학회·한국교육재정경제학회 연합학술대회 자료집.

_(2019). '학교장의 직무수행과 리더십: 지향과 현실 그리고 과제'. 교육행정학연구.제 37권 제1호.

_(2018.8.25). '좋은 학교 만들기 : 지향과 전략의 탐색', 안암교육학회·고려대학교(2018.8.25.), 교육학 학문분과별 연구동향과 미래 상상, 2018 안

암교육학회 하계학술대회자료집, 3-20쪽, 고려대학교 운초우선교육관
_이문복(2009). 학업성취가 높은 학교의 교장들은 무엇이 다른가. KICE Position Paper. 한국교육과정평가원.
_이화진·오상철·김태은·박소영(2010.8). 학력향상 중점학교의 운영성과에 기반한 학교개선 전략. KICE Position Paper. 제2권4호. 통권 13호.
_이화진·박선화·홍미영(2010.10). 21세기 창의적 인재 육성의 방향과 과제-학교교육을 중심으로. KICE Position Paper.
김용(2012). 교육개혁의 논리와 현실. 교육과학사.
김용구외 공역(2001). 학교가 달라져야 한다-Louis V. Gerstner 등의 Reinventing Education. 서울 : 미래경영개발연구원
김용주·김성열·박진표·이희숙(2012). 경상남도 평준화 지역 고등학교 학생 배정방법 개선 방안 연구. 경상남도교육청
김인희(2013). '국가 교육행정 분야의 연구 성과와 과제'. 한국교육행정학회. 한국 교육행정학 연구 핸드북. 학지사.
김재복·윤기옥 공역(1989). 효과적인 학교와 효과적인 교사. 서울 : 교육과학사.
김흥주·박재윤·이석희·이정아(2006). 학교혁신 지원체제 분석 연구. 한국교육개발원.
다니엘 T. 윌링햄 지음/문희경 옮김(2011). 왜 학생들은 학교를 좋아하지 않을까?. 서울 : 도서출판 부키.
동아일보(2012.11.5.). '[시도별 일반계 고교 평가]학교평가 2년째… 순위 급상승 고교 비결은'
동아일보(2007.3.15.). '특목고 부럽지 않은 진학률…신흥명문고 비결은'.
_(2007.3.16.). '공교육에 희망을 걸어볼 만한 이유'.
_(2007.4.24.). '광화문에서/이런 학교도 있었네'.
_(2007). '희망이 싹트는 교실'(기획연재).

박상완(2009). ‘개방형 자율학교의 학교혁신 사례 분석’. 교육행정학연구. 제 27권 제2호.

박세일(2006). 대한민국 선진화 전략. 21세기북스.

변기용 등(2016). 잘 가르치는 대학의 특징과 성공 요인. 학지사.

사이토 다카시 지음·김나랑 옮김(2018). 사티토 다카시의 진정한 학력 : 지금 우리 아이들이 길러야 할 학력. 서울: 지식의 날개.

서동연·정효준 역(2017). 학교를 개선하는 교장 – M. Fullan의 What's *Worth Fighting for In the Principalship*. 서울 : 살림터

아만다 리플리 지음/김희정 옮김(2014). 무엇이 이 나라 학생들을 똑똑하게 만드는가. 서울 :부키.

유네스코 한국위원회(2022). 함께 그려보는 우리의 미래-UNESCO의 *Reimagining our futures together: a new social contract for education*. 서울 : 유네스코 한국위원회

은지용 등(2010). 학업성취 우수 초등학교의 교육과정 및 교수·학습 특성 분석. 한국교육과정평가원.

_(2011). 학업성취 우수 중학교의 교육과정 및 교수·학습 특성 분석. 한국교육과정평가원.

이종재 등(2001). 학교교육의 실상분석 및 공교육 내실화 방향과 과제. 한국교육개발원.

이주만 옮김(2022). 이기적 인류의 공존 플랜-Minouche Shafik의 *What We Owe Each Other: A New Social Contract*. 서울 :까치글방

전국교원양성대학교총장협의회 역(2022). 교육의 미래와 학교혁신-Marc Tucker의 *Leading High Performance School Systems : Lessons from the World's Best*. 서울 : 살림터

정미나 옮김(2018). 이우일 감수. 평균의 종말-Todd Rose의 *The End of Average*. 파주: 21세기 북스.

정미나 옮김(2016). 학교혁명-Ken Robinson의 *Creative Schools*. 파주 : 21 세기북스

조난심 등(2001). 학교교육 내실화 방안 연구. 한국교육과정평가원.

조선일보(2023.12.14.). 학업 성취도 평가, 3개 학년→7개 학년으로 확대... 초3·5도 포함.(https://n.news.naver.com/mnews/article/023/0003804690)에서 추출.

중앙일보(2007.3.16.). '대구 경신고 '공신' 비결은'.

(2007.4.10.-28). '학교를 바꾼 리더십'. 기획연재기사.

최의창 역(2007). 학교를 개선하는 교사-Andy Hargreaves & Michael Fullan의 *What's Worth Fighting for In Your School*. 서울 : 무지개

한국교육개발원(2015). 한국교육개발원 교육여론조사(KEDI POLL 2015).

_(2020). 한국교육개발원 교육여론조사(KEDI POLL 2020).

_(2022). 한국교육개발원 교육여론조사(KEDI POLL 2022).

한국교육과정평가원(2014.8.21.). "2014학년도 수능성적 분석결과 발표". 보도자료

_(2015.5.24). "2016학년도 수능성적 분석결과 발표". 보도자료

_(2023). "국가 수준 학업성취도평가". (https://inaea.kice.re.kr/siteMain/nationStandExam.do)에서 2023.12.13. 추출

Aksit, F.T(2009). *Characteristics of Effective Schools : A Comparative Case Study*. VDM

Daggett, Willard R(2005). *Successful Schools: From Research to Action Plans*. International Center for Leadership in Education. June 2005

Debbie. "Discussion Paper: Defining Effective Schools". *Look for PUSD Excellence Committee*. January 2006.

Kathleen Cotton(2003). *Principals and Student Achievement: What the Research Says*. ASCD.

Lynch, Matthew.(2016. 6.29). *The five Attributes of Successful Schools. Edweek* . June 29, 2016.

Sergiovanni, T(1994). *Building Community in Schools*. San Francisco : Jossey-Bass Publishers.

Terry Bergeson(2007). *Nine Characteristics of High-Performing Schools*. Washington : State Superintendent of Public Instruction.

제2장

한국 대학이 길러야 할 인재와 교육의 모습

배상훈 (성균관대학교 교무처장)

01. 서론: 대학의 사명과 특징

교사, 공직자, 정치인, 군(軍), 그리고 기업에서 일하는 인재는 우리 사회의 성장과 발전을 이끄는 핵심 자원이다. 이러한 국가 5대 핵심 인재를 제대로 길러내려면 유치원을 비롯한 각급 학교와 대학에서 사회 요구와 시대의 요청에 부응하는 양질의 교육이 제공돼야 한다. 또한 국가 차원의 인재 양성 비전 아래 각급 학교에서 이루어지는 교육이 서로 연계되어 일관성 있게 이루어질 필요가 있다. 대학 이전 단계는 국가 교육과정이 누구에게나 보편적으로 적용되는 공교육이다. 반면 대중 교육의 마지막 단계로서 대학은 보편적 공교육을 이수한 학생들이 각자 흥미, 적성, 진로에 따른 선택을 바탕으로 학업을 수행하고 역량을 개발하는 곳이다. 특히 대학은 사회 진출을 앞둔 마지막 교육 단계라는 점에서 중요하다. 본 장에서는 국가 5대 핵심 인재의 양성을 위해서 대학 교육이 어떻게 바뀌어야 하는지 살펴본다.

본격적인 논의에 앞서, 우리는 교육 기관으로서 대학이 가지는 제도적 특징(institutional features)에 대해 생각해 볼 필요가 있다. 제도는 오랜 세월을 거치면서 축적된 역사적 산물(product of history)이다(Powell & DiMaggio, 2012). 이러한 제도는 쉽게 바뀌지 않는 내재적 속성, 즉 '경로 의존성(path dependence)'을 가진다. 교육 제도로서 대학도 마찬가지이다. 따라서 대학을 혁신하려면 대학이 가지고 있는 제도적 특성을 이해해야 한다.

대학은 어떤 곳인가. 먼저 학생 차원에서 보면, 대학은 고교 교육을 마친 학생들이 대학 졸업 후 몸담을 직업 세계와 삶에 대하여 탐색하고, 이에 필요한 역량을 개발하는 곳이다. 역량이란 지식, 기술뿐만 아니라 태도, 자질, 품성까지 포함한다. 이는 정규 수업을 비롯해 캠퍼스 안팎에서 이루어지는 다양한 활동을 통해 길러진다. 결국 대학에 맡겨진 사명은 학생 각자의 꿈과 진로에 부합하는 '맞춤형 대학 경험(college experiences)'을 충실히 제공하는 것이다.

대학은 다양한 배경과 특성을 지닌 학생들이 모여 각자 원하는 학습과 활동을 자유롭게 하고 졸업과 함께 자신이 원하는 세계로 나가는 '붐비는 광장(plaza)'과 같다. 실제 광장 주변에는 다양한 곳으로 뻗어나가는 길이 있다. 대학이라는 광장도 마찬가지로 학생들은 졸업 후에 다양한 직업 세계로 나간다. 상당수 학생은 기업 같은 민간 영역으로 진출한다. 이때 기업이 생산하는 제품과 서비스가 더 높은 부가가치를 창출하려면 '혁신'이 요구된다. 이러한 혁신을 도모하는 '인재'를 길러내는 것이 대학의 역할이다. 한편, 대학을 졸업한 인재들은 공공 부문으로도 진출한다. 공적 영역은 개인이 소비하는 사적재(私的財, private goods)와 달리 사회 구성원이 공동으로 이용하거나 혜택을 입는 공공재(公共財, public goods)를 만들어 제공하는 곳이다. 대표적인 것이 교육, 국방, 정치, 정부 정책이다. 이러한 공공 부문의 경쟁력 강화를 위해서도 대학의 역할이 중요하다. 교·사대 교육과정이나 교직 과정을 통해 교사를 양성하고, ROTC, 학사 장교 등을 활용해서 군 간부를 길러내며, 다양한 경로로 정부, 국회 등 행정과 정치 영역에서 활동할 공적 인재를 양성하기 때문이다. 게다가 대학에서는 대학 언론사, 학생회, 동아리, 학회 등 다양한 활동이 펼쳐지는데, 이러한 활동은 자연스럽게 민주시민 교육과 공동체 교육이 이루어지는 장(場)이 된다. 요컨대, 대학은 전문적인 지식과 기술을 바탕으로 민간 영역에서 활동할 산업 인력은 물론 민주시민으로서 태도와 품성을 갖춘 교육자, 공무원, 군인, 정치인 등 공공 부문 인재를 길러내는 터전이다.

대학의 변화와 혁신을 끌어내려면 대학의 조직적 특성을 이해할 필요가 있다. 조직 관점에서 대학이 갖는 독특한 특성은 '학과(department)' 단위로 교수와 학생이 모이고, 자원이 운용된다는 것이다(이순희, 배상훈, 2023). 학과란 특정 학문 분야의 전문가로서 교수가 모여 교육과 연구 활동을 수행하는 학사 단위다. 대부분 학생도 학과에 속하고 학과가 제공하는 교육과정을 이수한다. 학과와 교수에게 부여된 전통적인 역할은 각 학문 분야에서 축적된 지식과 기술을 학생들에게 전수하는 것이었다. 이때 학생이 '배워야 할 보편적인 지식'을 체계적으로 정리한 것이 바로 '교육과정'이다. 문제는 학과라는 성(城)이 견고할수록, 교수 간 융복합 연구나 학생의 다양한 학습 경험이 제한될 수 있다는 점이다. 그렇다고 학과 단위로 발전되어 온 대학의 조직 또는 학사 제도를 무작정 폐기하기도 어렵다. 현실적으로 노동시장 또는 직업 세계에서 학과와 학위의 종류(예: 공학사, 경영학사)는 개인이 어떠한 지식, 기술, 역량을 갖추었는지 보여주는 중요한 신호 체계로 작동하기 때문이다.

그럼에도 분명한 것은 대학은 학생 각자가 원하는 삶과 직업의 세계로 나가기 위한 발판 또는 플랫폼 역할을 해야 한다는 것이다. 그런 면에서 대학은 다양한 가능성이 존재하는 공간이다. 사관학교, 정당 연수원, 공무원교육원,

직업교육기관같이 특정 영역에서 일할 인재를 양성하는 직업교육기관이 아니다. 또한 의대, 약대, 사범대처럼 특정 직업 영역에서 일할 인재를 길러내기 위해 운영되는 특수 목적 학과가 아니라면, 대학은 학생이 어느 곳에서도 자기 역할을 다할 수 있는 지식, 기술, 품성을 기를 수 있도록 도와야 할 책무가 있다. 즉, 대학을 졸업한 인재가 민간 영역에서 일하든지 공적 영역에 종사하든지 사회 환경이나 시대적 요청에 비추어 공통적으로 갖추어야 할 핵심 역량이 있다. 이 장의 목적은 이러한 역량이 무엇인지를 인재상 관점에서 탐색하고, 이를 위해 대학에서 이루어지는 교육과 이를 지원하는 체제가 어떻게 바뀌어야 하는지 살펴보고자 한다.

02. 한국 대학이 당면한 6가지 변화와 대학에 미칠 영향

대학은 하나의 유기체 조직이다(한송이, 배상훈, 2019). 유기체로서 조직은 환경과 상호작용하면서 끊임없이 자신을 변화시켜 나간다. 따라서 대학의 변화와 혁신 방향을 모색하려면, 대학을 둘러싼 사회적, 교육적 환경이 어떻게 변화하고 있는지를 살펴볼 필요가 있다.

1. 학령인구 감소

대학에 들어올 학생 수가 급격히 줄어드는 현상은 더이상 '예고편'이 아니다. 이미 대학 생태계에 큰 충격을 가하는 '진행형' 쓰나미이다. 수능 응시생 수를 보면, 2000학년도에 86.8만 명이었던 것이 2023학년도에는 44.7만 명이 되어 거의 절반 수준이 되었다. 이러한 현상은 우리가 관심을 두는 국가 5대 핵심

인재의 양성과 관련해서 세 가지 영향을 미칠 것으로 전망된다.

첫째, 지방대학의 위기를 불러오고, 지역 소멸을 앞당길 것이다. 실제로 지난 몇 년 동안 지방대학의 충원율은 가파르게 낮아졌다. 2023학년도의 경우, 4년제 지방대학 214곳 가운데 신입생 충원율이 80%에 미치지 못한 대학이 44곳이었다. 대학은 청년의 지역이탈을 막는 '댐'과 같다. 지방대학이 무너지면 지역 청년의 이탈이 가속화하고, 지역 산업을 지탱할 인재의 부족이 심화할 것이다(배상훈, 한송이, 변보경, 2019). 즉 지방대학 위기는 지역소멸을 앞당기는 선행 변수이다.

그림1 지방대학의 위기, 지역의 교육력 및 경제력, 지역소멸 간 관계

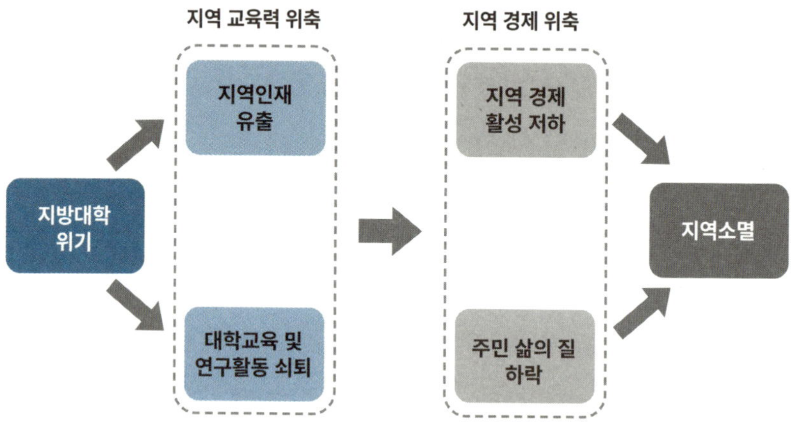

출처: 배상훈, 한송이, 변보경(2019). 통계로 살펴보는 지방대학의 위기, 대학교육, 206, p.28.

둘째, 대학원과 학문 후속세대 양성의 위기를 불러온다. 대학원에 진학하는 학생의 꿈은 대학교수가 되는 것이다. 지방대학 위기는 교수 일자리 감소를 의미하고 이는 대학원 진학을 꺼리게 하는 요인으로 작용할 것이다. 문제는 대학원 위기가 산업 현장에서 연구와 기술 개발을 담당할 고급 인재의 육성을 어렵게 한다는 것이다. 또한 대학원 부실은 산업계는 물론 공직자, 교육자, 군 인력, 정치인 등 공적 영역에서 활동하는 인재들의 재교육(re-skilling) 또는 향상 교육(up-skilling)을 위한 인프라를 취약하게 한다는 점에서도 심각한 문제이다.

셋째, 대학 수학 능력이 부족한 학생의 입학으로 이어질 수 있다. 대부분의 사립대학은 대학재정의 상당 부분을 등록금 재원에 의존한다. 따라서 학령인구 감소로 재정이 줄어들 것을 걱정하는 대학들은 '대학에서 학업을 수행할 준비가 되지 않은 학생'까지 받아들여야 하는 상황을 맞이할 수 있다. 만약 수학 능력이 부족한 학생들이 대학에 입학한 후 적절한 교육적 처방을 받지 못하면, 이후 이루어질 학습 활동에 제대로 참여하기 어렵다. 이렇게 볼 때, 우리 대학들은 부실 교육의 악순환에 빠져들 가능성이 있다.

2. 초저출산 시대와 MZ세대 학생의 등장

2023년 합계출산율이 0.78명이다. 우리나라가 본격적으로 초저출산 시대에 접어들었음을 말한다. 국가 차원의 당면 과제는 적은 인원으로도 높은 생산성을 내는 것이다. 이를 위해서는 국민 한 사람 한 사람이 일당백의 능력을 갖추어야 한다.

■ 그림2 연령 계층별 인구구조, 1960-2070(중위)

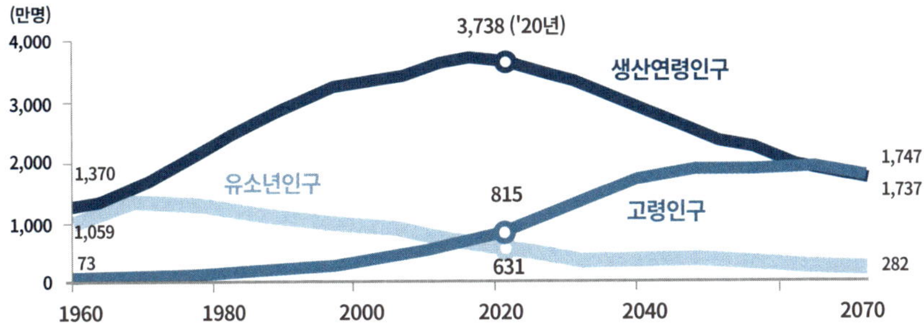

출처: 통계청(2021). 장래인구추계: 2020-2070

인구구조 변화가 대학 교육에 주는 시사점은 분명하다. 첫째, 개별화된 맞춤형 학습(individualized learning)으로 교육 패러다임을 바꾸어야 한다(권오현 외, 2022). 과거 교육은 학생의 재능과 소질, 사전 학습, 학습 패턴 등을 충분히 고려하지 못한 획일적인 학습 체제였다. 그러나 인구가 절대적으로 줄어드는 상황에서는 학생 각자가 가진 꿈과 잠재력이 최대한 발현되도록 하는 개별화 학습이 필수이다. 획일적 지식 주입에서 학생의 꿈과 진로에 맞춰 다양한 학습 경험을 큐레이션 해주는 것으로 바뀌어야 한다는 뜻이다. 이러한 대학 교육 패러다임의 전환은 진로 교육 강화, 자기 주도적 학습 태도 함양, 에듀테크를 활용한 학생 지도 같은 교육적 지원이 병행될 때 효과가 커진다.

둘째, 진로 지도를 제대로 해야 한다. 학생 각자가 가진 잠재력과 가치를 최대한 발현할 수 있는 길을 찾도록 해야 한다. 질 높은 진로 교육은 낭비 없는 학습과 상급 학교 진학을 돕고, 교육에서 노동시장으로 효과적인 전환을 돕는다(배상훈, 2022). 그러나, 현실은 어떤가. 입시에 매몰된 학습, 성적에 따른 학과 선택, 학습한 것과 일자리의 불일치가 크다. 초저출산 시대를 맞아 사회 구성원이 각자 적재적소에서 자신이 가진 잠재력과 가치를 최대한 발현하지 않으면 현재 수준의 국가, 산업 경쟁력과 삶의 질을 유지하는 것은 불가능하다.

셋째, 개인 맞춤형 학습 시대는 MZ세대의 교육 요구에도 부합한다. MZ세대는 개성이 강하고 자신의 미래를 위한 능력 개발과 성장을 무엇보다 소중히 여긴다(임홍택, 2018). 날로 발전하는 빅데이터, 에듀테크, 생성형 인공지능을 학생의 학습과 교육과정 운영 및 학생지도에 접목하는 것이 관건이다(홍정민, 2021).

3. 장수 사회, 직업이 서너 번 바뀌는 시대

우리 사회는 100세까지 삶을 기약하는 '장수 사회'로 이행하고 있다. 지식과 기술의 진보가 빠르게 진행되고, 직업이 서너 번 바뀌는 시대를 맞고 있다. 따라서 전 생애에 걸친 re-skilling과 up-skilling이 필요하다(안병영, 2015). 이러한 환경 변화가 대학 교육에 주는 시사점은 세 가지이다.

첫째, '전환할 수 있는 역량(transferable skills)'의 개발이 중요해진다. 여기에는 글쓰기, 말하기 같은 기초 역량뿐만 아니라 새롭게 떠오르는 디지털 리터러시도 포함한다(배상훈 외, 2023). 이는 국가 5대 핵심 인재 모두에 해당한다. 전공 전문성만을 강조하는 '한 우물 파기'는 평생학습 사회에서 더 이상 유효하지 않다. 앞으로 대학은 학생이 특정 직업을 준비하는 것을 돕는 역할을 할 것인지, 아니면 평생에 걸쳐 여러 직업을 영위할 수 있도록 하는 핵심 역량을 갖추게 할 것인지라는 질문에 답해야 할 것이다.

둘째, 나이가 들어도 일할 의욕과 체력을 가진 사람이 늘어나면서 평생학습과 상시 학습 체제는 필수가 되었다. 대학은 학생이 졸업 후에도 전 생애에 걸쳐 학습하고 역량을 개발하는 학습자가 되도록 '자기 주도적 학습 태도'를 길러줘야 한다.

셋째, 대학 교육의 대상이 확대되어야 한다. 고교 졸업자만을 대상으로 하는 전통형 대학의 시대는 저물고 있다. 졸업생을 비롯해 지역 주민까지 대상으로 하는 평생 교육을 강화할 필요가 있다. 특히 지역의 중소기업은 대기업과 달리 재직자들의 역량 개발에 한계가 있다. 대학이 가진 온라인 원격 학습 인프라를 활용해서 전일제 학생이 되기 어려운 재직자를 대상으로 하는 상시 학습 프로그램을 제공할 필요가 있다.

4. 사회적 갈등 심화

물리(物理)의 세계에서 힘의 불균형은 체제의 변화를 일으키는 동인(動因)이다. 마찬가지로 적정 수준의 긴장과 갈등은 조직이나 사회의 변화와 발전을 촉발하고 건강한 생태계를 유지하는 기반이 된다. 어떤 학자들은 역사적으로 볼 때 한정된 자원의 배분 과정에서 사회 경제적 지위가 다른 계층 사이에서 나타나는 갈등은 피할 수 없는 구조적 문제였다고 말한다(Reeves, 2017). 그러나 불균형이나 갈등이 불러오는 생산적 기능은 조직이나 사회가 감당할 수 있는 수준일 때 가능한 것이다. 그것이 지나치면 오히려 체제나 생태계의 발전과 존속을 위협하는 요인이 된다.

한국 사회에서 지역 간, 이념 간 갈등은 시급히 해결할 사회적 병폐 수준에 이르렀다(안병영, 2015). 사회에 만연하는 갈등은 사회적 불안과 비용을 유발하고, 공동체의 통합을 저해함으로써 지속 가능한 발전을 저해한다. 그런데 최근 사회 집단 간 갈등의 양상이 여러 국면으로 확산하고 있다. 지역 간, 이념 간 갈등에 더해 세대 간, 남녀 간, 정규직과 비정규직 간의 갈등 등으로 커지고 있다. 나아가 이러한 갈등은 혐오, 차별, 배제의 메커니즘을 통해 사회의 건강성과 민주주의를 위협하는 수준이 되었다.

문제는 이러한 사회 갈등과 불균형을 적절한 수준에서 관리하고 조정하며, 사회 발전을 위한 생산적인 힘으로 전환하는 역할을 해야 하는 공적 영역, 특히 학교, 정부, 정치권이 제 역할을 다하지 못하는 것이다(정병호, 2015). 여기서 학교, 정부, 정당, 의회 등은 조직이나 기관을 의미할 뿐 실체는 이를 구성하는 교원, 공직자, 정치인, 사회 활동가와 같은 사람들이다. 따라서 공적 영역이 사회 갈등을 줄이고 이해를 조율하며 사회 통합을 끌어내는 역할을 제대로 수행하려면 교원, 공직자, 정치인들이 이에 필요한 역량을 갖추어야 한다. 여기에는 상대방의 관점, 주장을 경청하고 이해하려는 포용적, 개방적 태도, 자기 관점을 객관화해서 바라보는 반성적 사고, 극단적 사고에 치우치지 않고 다른 생각을 존중하는 균형적 사고 등이 포함된다. 이러한 태도나 자질은 부모에 의한 가정 교육이나 사회화 과정을 통해 길러질 수 있다. 하지만, 학교와 대학 등 교육기관에서 이루어지는 교육이나 활동을 통해 더 체계적이고 효과적인 방법으로 함양될 수 있다. 그런데 현실적으로 고등학교 단계에서는 대입이라는 현실 앞에서 시험 대비에 초점을 둘 수밖에 없다. 따라서 입시에서 벗어나 원하는 공부나 활동을 자유롭게 할 수 있는 대학 단계에서 이러한 역량이 함양될 수 있도록 해야 한다.

5. 다양한 고등교육 공급자의 등장

대학이 고등교육과 인재 양성을 독점하는 시대는 저물고 있다. 성인 학습자는 물론 대학생까지 고객으로 삼는 다양한 민간 교육기관(예: 멀티캠퍼스, 패스트캠퍼스, 휴넷 등)이 급격히 늘어났다. 이들은 시장 마인드로 무장해서 다양한 고객 맞춤형 프로그램을 제공하면서 대학의 아성에 도전하고 있다. 여기에 MOOCs처럼 첨단 에듀 테크를 활용한 디지털 기반 교육 플랫폼이 국내는 물론 글로벌 수준에서 확산되는 것도 눈여겨봐야 한다. 이들은 대학과 달리 학점이나 학위를 제공하지 못할 뿐이지 실질적인 의미의 고등교육을 제공하고 있다고 보아야 한다(권오현 외, 2022; Carey, 2015).

고등교육 생태계가 여러 주체로 다각화해서 학습 시장이 활력을 띠고 '학습 사회(learning society)'의 지평이 넓어지는 것은 바람직하다. 다양한 민간 교육기관이 국가 5대 핵심 인재의 양성에 참여할 수 있도록 해야 한다. 개인의 학습 경험과 성취를 오픈 배지(open badge)와 같은 방식으로 인증하고, 이를 인턴, 진학, 유학 및 구직 단계에서 널리 쓰이게 하는 디지털 기반 학습 인증 체제를 만들어야 할 것이다(홍정민, 2021). 즉, 디지털 대전환 시대를 맞아 정부와 대학은 오픈 배지나 개인별 포트폴리오같이 학점이나 학위를 대체하는 새로운 학습 경험 인증 및 유통 시스템(교육기관 간, 교육기관-노동시장 간)을 구축해서 운용해야 하는 도전을 맞고 있다.

6. 심화하는 세계화

1953년 한국 전쟁이 끝났을 때 우리나라 1인당 국민소득은 76달러였다. 최빈국의 수준이었다. 그러던 것이 2022년에는 3만 3천 달러가 되어 지난 70년 사이에 400배 넘는 성장을 이루었다. 국가의 위상도 바뀌었다. 대한민국은 세계 최초로 원조를 받던 나라에서 주는 나라로 바뀐 사례이다. 경제력은 세계 10위권이고, 동·하계 올림픽, 월드컵, 세계 육상대회 등 4대 국제대회를 치른 그랜드 슬램 국가가 되었다.

경제 성장과 사회 발전 그 자체로 우리가 진정한 글로벌 국가가 되었음을 의미하지는 않는다. 존경받는 글로벌 국가가 되려면 인류사회가 당면한 이슈와 글로벌 문제에 능동적으로 대응하고 이를 함께 해결하는 노력을 보여야 한다. 인재 양성의 면에서는 언어 구사력, 다문화에 대한 이해, 세계시민의식 등 글로벌 역량을 갖춘 인재를 길러야 하고, 그들이 국제사회의 책임이 있는 구성원으로 글로벌 무대에서 활동할 수 있도록 지원해야 한다.

특히 교사, 공직자, 군인, 정치인처럼 공적 영역에서 활동할 인재들의 글로벌 역량 함양이 중요하다. 그들은 학교에서 미래 세대를 길러내거나 국가를 대표하여 국제 무대에서 활동할 기회가 비교적 많기 때문이다. 그러나 대학에서 공적 영역 진출을 준비하는 학생들은 많은 경우 당장 시급한 교원 임용고사, 국가 고시, 군사 훈련에 매진하고, 시간 부족을 이유로 글로벌 역량 함양을 위한 대학 활동이나 프로그램에 참여하기를 꺼리는 경향이 있다. 대학의 역할은 공공 부문 진출을 꿈꾸는 학생들이 '시험 합격'만을 목표로 삼지 않도록 지도하는 것이다. 우리나라가 글로벌 국가가 되기 위해서 공공 부문이 담당해야 할 책임이 무엇인지 깨닫게 하고, 이를 위해 미래 공직 인재가 갖추어야 할 역량이 무엇인지를 알게 하는 것이 중요하다.

한편, 최근 대학 사회에서 ESG와 지속가능발전에 관한 관심이 확대되고 있다. 대학의 ESG 경영은 대학 차원의 '지속가능보고서' 출판, 글로벌 이슈를 다룰 수 있는 역량을 갖춘 인재 양성, 글로벌 이슈와 지속가능성을 학습하는 교과목 개발 및 교육과정 개편을 포함한다. 특히 대학마다 학생의 ESG 이해와 역량을 함양하기 위한 비교과 프로그램이 다양하게 개발되어 운영 중이다. 앞으로 대학 간 교육 경험의 공유와 협력 프로그램 운영 등 더 많은 과업이 남아 있다.

03. 대학이 길러야 할 인재의 모습

대학은 특정 분야에서 종사할 인력을 훈련해 내보내는 직업교육기관이 아니다. 인재 양성과 배출 차원에서 대학은 무한한 가능성의 공간이다. 그러므로 의대, 약대, 사범대, 법학전문대학원과 같이 정해진 직업에서 일할 인재를 배출하는 학과가 아니라면 대학은 학생이 어느 곳에 진출해서라도 맡은 책임과 역할을 다할 수 있는 능력을 길러줄 책무가 있다. 다시 말해 우리 사회와 시대가 요구하는 보편적인 인재의 모습이 있고, 어느 직업에 종사하든 고등교육을 이수한 사람이라면 갖추어야 할 역량이 있다는 말이다. 다만, 대학은 교육, 정치, 군, 정부와 같은 공적 영역에서 활동할 인재를 육성한다는 책임도 함께 가져야 한다. 여기서는 오늘날 우리 사회에서 필요로 하는 인재의 모습이 무엇인지를 제시한다. 이는 다음에서 논의할 대학 혁신의 방향과 전략과도 관계가 있다.

1. 사회 혁신(social innovation) 인재

국가 5대 핵심 인재는 사회 혁신을 선도한다는 마음가짐과 역량을 갖춘 인재여야 한다. 사회 혁신이란, 구성원들이 공유하는 바람직한 방향으로 사회 변화와 발전을 도모하기 위해 관련 집단과 목표를 설정해서 이행하고, 당면 문제를 해결하기 위해 관련 제품, 서비스, 정책, 제도를 개발하거나 도입하여 운용하는 제반 활동을 말한다(Caulier-Grice et al., 2012). 이때 상품, 서비스, 프로그램 같은 산출물보다 여러 사회 주체와 상호작용하는 과정이나 이를 중시하려는 태도가 중요하다는 견해도 있다(조상미 외, 2019).

민간 기업도 최근 사회적 가치의 창출을 목표로 하는 경영에 초점을 두기 시작했다. 따라서 사회 혁신은 공공 영역에만 적용되는 개념은 아니다. 하지만 사회 혁신이 교육, 정책 수립, 법률 제정 같은 공적 활동을 수행하는 인재에게 특히 요청되는 비전, 목표, 가치라는 점을 부인하기도 어렵다. 이러한 사회 혁신을 도모하기 위해서는 사회 문제를 공감하고, 다른 집단이 추구하는 가치와 이해(利害)를 이해하며, 다양한 관점을 포용하려는 태도가 필요하다. 아울러 사회 혁신을 위해서는 새로운 시도를 과감하게 하는 개척 정신이나 기업가 정신도 요구된다.

대학은 이러한 사회 혁신을 주도하는 인재를 길러내는 산실이어야 한다. 이와 관련해서 대학은 교양교육을 재설계하는 것부터 시작할 수 있다. 지금까지 전통적인 교양교육의 초점은 글쓰기, 말하기, 기초과학 같은 기초 교육과 문예 교육이었다. 앞으로는 이에 더하여 학생들이 사회적 가치, 사회적 영향(social impact), 사회 변화와 같은 주제를 접하고 학습하며 경험할 수 있는 프로그램을 운용하는 것이 필요하다. 전공 교과도 사회 혁신 관점을 적용한 학습, 체험, 활동 및 평가를 적극 도입할 수 있을 것이다.

2. 문제해결력을 갖춘 융합 인재

오늘날 사회나 기업이 당면한 문제는 다양한 관점과 지식을 융합하고 창의적으로 적용해야 해결할 수 있다. 하나의 지식 체계나 기술 또는 다른 사람과의 협력 없이 혼자서 문제를 해결하기 어려운 시대가 되었다. 융합이란 서로 다른 분야의 지식을 화학적으로 연계하고 결합해서 새로운 지식이나 문제의 해결 방법을 만들어 내는 것을 말한다(배상훈, 2018).

융합의 필요성은 지나치게 세분화한 학문 체계로는 실질적 문제해결 대상이 가지는 전체의 모습이나 의미를 파악하는 데 한계가 있다는 반성을 바탕으로 대두하였다. 일상의 삶이나 직업 세계에서 당면하는 문제의 해결이 특히 그렇다. 학생들이 졸업 후 마주하는 상황은 여러 문제가 복합적으로 얽혀 있다. 여러 집단의 이해가 충돌하는 정치, 행정 등 공공 부문에서 당면하는 상황도 마찬가지이다. 개방적이고 창의적인 자세로 여러 지식과 관점을 종합해야 문제를 이해하고 해결할 수 있다.

블룸(bloom)의 교육목표 분류학에 따르면, 학습 위계는 지식, 이해, 적용, 분석, 종합, 평가의 6단계로 구성된다(Krathwohl, 2002). 지식과 이해는 학습이 이루어지는 토대이다. 하지만, 실제 생활에서 이루어지는 문제의 해결을 위해서는 적용, 분석, 종합, 평가로 이어지는 고차원 학습(higher order learning)이 필요하다. 앞으로 대학은 학생들이 어느 한 분야에 매몰되어 지식을 편식하지 않고 다양한 지식과 풍부한 경험을 갖게 하여 창의적으로 문제를 해결하는 능력과 통합적으로 사고할 수 있는 역량을 갖춘 인재로 성장하도록 지원해야 한다.

3. 대화와 포용의 공동체 인재

학생은 대학에 들어오기까지 치열한 입시 경쟁을 거친다. 대학 입시는 학교 교육과정의 운영을 비롯해 공교육 전반에 실질적인 영향을 끼친다(서남수, 배상훈, 2020). 대표적인 것이 상대평가 체제이다. 교육계가 상대평가가 가진 여러 교육적 문제를 인식하면서도 이를 유지할 수밖에 없는 이유는 학생 선발의 공정성에 대한 국민적 요구가 교육적 타당성에 앞서기 때문이다. 이러한 평가와 선발 체제에서 옆자리에 앉은 친구는, 안타깝지만, 내가 더 나은 성적과 등급을 얻기 위해 경쟁해야 하는 대상이 된다.

하지만 학생들은 앞으로 다른 배경과 관점을 가진 사람과 교류하고, 대화와 소통으로 협력하며, 문제의 해결 방안을 함께 찾아야 하는 세상을 살아야 한다. 동료와 공동의 목표를 수립하고 이를 달성하기 위해 각자 맡은 역할과 책임을 다하는 법을 알아야 한다. 다름을 인정하고 다양성을 존중하는 태도 역시 갖추어야 한다. 개방적 태도로 상대방의 의견과 주장을 경청하고 타협을 끌어낼 수 있는 소통 역량과 협력적 태도도 필요하다. 이는 국가 5대 핵심 인재, 특히 공공 영역에서 활동할 인재들에게 핵심적으로 필요한 역량이다.

챗GPT와 같은 인공지능의 발달은 대학에서 이루어지는 교수-학습의 대전환을 요구한다. 단순한 지식의 탐색과 계산은 인공지능을 활용해서 학생이 홀로 할 수도 있기 때문이다. 사회는 개방과 포용의 태도를 갖춘 건강한 시민을 바란다. 서로를 존중하고 협력할 줄 아는 성숙한 민주시민을 원한다. 대학은 이러한 사회적 요구에 답해야 할 것이다. 예컨대 학생들이 캠퍼스 안팎에서 '생활로서의 민주주의'를 체험하는 기회를 제공할 필요가 있다. 동아리, 학생회, 대학 언론, 농활 등 다양한 공동체 경험을 촉진하는 것도 이에 포함된다. 이를 통해 학생들은 전공 전문성 못지않게 다양성에 대한 이해, 협력적 태도, 공감과 배려, 경청과 타협을 이루어 내는 사회정서 역량을 기를 수 있기 때문이다. 교실 수업도 이에 맞추어 혁신해야 한다. 수업에서 팀 기반 프로젝트 학습, 학습 공동체 활동을 유도함으로써 학생들이 서로를 이해하고 팀워크를 함양하며, 리더십을 기르는 기회를 가질 수 있다.

4. 자기 주도적 인재

우리나라의 교육과 인재 양성 체제에 대해 대학 입시가 미치는 영향은 매우 크다. 특히 주어진 지문 중에서 틀린 답을 찾는 훈련을 끊임없이 반복해야 하는 수능 체제는 학습에 대한 내적 동기와 자기 주도성이 약한 피동적 인재를 길러내는 결과를 가져왔다. 피동적 태도를 가진 학생은 대학에 입학해서도 주어진 과제를 해결하는 상황에는 익숙하지만 스스로 문제를 찾고 해결하는 역량은 부족하다.

국가 5대 핵심 인재가 기업, 정치, 행정, 교육 등의 영역에서 과업을 수행하면서 마주하는 현실은 매우 복합적이다. 하나의 정답만 존재하기 어렵고 때로는 스스로 문제를 찾거나 정의해서 해결해야만 하는 상황을 마주하게 된다. 기업에서 직장 상사나 고객의 지시와 요청이 있을 때만 움직이거나, 주어진 일과 단순 반복적인 업무에 매몰되면 창의적 일 처리와 높은 성과를 기대하기 어렵다. 특히 정치, 행정과 같은 공공 영역에서는 스스로 사회 또는 정책 문제를 탐색하고, 이를 자발적으로 해결하려는 적극 행정을 할 때 국민의 감동을 얻는다. 또한 개인이 전 생애에 걸쳐 개인적, 사회적, 직업적 성장과 발전을 도모하기 위해서도 자기 주도성은 요구된다. 환경 변화를 민감하게 인식하고 이에 대처하기 위해 스스로 계획을 수립하고 이를 성공시킬 방안을 자기 주도적으로 모색해서 실행하는 인재가 필요하다.

대학 교육에서도 자기 주도성이 중요하다. 학습 목표를 스스로 설정하고, 학습 과정을 진단 및 점검하며, 자기감정과 의지를 조절할 뿐만 아니라 적절한 시간 관리로 목표를 성취하는 자발적 노력이 필요하다. 이러한 인재를 기르기 위해서는 수업 혁신이 필요하다. 수업 방식이 주입과 암기 위주 학습이나 수동적인 학습에서 벗어나 배운 내용을 종합하고 여러 지식을 융합해서 창의적으로 문제를 해결하는 학습으로 전환해야 한다. 이를 위해서는 학생이 다양한 지적 활동과 사회적 경험을 하면서 스스로 지식을 구성하는 경험을 갖도록 유도할 필요가 있다. 또한 학생 스스로 원하는 학습을 선택할 수 있도록 교육과정을 개편하고, 꿈, 진로를 지원하는 학습 큐레이션을 확대하는 데이터 기반 맞춤형 학습 시스템을 도입해야 한다. 이러한 교육 시스템을 도입하기 위해서는 학생이 중요한 학습의 주체임을 인식하는 것에서부터 출발해야 한다. 특히 교수의 역할이 중요하다. 학생이 학습 과정을 스스로 주도하도록 교육 환경과 여건을 조성하고, 이를 체계적으로 지원하는 섬세한 준비가 필요하다.

5. 글로벌 인재

우리는 짧은 기간 동안 놀라운 경제 성장과 사회 발전을 이루었다. 하지만 그 자체로 우리가 진정한 글로벌 국가가 되었음을 의미하지 않는다. 우리가 글로벌 선도 국가가 되려면, 인류사회가 당면한 이슈와 글로벌 문제에 능동적으로 대응하고 이를 함께 해결하려는 자세를 가져야 한다. 이를 위해서는 무엇보다 이를 실행할 인재의 양성이 중요하다.

지금까지 대학의 글로벌 인재 양성은 언어 능력을 갖추는 것에 집중되어 있었다. 그러나 언어 능력은 학생이 글로벌 사회로 나아가기 위한 하나의 도구일 뿐이며, 오히려 국제사회에서 일어나는 문제를 나의 일처럼 여길 수 있는 세계시민태도를 갖추는 것이 중요하다. 따라서 대학은 국제 환경에서의 언어 구사력과 함께 다문화에 대한 이해, 세계시민의식 등 글로벌 역량을 갖춘 인재를 길러야 하고, 그들이 국제사회의 책임이 있는 구성원으로 활동할 수 있도록 지원해야 한다.

우리 경제가 놀라운 성장을 할 수 있었던 배경에는 세계를 무대로 누빈 한국 기업과 인재들의 저력이 있다. 즉 우리 경제가 보여준 성적표는 민간 부문의 글로벌 역량이 세계 최고 수준임을 보여준다. 문제는 공공 부문에서 활동하는 공직자, 교육자, 군 인재와 정치인의 글로벌 역량이다. 이들이 글로벌 이슈를 이해하고, 인류사회의 문제에 적극적으로 대응할 때, 우리나라의 글로벌 위상은 더욱 높아질 것이다. 대학 차원에서는 학생들이 소아(小我)적 민족주의에서 벗어나 인류애와 다문화 가치를 존중하고 글로벌 문제의 해결에 적극적으로 동참하는 인재가 되도록 해야 한다. 예컨대 교환학생, 글로벌 인턴, 글로벌 시티즌십 교육 프로그램 등을 확대하는 방안이 있을 것이다.

04. 결론: 정책 제언

우리나라는 교육과 인재의 힘으로 짧은 기간에 산업화와 민주화를 성공적으로 일구었다. 앞으로도 국가 경쟁력의 원천은 탁월한 인재의 양성과 활용에서 찾아야 하고, 인재가 주도하는 발전 전략은 여전히 유효할 것이다. 특히 국가 5대 핵심 인재가 중요하다. 기업에서 일하는 인재들은 우리 경제와 산업의 경쟁력을 유지하는 핵심 자원이다. 정치인, 공무원, 교육, 군 인재는 나라를 지탱하는 중추 집단으로서 경제적으로는 중산층, 이념적인 중도 집단, 그리고 시민성과 인류애를 가진 지식인 집단이다.

이러한 5대 핵심 인재를 제대로 육성하려면 대학의 역할이 중요하다. 다만, 과거의 방식은 더이상 통하지 않는다. 챗GPT로 대표되는 인공지능, 로봇 등이 산업은 물론 일상 삶에서 더 큰 역할을 하고, 저출산과 고령화로 인한 인구구조 변화가 빠르게 진행되는 가운데 글로벌 경쟁은 더욱 심화하고 있기 때문이다. 특히 인구구조의 변화가 교육과 인재 양성 전략에 주는 신호는 분명하다. 그것은 낭비 없는 학습과 인재 양성 체제를 구축하고, 모두가 평생에 걸쳐 능력을 개발할 수 있는 인재 양성 체제를 만들어야 한다는 것이다. 또한 국민 한 사람 한 사람이 소중한 인재라는 점에서 맞춤형 학습과 적재적소의 인재 활용 체제를 구축하는 것이 중요하다. 대학 단계에서 추진할 다섯 가지 혁신 전략을 제안한다.

1. 수업 혁신이 기본이다.

교육 혁신의 시작은 수업 혁신이다. 물론 대학에서 이루어지는 교육과 인재 양성은 수업만으로 이루어지지 않는다. 하지만 수업이 중요한 학습 경험인 것은 분명하다. 학생이 비교적 많은 시간을 투자하는 것이 수업 준비이고, 교수나 친구들과 상호작용이 일어나는 것도 수업과 관련된 활동이기 때문이다. 또한 수업을 통해 얻는 학점이 진학, 취업 등에서 적지 않은 영향을 미치고, 학생은 교수의 수업 방식과 평가에 영향을 받기 때문이다. 따라서 수업을 혁신하지 않고 교육을 혁신한다는 것은 주변만 건드리는 꼴이다.

수업 혁신을 위해서 중요한 것은 교수의 인식 전환이다. 수업이 단순히 교과서적 지식을 전달하는 장이 아니라고 생각하는 것에서부터 시작해야 한다. 교수가 수업 방식을 바꿈으로써 학생에게 더 다양한 학습 경험과 성장 기회를 제공할 수 있고 미래 사회가 요구하는 핵심 역량을 개발할 수 있도록 유도할 수 있다. 예컨대, 수업에 팀 프로젝트를 도입하고 그 결과를 평가에 반영하면, 학생들은 자연스럽게 협업 역량, 리더십과 팔로우십, 공동체성, 역할 수행과 책임감을 함양할 수 있다. 앞서 제시한 자기 주도적 인재를 기르려면 교수 주도의 일방적 지식 전달에서 벗어나는 것도 필요하다. 먼저 학생 주도로 학습을 하게 한 후 질의와 응답, 토론을 이어가는 플립러닝(flipped learning)을 하면 학생의 자기 주도적 학습 태도가 길러질 수 있다. 한편 토론식 수업은 개방적 태도, 공감 능력, 대화와 타협의 태도 및 품성을 함양하는 데 효과적이다. 이러한 역량들은 특히 국회, 정부 등 다수 이해 관계자 집단이 있고, 각 집단의 입장을 조율하고 타협을 끌어내야 하는 공적 영역 인재에게 필요하다.

수업 혁신은 그냥 이루어지지 않는다. 교수의 가르치는 역량과 수업 매니지먼트 능력이 향상돼야 한다. 그러나 대학이 교수를 임용할 때 주로 살펴보는 것은 후보자의 연구력과 성과이다. 이러한 교수 임용 관행은 당분간 유지될 전망이다. 많은 경우 교육이나 학생 지도와 관련된 전문적인 교육이나 훈련 없이 교수로 임용된다. 교수는 연구자이면서도 교육자이다. 수업과 학생 지도를 통해 학생의 미래에 가장 큰 영향을 미치는 사람이다. 대학은 교수자로서 필요한 역량을 개발할 수 있는 기회를 다각적으로 지원하고 이에 대한 투자를 확대해야 한다.

2. 학생 성공을 위한 진로 지도를 강화하라.

어느 대학 졸업장을 갖느냐가 취업, 결혼, 사회적 인식과 대우를 비롯해 많은 것을 좌우하는 상황에서 고교 교육은 입시 준비에 초점을 둘 수밖에 없다. 고교학점제를 도입하고 방과후학교 프로그램을 운영해도 고교 단계에서 학생이 자신의 흥미, 적성, 강점, 잠재력을 찾고, 이를 토대로 장래의 직업, 꿈, 미래를 설계하는 진로 탐색과 설계는 충분히 이루어지기 어렵다.

시험 점수와 등급에 따라 대학과 학과를 지원하는 풍토 역시 만연하다. 반면 대학 차원의 학년별, 학생 유형별 체계적인 진로 교육 인프라는 만족스럽지 못하다. 졸업을 앞둔 학생들에게 자기소개서 작성 특강, 취업 박람회 등 '취준(취업준비)' 차원의 지원이 주어질 뿐이다.

학생들은 학과 선택이나 수업 내용이 자신의 흥미, 적성, 꿈, 진로와 연계되지 않으면 학습에 몰입하기 어렵다. 이렇게 되면 높은 학업 성과를 거두기 어렵고, 대학 생활을 낭비하게 된다. 대학은 학생이 자신의 특성과 강점, 하고 싶은 일과 분야를 찾고, 자신의 가치와 잠재력을 펼칠 수 있는 일자리를 얻어 자기 발전과 성장은 물론 사회 공동체의 번영에도 이바지할 수 있도록 도와야 한다. 100명의 학생에게 100개의 성공 모델이 있기 때문이다.

군인, 공무원, 교사 등 공적 영역에서 활동할 인재는 법률에 따라 정년이 보장되는 경우가 많고 민간 영역과 비교해서 직업 안정성이 높은 편이다. 다시 말해, 한번 입직(入直)하면 이직(移職)을 고려할 가능성이 작다. 그러므로 대학을 졸업하고 공공 분야로 진출하고자 하는 경우, 무엇보다 직업 선택이 자신의 역량, 흥미, 적성, 장래 희망 및 꿈과 일치하는지 생각해 볼 필요가 있다. 그렇지 않으면, 개인 성향과 직무의 불일치로 맡은 직무 수행에 몰입하기 어렵고, 이는 결국 낮은 서비스 품질로 이어지기 쉽기 때문이다.

지금까지 대학의 역할은 지식을 배우고 기술을 연마하며 학문 활동을 하는 곳으로 인식되었다. 앞으로 대학은 지식과 기술의 전수라는 전통적 역할 외에 학생이 미래에 자신이 걸어갈 직업 세계와 삶의 길을 찾을 수 있도록 돕는 곳이 되어야 한다. 그럼에도 많은 교수가 학생의 진로 지도를 자기 과업으로 인식하지 않는 경향이 있다. 게다가 대학에는 진로 진도 전문가가 충분하지 않고, 학생의 진로 탐색, 성숙을 돕는 프로그램도 충분치 않다.

앞으로 특정 지식과 기술을 전수하는 '대학 아닌 유사(quasi) 고등교육기관'이 급격히 늘어날 것으로 전망된다(권오현 외, 2022). 이들은 대학의 강력한 경쟁자가 될 것이다. 이러한 고등교육 생태계에서 대학이 교육기관으로서 가치를 유지하면서 경쟁력을 갖추는 길은 학생 성공 차원에서 새로운 교육적 책무를 인식하는 것이다. 대표적인 것이 학생의 진로 탐색 및 성숙과 진로 설계를 돕는 것이다. 성숙한 진로 의식은 개인 차원에서의 성공적인 삶은 물론 국가와 사회의 발전에도 이바지할 것이다.

3. 진로에 맞추어 대학 경험(college experiences)을 다양하고 풍부하게 제공하라.

대학은 지식 전수나 취업만 준비하는 기관이 아니다. 모든 학생이 사회 공동체의 건강한 구성원으로 성장하도록 돕는 것은 교육 기관으로서 대학이 담당할 중요한 교육적 책무이다. 학생은 대학 생활을 하면서 정규 수업 외에도 동아리, 학회, 농촌활동, 사회봉사, 글로벌 캠프, 인턴 등 다양한 대학 경험을 한다. 이를 통해 학생들은 자기에 대한 이해(self-awareness)를 넓히고, 무엇이 사회적 가치(social values)인지를 깨닫고 자기 꿈을 펼치면서 공동체의 발전에도 이바지하여 자아를 실현할 수 있는 길을 탐색하게 된다. 대학은 학생이 자기 삶의 목표와 진로를 탐색하고 설정하며, 이를 길러가는 데 필요한 경험을 스스로 설계하고 참여할 수 있도록 지원할 필요가 있다.

국가 5대 핵심 인재, 특히 공적 영역에서 활동할 인재의 경우, 입직(入直)을 위한 임용고시, 공무원 시험 준비와 전공 수업에만 매몰되는 경우가 많다. 오로지 임용고시반, 행정고시반, 로스쿨반처럼 시험 대비에만 초점을 두는 경우, 바른 판단력, 공적 책임감, 개방적이고 유연한 태도, 투철한 국가관과 애민(愛民) 정신을 갖춘 교사, 공무원, 정치인, 외교관으로 성장하기 어렵다.

위와 같은 이유로 대학은 정규 수업과 학점을 중심으로 설계된 전통적인 교무, 학사, 학생 지원 행정 전반을 재검토하고, 학생에게 다양하고 가치로운 대학 경험을 제공한다는 관점에서 이를 재설계해야 한다. 교육과정을 혁신해서 필수 교과목 중심으로 정비하고, 최신의 지식 체계와 사회 문제를 반영하며, 다른 학과에서 이루어지는 수업도 선택해서 들을 수 있도록 개방하는 것이 필요하다.

학과나 전공에서는 학문 중심의 기본 지식 전달을 주로 한다면, 사회적 이슈, 기업 문제나 글로벌 현상과 관련된 주제, 문제 기반의 다양한 학습 모듈의 도입을 확대할 필요가 있다. 최근 확산되는 마이크로디그리, 나노디그리, 협동과정, 융합 트랙 등이 그것이다. 아울러 대학은 기업, 지역사회와 협력해서 학생의 학습 경험을 다양화하는 것이 필요하다. 한양대가 추진했던 IC-PBL(industry coupled-problem based learning)처럼 기업이나 지역사회가 당면한 문제의 해결을 위한 학습을 확대하는 것이 대표적일 것이다.

그림3 지식 중심 전공 교과와 문제 중심 마이크로디그리 운영 사례

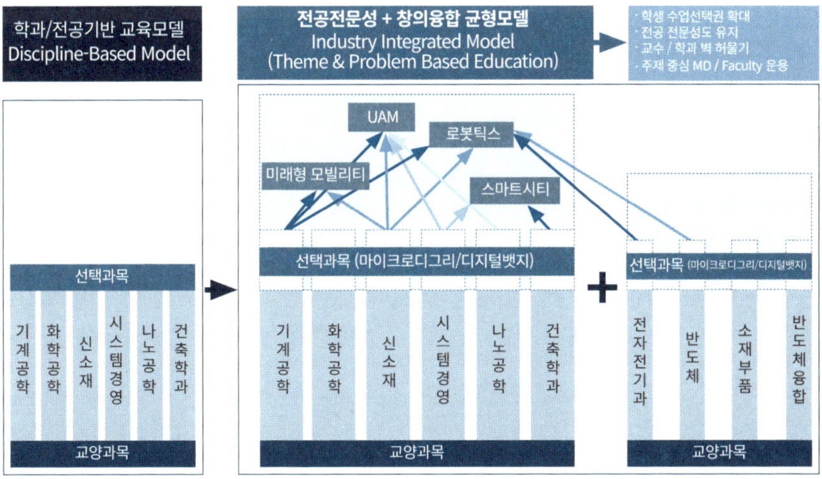

4. 미래 사회 관점에서 학사 구조와 교육과정을 혁신하라.

지금까지 대학은 전통적인 학문 분류와 지식 체계에 따른 학사 구조와 단위를 유지해 왔다. 대표적인 것이 학과와 전공이다. 이는 특정 학문 분야의 지식이나 기술을 갖춘 전문가로서 교수들이 속하고 연구와 교육 활동이 이루어지는 단위이다. 최근 무학과, 무전공 바람이 불고 있지만 기본적으로 학생들은 이러한 학과나 전공 단위로 교육 활동을 한다. 학과에서 이루어지는 학습의 구조와 체계를 보여주는 것이 교육과정이며, 이는 해당 학문의 분류체계와 교수들의 학문적 배경을 바탕으로 만들어지는 경우가 많다. 학과의 교육과정은 매우 전문적인 영역으로 여겨졌고 학과 교수들의 자율성이 최대한 보장되어야 한다는 믿음이 유지되고 있다.

학과는 학문에 바탕으로 둔 전문성과 지식인으로서 교수에게 부여되는 자율성을 바탕으로 유지되는 견고한 성(成)처럼 여겨졌다. 이러한 학과 체제는 공급자 중심 교육을 뒷받침하는 지적, 교육적 토대로 작용했고 지금까지도 정통성을 인정받고 있다.

학과 중심 교육과정과 교육 활동은 학문 체계에 바탕을 둔 체계적인 교육면에서는 강점이 있다. 하지만, 빠르게 변화하는 사회 현실과 산업 요구를 반영하기 어려운 한계가 있다. 무엇보다 공급자 중심 교육의 기초 토대로 학생이 가진 개별적 흥미와 진로를 충분히 반영하기 어려운 구조일 수 있다. 즉, 유의미한 학습 경험이 이루어지기 어렵다. 유의미한 학습 경험(significant learning experiences)이란 학습 내용과 과정이 학생의 실제 삶과 맥락적으로 연계되는 심층 학습이 일어나는 경험이다(Fink, 2013). 학습 과정이 목적이 있는 활동, 가치를 느끼는 활동, 자기 진로에 도움을 주는 활동이어야 하고, 이러한 학습을 통해 학생들은 스스로 설정한 삶의 길을 찾아가는 여정을 갖는다. 존 듀이의 말처럼, 교육은 삶을 준비하기 위한 것이 아니고, 삶 그 자체여야 하는 것이다(Education is not preparation for life. Education is life itself).

우리가 프로젝트 학습을 중시하는 것도 실제로 닥친 문제나 향후 당면하게 될 과제를 해결하는 경험을 해본다는 점에서 의미가 있다(배상훈, 2018).

대학은 학과(department-based)와 학문(discipline-oriented) 기반 교육과정에 따른 체계적, 효과적 지식 전수와 함께 사회 이슈나 산업 요구를 반영한 학생 중심(student-oriented), 문제 기반(problem-based) 학습 경험이 균형적으로 이루어지도록 학사 구조와 교육과정을 개편할 필요가 있다. 교육과정은 필수 교과(특히 전공)의 최소화를 통한 '정예화', 사회 요구를 반영한 '최신화', 학생의 다양한 선택을 존중하는 '개방화'가 필요하다. 교과목은 학과 기반 폐쇄적 운영 체제에서 벗어나 여러 학문 단위(학과, 전공)가 참여하는 문제와 주제 기반 교과목군(群)으로서 마이크로디그리의 복합적 운용이 필요하다. 이러한 학사 구조와 교육과정 개편은 학생의 선택권을 넓히고 학습 몰입과 학생 성공을 촉진하는 토대가 된다.

국가 5대 핵심 인재의 양성은 직무 수행을 위한 기본 지식의 함양과 함께 사회 현안에 대한 이해 및 문제해결 역량을 기르는 학습 경험의 병행 제공을 요청한다. 예컨대, 공직자와 정치인은 행정과 정치에 관한 기본적인 지식 함양(행정학, 정치학 등)은 물론 사회 문제의 인식과 다양한 해결 방안을 배우는 학습 경험을 골고루 가질 필요가 있다. 훌륭한 교사 역시 교육과정 및 교수-학습 관련 지식을 함양하는 동시에 교육 현장이 당면한 다양한 이슈와 이해 관계자의 관점을 이해하고 관련 정책 동향 등을 함께 배우는 융합적 학습 경험을 통해 육성될 것이다.

5. 대학은 학교 밖 기관 및 민간 기업 등과 협력적 분업을 수행하라.

역사적으로 대학은 오랜 세월 동안 과학적으로 검증된 보편적 지식과 어느 곳에서나 필요로 하는 핵심 역량(core competencies)을 기르는 곳이었다. 국가 5대 핵심 인재는 대학 교육을 통해 각 분야의 직무를 성공적으로 수행하는

데 필요한 보편적 지식과 함께 최신의 지식과 기술도 함께 배우고 익히는 것이 필요하다. 따라서 대학은 첨단 기술, 실용 지식, 실전 경험을 가르치고 제공하는 다른 사회기관과 협업을 통해 인재를 양성해야 한다. 예컨대 대학생의 인턴, 재직자의 향상 교육(up-skilling)을 위해 기업과 대학이 협력할 수 있다. 정부 역할은 대학과 산업계가 서로 소통하고 협력할 수 있도록 하는 인프라를 구축하는 것이다. 또한 대학은 정당, 국회, 이익 단체 등과 함께 미래 정치가를 길러낼 수 있고, 학교와 교육청의 도움을 받아 탁월한 역량을 갖춘 교사를 양성할 수 있다. 특히 대학은 기업과 협력해서 체계적인 실습을 제공하고 인턴을 수행함으로써, 학생의 직무 역량을 함양하고 졸업 후 학습과 일자리 간 미스매치를 줄일 수 있게 된다. 이를 위해 대학은 산학협력을 촉진하는 교육과정과 교과목을 개발하고, 대학과 기업 등 학교 밖 기관을 연계하는 산학협력 전문가를 폭넓게 고용해서 활용해야 한다.

정부는 이러한 대학의 노력을 촉진하는 제도적 인프라(대학과 기관의 겸직 확대 제도 등)를 갖추고, 이를 정책적, 재정적으로 지원하는 방안을 마련할 필요가 있다. 그러한 의미에서 교육부가 제시한 지역혁신중심 대학지원체계(RISE)는 대학과 지역, 기업이 협력적 분업을 수행하는 토대가 될 수 있을 것이다. 대학은 지역사회, 기업과 적극적으로 협력하며 학생과 대학, 지역, 산업의 발전을 함께 이루어 가는 상생을 추구해야 한다.

참고문헌

권오현, 민경찬, 배상훈, 오대영, 이광형, 장상현, 허준(2022). 미래의 인재, 대학의 미래. 서울: 포르체.

배상훈(2018). 대학에서 융합교육 제대로 하기. 행복한 교육, 430, 58-61.

배상훈, 곽은주, 조성범, 조은원, 황수정, 한송이(2023). 대학생 디지털 리터러시 진단도구 개발 및 타당화 연구. 교육학연구, 61(6), 1-26.

배상훈, 변수연, 이수정(2022). 대학생 핵심 역량에 대한 IPA 분석: 학생-교수의 관점 비교와 교양교육에 대한 시사점. 교육학연구, 60(6), 89-118.

배상훈, 한송이, 변보경(2019). 통계로 살펴보는 지방대학의 위기. 대학교육, 206, 22-31.

서남수, 배상훈(2020). 대입제도: 신분 제도인가? 교육 제도인가?. 서울: 성균관대학교 출판부.

안병영(2015). 여섯가지 이슈와 공감능력의 함양. 10년 후 한국사회 : 전문가 36인이 예고하는 눈앞의 미래 (pp. 84-92). 포스텍 박태준미래전략연구소.

이순희, 배상훈(2023). 대학생이 바라본 학과의 의미와 대학몰입에 영향을 주는 학과환경 요인: S대학의 사례연구. 교육행정학연구, 41(4), 177-204.

임홍택(2018). 90년대생이 온다. 서울: 웨일북.

정병호(2015). 정치 선진화를 위한 제도 개선. 10년 후 한국사회 : 전문가 36인이 예고하는 눈앞의 미래 (pp. 229-223). 포스텍 박태준미래전략연구소.

조상미, 전종설, 안소영, 정지연(2019). 사회혁신이란 무엇인가?. 한국사회복지교육, 45, 83-109.

통계청(2021). 장래인구추계: 2020-2070.

한송이, 배상훈(2019). 대학공동체의 모습과 형성 및 강화요인. 교육행정학연구, 37(3), 83-111.

홍정민(2021). 에듀테크의 미래. 서울: 책밥.

Carey, K. (2015). The end of college, NewYork: Riverhead Books.

Fink, L. D. (2013). Creating significant learning experiences: An integrated approach to designing college courses. John Wiley & Sons.

Grice, J. C., Davies, A., Patrick, R., & Norman, W. (2012). Defining social innovation. TEPSIE.

Krathwohl, D. R. (2002). A revision of Bloom's taxonomy: An overview. Theory into practice, 41(4), 212-218.

Powell, W. W., & DiMaggio, P. J. (Eds.). (2012). The new institutionalism in organizational analysis. University of Chicago press.

Reeves, R. (2017). Dream Hoarders, Washington D.C.: The Brookings Institution.

———

제3장

국가인재 생태계 조성을 위한 군의 역할과 과제

최병욱 (상명대학교 국가안보학과 교수)

01. 서론

대한민국 헌법 제 39조 1항은 "모든 국민은 법률이 정하는 바에 의하여 국방의 의무를 진다."라고 규정하고 있다. 병역법 제 3조 1항에는 "대한민국 국민인 남성은 대한민국 헌법과 이 법에서 정하는 바에 따라 병역의무를 성실히 수행하여야 한다. 여성은 지원에 의하여 현역 및 예비역으로만 복무할 수 있다."라고 국방의 의무를 구체화하고 있다. 이에 따라 우리나라 성인 남성들은 헌법과 법률에 의한 '징병'이라는 병역 제도를 통해 병역의무를 수행하고 있다. 여성은 지원과 선발에 의하여 장교와 부사관 등 간부로만 근무한다. 2023년 현재 의무 복무기간은 육군은 18개월, 해군은 20개월, 공군은 21개월로 입대 전후의 준비 기간을 포함하면 의무복무를 위해 대략 대략 2년 안팎의 시간이 사용된다. 이러한 징병제의 한국군 인력구조는 국가인재 생태계 조성의 관점에서 중요한 의미가 있다. 다음과 같은 몇 가지 점에서 군 복무의 의의와 중요성을 검토할 수 있다.

첫째, 국민개병제의 안보현실이다. 매년 20만 여명의 장병이 군에 입대하고 사회로 배출되는 점, 군에 입대하는 장병의 대부분이 대학 및 대학교에서 공부하고 있는 학생이라는 점, 그리고 군 복무 시기가 가장 왕성한 지적 활동을 보이는 시기라는 점 등을 고려할 때, 복무 장병에 대한 평생학습 진흥의 문제는 곧 국가 사회에서 관심을 갖고 추진하여야 할 중요한 정책 대상이다.

둘째, 유례없는 인구감소시대에 군 복무의 기회 비용이 개인과 국가 사회 모두에게 증가하고 있다는 점이다. 예전에는 군 복무를 통해 강인한 체력과 정신력을 함양하고, 복무 이후 몸 건강히 부모의 품으로 돌아오면 개인과 사회에 유익한 측면이 많았지만, 지금의 상황은 예전과 사뭇 다르다. 4차산업혁명 시대의 현 상황은 군에 복무하는 기간이 개인에게 주는 기회 비용 또한 증가하게 되며, 국가 사회 차원의 기회 비용 역시 증가하게 된다. 군 복무의 기회 비용을 개인 차원에서, 그리고 국가 사회 차원에서 최소화할 수 있는 범정부 차원의 노력이 필요하다. 셋째, 거대한 교육훈련 기관으로서의 군의 성격이다. 군은 사회의 제 기능을 대부분 갖춘 '작은 사회'로 이루어졌다고 할 만큼 방대한 영역의 업무를 관리하고 있다. 군의 평시 업무가 교육과 훈련이라는 점을 감안할 때, 군 교육훈련과 복무 경험이 사회에 전이될 수 있도록 국가 사회 차원의 인적 자원 관리 체제 구축이 있어야 한다. 군은 국가사회를 구성하는 하나의 하위체제로 국가안보의 군사적 기능 수행과 함께 국가사회 발전의 측면에서 군의 기능과 역할을 보다 확장할 필요가 있다. 국가인재 생태계 조성의 관점에서 군의 교육적 역할을 보다 확대하는 것이 바람직하다. 요컨대 국민 개병제의 안보 현실, 보다 빠른 지식 기반 사회로의 전환과 이에 따른 개인과 국가 사회 차원의 군 복무에 대한 기회 비용 증가, 교육훈련 기관으로서의 군 복무의 특성을 고려할 때 군 복무 장병에 대한 평생학습 진흥의 문제는 국가사회 차원에서 전략적으로 추진해야 할 주요 정책 대상이다.

02. 군 교육훈련의 특성과 의의

군은 본질적으로 전쟁 시 국가의 생존을 지키기 위해 군사적 기능을 수행하는데 그 존재의의가 있다. 한편 평시에 있어서 군은 국가사회의 하위체제로서 군의 막대한 인적, 물적 자원을 국가와 사회의 발전에 유용하게 활용해야 하는 책임이 있다. 이러한 군의 확대된 기능을 성공적으로 수행하기 위한 노력은 복무 장병에 대한 교육훈련과 연결되어 있다. 군에서 이루어지고 있는 교육훈련은 그 대상을 기준으로 장교 교육, 부사관 교육, 그리고 병에 대한 교육으로 구분된다. 장교와 부사관을 대상으로 하는 교육이 직무수행의 전문성 향상에 초점을 맞춘다면 병에 대한 교육과 훈련은 기초 군사지직과 체력 및 정신력 배양에 초점을 맞추고 있다. 전자가 일정한 자격과 자질을 갖춘 선발된 인력을 대상으로 이루어지는 전문교육의 성격이 강한 데 비해, 후자는 일정한 신체적 능력과 기초학력을 갖춘 모든 청년을 대상으로 한다는 점에서 국민개병교육의 성격을 띠고 있다. 이러한 점에서 군 교육훈련의 적절성 및 효율성 여부는 한국군의 군사적·사회적 역할 수행에 큰 영향을 미친다. 또한 군 교육훈련에 대한 관심은 민·군 관계의 거리를 좁힘으로써 총체적 국방인력의 증진에 기여할 뿐만 아니라, 건전한 시민양성을 위한 교육기관으로서의 군의 사회적 역할 확대에 기여한다는 점에서 적극적으로 고양될 필요가 있다.[1]

1 김용주, “성인 평생교육기제로서의 군 교육훈련의 의의와 발전방향”, 평생교육학연구, 2003.

1. 군 교육훈련의 기본 체계

군의 교육훈련은 <그림 1>과 같이 학교교육과 부대훈련으로 구분된다. 학교교육은 군사교육과 전문교육으로 나누어지고, 군사교육은 양성교육과 보수교육으로, 그리고 전문교육은 능력계발교육, 직무향상교육, 전문학위교육으로 구성되어 있다. 부대훈련은 개인훈련과 집체훈련으로 나누어진다. 전자는 기본훈련과 특기훈련으로, 후자는 병과훈련, 제병협동훈련, 합동훈련, 연합훈련으로 구성된다. 특히 학교교육은 군에 입대한 민간인을 군인화하는 양성교육, 병과와 계급 및 직책별 임무수행에 필요한 전문지식과 기술을 습득하고 임무 수행능력을 배양하는 보수교육으로 구분되는데, 군의 광범위한 역할 수행에 따라 운영되는 교육과정이 방대하다. 국방부 자료에 따르면 군의 양성교육은 육군 27개 과정을 포함하여 50개 과정에 이르고, 보수교육은 육군 866개 과정을 포함하여 총 2,455개의 과정에 달한다.[2] 의무복무 장병의 경우 학교교육은 양성교육의 일환으로 이루어지는 신병교육과 주특기교육이 전부이고, 나머지 교육훈련은 부대훈련에 속하는 것으로 소속부대가 자체적으로 운영하는 프로그램에 따라 구성된다.

신병 교육훈련은 '민간인의 군인화 과정'으로 요약된다. 육군의 신병교육은 신체검사와 특기적성검사 등의 동화교육 3일을 포함하여 총 5주로 구성되어 있다. 첫 2주간은 군인기본자세 확립에 중점이 있다. 군인정신, 국가관, 안보관 등 군인으로서 갖춰야할 기본적인 정신 자세를 배우는 정신전력교육과 군인이 갖춰야 할 내·외적인 기본자세가 되는 걸음걸이, 경례요령, 군대예절을 학습하는 제식훈련이 주를 이룬다. 나머지 3주간은 기본전투기술을 훈련

2 육군의 경우 2개의 사관학교, 11개의 병과학교, 육군훈련소, 육군학생군사학교, 육군 부사관학교 등의 많은 종류의 교육기관을 갖고 있다. 여기에서 근무하는 교관(교수)의 숫자만 하더라도 3,000여명에 이른다. 군을 구성하는 모든 병사, 부사관, 장교들은 군 복무시작 전에 일정기간의 양성교육을 받을 뿐만 아니라, 군 생활 중에도 지속적으로 보수교육을 받고 있다. 군의 교육기관에서 다뤄지는 교육내용에는 전략, 전술, 전투기술과 같은 군 고유의 영역에 해당되는 내용이 있는가 하면 리더십, 인성, 일반 직무역량, 자격인증, 과학기술의 활용 등과 같이 사회의 교육과 공통되거나 맥을 같이하는 내용도 상당하다. 김태성, "평생학습을 위한 육군대학교 설립에 대한 연구", 한남대 박사학위청구논문, 2022; 국방부, 국방백서, 2022.

■ 그림 1 국방교육훈련 체계

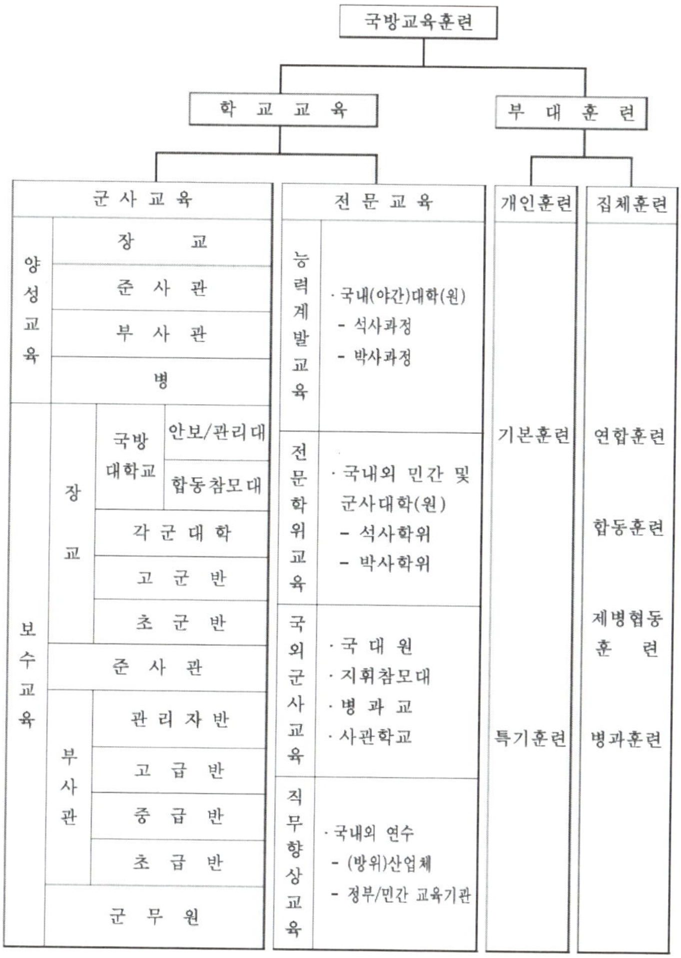

출처: 국방부, "국방교육훈련 훈령", 국방부훈령 제984호, 2008.

한다. 사격술, 경계, 구급법, 화생방, 각개전투, 행군 등을 통해 전투와 개인의 생존에 필요한 기초적인 능력을 함양한다.

신병교육을 마친 후 특정 주특기를 배정받은 병사들은 주특기에 따라 공병학교, 정보학교, 통신학교, 항공학교, 군수학교, 국군의무학교 등 각 병과학교에서 2주에서5주 동안 특기병 교육을 받는다. 주특기는 학력, 경력, 신체검사, 인성 및 지능검사 등의 요소를 고려하여 부여되는데, 군 복무기간 동안 각자의 임무수행을 위한 직책과 직무수행의 기준이 된다. 병무청 자료에 따르면 2023년 현재 모집병으로 충원하는 군사특기는 육군 186개, 해군 37개, 공군 48개, 해병대 45개에 달한다. 이들 중에서 국가기술자격을 요구하는 특기의 비율이 상당한데 이는 군에서 배운 지식과 기술이 민간분야로 바로 전이되어 활용될 수 있음을 시사한다. 군에서의 특기교육은 군과 사회와의 연계를 증진하고 병사의 개인적 요구를 군 교육훈련에 수용할 수 있다는 점에서 의의가 크다.

부대훈련은 전기전술 숙달을 위한 개인 및 집체 교육훈련과 생활속의 교육훈련이라고 할 수 있는 병영생활로 이루어진다. 전기전술 교육훈련은 반복과 숙달에 초점을 맞춘 육체활동을 요구한다는 특징을 갖는다. 병영생활은 영내에 거주해야 하는 군인에게 부여된 의무이자 책임이다. 병영생활이 이루어지는 생활관은 취침과 휴식 뿐만 아니라 교육이 이루어지는 장소로 다양한 목적으로 활용된다. 엄정한 규율을 강조하는 병영생활은 긴장과 불안을 야기하는 원인이 되기도 한다. 병영생활은 그 자체로 군대문화의 산물이기도 하지만 징병제 국가에서 국가사회에 미치는 파급력을 고려할 때 중요한 의미를 갖는다. 병영생활과 병영문화를 국민의 군대, 건전한 민주시민 육성의 관점에서 사회와 연계하고 조화를 이루어나가는 것이 중요하다.

2. 군 정신전력교육

군의 정신전력교육은 1977년부터 국방부 통제하에 시행되어 온 교육체계로 군 역사 상 오랜시간 유지되어 온 교육 중 하나이다. 전 장병은 복무 중 일일-주간-반기 단위로 지속적이며 반복적으로 군에서 정한 정신전력 교육내용을 학습한다. 정신전력교육은 헌법에서부터 국군조직법, 군인의 지위 및 복무에 관한 기본법, 국방부 지침, 그리고 각군의 규정 및 핵심가치에 근거를 두고 실시되고 있다. 헌법에 근거한 우리 군은 자유민주주의 체제 수호를 위한 군대, 주권과 영토를 지키는 군대이다. 2016년에 기존의 '군인복무규율'을 대체하면서 제정된 '군인의 지위 및 복무에 관한 기본법'(군인복무기본법)은 군인의 기본권 보장과 군인의 삶의 질 향상을 국가의 책무로 규정하고 있다. 기본법은 국군의 이념을 '국민의 군대'로 명시하고 있다.

군 정신전력교육의 지침이 되는 문서는 국방부의 '정훈·문화활동훈령'이다. 훈령(2022.7.13.)에 나타난 정훈·문화활동의 기본목표는 1)장병의 확고한 국가관, 안보관, 군인정신을 함양하고, 2)장병에게 사기진작, 정서함양, 교양증진을 위한 문화활동을 보장함으로써 무형전력을 강화하며, 3)전역 후 장병이 올바른 안보관을 확립한 민주시민이 될 수 있도록 하는데 있다. 정신전력교육은 국가관, 안보관, 군인정신 교육을 의미하는데, 3대 영역의 교육은 주간정신전력교육을 통해 시행된다. 주간정신전력교육은 1977년 '정신교육의 날'을 제정하면서 시작되었다. 주간 정신전력교육은 매주 수요일에 실시되는데, '정신전력 기본교재'(5년주기 발간)가 중심이다. 현재 사용되고 있는 '2019년 정신전력교육 기본교재'는 총3부 12개과로 구성되어 있다. 2013년 교재의 18개과에서 12개로 상당한 분량이 줄어들었는데, 광복 전-후 대한민국 건국과 대한민국 성장, 북한 도발 등 현대사 부분이 많이 축소되었기 때문이다.[3]

주간 정신전력교육 1교시에는 기본교재의 12개 과제를 순차적으로 다룬다. 수업 자료로는 국방TV에서 10분 분량의 전문가 특강 영상인 '강군비타민'이, 국방일보에서 1/2쪽(타블로이드판) 분량의 요약자료가 제공된다. 장병들은 10분동안 '강군비타민' 영상을 시청한 후 국방일보에 제시된 내용을 참고하여 2개 주제에 대해 토의한다. 2교시 시사안보 시간에는 주로 최근에 있었던 사건이나 해당 기간에 포함된 기념일 등에 대한 내용을 전달한다. 수업 자료는 별도의 영상 없이 국방일보(1/2쪽 분량)로 제공되며 1개의 토의 주제가

3 진종철 외, "국방부 정신전력교육 교재의 역사교육적 함의", 역사교육논집, 2020.

주어진다.

그동안 군의 정신전력 교육은 정부별로 구성과 내용, 중점을 달리하면서 정치적 논란에 휩싸여 온 측면이 있다.[4] 기본교재는 대한민국 국민이자 군인이라면 누구에게나 보편타당하게 인정될 수 있는 국가이념과 자유민주적 기본질서를 바탕으로 하는 것이 타당하다. 이러한 측면에서 기본교재에서 제시된 군인정신, 국가관, 안보관 등 3개 영역 12개 과제를 국가이념과 자유민주적 기본질서를 함축하고 있는 헌법적 가치에서 해석할 수 있도록 내용을 보강하는 것이 바람직하다. 나아가 장병에 대한 정신전력 교육은 국군의 핵심가치를 학습하고 내면화하는데 중점을 두어야 한다. 세계 각국의 군대는 표현은 달라도 내적지휘, 제복입은 민주시민, 전사적 기풍 등 다양한 핵심가치를 가지고 있다. 우리 헌법에는 국군의 기본가치가, 그리고 군인의 지위 및 복무에 관한 기본법에는 국군의 강령과 군인의 기본정신 등이 명시되어 있다. 그러나 정신전력 교육의 측면에서 한국군의 핵심가치는 선명하지 않다. 군의 핵심가치가 법제화되어 있지 않을 뿐만 아니라 각군별로 상이하여 전체를 관통하는 일관성도 부족하다. 전체 구성원들이 공유하거나 공감대가 형성되어 있지 않아 국군 차원의 통합된 핵심가치의 선정과 내면화가 필요하다. 물론 이러한 핵심가치는 군 정신전력의 차원을 넘어 국민의 군대라는 헌법적 가치에 정렬되어야 한다.

3. 군 평생학습 지원 정책

근대화 초기 한국군은 '전통적' 청년들에게 근대성을 주입하는 재사회화 기관으로서, 그리고 직업훈련을 시키는 산업인력의 양성기관으로서 기능을 수행하였다. 병사들은 군 생활을 통해 기계 조작, 중장기적 계획 수립, 조직의 지

4 그간 군 정신교육 기본교재는 정치적 중립 논란에 시달렸던 것이 사실이다. 지난 2012년 국방부의 종북실체 표준교안이 대표적이다. '사상전의 승리자가 되자!'라는 제목의 이 교안은 '종북세력은 우리 국군의 적'이라고 규정했다. '대한민국 안보를 위협하고 있는 북한의 대남전략 노선을 맹종하는 이적세력'이라는 것이다. 그러나 우리 사회에서 종북세력이라는 개념은 정치적으로 민감한 사안인 만큼, 이를 군 장병들에게 교육하는 것은 부적절하다는 지적이 많았다.

시를 효율적이고 합리적으로 수행하는 방법 등 사회생활에 필수적인 태도와 행위유형을 체득하였다. 군은 또한 문맹퇴치 교육, 산업기술인력 양성, 시민의식 교육 등 다양한 교육적 역할을 담당하여 왔다.[5] 국가차원에서 군 복무장병을 대상으로 하는 평생학습의 정책적 추진은 2002년부터 시작되었다. 당시의 '군 인적자원개발 정책'은 현재 '장병 자기개발 정책'으로 명칭이 변경되었고, 군 복무기간을 '생산적인 기간'으로 활용하는데 중점을 두고 있다. 평생학습의 일환인 장병 자기개발 정책은 상당 부분이 검정고시 및 대학 원격강좌 수상시원, 국가기술자격 취득지원 등 병사 중심의 개인학습에 초점이 맞춰져 있어서 군 조직 역량강화와 국가사회 차원의 인재육성에 체계적으로 기여하지 못하고 있다.

현재 군에서 '청년 DREAM, 국군 드림'이라는 명칭으로 실시하고 있는 '장병 자기개발 정책'에 따른 평생교육 현황은 <표 1>과 같다. 특기병 교육과정 학점인정 제도는 군내 각 병과학교에서 군 특기병 교육훈련과정 수료 시 취득한 학점을 대학학점으로 인정하는 제도이다. 현재 인정되는 학점은 2~3학점이며, 대상은 병과학교의 특기병 교육 수료자로 제한하고 있다. 군 복무경험 학점인정 제도는 입대 장병이 군 복무기간 이행한 사회봉사, 리더십, 인성교육, 체력단련, 응급처치, 인권 및 안전교육 등을 해당 대학에서 관련 교과학점으로 인정하는 제도이다. 2020년 기준으로 서울대를 포함하여 25개 대학이 참여하고 있다. 인정되는 학점은 과목당 1~3학점이며, 최대 6학점까지 인정받을 수 있다.

대학 원격강좌 수강 학점취득 제도는 군 복무 중 대학 원격강좌 수강을 통해서 1개 학기에 6학점씩, 최대 12학점을 취득할 수 있는 제도이다. 2007년

5 창군이래 한국군은 사회발전 추세에 따라 문맹퇴치교육, 국가산업 기술인력 양성, 시민의식 교육 등 국가 인적자원의 개발에 기여해 왔다. 1950년대 말에는 약 20%의 병사가 군대에서 한글을 배웠고, 1960년대에는 연평균 만 여명의 병사가 중학교 수준의 교육을 받았다. 1970년대 초반부터 1990년대 중반까지 군은 국가산업기술인력 양성에 주력하였다. 1975년부터 1996년까지 18만 여명이 군을 통해 국가기술자격증을 취득하여 사회에 진출하였다. 최병욱, "군 교육·훈련체제의 모형에 관한 탐색적 연구", 서울대학교 박사학위논문, 2002.

9월 6개 대학을 시작으로 현재까지 서울대 등 161개 대학이 참여하고 있다. 병 자기개발 비용지원제도는 병사 개인에게 예산을 지원함으로써 자기개발 활동을 보장하기 위해 마련되었다. 1인당 연간 최대 10만원 범위에서 지원이 되고 있으며, 본인 부담금은 20%로 하여 책임감을 부여하고 있다. 검정고시 학습지원은 고졸 미만의 학력을 가지고 입대한 병사들에게 군 복무 중 고등학교 졸업 학력을 취득할 수 있도록 학습을 지원하는 제도로 학습교재와 학습용품 등 15만원 상당의 비용을 지원한다. 국가기술자격 검증은 군장병만 대상으로 별도 시험을 치르고 있으며, 종목은 산업기사 10종, 기능사 31종 등 총 41종이다. 군에서는 제반 시험절차와 과정 전체를 지원하고 있으며, 2,192개 달하는 학습콘텐츠를 무상으로 제공하고 있다.

표 1 장병 자기개발 정책 추진현황

구분	내용	비고
특기병 교육과정 학점인정	병과학교의 특기병 교육훈련과정 이수 후 취득한 학점을 대학학점으로 인정	102개 대학
군 복무경험 학점인정	군 복무기간 동안 이행한 사회봉사, 인성교육 등을 재학 중인 대학과 연계하여 교과목 학점으로 인정	25개 대학
대학 원격강좌 수강 학점취득	군 복무 중 대학 원격교육 강좌 수강으로 학점취득	153개 대학
병 자기개발 비용 지원	병 개인에게 자기개발 예산 지원	연간 10만원
검정고시 학습지원	고졸미만 병사에게 군 복무 중 고졸 학력을 취득할 수 있도록 학습지원	교재, 물품 지원
국가기술자격 취득지원	군 장비운용 및 정비분야 자격 취득 장려	콘텐츠 제공 군 특별시험
영어 군 특별 시험 지원	장병 어학능력 향상을 위해 할인가격으로 군 특별 영어시험 지원	60% 할인

출처: 고성진, "평생교육 관점에서 본 군 장병의 학업중단 문제해소를 위한 군의 역할에 관한 연구", 기업교육과 인재연구, 2021.

03. 주요국 사례

1. 미국의 평생학습

미국은 군장병에 대한 평생 학습 지원을 국방부 및 각 군의 규정으로 제정하여 시행하고 있다.[6] 군 장병에 대한 평생학습 지원의 목적은 1)교육 받은 시민 병사 양성 (Prepare an educated citizen soldier), 2)군 발전에 기여 (Contribute to the Service), 3)전역 후 국가 사회 발전에 기여 (Contribute to society upon separation)에 있다. 구체적으로, 군 장병은 일과 후에 근무 장소가 어디이든지 '적어도 일반 시민과 동일한 정도'의 교육, 직업, 경력 목표 달성을 위한 기회를 보장 받아야 할 것을 선언하고 있다. 미국군의 인적 자원 개발 역사는 19세기로부터 시작된다. 19세기에 문맹자의 군 입대가 사회문제로 대두됨에 따라 미의회는 '병영 내 문해 교육 프로그램 (Military-Post Schools)'을 설치하여 운영하였으며, 제1차 및 제2차 세계대전 중에는 장병들이 군 복무 중에도 중단 없이 교육을 받을 수 있도록 '일반교육 개발 프로그램 (General Educational Development Program)'을 운영하였다. 2차 세계대전 종전 후에는 군사기술의 발전으로 우수 인력의 유치와 육성의 필요성이 제기됨에 따라 대학 및 대학교와 제휴하여 진중(陣中) 대학을 운영하기 시작하였으며, 1973년 완전모병제(AVF: All-Volunteer Force)로 전환된 이후에는 우수 인력을 유치하기 위한 유인책의 일환으로 군 복무 중에 다양한 교육 기회를 제공하기 시작하였고, 복무 장병의 경력 개발 차원에서 '자기 주도적 학습 프로그램 (Voluntary Education Program)' 등 다양한 형태의 평생학습 정책을 추진하고 있다.

6 미 국방부는 1980년에 군 장병을 위한 자발적 교육 프로그램 (Voluntary Education Program for Military Personnel, DoD Directive 1322.8) 규정을 제정하였고, 미육군은 1985년에 육군 계속 교육 제도 (Army Continuing Education System, Army Regulation 621-5) 규정을 제정하여 시행하고 있다. 최병욱, "군 인적자원개발 사업의 의의와 정책방향", 주간국방논단, 한국국방연구원, 2006.

주요 프로그램으로 첫째, 군 장병이 시간과 장소에 구애받지 않고 학업을 계속할 수 있도록 진중 대학을 통한 교육 및 원격 교육을 통한 교육과 학습 기회를 제공한다. 둘째, 학비 지원 사업으로 군은 군 장병에게 대학 학비의 일정 부분(75%~100%)을 지원하고 전역 후에도 'G.I. Bill' 제도를 통해 교육비를 부담하고 있다. 셋째, 군 교육 훈련에 대한 평가 인정 사업으로 군 교육 훈련 기관의 군사 교육 훈련 과정과 군 경력을 평가하여 학점 및 자격으로 인정하고 있다. 군 복무 중의 학습과 경력은 전역 시에 '군 경력 및 교육훈련 증명서'(VMET: Verification of Military Experience and Training)로 발급되는데, 사회에서 군 복무 경력과 학습이 활용될 수 있는 토대가 된다. 아울러 각종 국가 자격 시험을 안내 및 대행하고 있으며, 군 장병이 근무지에 배치되면 개인의 교육과 경력 개발을 위한 상담을 의무화하는 등의 평생학습 정책을 추진하고 있다.

미국은 군 장병에 대한 평생학습 정책을 추진하기 위해 관련 부처 및 기관과 협력 체제를 제도화하고 있다. 주요 기관 및 조직은 다음과 같다. 첫째, 국방부의 인적 자원 개발을 관장하는 교육지원단(DANTES: Defense Activity for Non-Traditional Education Support)과 부대 및 기지에 위치해서 장병들의 교육 지원 사업을 근접하여 지원하는 학습 센터 (Education Center)로서, 이 두 조직은 국방부 산하 조직으로 군 장병에 대한 평생학습 정책을 관장한다. 둘째, '장병 기회 대학(Servicemembers Opportunity College)'으로 명명되는 대학협의체는 1,600여 개의 대학 및 대학교로 구성되어 있으며 원격 교육과정을 운영하고 있고, 군인의 잦은 보직 이동을 고려하여 협약 대학(교) 간 학점의 이동을 인정하며, 군 교육훈련과 군 경력을 학점으로 인정하고 있다. 셋째, 미교육위원회(American Council on Education)는 군 교육훈련 평가 업무를 관장하고 평가 결과 산정된 군 교육 훈련 및 경력에 대한 학점 및 자격을 포탈 사이트를 통해 일반에게 온라인으로 제공하는 업무를 수행한다. 이외에도 미국군은 관련 기관과 네트워크를 구축하고 인적

자원 개발 사업을 관련 부처 및 기관의 협력과 지원하에 공동으로 추진하고 있다.

미국의 군 평생학습 지원정책이 시사하는 바는 다음과 같다. 첫째, 미국군의 인적 자원 개발 정책은 1)군 장병에 대한 평생 교육 차원의 국가 사회적 관심과 지원, 2)인적 자원의 효율적 개발을 위한 군의 노력, 3)교육 기관 등 관계 기관의 협력이 세 축을 구성하고 있다는 점이다. 군의 노력뿐만 아니라 외부의 지원과 협력이 체계화되어 있다. 둘째, 1973년에 완전모병제로 전환된 이후 현재의 미국의 군 장병 평생학습 지원정책은 우수 인력을 유치하고, 중기 복무를 유도하며, 경력 개발 차원에서 능력을 개발하기 위해 추진되어 온 측면이 있다. 그러나 그 이전인 징집 시기에서부터 국가가 이를 주도적으로 추진했다는 점에 유의할 필요가 있다. 의무로 복무하고 있는 병사의 중단 없는 학습의 제공과 능력의 개발은 국가의 책무이고 따라서 국가 정책으로 추진하여야 한다는 것을 시사하고 있다.

2. 독일의 민주시민 교육

독일은 '제복 입은 민주시민(Staatsbürger in Uniform)'이라는 개념 안에서 '민주주의에서의 군대(Militär in Demokratie)'를 제1의 핵심가치로 설정하고 있다. 독일연방군의 운영철학은 '제복 입은 민주시민' 육성에 초점을 둔 '내적지휘(Innere Fuehrung)'에 있다. 독일연방군은 내적지휘의 원칙과 정신이 군의 전반적인 분야에 적용되도록 구상하면서, 내적지휘가 군 구성원들의 의식체계에 확고하게 인식되고 실천할 수 있도록 교육활동에도 많은 노력을 기울이고 있다. 내적지휘의 철학은 1955년 독일연방군의 재건과 더불어 정립되었다. 내적지휘의 모태가 되는 정신은 독일의 역사적 반성으로부터 출발하고 있다. 역사적 과오에 대한 반성은 1955년에 새롭게 건설되는 연방군에서 '국가 속의 또 하나의 국가'가 아니라 의회의 통제를 받는 문민통치 방식에 의거하여 운영되는 군대의 특성을 갖게 하였다. 또 다른 배경은 통일 독일의 헌법이 된 기본법의 정신을 구현하는데 있다. 독일의 기본법(Grundgesetz)은 민주주의 법치국가의 원칙과 인권을 존중하는 헌법이며 그 가치체계는 인권, 자유, 평화, 정의, 평등, 연대, 민주주의를 지향한다.

독일연방군 내적지휘 교범(ZDv 10-1)은 내적지휘를 "민주주의 체제에서 기본법의 기준과 가치들을 전투준비가 된 군대에 적용하고 '제복을 입은 국민'을 구현하기 위해 지휘하고, 교육하고, 훈육하는 과업"으로 명시하고 있다. 내적지휘의 핵심은 시민으로서의 가치와 군인으로서의 가치 사이의 벽을 좁히는데 있으며 최종적으로 "제복 입은 민주시민"을 만드는데 있다. 독일연방군은 '제복 입은 민주시민'을 육성하는 지휘철학으로 다음과 같은 3가지 목적을 추구하고 있다. 첫째, 독일 군인은 자유 인격체여야 한다. 즉, 독일 군인은 가치관 교육을 통해 개인의 인권과 헌법상에 보장된 국민으로서, 그리고 자율성과 창의성을 가진 자유민주주의적인 인간으로서 육성되어야 한다는 것이다. 둘째, 독일 군인은 강한 책임의식을 가진 시민으로서 행동하도록 해야 하며 이는 가치관 교육의 중요한 목적이 된다. 셋째, 독일 군인은 임무수행에 만반의 준비태세를 갖추어야 한다. 이는 군인으로서의 존재 목적이기도 하다. 이와 같은 군 가치관 교육의 목적은 모든 군인이 추구하여 달성해야 할 목표이며 원칙이기도 하며, 의무적 행동규범이자 행동의 척도로 강조되고 있다. 독일군은 군인들 사이의 이해와 의견, 그리고 가치에 대한 다원주의가 존재한다는 점을 인정하고 군인의 판단 및 비판능력을 강조하고 있다. '내적 지휘' 개념은 4대 목표와 10개 실천분야[7]로 구성되어 있으며, 이를 통해 지속적으로

7 4대 목표는 다음과 같다. ①군복무의 정당성(Legitimation): 군복무에 대한 윤리적 기준 및 정치적/법적 정당성을 확보하여, 군복무의 목적이 알기 쉽고 이해 가능하도록 함. ② 군과 국가/사회의 통합(Integration): 연방군과 구성원이 국가 및 사회에 통합될 수 있도록 장려하고, 이를 통해 군과 일반사회의 환경차가 극복됨. 이러한 노력이 군의 임무 완수에 반드시 필요한 요소로 작용함. ③ 동기부여(Motivation): 군인이 양심에 따라 자신의 임무를 완수하고, 책임을 이행하며, 하나의 팀으로서 협력하기 위한 대비태세 강화 ④ 군의 내적질서(Internal Order) 창조: 군사임무 및 군사임무 수행을 위한 인도적, 법적 근거에 동시 적용됨. 10개의 실천분야는 지휘통솔(행위의 합법성 및 정당성), 시민교육, 일반법률/군규정(군인 개인의 사회참여 기회), 복무 및 교육/훈련(안보정책에 대한 여론, 임무의 현실), 정보업무(행정규정, 직업윤리), 조직 및 인사관리(원칙과 합리성 확보), 복리후생(군인 처우 개선), 임무와 가족의 조화(가족생활과 임무 병행), 종교활동(사회, 윤리, 문화, 종교의 다양성), 의료지원(육체적/정신적 도전, 파병 이후 외상후 스트레스 증후군 등)으로 구성되어 있다.

조직문화를 정비해 감으로써 조직 운영 상의 부정적 측면과 장병의 복무에 관련된 문제의 해결을 도모하고 있다.

독일연방군은 내적지휘의 원칙과 정신이 군의 전반적인 분야에 적용되도록 구상하면서, 내적지휘가 군 구성원들의 의식체계에 확고하게 인식되고 실천될 수 있도록 체계적 노력을 기울이고 있다. 이들은 먼저 내적지휘가 지속적으로 추진되고 발전될 수 있도록 내적지휘센터라는 전담기구를 운영해 오고 있다. 창립 60주년을 맞이하는 내적지휘센터는 현재 매년 50여개의 강좌를 운영하고 있다. 단순히 교육시키는 기능을 넘어서서 실제 체험을 통해 체화되도록 노력하고 있다. 독일연방군의 내적지휘센터의 임무는 '내부적으로 "제복을 입은 국민"의 상을 생활화시키고 외부적으로 이러한 것들이 드러나게 하는 것'이다.[8]

내적지휘의 철학과 문화가 지속적으로 성장하고 발전하도록 교육에 많은 노력과 투자를 하고 있다. 장교 양성교육과정 뿐만 아니라 제반 직무교육과정이나 지휘관반 과정에서는 반드시 지휘관들이 내적지휘 관점에서 유의해야 할 사항들에 대해 교육하고 있다. 내적지휘교육을 통해 내적지휘의 원리는 전평시 모든 부분에서 반드시 지켜야 하는 운영철학이라는 사실을 철저히 인식토록 하고 있다.

3. 이스라엘의 국민통합교육, 과학기술인력양성 시스템

이스라엘은 건국이후 줄곧 영토분쟁이 계속되고 있는 상황에서, 남녀를 대상으로 거의 완전한 형태의 국민개병제를 채택하고 있다. 이스라엘 국민은 남녀

8 내적지휘센터는 5개의 부서로 구성되어 있다. 부서1은 개념과 지속적인 개발에 대해 연구하고 내부 상황 및 사회적 상황에 대해 연구하는 부서이다. 부서2는 리더십(인간통솔) 부서로서 2003년부터 시작하여 최근에 더욱 더 증강된 형태로 코칭(Coaching)교육을 강화시켰다. 부서3은 정치교육을 담당하는 부서로서 국제협력관계를비롯한 안보상황 등을 다룬다. 부서4는 법규교육 부서로서 헌법, 군법, 시민법, 군사규정 등을 교육시킨다. 부서5는 스트라스부르그에 있으며 수도 베를린과 연계하여 정치교육및 국제협력과 관련된 업무를 담당한다. 현재 내적지휘센터에는 123명의 장병들과 42명의 민간 인력이 근무하고 있다. 김용주 외, "민주주의 이념의 군사적 구현", 정신전력연구, 국방정신전력원, 2017.

구분없이 고등학교를 졸업하면 의무적으로 병역의무를 이행해야 한다. 18세 이상이 되면 현역병으로 남성은 32개월, 여성은 24개월 동안 의무복무를 한다. 이후 남성은 길게는 45세까지, 결혼하지 않은 여성은 24세까지 예비역으로 복무한다. 직업군인은 개인이 희망시에 의무복무자 중에서 일정 자격과 요건을 갖춘 인원을 대상으로 엄격한 선발절차를 거쳐 장교나 부사관으로 임관하여 계속 복무를 한다. 또한 신체장애가 있지만 군 생활에 장애가 되지 않는다면 지원 입대후에 전투부대가 아닌 행정부서에서 임무를 수행한다.

이스라엘 군대의 인력배치와 교육은 입대 예정인 고등학교 재학생으로부터 시작된다. 고교생을 대상으로 입대 1년 전에 고교생의 인지능력, 적성, 심리상담 결과, 개인 전공 등을 반영하여 배치하며 개인의 희망에 따라 별도 신청도 가능하다.[9]

대부분의 의무복무 장병들을 대체로 무작위로 배치하는 한국군의 병 인사관리와는 현격한 차이를 보인다. 이스라엘 국민은 세계 각국에서 온 이민자들로 구성되었기 때문에 국민총화를 이룩하는 것이 관건이다. 특별히 고등학교를 졸업한 남녀가 모두 군에 입대하여 군대생활을 의무적으로 하는 것을 최대한 활용하여 건전한 시민, 애국애족의 민족성 형성을 목표로 하고 있다. 이스라엘의 정신교육의 이념과 철학은 이스라엘군 윤리강령에서 보다 구체화된다. 윤리강령은 1992년 제정되었으며, 국제법과 이스라엘 헌법, 유대민족의 전통, 이스라엘군 정신, 그리고 현행의 작전수행 지침에 기반을 두고 있다. 이스라엘군 윤리강령에는 다음과 같이 군의 정신적 가치가 구체적으로 표현되어 있다. 이에 따르면, 인간의 존엄성에 기반을 둔 도덕적 가치를 4대 원천의 하나로 삼고 솔선수범, 책임완수, 전우애 발휘, 충성 및 국민의 대표자, 신뢰성 구축 등을 10대 기본가치로 설정하고 있다.

---

9 조우찬, "이스라엘 군대의 정신전력 연구: 지속과 변화를 중심으로", 정신전력연구, 2019.

표 2 이스라엘군 윤리강령(The Ethical code of The IDF)

구 분	세부 내용	비 고
4대 원천	① 이스라엘군의 전통 및 군대 유산 ② 이스라엘 국가의 전통, 민주주의 원칙, 법과 제도 ③ 유대민족의 역사적 전통 ④ 인간의 존엄성에 기반을 둔 도덕적 가치	이스라엘군 정신을 구성하는 원천
3대 핵심가치	① 국가와 국민을 보위(군의 목표) ② 애국과 충성(군인의 최고 지향가치) ③ 인간의 존엄성 존중(홀로코스트의 경험)	이스라엘군의 중심 사상
10대 기본가치	① 인간 생명 존중(최고 가치로 인식) ② 신성한 무기 사용(오로지 적을 제압할 경우) ③ 솔선수범(자기 역할을 위한 능력과 책임) ④ 책임완수(적극적 참여자) ⑤ 전우애 발휘(흔들리지 않는 상호간의 헌신) ⑥ 전문성 구비(임무를 위한 지식과 기술) ⑦ 군기 유지(합법적 명령과 복종) ⑧ 총성 및 국민의 대표자(국가와 국민 보위) ⑨ 신뢰성 구축(진실되고 완전하며 정확하게) ⑩ 불굴의 투지로 승리 쟁취(가장 중요한 원천)	• 이스라엘군의 기본가치 및 리더십 원칙 • 10대 기본가치를 기반으로 이스라엘군 행동지표(34개) 도출

출처 : 임채상. '육군 리더십 철학 정립에 대한 연구', 육군교육사령부. 2013.

이스라엘이 제2차 세계대전 이후 세계 곳곳에서 이주해 온 유대인들이 건국한 나라인 만큼 이스라엘 장병들은 민족적, 종교적, 문화적으로 매우 다양한 배경을 가지고 있다. 군에서는 이러한 다문화 장병의 욕구를 충족시키는 동시에 군과 사회에 필요한 인재로 육성하기 위해 '다문화 장병 통합 프로그램'을 시행하고 있다. 이 프로그램은 이스라엘만의 독특한 정치, 사회, 문화적 배경을 반영하고 있는데, 무엇보다도 국민의 군대로서 군이 사회적 통합을 선도적으로 견인하는 국민통합의 용광로 역할을 수행한다는 궁극적인 목적을 지향하고 있다.

이스라엘은 '혁신국가', '스타트업 국가'라는 별명을 가지고 있을 만큼 혁신적 기술발전을 통해 국가의 성장을 이루어왔다. 이 중심에 이스라엘군이 있다. 군은 군사혁신뿐만 아니라 국가혁신의 핵심적인 추동 세력으로서 역할을 수행해 왔다. 군사혁신과 국가혁신을 동시에 추구하기 위한 민군 이중용도 기술개발의 관점에서 이스라엘의 군-산-학-연 네트워크는 특징적이다. 이스라엘은 군, 산업계, 대학, 연구기관 사이의 유기적인 네트워크를 통해서 첨단기술을 개발하고, 이를 군사력 증강에 활용할 뿐만 아니라 산업 분야의 발전에 기여하고 있다. 뛰어난 학습능력을 가진 엘리트를 발굴하여 높은 수준의 교육을 제공하고 이들의 능력을 군에서 사용하는 한편, 복무 이후에는 산업체와 연구기관에서 이들을 우선 채용함으로써 우수 인적자원을 최대한 활용할 수 있도록 체계를 갖추고 있다. 이러한 선순환적 기술인력양성 네트워크는 과학기술 엘리트 장교 양성 프로그램인 탈피오트(Talpio), 브라킴(Brakim Excellence) 프로그램, 사회과학분야의 하바찰롯(Havatzalot) 등이 대표적이다. 탈피오트는 이스라엘군과 히브리대학 사이의 제휴를 통해 영재를 발굴하여 군복무와 대학교육을 병행하는 인재양성 프로그램이다. 선발된 영재는 히브리대 특별과정을 거쳐 6년간 기술분야에서 장교로 복무한 후 전역후에는 기술 스타트업 창업에 나서는 경우가 많다. 세계적인 게놈해독 전문기업인 Compugen, 플래시메모리 기업Anobit, 데이터처리 기업 XIV 등이 탈피온 출신이 창업한 기업들이다. 브라킴 프로그램은 테크니온 공대에 진학한 학생이 군인 신분으로서 군에서 요구하는 학문을 전공하고 졸업 후 장교로 복무하는 제도이다. 이들은 드론, 로봇 등 첨단기술을 학습하고 입대 후에는 군에서 관련 시스템을 개발하고 운용하는 임무를 수행한다. 테크니온 공대는 이들에게 첨단기술 벤처기업 설립을 지원하여 지난 20년동안 1,600개의 벤처기업이 만들어졌고 10만 개 이상의 일자리를 창출한 것으로 알려져 있다. 사회과학분야의 인재들은 하바찰롯 프로그램을 통해 군의 정보요원으로 양성된다. 매년 40명의 사회과학 분야 인재들이 선발되어 하이파 대학에서 정치학, 컴퓨터, 심리학 등을 학습하여 군에서 지리정보, 안면인식 등 정보 관련 기술을 개발하고 운용하는 임무를 수행한다. 하바찰롯 출신의 스타트업으로 정밀 안면 인식 전문기업인 페이스닷컴(face.com)이 유명하다.[10]

04. 개선방향 및 정책제언

2022년도 국방통계연보에 따르면, 국방의무에 대한 청년들의 인식이 변화하고 있다. '국민의 당연한 의무로 기꺼이 응해야 한다'는 응답은 2017년도 40.1%였으나, 2021년에는 25.9%로 하향하였다. 반면 '의무이기는 하지만, 가능하면 피하고 싶다'는 응답은 2017년 38.2%에서 2021년 45.1%로 증가하였다. '기꺼이 응해야 한다'는 응답보다 '가능하면 피하고 싶다'는 응답이 훨씬 많아지고 있는 상황은 국가인재 생태계 관점에서 바람직하지 않다. 설문결과는 군 복무가 개인의 성장과 국가사회 인재 양성에 모종의 걸림돌이 되고 있음을 시사하고 있다. 2002년도 육군을 중심으로 추진하였던 '군 인적자원개발' 사업의 비전은 '갈 수밖에 없는 군에서, 가고 싶은 군으로'였다.[11]

군 장병의 성장과 발전을 지원하고, 국가차원의 인재생태계를 조성하기 위해, '가고 싶은 군'을 향한 범 정부차원의 노력이 있어야 한다. 평생교육 기회보장이라는 국가평생교육 이념에 비추어볼 때 국방의무로 헌신하고 있는 장병들에 대한 평생학습 기회 보장은 마땅한 국가의 책무이다. 징병제의 국방의무가 국가인재 생태계 측면에서 걸림돌이 아닌 모종의 디딤돌이 될 수 있도록 군과 국가사회의 노력이 필요하다.

10 조한승, "이스라엘의 군사혁신과 혁신국가 전략의 연계", 사회과학연구, 2021.

11 2002년도에 육군을 중심으로 추진되었던 '군 인적 자원 개발' 사업은 군이 중심이 되어 관련 정부 부처와 기관이 함께 '장병의 중단 없는 능력의 계발'과 '계발된 인력의 국가 차원의 활용'을 핵심 축으로 하여 추진하였던 사업이다. 이를 통해 군은 인력의 정예화를 도모하고, 국가 사회적으로는 인력의 육성과 활용의 선진화를 이루는 것을 목표로 하였다. 최병욱, "군 인적자원개발 사업의 의의와 정책방향", 주간국방논단, 한국국방연구원, 2006.9.25.

1. 군 정신전력 교육의 이념적 지향과 방향성 정립

군에서 이루어지는 제반 정신교육, 규정과 방침들은 군의 핵심가치에 기초하여 구성되어야 한다. 군대의 핵심가치는 역사적 경험과 안보환경 그리고 헌법적 기초에 의거하여 형성되고 변화되어 간다. 군대의 핵심가치에 영향을 주는 것은 군의 정체성(Identity)이다. 정체성이라 함은 "어떤 존재가 본질적으로 가지고 있는 특성"으로서 존재의 가치와 목적 그리고 역할 등의 개념을 내포한다. 한국군의 정체성은 2016년에 제정된 군인복무기본법 제5조 국군의 강령에서, '국민의 군대'로 규정하고 있다. 그러나 선언적 의미의 법적 규정 외에 '국민의 군대'가 무엇을 의미하는지, 이러한 이념이 국방운영과 병영생활 속에서 어떻게 적용되어야 하는지는 구체화되어 있지 않다.

독일연방군은 '내적지휘'를 군의 핵심가치로 설정하고 있다. 독일연방군은 '내적지휘는 군을 민주주의 기본법의 가치들에 결부시키는 것이며, 자유시민으로서 개인의 권리와 군사적 의무 사이의 갈등을 줄이도록 하는 임무를 가지고 있다.'라고 규정하고 있다. 시민으로서의 가치와 군인으로서의 가치 사이의 벽을 좁히도록 돕는 것이 내적지휘의 핵심으로, 최종적으로는 '제복입은 시민'을 만드는데 그 목적이 있다. 제복입은 시민은 1)자유로운 인격체, 2)책임의식을 갖춘 국민, 3)전투준비태세를 갖춘 군인을 의미한다. 내적지휘는 연방군에서 군 복무의 기초이며, 모든 지휘, 교육, 훈련을 결정짓는 중요한 기준이기도 하다. 따라서 연방군의 장병들은 내적지휘의 원칙을 적극적으로 수용하고, 도덕적으로 올바르며, 명예로운 태도를 유지하는 것을 바람직한 덕목으로 이행할 것을 요구받는다.

한국군의 핵심가치는 각 군별로 존재하나, 법제화되어 있지 않다. 전체 구성원들이 공유하거나 공감대가 형성되어 있지 않아 국군차원의 통합된 핵심가치 선정이 필요하다. 핵심가치를 선정하고, 법제화하여 전 구성원이 공유하고, 국방운영 전 영역에서 구현되도록 하는 것이 바람직하다. 정과교육 개념으로 매주 수요일 시행하는 정신전력교육도 변화와 쇄신이 필요하다. 교과서라고 할 수 있는 '정신전력 기본교재'는 국가관, 안보관, 군인정신의 3개 영역으로 구성되어 있다. 정권 교체 시마다 정신교육의 내용과 방향이 바뀌는 것은 바람직하지 않다. 장병 정신전력교육을 위해 헌법, 민주시민교육, 제복입은 시민의 윤리가 중심이 되는 정신전력교육체계를 적극 검토할 필요가 있다. 군 복무를 통해 건전한 시민이자 사회인으로 성장할 수 있도록 헌법의 개념, 인권과 민주주의 등 헌법적 가치, 자유민주주의의 가치와 규범, 제복입은 시민의 윤리를 내면화할 수 있도록 군의 정신전력교육의 방향을 정립해야 한다.

2. 병영문화 선진화

한국사회는 '병영사회'로 불릴 정도로 군대문화가 우리 사회에 드리우는 영향과 파급력이 상당하다. 군대문화는 군 정체성에 대한 인식과 사회적 가치변화의 소산이다. 시대에 정합성을 갖지 못한 군대문화는 군 발전뿐만 아니라 우리 사회발전에 커다란 장애로 작용한다. '병영문화 혁신'이라는 이름으로 1980년대 이래 수많은 개혁이 추진되었지만 성과는 미미하고, 개혁은 여전히 진행 중에 있다. 바람직한 군대문화에 대한 개념의 합의와 공유가 없는 개혁은 표피적이고 단편적 문제해결에 불과하다. 군 정체성, 군대문화, 군 가치관에 대한 담론이 필요하다. 예컨대, '인권이 보장되는 병영', '국민의 군대'에 대한 개념이 지휘관마다 상이하고, 병사에 이르기까지 올바르게 공유되지 않을 경우 병영문화의 진전은 요원하다.

관점과 접근방식에서 지금까지의 병영문화 혁신에 대한 성찰이 필요하다.[12] 첫째, 혁신의 근본적 지향점이 불분명했다. 군인을 기본권 주체로 인정하고, 이를 보장하기 위한 제도적 장치를 마련함으로써 민주화된 군대를 만들어야 문제가 해결된다는 시각보다, 여전히 군인을 관리 통제해야 할 전투력으

12 최병욱, "병영문화 혁신의 관점과 추진전략", KIMA 정책연구, 한국군사문제연구원, 2021.

로 인식하고 있다면 병영문화의 근본적 성과를 달성하기 어렵다. 둘째, 병영문화 혁신이 병 중심으로 일관하여 군 구성원 전체의 혁신 활동으로 확장되지 못했다. 모두가 참여하는 군 운영 전반의 혁신 노력으로 이어지는 것이 바람직하다. 셋째, 군 조직문화에 대한 근본적 성찰과 혁신 시도가 미흡했다. 권위주의·형식주의·폐쇄주의·진급지상주의 등 군 조직문화가 갖는 역기능적 요소를 척결하려는 노력에 초점을 두는 것이 바람직하다.

이런 맥락에서 다음과 같은 병영혁신의 관점과 접근방식의 패러다임 전환이 필요하다. 첫째, 병사에 대한 인식을 전환해야 한다. 수용과 통제의 대상에서 자율과 책임의 주체라는 인식의 전환이 필요하다. 예전 군대의 군기가 '외적인 군기와 일방적 복종'을 상징했다고 하면, 앞으로 군기는 '임무수행의 마음가짐과 적극적 태도'를 강화하는 방향으로 전환하는 것이 바람직하다. 둘째, 침해 구제적 자유권 보장을 넘어서 복지, 교육, 건강, 주거, 인권 등이 포괄된 개념으로 기본권을 확장해야 한다. 군의 제도 및 규정을 보면 군인의 기본권이 과도하게 제한되고 있는 측면이 강하다. 군인으로의 신분 전환과 동시에 우선적으로 대부분의 기본권을 제한하고 지휘관의 판단과 부대상황에 따라 점차 부분적으로 허용하는 현재의 개념에서 우선적으로 기본권을 허용하고 지휘관의 판단과 상황에 따라 부분적으로 기본권을 제한하는 개념으로 전환하는 것이 바람직하다. 셋째, 군과 군인의 정체성, 바람직한 병영문화에 대한 인식의 공감대를 세워나가는 것이 중요하다. 아울러 국군의 이념에서 표방하고 있는 '국민의 군대', '자유민주주의의 수호'의 개념을 정립하고, 인식의 공유와 실천적 접근을 위한 노력을 기울여야 한다. 군 가치의 특수성에 함몰되지 않고, 보편적 가치에 바탕을 둔, 보편적 가치를 지향하는 군대문화 조성을 위해 교육, 법과 규정, 군 생활 여건, 병영문화 등 다각적인 관점에서 노력이 필요하다. 민주화 군대가 선진군대를 견인하고, 우리 사회 민주주의의 초석이 된다는 사회적 담론 형성이 중요하다.

3. 군 평생학습의 외연 확대와 범 정부차원의 추진

군은 군 복무기간을 '생산적인 기간'으로 활용하기 위해 '장병 자기개발 정책'이라는 명칭으로 군 장병 대상 평생교육 정책을 추진해 오고 있다. 그동안 군에서 시행해 온 평생교육 정책은 상당 부분이 검정고시 및 대학 원격강좌 수강지원, 국가기술자격 취득지원 등 병사 중심의 개인학습에 초점이 맞춰져 있어 국가차원의 인재 생태계 조성의 관점에서 미흡하다. 군 복무 장병의 요구를 반영한 실효성있는 평생학습 정책 추진이 바람직하다.

미군은 2006년 '미 육군은 평생교육 조직으로 전환할 것'이라고 선언한 이래, 군내 평생교육을 범 정부차원에서 추진하고 있다. 주요 프로그램으로 교육비를 지원하는 학비 지원 프로그램(Military Tuition Assitance Program)과 군 교육훈련의 평가 인정(Military Evaluations Program), 교육상담과 안내(Counseling and Guidance Services), 직무능력 향상을 위한 일반교육 지원 등이 있다. 국방부는 미국교육위원회(The American Council on Education, ACE)에 위탁하여 군 교육훈련에 대한 사회인증을 추진하고 있다. 미군은 군복무 중 습득한 학습경험이 사회와 연계될 수 있도록 국방부 내에 4,100개의 군사 특기를 대상으로 약 300여개의 군사학교에서 10,000여개의 교육과정을 운영하고 있는데 이 중 60%가 미 교육위원회(ACE)의 인준을 통해 사회에서 활용되고 있다. 군 경력증명서(VMET: Verification of Military Experience and Training)는 군 복무경험과 외부 인증기관의 대학학점 정보, 관련된 사회의 직업 명칭, 개인 인적사항, 업무경험, 부가 자격, 언어능력 등이 자동적으로 기록되는 시스템으로 기업훈련과 고등교육에 적용되고 있다.

한국군 평생학습 정책의 외연을 확대하는 것이 필요하다. 자기개발을 '지원'하는 소극적 의미의 평생학습에서, 의무복무 장병의 성장과 발전을 '주도'하는 전략적 차원의 접근으로 전환해야 한다. 교육부, 국방부, 노동부, 지자체, 기업 및 대학 등 범 정부차원에서 군 복무 장병의 요구를 반영한 실효있는 평생학습 정책 추진이 바람직하다. 조사결과에 따르면 장병들이 군 복무기간 중 가장 관심을 갖고 있는 분야는 진로와 자기개발이다. 입대 전, 복무 중, 전역 전 진로상담 및 차별화된 학습 시스템 구축을 제도화해야 한다. 공급자(국방부) 주도의 교육이 아닌, 수요자(군 장병) 중심의 열린 학습으로 전환하고, 학습 바우처 지원 등 학습 여건을 개선해야 한다.

4. 국방과학기술 인력 양성 시스템 혁신

군은 과학기술강군을 선도하는 국방과학기술인력 및 경제혁신을 위한 기술 창업가 양성을 위해 2014년부터 과학기술전문사관제도를 운영하고 있다. 과기사관은 전국 4년제 대학 이공계 학사과정 4~5학기 재적생인 지원자를 대상으로 연 25명 규모의 후보생을 선발하는데, 선발자에게는 등록금 전액 및 전문역량개발비 연 500만 원을 과기부에서 지원한다. 임관 전 일반전공 외 국방과학기술·창업·현장실습 교육을 받고, 임관 후에 국방과학연구소(ADD)에서 3년간 연구개발 임무를 수행한다. '사이버전 인재 양성'의 취지에 따라 2012년 설치된 고려대 사이버국방학과의 학생들은 4년간 전액 장학금을 받고, 졸업 이후 사이버전문사관으로 임관해 7년간 의무복무한다. 두 제도 모두 4년제 대학 학사로 임관 후 과기사관은 3년, 사이버사관은 7년을 의무로 복무하는 구조다. 학사 학력으로 군 복무 간 연구활동에서 대체로 보조적, 부수적 역할만 담당하는 경우가 많아 실효성이 높지 않다는 평가가 많다. 특히 졸업 직전 임관포기자가 다수 발생하고, 장기복무자가 극소수인 점에서 제도의 설계와 운영에 문제가 많다. 고려대 사이버국방학과의 경우 임관율은 매년 추락해 올해 졸업자 23명 중에 단 4명만이 임관을 하였다.

이스라엘은 과학기술인력 양성을 위해 군내에 탈피오트 제도를 운영하고 있다. 고등학교 졸업예정자 중 50명을 선정하여 3년 동안 히브리대학교에서 교육 및 훈련을 마친 후 학사학위 취득과 동시에 중위로 임관을 시킨다. 의무복무 기간은 6년인데, 개인의 선택 및 능력에 따라 조종사, 사이버 부대, 특수부대 등 야전부대에 배치되어 2년 동안 복무하고, 이후 4년은 야전 경험을 바탕으로 이스라엘군 연구소나 방산업체에 소속되어 신무기 관련 연구개발에 참여한다. 이들은 주로 각 부대의 연구개발 부서에 배치되어 본인이 원하는 프로젝트에 참여할 수 있는 특권을 보장받는다. 의무복무를 마친 후에는 장기복무를 선택하거나 전역하여 사회에 진출하게 되는데, 자신의 전공분야에 따라 업체에 취업하거나 벤처기업을 창업하는 경우가 많다. 탈피오트 출신들은 군사과학기술 분야의 성과를 스핀오프(Spin-off) 를 통해 다양한 기술로 개발·활용하여 국가 전체의 혁신과 창업에 확산·기여하는 형태로 발전시켜 왔다. 실제로 이스라엘 주요 벤처기업가의 80%가 탈피오트 출신으로, 이들은 군에서 개발한 기술을 산업으로 전파하여 수많은 혁신을 일으켰다고 평가받고 있다.

이스라엘의 탈피오트 사례를 한국적 상황을 고려하여 발전적으로 적용하는 것이 필요하다. 학사 수준의 학력으로는 역량발휘와 활용이 제한된다는 점에서 석박사 연계 트랙으로의 전환을 검토할 수 있다. 사이버사관과의 통합, 석박사 학위기간에 따른 의무복무기간 유연화, 군 연구기관 뿐만 아니라 방산기업 등으로 복무기관을 확대하는 문제, 이스라엘과 같이 군내 과학기술인력을 통합하여 관리하는 전담부서의 설치 등을 전향적으로 검토해야 한다.

5. 제대군인 전직지원 및 역량발휘 여건 활성화

1997년 12월 31일, 「제대군인지원에 관한 법률」이 제정된 이래 제대군인을 대상으로 교육지원, 의료지원, 대부지원, 주택공급 등 범 정부차원에서 다양한 정책이 추진되어 왔으나 성과는 미진하다. 특히 제대군인에게 가장 중요한 문제인 재취업 문제는 심각하다. 보훈처와 국방부를 중심으로 일자리 확보, 제대군인 역량강화, 전직컨설팅 프로그램 시행, 전직지원금 지급 등의 노력을 하고 있으나 정책의 효과는 매우 제한적이다.

제대군인의 재취업 문제는 국가인적자원의 활용 뿐 아니라 우수한 국방인재의 모집을 위해서 중요하다. 주요국의 재취업 비율은 미국 95%, 영국 94%, 프랑스 92%, 독일 90%, 일본 97% 등으로 90%를 상회하는 반면 우리의 경우는 열악하다. 매년 7~8천 명이 전역을 하는데, 이중 군인연금을 받지 못하고 전역하는 군인은 60%에 달한다. 이들의 취업률은 56.6%(2018년 기준)로, 일반국민 고용률인 70.2%(25~29세)에서 75.7%(30~39세)에 크게 미치지 못하는 수준이다.[13]

직업군인의 재취업 문제를 범 정부차원에서 지원하는 노력이 있어야 한다. 공기업 및 사기업에 대한 취업 알선은 다른 차원의 문제로, 별도의 논의가 필요하다. 다만, 앞으로 병역자원 부족에 대한 대응책으로 군무원을 확대하는 것이 불가피하다는 점을 감안할 때, 이와 연계하여 제대군인의 군무원 재취업의 문제를 전향적으로 검토할 수 있다. 미국의 경우, 제대군인이 희망하는 경우, 군무원으로 채용 및 활용하는 것이 일반적이다. 군무원 확대 문제를 신규채용과 경력채용으로 이원화하여 발전적으로 검토해야 한다. 요컨대, 경력직 군무원 채용을 대폭적으로 확대하고, 경력직 군무원 채용은 제대군인에게 기회를 넓혀주어야 한다.

아울러 제대군인 지원에 대한 새로운 가버넌스를 형성하는 것이 필요하다. 제대군인에게 양질의 일자리를 제공하는 것은 그 영역이 광범위하고 다양한 이슈 간에 복잡한 연결고리를 이루고 있어 주무부처인 국가보훈부와 국방부만이 아니라, 타부처 및 관련기관 간 연계와 협력이 필수적이다. 정부 및 민간부문을 포함하는 다양한 구성원 사이의 네트워크 연결을 통해 협업 및 융합을 강화해야 한다. 제대군인 재취업의 핵심은 군과 군인에 대한 사회적 책무

13 최병욱, "제대군인 지원정책에 대한 사회적 수용성 강화방안: 제대군인 전직지원정책의 패러다임 혁신", 국방위 국회세미나, 2021.

의식과 호감도, 제대군인에 대한 매력에 있다. 이런 관점에서 보훈의식과 국가사회적 책무의식 고양, 이전과는 다른 선진화된 군에 대한 긍정적 인식 확산, 군과 군인에 대한 호감도 및 매력 증진, 제대군인의 사회적응 및 자신감 회복 중심의 교육이 필요하다.

참고문헌

고성진, "평생교육 관점에서 본 군 장병의 학업중단 문제해소를 위한 군의 역할에 관한 연구", 기업교육과 인재연구, 2021.

국회입법조사처, 「국방과학기술 인력양성이 시급하다: 국방첨단과학기술사관학교 설립」, 국회정책세미나, 2023.

국회국방위, 「국방첨단과학기술사관학교 설치법안에 대한 공청회」,2023.11.9.

김도희, "이스라엘 탈피오트 제도와 시사점", 국회입법조사처, 2023.

김민호, "이스라엘 군대의 다문화 수용성이 한국군 다문화 병영정책에 주는 시사점", 한국군사, 2021.

김용주, "성인 평생교육기제로서의 군 교육훈련의 의의와 발전방향", 평생교육학연구, 2003.

김용주 외, "민주주의 이념의 군사적 구현", 정신전력연구, 국방정신전력원,2017.

김태성, "평생학습을 위한 육군대학교 설립에 대한 연구", 한남대 박사학위청구논문, 2022; 국방부, 국방백서, 2022.

임채상. '육군 리더십 철학 정립에 대한 연구', 육군교육사령부. 2013.

조한승, "이스라엘의 군사혁신과 혁신국가 전략의 연계", 사회과학연구,

2021.
진종철 외, “국방부 정신전력교육 교재의 역사교육적 함의”, 역사교육논집, 2020.
최병욱, “군 교육·훈련체제의 모형에 관한 탐색적 연구”, 서울대학교 박사학위논문, 2002.
최병욱, “군 인적자원개발의 성과와 과제”, 국회국방위 정책세미나, 2006.
최병욱, “군 인적자원개발 사업의 의의와 정책방향”, 주간국방논단, 한국국방연구원, 2006.
최병욱, “군 평생학습의 현황과 발전방향”, 국회국방위 정책세미나, 2007.
최병욱, “군 인성교육 진흥의 방향과 전략”, 국방정책연구, 한국국방연구원, 2016.
최병욱, “병영문화 혁신의 관점과 추진전략”, KIMA 정책연구, 한국군사문제연구원, 2021.
최병욱, “제대군인 지원정책에 대한 사회적 수용성 강화방안: 제대군인 전직지원정책의 패러다임 혁신“, 국방위 국회세미나, 2021.
최병욱 외, 「한국형 군 경력 학점전환제 마련에 관한 연구」, 국방부, 2017.

제4장

대한민국의 핵심인재들을 체계적으로 양성하는 일에서 평생교육 단계는 어떻게 이를 뒷받침해야 할 것인가?

홍정민 (휴넷L&D연구소 연구소장)

평생교육은 국민 개개인의 삶의 질 향상과 나아가 한 국가의 미래 경쟁력 증대를 위한 핵심인력 양성 관점에서 매우 중요하다. 학술적으로 평생교육의 개념은 약 50년 전 태동했다. 이는 평생(Lifelong)과 교육(Education)의 합성어이다. 1965년 프랑스의 학자 폴 랭그랑(Paul Lengrand)이 유네스코회의에서 21세기 교육 방향으로 요람에서 무덤까지의 평생교육을 주창한 이래, 1970년 그의 논문 '평생교육이론'(An Introduction to Lifelong Education)

에서 그 개념을 처음 공식적으로 사용하였다. 이후 유네스코가 교육이 교육 이념에 평생교육의 원리를 적용하면서 널리 사용되기 시작하였다. 이는 오랜 시간에 걸쳐 교육의 모든 형태, 모든 내용, 모든 대상, 모든 방법에 걸치는 광범위하고도 다양한 포괄적인 복합개념으로 발전해오고 있다.[1]

01. 시대·환경적 변화와 평생교육

1. 기술의 발전에 따른 교육 패러다임의 변화

가. 4차 산업혁명 시대의 도래와 미래 기술의 태동

4차 산업혁명의 도래는 전 사회에 걸쳐 이전에는 상상도 하지 못했던 큰 수준의 변화를 불러일으키고 있다. 2010년대 후반부터 기존에는 존재하지 않았던 비즈니스 강자들이 등장하기 시작했는데, 택시 등의 차량을 한 대도 소유하지 않은 채 새로운 모빌리티 비즈니스(Mobility Business)를 만들어낸 우버(Uber)나 호텔을 보유하지 않은 에어비앤비(Airbnb) 등이 대표적인 경우이다. 또한, 기술의 급격한 발전속도는 특정 산업과 기업의 기하급수적 성장을 가능하게 만들었다. 최근 자동차산업에서 막강한 영향력을 발휘하는 기업으로 성장한 테슬라(Tesla)는 전기자동차 생산의 핵심 기술인 전지 기술이 기하급수적으로 발전했기 때문에 큰 폭으로 성장할 수 있었다는 배경을 가지고 있다.[2]

이처럼 인공지능과 빅데이터를 중심으로 한 첨단기술과 융·복합이라는 특징을 기반으로 한 4차 산업혁명은 새로운 산업과 비즈니스가 등장할 수 있는 토양을 제공하고 있다. 그리고 이는 필연적으로 사회 직업구조에 큰 영향을 미친다. 기술의 발전으로 근로자가 하는 일이 기계나 컴퓨터로 대체되면

1 평생교육에 대한 개념적 정의는 다양한 학술자료에 언급되어 있지만, 아직 명확하게 정의된 바는 없으며 현재는 외국의 개념을 주로 인용하고 있다. 이와 관련한 연구는, 김창엽, “국내의 평생교육 개념 연구에 대한 분석”, 「평생학습사회」, 14(1), pp. 1-24.

2 홍정민, “어떻게 기술이 최고의 인재를 만드는가 : 세계 1등 기업들이 주목한 HRD 디지털 트랜스포메이션”, 행복한북클럽, 2019.

필연적으로 어떤 직종은 일자리가 증가하고, 반면에 어떤 직종은 일자리가 줄어들기 때문이다. 4차 산업혁명에 따른 직업구조의 변화는 다음의 4가지 유형으로 나타난다.[3]

표 1 직업구조 변화의 유형

신기술에 따른 새로운 직업 등장	기존 직업의 역할 강화
• 사물인터넷 전문가 • 인공지능 전문가 • 가상현실·증강현실 전문가 • 드론 조종사·드론 관제사 • 자율주행차 개발자 • 3D 프린팅 전문가 • 클리우드 엔지니어 • 빅데이터 플랫폼 운영자	• IT 보안 전문가 • 소프트웨어 개발자 • 로봇개발자 • 로봇운영관리사·로봇유지보수기술자 • 스마트팩토리 생산공정설계기술자·생산관리기술자·품질관리기술자 • 3D 모델러
직무의 전문화·세분화	**직무 또는 분야간 융복합**
• 데이터분석가 → 데이터엔지니어, 데이터사이언티스트, 빅데이터 시각화 전문가 • IT 보안 전문가 → IoT 보안 전문가, 자율주행차 보안 전문가, 핀테크 보안 전문가 등 • 소프트웨어 개발자 → 블록체인 전문가, 인공지능 전문가, 스마트팩토리 SW 전문가	• 핀테크 전문가 (금융 + IT) • 의료정보 분석사 (의료 + 빅데이터 + IT) • 공유플랫폼 운영자 (경영기획·마케팅 + IT)

세계경제포럼(World Economic Forum·WEF)이 발표한 Future of Jobs 2023에 따르면 2023년부터 2027년까지 향후 5년 동안 8,300만 개의 일자리가 사라지고 반면에 6,900만 개의 새로운 일자리가 창출되는 등 전체 노동인구 23%의 직업이 변화할 것이라 예상한다.

3 고용노동부. “4차 산업혁명 시대 내 직업찾기 가이드북”, 2019.

그림 1 2023~2027 Projected Job Creation and Displacement[4]

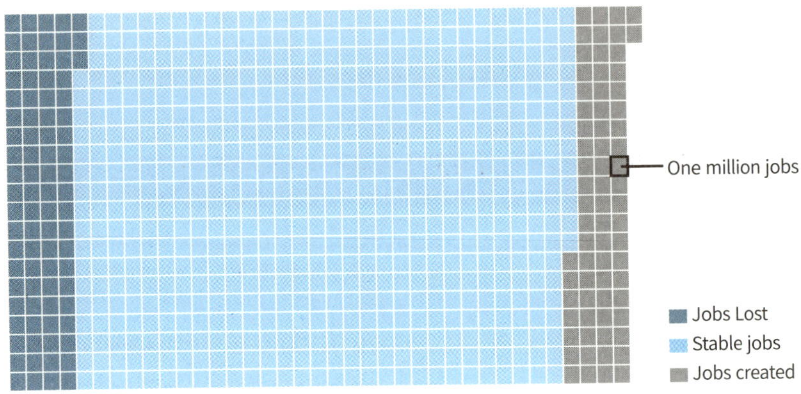

실제 기업교육 현장에서 이러한 현상은 급속도로 일어나고 있다. 글로벌 비즈니스 전문 소셜 미디어 플랫폼 기업인 링크드인(LinkedIn)의 조사에 따르면 기업교육 현장에서 요구되는 스킬 셋(Skill-Set)은 2015년 이후 약 8년 동안 25%가 바뀌었다고 한다. 또한 향후 4년 뒤인 2027년까지 25%가 더 바뀔 것이라 예측했다.[5]

나. 포스트 코로나19 시대의 기술 혁신 속도의 증가

4차 산업혁명 시대가 도래하면서 태동한 기술은 팬데믹(Pandemic·COVID-19) 시대를 거치며 그 발전속도가 급격하게 빨라졌다. 팬데믹 시대에 기술 변화 속도가 빨라진 이유는 다음의 세 가지로 요약하여 설명할 수 있다.

1) 비대면 환경의 일상화 : 코로나19로 인해 사람들은 업무부터 교육, 일상생활에 이르기까지 비대면 환경에 적응해야 했다.

4 그림 발췌, 세계경제포럼(WEF), “Future of Jobs Report 2023”, 2023

5 글로벌 최대의 기업교육 컨퍼런스인 ATD(Associate Talent & Development)에서는 많은 L&D 전문가들이 기업이 직원들에게 요구하는 역량(Capability)이 스킬(Skill)이라는 더 작은 단위로 쪼개어지고 있는 것이 현실이며, 동시에 직원들에게 요구되는 스킬 또한 매우 빠른 속도로 변화하고 있다고 말하고 있다. 이와 관련한 연구는 Tiffany Poeppelman, “Powering a Dynamic Workforce with Skills-First Approach to Telant”, LinkedIn, ATD 2023

2) 범사회적인 기술적 혁신의 요구 증대 : 위기 상황에서 데이터 중심의 의사결정에 대한 필요성은 인공지능과 빅데이터 분석 분야의 혁신을 촉발했다. 예측 모델링, 접촉자 추적, 백신 배포 전략은 A.I와 빅데이터에 오롯이 의존했으며 이는 비단 의료분야뿐만 아니라 전 산업영역에서의 A.I 혁신을 유도했다.

3) 기술 혁신을 위한 투자와 지원 확대 : 각국의 정부와 기업들은 이러한 기술혁신을 지원하는데 상당히 많은 양의 자원을 투자하였다. 새로운 기술 혁 신을 위한 연구 및 개발에 대규모 투자가 이뤄졌으며 정책 또한 디지털 기술 혁신과 도입에 초점이 맞춰져 재편되었다.

이러한 변화 양상은 팬데믹이 끝난 2022년 말, 포스트 펜데믹 시대가 도래했음에도 큰 변화 없이 유지되는 추세다. 기업과 사람들은 펜데믹 시대에 구축된 하이브리드(Hybrid) 근무환경을 더욱 효과적이고 효율적으로 활용하는 방법을 지속적으로 연구하고 있으며, 이로 인해 디지털 협업 도구 역시 빠른 속도로 고도화되고 있다.

다. 스킬 갭 현상의 심화와 업스킬링·리스킬링 중요성의 증가

기술의 발전속도가 급격하게 빨라지면서 사회적으로 나타난 문제점 중 하나는 숙련된 기술 노동인구의 감소이다. 4차 산업혁명과 코로나19로 촉발된 기술의 발전은 사회 및 산업 현장에서 요구하는 기술(Skill)의 종류와 수준을 완전히 바꾸어 놓았다. 하지만 개인이 보유한 직무 기술과 역량은 그 변화속도를 따라가지 못했고 이에 스킬 갭(Skill Gap) 현상이 발생했다.

이러한 스킬 갭 현상은 업스킬링(Upskilling)과 리스킬링(Reskilling)을 통해 극복할 수 있다. 업스킬링이란 같은 일을 더 잘할 수 있도록 돕거나 더욱 복잡한 역할을 수행할 수 있도록 기술을 숙련하는 것으로, 현재의 기술 수준을 향상시킴으로써 더 높은 가치를 창출하는 것이 목표이다. 리스킬링은 지금까지와 다른 직무 및 역할을 수행하기 위해 새로운 기술을 배우는 것을 뜻한다.

업스킬링과 리스킬링은 국내뿐만 아니라 전 세계적으로 그 중요성이 더욱 커지는 추세다. 2023년 GSS(Global Sentiment Survey)에서 전 세계 교육 전문가 4,000여 명을 대상으로 진행한 설문 조사에서 '교육 분야에서 가장 중요한 이슈는 무엇인가'에 대한 답변으로 업스킬링과 리스킬링이 1위로 꼽힌 것이, 이에 대한 방증이다. 국내에서도 한 교육기관이 기업 교육담당자 1,000여 명을 대상으로 설문 조사를 진행한 결과, 무려 응답자의 48.7%가 2024년 가장 주목하는 키워드로 업스킬링, 리스킬링을 꼽았다.[6]

2. 인구구조 변화에 따른 노동 시장의 변화

가. 초고령화와 인구절벽 시대의 도래

기술의 발전뿐만 아니라 인구구조의 변화 역시 노동 시장의 환경과 평생교육에 지대한 영향을 미치는 요소이다.

통계청이 2022년 발표한 자료에 따르면, 우리나라는 2018년에 국가 전체 인구 중 65세 이상의 인구가 차지하는 비중이 14.4%가 되면서 이미 고령사회에 진입했다. 2025년에는 해당 비중이 20.6%로 초고령사회에 진입할 것으로 예상된다. 고령 인구의 비중이 늘어나는 속도가 매우 빠르다는 것도 문제이다. 우리나라의 노령화 속도 및 고령인구 빈곤 위험도는 글로벌 최고 수준으로 2050년에는 노령화 지수가 무려 456.2에 달하여 글로벌에서 유일하게 400대가 넘을 것이라 예상된다.

동시에 급격하게 감소하는 출산율 역시 문제이다. 글로벌 평균 출산율은 지속적으로 하락추세이며 선진국은 글로벌 평균 대비 더 낮은 출산율을 보인다.

6 휴넷, "2024 기업교육 전망 설문조사", 기업교육 담당자 764명 대상으로 진행, 2023.

(글로벌 평균 2020년 기준 2.4명, OECD 회원국 평균 2022년 기준 1.58명) 우리나라의 출산율은 글로벌 평균의 3분의 1, OECD 회원국 평균의 2분의 1 수준으로 특히 낮으며 2023년 2분기 출산율은 0.701명으로 0.8명대가 무너진 것을 우려하고 분석하기는커녕 오히려 0.7명대가 무너질 것을 걱정해야 할 정도로 심각하다.[7]

베이비붐 세대(1955~1963년생)의 고령화로 인한 고령층 인구 비중의 증가와 저출산 기조가 계속될 경우, 2050년 이후 우리나라 인구 피라미드는 극단적인 항아리형 구조를 나타낼 것으로 전망된다. 그리고 이는 생산가능인구의 급속한 감소로 인한 부양 인구비의 상승과 생산성 하락으로 인한 경제성장율 하락, 구조적 인플레이션 등의 여러 가지 사회 문제를 발생시킬 위험이 매우 높다.[8]

나. MZ세대의 등장과 근무환경 패러다임의 변화

직업구조와 인구구조의 변화와 함께 주목하여 살펴봐야 할 것이 노동 가능 인구 특성의 변화이다. 밀레니얼(Millennial)과 Z세대(Generation Z)의 결합으로 형성된 새로운 세대인 MZ 세대의 등장은 노동의 형태와 가치 및 사고 등 근무환경 패러다임에 혁명적인 변화를 가져왔다.

MZ 세대는 이른바 디지털 네이티브(Digital Native)라 일컬어지며 디지털 기술과 온라인 환경에서 자란 세대이다. 그들은 새로운 기술을 습득하고 사용하는 것에 익숙하며 디지털 도구를 통해 빠르게 정보를 얻고 활용하는 능력이 다른 세대에 비해 뛰어나다. 이러한 역량과 스킬을 바탕으로 그들은 기업에서 디지털 변화와 혁신을 이끄는 데 매우 중요한 역할을 하고 있다.

기술적 숙련도가 높다는 특성 외에도 유연한 근무환경과 평가에 따른 공

7 급격하게 감소하는 출산율에 대한 우려는 많은 매체에서 심층적으로 다뤄지고 있다. 관련된 심층 분석 기사는 「브릿지경제」, 2023. 10. 25, "[심층분석] 합계출산율 0.6명대까지 떨어지나… 저출산에 성장잠재력 악화" 외 다수 매체 참고

8 저출산과 고령화는 비단 우리나라만의 문제가 아니라 전 세계적인 추세이지만, 우리나라가 특히 문제가 되는 것은 속도가 매우 빠르기 때문이다. 이와 관련한 주장 및 통계 분석은, 이은영 外, "인구구조 변화가 한국 사회에 주는 시사점", 「삼일PwC경영연구원」, 2023. 04.

정하고 합리적인 보상을 추구한다는 사회·심리적 특성도 있다. 이러한 특성이 발현되는 이유는 그들이 경제 침체기에 자라나 불확실한 미래의 보상보다 현재의 보상을 우선하고, 치열한 경쟁 속에서 공정은 생존과 직결되는 문제였으며, 디지털 환경을 중심으로 정보에 접근하거나 뜻이 맞는 사람들이 모이기 쉬워졌기 때문이다.[9]

MZ 세대에게 평생직장, 즉 한 회사에 오래 머무는 것은, 오히려 무능력을 의미한다. 그들은 개인의 성장과 발전을 위해 더 나은 곳이 있다면 이직하는 것이 당연하다고 생각한다.

다. 일자리 미스 매칭 현상의 심화

인구구조의 변화와 MZ 세대의 등장이 맞물려 나타난 가장 큰 사회 문제는 일자리 미스 매칭 현상의 심화이다. 단기적인 확실한 보상 혹은 미래 안정성을 추구하는 MZ 세대들은 대기업이나 중견기업, 혹은 공공부문에서의 일자리를 원한다. 대한상공회의소가 청년구직자 300명을 대상으로 실시한 '청년세대 직장 선호도 조사' 결과에 따르면, 이들이 선호하는 직장은 대기업(64.3%), 공공부문(44.0%), 중견기업(36.0%) 순이었다. 중소기업은 대기업의 4분의 1 수준인 15.7%뿐이었다.

하지만 정작 신규인력에 대한 수요가 가장 높은 곳은 중소기업이다. 이에 구직자는 원하는 일자리를 구하지 못하고 기업은 원하는 인력을 확보하지 못하는 상황이 지속 되어 고용시장 불균형이 커지는 것이다.

라. 대퇴사의 시대와 저몰입의 시대

채용이 끝이 아니다. MZ 세대들은 자신들이 원하는 기업에 입사했다는 이유

9 이경민, "불확실한 미래 보상보다 현재가 중요, MZ세대는 투명한 소통을 원한다", 「동아비즈니스리뷰」, 322(6), 2021.

로 해당 조직에 충성심을 갖는다거나 평생직장의 관점에서 이를 바라보지만은 않는다. 어렵게 합격한 회사를 짧게는 1년 안에 그만두는 현상이 지속하여 발생하는 것이다. 근무환경에 대한 불만족, 보상 및 복지 수준에 대한 괴리 등이 상당수 이유이다.

이는 비단 우리나라에만 나타나는 현상은 아니다. 코로나19로 인한 팬데믹 기간 동안 미국에서는 2021년에만 4,700만 명, 2022년에는 5,000만 명이 자발적으로 다니던 직장을 퇴사했다. 영국 유니버시티칼리지런던(University College London)의 앤서니 클로츠(Anthony Klotz) 조직 심리학 교수는 미국 텍사스A&M 대학 부교수 시절, 이를 대퇴사의 시대(Great Resignation)라고 명명했다.

직장을 그만두지 않는다고 문제가 없는 것은 아니다. 조직 내에서 최소한의 일만 하며 직장과 심리적으로 분리 상태를 유지하는 조용한 퇴사(Quiet Quitting) 현상이 확산하는 것이다. 이는 기업의 생산성에 큰 문제를 가져오는 원인이 된다.

최근에는 인력부족현상(Workforce Shortage)이 가속화되면서 핵심인재 유출 현상을 극복하기 위한 노력이 가속화되고 있다. 조직 내 함께 일하는 구성원의 30%가 외부에서 영입된 사람일 정도로 핵심인재들의 이동이 매우 잦은 시대이다.

3. 시대 변화에 따른 평생교육 패러다임의 변화

가. 평생교육의 개념적 정의

평생교육의 개념은 폴 랭그랑(Paul Lengrand)에 의해 약 30년 전 태동하였으며 오랜 시간에 걸쳐 교육의 모든 형태, 모든 내용, 모든 대상, 모든 방법에 걸치는 광범위하고도 다양한 포괄적인 복합개념으로 발전해오고 있다.

국내외 평생교육 개념 연구에 대한 분석에 따르면 평생교육은 학령전교육, 학교 교육, 사회교육과 분리되는 개념이 아닌 모든 교육을 포괄하는 상위 개념이다.[10] 하지만 평생교육 학술연구에서 평생교육의 개념 정의는 명확하게 이뤄지지 않았으며 대부분이 외국의 평생교육 개념 정의를 기반으로 하고 있다.[11]

산업 현장이나 교육현장에서 실재적으로 존재하는 평생교육에 기반하여 개념을 단순화시키면 일반적으로 개인이 지식, 기술, 경험, 및 역량을 지속적으로 향상시키며 새로운 지식과 기술을 습득하고 발전시키는 학습 방식을 의미한다고 볼 수 있다. 교육에 한 부분으로서 학교나 대학에만 국한되지 않고 평생 지속적으로 이뤄지는 학습을 강조한다.

나. 시대 변화에 따른 평생교육 인식의 변화

앞서 언급한 기술의 발전과 노동 시장의 변화는 평생교육의 패러다임을 크게 바꾸었다. 이전까지 사람들은 정규교육과정과 대학교육에서 습득한 지식과 역량을 기반으로 평생직장, 평생직업을 유지하며 경제활동을 지속할 수 있었다. 새로운 기술을 습득하고 활용하는 것은 필수(必修)가 아닌 선택이었다.
혹은 개인이 속한 기업·조직에서 요구할 때 이뤄지는 의무의 영역이었다.

하지만 스킬 갭 현상이 심화되고 업스킬링과 리스킬링이 사회 전반적으로 중요해지면서 산업 전반적으로 새로운 기술 습득에 대한 요구가 매우 빠른 속도로 필연적으로 일어나게 되었다. 때문에 개인 각자가 가지고 있던 직무 기술과 역량의 수명주기가 길게는 2~3년, 짧게는 6개월 주기로 단축되었다. 실제 1,324개 기업을 대상으로 한 조사에서 30%의 기업만이 '구성원들이 향후 1~3년 동안의 변화에 필요한 스킬을 가지고 있다'라고 답했다.[12]

---

10 김창엽, "국내의 평생교육 개념 연구에 대한 분석", 「평생학습사회」, 14(1), pp. 1-24.

11 안옥순, "평생교육 관련 학술논문과 법에 나타난 평생교육 개념의 비교 연구", 「서강대학교 석사학위 논문」, 2018.

12 Tom Stone, "How and Why High Performance Organizations Build Skills Databases and Talent Marketplace", ATD2023 컨퍼런스 발표자료에서 내용 발췌.

흔히 교육은 형식교육(Formal Education)과 비형식교육(Informal Education) 등 두 가지로 구분한다. 가르치는 사람과 배우는 사람이 학교와 같이 공식적 장소에서 잘 짜여진 교육 내용대로 의도적, 계획적, 체계적으로 진행하는 교육이 형식교육이다. 반면 비형식 교육은 형식교육과 달리 의도성, 체계성, 지속성이 결여되거나 매우 약하며 학교 교육 이외의 다양한 형태로 이루어지는 교육을 말한다. 학교 교육으로 평생을 살아가는 시대는 이미 지났다. 미래에는 형식교육보다는 학교 교육 이외의 비형식교육의 비중이 점점 더 커질 것이다.[13]

일생 동안 배움을 끊임없이 수행하는 평생교육의 본질은 그대로 유지되되, 그 내용과 방식은 매우 크게 방향을 변화시켜야 할 것이며 필요는 더욱 강조되어야 할 것이다.

02. 미래 시대의 평생교육과 바람직한 인재 양성

1. 디지털 전환 시대의 평생교육 변화 방향

가. 개인에 따른 맞춤형 교육 실현

에듀테크(Edutech)라 일컬어지는 디지털 환경에서의 교육 혁신은 교육 효과성을 비약적으로 증가시켰다. 특히 다른 산업 분야와 마찬가지로 인공지능 기술이 교육 분야에 본격적으로 접목되고 고도화되면서 일대일 맞춤형 학습뿐만 아니라 학습과 성취(성과) 간의 상관관계 분석, 빅데이터를 통한 학습활동의 입체적 분석 등이 가능해졌다. 또한 A.I와 빅데이터 기술을 활용해 각 개인의 학습 요구와 성향을 고려하여 학습 진행 상황, 강점, 약점을 식별하고 이에 기반한 개인별 학습 경로를 제공할 수 있다. 이를 통해 각 개인은 개인화된 경로를 통해 자신의 목표에 맞게 지식을 습득하거나 다양한 학습경험을 할 수 있는 것이다.

13 최연구, “4차 산업혁명시대의 미래교육 예측과 전망”, 「Future Horizon」, p. 32-35, 2017.

나. 워크플로우 러닝으로의 변화

전통적으로 일과 학습은 구분되어 여겨졌다. 기업교육(HRD) 분야에서는 일과 학습을 결합시키고자 하는 많은 노력이 있었지만, 교실 수업(오프라인) 중심의 학습 방식은 이러한 변화를 구현하는데 물리적·심리적 한계를 두었다. WLP(Workplace Learning and Performance)라는 단어가 한때 이슈가 되었다가 현장에서 뒤로 밀려난 것도 이와 같은 맥락에서다.

그러나 디지털 기술의 급속한 발전과 코로나19로 인해 구축된 비대면 중심의 학습 환경은 일터(Workplace)에서 일하고 학습하고, 학습하며 일하는 방식을 가속화시키고 있다.

다. 디지털 융합 교육 : 가상현실, 증강현실, 블록체인 등

기술의 발전은 교육의 형태를 다양화했다. 특히 4차 산업혁명의 대표적인 혁신 기술로 꼽히는 가상현실(VR·Virtual Reality)과 증강현실(AR·Augmented Reality), 그리고 블록체인(Blockchain) 기술이 교육에 직·간접적으로 융합된 형태의 교육이 등장하기 시작했다.

VR과 AR 기술이 융합된 교육은 학습 환경에 있어 실감을 극대화하며 이를 통해 학습에 대한 몰입(Engagement)을 높인다. 이온 리얼리티(Eon Reality)는 가상현실 기반의 다양한 학습 환경을 제공하고 있는데, 예를 들어 화학실험실 같은 가상의 공간 등을 제작 및 서비스하고 있다. 스킬리틱스(Skilitics)의 항공 승무원 팀워크 향상 프로그램은 소셜 VR을 적용한 경우이다. 이 프로그램이 다른 VR 훈련과 가진 차별점은 동시에 여러 명이 가상 환경에서 상호작용을 하며 학습을 할 수 있다는 것이다. 이 프로그램에서는 항공 승무원 8명이 실제 항공기를 그대로 재현한 가상공간 속 항공기 안에서 다양한 개인 미션과 팀 미션을 수행한다. 이를 통해서 재난 상황 등에서 승무원 간의 효과적인 팀워크를 실감 나게 훈련할 수 있다.

▪ 그림 2 AR 기술이 융합된 DHL 물류 배송 교육

※출처: DHL 홈페이지

AR은 일하는 현장과 학습을 결합할 수 있는 최적의 도구다. VR이 몰입도가 높은 학습을 제공할 수는 있지만 근본적으로 가상현실에서의 학습이란 한계를 벗어날 수 없다. 하지만 증강현실은 실제 근무하는 환경에 학습정보를 투영할 수 있기 때문에 학습과 실행의 간극을 없앨 수 있다.

글로벌 운송 및 화물 서비스 기업 DHL은 이미 현지 환경에서 모바일 AR 시스템을 사용하고 있다. DHL 직원은 웨어러블 스마트 안경을 통해 생산성은 크게 높이고 오류 비율은 줄이고 있는 것이다. AR을 통해 화물의 배송시간, 배송위치, 배송 시 유의사항들에 대한 정보를 보여줌으로써 작업을 쉽게 하고 오류 비율도 최소화할 수 있게 되었다.

블록체인은 기존의 학위 및 자격 시스템의 근본적인 변화를 이끌고 있다. 이른바 ODEM(On-Demand Education Marketplace)라 지칭되는 블록체인 기반의 서비스는 학생과 교수자 및 교육 서비스를 직접 연결하는 교육 플랫폼이다. 학생은 개인 이력서를 만들고, 이 플랫폼을 통해 다양한 교육 프로그램을 검색하고 구매할 수 있다. 학생들은 이 플랫폼을 통해 이수한 프로그램에 대한 인증서를 발급받는데 이는 모두 블록체인에 게시되어 공유된다. 블록체인으로 학생들의 학습이수사항을 기업이나 교수들은 볼 수 있으며, 학생들은 손쉽게 자신의 이력서를 업데이트할 수 있게 된다. 학위 및 자격 증명서와 이외에 다양한 학습활동에 대한 참여를 블록체인을 통해 통합 관리할 수 있게 된 것이다.

2. 시대 변화에 따른 바람직한 미래 인재상

가. 사회구조 변화 및 기술 발전에 따른 인재 조건의 변화

사회구조의 변화와 기술의 발전속도가 그 어느 때보다 빠른 이 시기에 교육환경과 패러다임 변화에 따라 바람직한 인재상도 달라지기 마련이다. 기존까지 산업 및 노동 환경에서는 근면 성실을 바탕으로 조직에 대한 충성심을 가진 인재가 사회에 필요한 인재였다면, 이제는 디지털 기본역량을 기반으로 유연성과 학습을 통한 성장 가능성을 보유한 인재가 시대에 맞는 인재의 조건일 것이다.[14]

2016년 세계경제포럼의 보고서에 의하면, 4차 산업혁명은 미래인재에게 요구되는 직무역량 안정성(Skills Stability)에 영향을 미칠 것이며, 변화에 따라 유연하게 문제를 해결하기 위해 기술능력이나 전문지식을 활용할 수 있는 복합문제 해결능력과 인지능력, 컴퓨터·IT 및 STEM(Science, Technology, Engineering, Mathematics) 분야의 지식이 필요할 것으로 예상된다.[15]

시사매거진 이코노미스트는 좀 더 구체적으로 2020년에 가장 중요해질 10가지의 업무능력을 다음과 같이 제시했다.[16]

표 2 이코노미스트 선정 2020년에 가장 중요해질 10가지 업무능력

구분	내용
맥락 파악 (Sensemaking)	• 이미 존재하거나 드러난 사실을 토대로 보다 깊이 있고 새로운 의미와 신호를 읽어내는 능력
사회적 지능 (Social Intelligence)	• 다른 사람들과 직접적이고 깊게 교감·교류하는 능력
참신하고 적응할 수 있는 사고 (Novel and Adaptive Thinking)	• 기계적이고 틀에 박힌 방식이 아닌 새로운 방식으로 문제를 해결하는 능력

14 최연구, "4차 산업혁명시대의 미래교육 예측과 전망", 「Future Horizon」, p. 32-35, 2017.

15 박철우, "4차 산업혁명과 융합인재 그리고 교육혁신", 「월간 과학과 기술」, p. 30, 2017.

16 월간중앙, "[인공지능 시대 살아남을 직업·기술] 피자 만드는 로봇 나와도 피자 파는 세일즈맨은 남아", 2016. 기사 내용을 기반으로 정리

구분	내용
다문화역량 (Cross-cultural Competency)	• 기계적이고 틀에 박힌 방식이 아닌 새로운 방식으로 문제를 해결하는 능력
컴퓨터적 사고력 (Computational Thinking)	• 정답이 없어도 데이터에 근거해 판단하고 데이터에 숨어 있는 추상적 의미를 찾아내는 능력
뉴미디어 리터러시 (New Media Literacy)	• 뉴미디어를 활용해 새로운 콘텐트를 만들고, 주체적으로 정보를 받아들이는 능력
초학문적 능력 (Transdisciplinary)	• 학문의 경계를 뛰어넘는 다양한 시각으로 현상을 이해하는 능력
디자인 마인드셋 (Design Mindset)	• 요구하는 결과를 얻기 위해 적절한 업무 프로세스를 개발하고 표현하는 능력
인지적 부하 관리 (Cognitive Load Management)	• 중요도에 따라 정보를 판별하고 걸러내는 능력
가상 협력 (Virtual Collaboration)	• 가상 팀의 멤버로 존재감을 드러내며 참여를 끌어내 생산성을 높이는 능력

나. 미래 인재가 갖춰야 할 핵심 역량과 자질

최근 기하급수적 성장의 시대는 소수의 창의적 인재만으로는 글로벌 경쟁에서 살아남을 수 없는 시대가 되었다. 창의적이고 민첩하며, 도전과 모험을 즐기고, 디지털 친화적이며, 끊임없이 학습하고 때로는 괴짜와 같은 역량을 발휘하는 인재가 필요한 시대가 되어가고 있다.

산업구조가 바뀌면 새로운 인재와 새로운 역량이 필요하듯이 디지털 시대에는 시대에 맞는 새로운 역량이 필요하다. 그렇다면 새로운 디지털 시대에서는 어떤 역량이 필요할까? 논리적 사고, 창의적 역량, 커뮤니케이션 등 지속적으로 강조되어 온 역량을 제외하고, 디지털 시대에 새롭게 우리가 주목해야 할 역량은 크게 세 가지 측면에서 살펴볼 수 있다.

첫 번째는 디지털 기술의 활용역량으로 크게 디지털 리터러시와 데이터 리터러시를 들 수 있다. 디지털 리터러시란 모바일, 인터넷 등 정보기술 기반의 컨텐츠를 찾아서 활용하는 역량이다. 과거 도서, 잡지, 논문 등을 많이 읽고 기억하는 것이 중요했다면 지금은 인터넷 등 디지털에 방대한 양의 정보가 이미 존재하기 때문에 필요한 것을 잘 찾고, 평가하고, 공유하고, 새롭게 창조하는 능력이 더욱 중요해졌다. 이런 측면에서 데이터를 활용하고, 해석하는 역량이 중요해지는데 이것이 바로 데이터 리터러시이다

두 번째는 융합적 사고와 협업의 확장 역량이다. 다양한 분야를 융합하고 종합적인 시각으로 사고를 설계하는 역량이 그 어느 때보다 중요해진 것이다. 다양한 분야를 융합해 새로운 것을 창조하는 걸 의미하며 이것이 바로 융합적 사고력이다. 초연결의 시대라 불리는 세상에서 디지털 기술의 발전은 연결 가능성을 훨씬 높여주고 있으며 이 때문에 협업의 중요성이 더욱 강조되고 있다. 따라서 디지털 시대에는 협업이라는 역량이 더욱더 강조된다.

마지막으로 이런 사고 및 활용 스킬 외에 민첩하게 시도하고 또 조정하고 다시 시도해 보는 역량이 중요한다. 이를 어질리티(Agility)라 한다. 과거 변화의 방향이 예측이 가능할 때는 계획을 잘 수립하는 것이 중요했다. 하지만 지금과 같은 혼돈의 시대에는 여러 가지로 시도하고 민첩하게 반응하며 조정해 나가는 역량이 더욱 중요하다. 따라서 어질리티는 디지털 시대에 필요한 필수 역량인 것이다.

이는 단순히 기술이라는 관점으로만 좁게 해석되어 국한되는 것이 아니다. 정치교육 분야에서는 기술을 중심으로 한 통합적이고 융합적인 사고 및 리더십 함양이 필요하다. 기술의 사회적 가치와 기술 활용에 대한 윤리적인 가치관을 길러 신기술을 활용하여 환경, 기후, 빈곤 등의 사회적 문제를 어떻게 해결할 것인가에 대한 심도 있는 사고를 할 수 있는 역량을 기를 수 있도록 평생교육 관점에서 설계해야 한다.

국방 분야는 이미 최첨단 기술이 적극적으로 도입되어 활용되고 있는 만큼 기술에 대한 이해와 이를 활용할 수 있는 역량, 그리고 이를 사회적 가치

규범에 맞게끔 적용할 수 있는 역량을 길러야 한다. 특히 기술 활용에 대한 윤리적 가치에 대한 역량 습득이 중요하다.

산업 인재 양성에 있어서 디지털은 기술의 습득과 동시에 이를 이해하고 적용하며 비판적으로 사고할 수 있는 문해력(Literacy)이 중요하다. 예컨대 인공지능과 함께 일하며 생산성을 향상시키는 동시에 인공지능이 접목되어 인간의 윤리와 상식이 침해받지는 않는지 항상 비판적으로 사고하는 역량이 필요한 것이다.

3. 국가 핵심인재 양성을 위한 전략 방향

가. 전 생애 학제 중심의 교육 지원

성장과 미래 지속 가능성의 조화가 요구되는 시점에서 교육시스템은 빠르게 진화하는 경제사회 요구에 따라 평생학습을 통해 개인의 기술 습득을 촉진하고 환경에 대한 인식 제고를 통해 지속 가능한 미래에 필요한 역량과 비판적 사고 능력을 개발하는 데 중점을 둬야 한다.[17] 노동인구 구조 변화에 따라 고령 근로자에 대한 재교육과 근로자가 평생 동안 업스킬링과 리스킬링을 통해 여러 직업을 가질 수 있도록 탄력적인 준비를 지원하는 것 또한 교육시스템이 지원해야 할 중요한 역할 중 하나이다. 이를 위해서는 전 생애주기에 걸친 역량향상 과제 교육 및 훈련이 요구된다.

모든 국민의 평생학습권을 보장하고 보편적 평생교육을 실현하기 위해 기존의 학제에 대한 인식을 바꿀 필요가 있다. 그동안 학제개편 논의는 영·유아 단계 교육 반영, 입학 연령 하향, 중·고등학교 재학 기간 조정 정도 수준에서 다루어졌다. 평생학습 기본권 보장, 보편적 평생교육 실현을 추구하기 위해서는 전 국민이 평생에 걸쳐 학습에 참여할 수 있도록 보장하고, 그 학습의 결과를 사회적으로 관리하는 지원제도라는 의미로 학제를 생각할 수 있다.

17 김지연, "급격한 사회변화 속 교육의 역할은?", 「KDI 경제정보센터」, 세계는 지금, 2022. 07.

즉, 전 생애 학제 구상이 필요한 것이다.[18]

전 생애 학제는 모든 국민이 출생에서 죽음에 이르기까지 지속적으로 학습에 참여할 수 있도록 보장하고 학습결과를 사회적으로 활용할 수 있도록 지원하는 제도로 정의할 수 있다. 우리나라는 다른 시기와 비교하였을 때, 성인기 평생교육 지원이 매우 미흡한 수준이다. 학령기에 집중된 교육 재정 지출을 생애 전체로 적절하게 분산해야 할 필요가 있다.[19]

국가핵심인재 육성에 있어서도 사회에 진출하기까지의 육성방향이 아닌 사회에 진출한 이후에 어떻게 성장하게 할 것인가에 대한 방향은 매우 중요하다.

나. 공동체 중심 인간화 교육으로의 평생교육 문화 전환

교육시스템은 무한경쟁과 더불어 사는 인류 공동체라는 두 가지 명제를 항상 염두에 두어야 한다. 무한경쟁은 창의성 교육과 연결되며, 더불어 사는 인류 공동체는 인간화 교육과 직결된다.[20]

4차 산업혁명과 플랫폼 경제의 일반화는 인간화를 더 주목하게 한다. 인간다움을 가진 사람만이 인공지능의 지배를 받지 않고 A.I와 협업할 수 있다. 인간다움은 인간만이 갖고있는 능력으로 소통, 배려, 창의성 등을 망라한다. 그래야 기존의 플랫폼에 더 들어가기 쉽고, 새로운 플랫폼을 만드는 바탕이 된다.[21] 신기술 습득과 디지털역량 함양에만 매몰될 경우, 자칫 교육을 각자도생이나 국가 경쟁력 강화의 도구로 바라보는 학력주의·도구주의 교육관에 빠질 수 있다.

새로운 시대 균형있는 인재양성을 위해서 교육시스템은 각 개인이 자아를 실현하며 공동체에 기여 하는 인간 형성이라는 교육 본연의 가치를 향해

18 김대명, "6-4-3 학제를 넘어서 전 생애 학제로 가는 길", 「광양뉴스」, 2023. 01.

19 강대중, "국가 대전환을 위한 교육혁신", 「미래정책 FOCUS」, p. 18-19, 2022.

20 안병영 연세대학교 명예교수의 1996년 9월 시사저널 인터뷰 기사 내용에서 발췌. 해당 인터뷰에서 안병영 명예교수는 교육이 나가야 할 방향에 대해 이와 같이 설명했다.

21 이종승, "전교조, 인간화 교육 실현의 구심점 되길", 「동아일보」, 2020.

나아가야 한다.[22] 모든 국민이 평생 동안 학습하며 자신의 삶을 설계하고 실현할 수 있는 의지와 역량을 기르며 불확실한 환경 속에서 공동체의 포용성과 형평성을 추구하는 협력적 인간, 행복한 인생의 설계자가 되도록 지원하는 인간화 교육을 교육 혁신의 목적과 내용을 설계할 때, 반드시 고려해야 한다.
국가 핵심인재의 인간화는 그들이 리더역할을 한다는 점에서 더욱 중요하다. 이들 대상의 인간화 교육은 대한민국 전체에 영향을 미칠 수 있기 때문에 필수적으로 반영되어야 한다.

다. 평생교육 자율성과 다양성의 확대

산업별·지역별 참여 경로 확장을 중심으로 국가의 운영 방향은 중앙집권에서 자치 분권을 향하고 있으며 이는 교육도 마찬가지다. 지역 단위로 교육의 자율성과 다양성을 더 확장해야 한다. 지역 단위 교육 거버넌스가 실질적으로작동하도록 교육에 관한 의사결정에 지역시민이 참여하는 경로가 더 많아져야 한다.[23]

상생적 지역 혁신 공동체의 개념을 조작적으로 제시하면 기술 혁신을 기반으로 경쟁과 발전을 핵심가치로 추구하는 하향식 혁신(Top Down Innovation) 형태의 지역공동체 유형과 기술 활용과 사회적 경제에 기반하여 상생과 신뢰를 핵심가치로 추구하는 상향식 혁신(Bottom Up Innovation) 형태의 지역공동체 유형 등이 협력적 거버넌스를 구축한 네트워크를 의미한다.[24] 디지털 기술의 급격한 발전으로 인한 평생교육의 역할 변화 필요성은 일자리 변화 등 사회적 이슈와 매우 밀접하게 연관되어 있다. 평생교육 중 특히 직업교육 부문에서는 지역사회와 지역기업, 지방자치단체 간의 산학관 협력이 매우 중요한 요소이다. 현재까지는 기술 혁신을 통한 지역 산학관 협력이 강조되었다면, 앞으로는 기술 활용과 사회적 경제에 기반한 지

22 강대중, "국가 대전환을 위한 교육혁신", 「미래정책 FOCUS」, p. 18-19, 2022.

23 위와 동일한 출처에서 내용 발췌.

24 박동열, "평생직업교육 정책 진단과 중장기적 혁신 전략", 「The HRD Review」, 2021. 03.

역 산학관 협력이 강조될 것이며, 특히 지역 인구의 급감, 포스트 코로나로 인한 비대면 관계 확대, 업무 자동화에 따른 괜찮은 일자리의 감소 등을 해결하기 위한 상생적 지역공동체 구축이 강조될 것이다. 따라서 상생적 지역교육공동체를 구축 및 운영해야 할 필요가 있으며 이는 지역기업과 지역대학, 지역사회, 지역학교 간의 협력적 거버넌스 형태로 이뤄져야 한다.

국가핵심인재 교육에 있어서도 최대한 자율성을 다양성을 확대하는 것이 필요하다. 획일적인 교육보다는 자율성과 다양성에 입각한 창의력을 창발할 수 있는 교육이 중요하다.

03. 평생교육 단계에서의 새로운 인재 양성 방안

1. 새로운 시대의 미래형 인재

가. 디지털 전환 시대에 필요한 역량

앞서 언급한 바와 같이 디지털 전환 시대에 미래형 인재에게 필요한 역량은 크게 △디지털 리터러시와 데이터 리터러시 △융합사고와 협업의 확장 역량 △민첩하게 시도하고 또 조정하고 다시 시도해 보는 어질리티 역량 등을 꼽을 수 있다.

나. 인공지능(A.I)과의 협력 및 활용에 필요한 역량

인공지능은 디지털 환경변화에 핵심이 되는 가장 중요한 기술이다. 인공지능을 얼마나 이해하고 효과적·효율적으로 활용하는지에 대한 부분이 미래 경쟁력 창출에 중요한 역할을 할 것이다.

인공지능과의 협력 및 활용을 위해서는 머신러닝, 딥러닝, 생성형 A.I 등 인공지능을 구현하는 핵심기술을 일정 수준 이상 이해하는 것이 필수이다. 뿐만 아니라 클라우드 컴퓨팅 기술 등 인공지능 기술 구현의 기반이 되는 지식과 활용 스킬을 함양해야 한다. 또한 인공지능은 방대한 양의 빅데이터에 기반한다. 데이터에 대한 이해와 관리가 필수이다. 데이터를 수집하고 정제, 분석하고 이를 대시보드 형태로 구현하여 가치를 창출하는 기술적 역량도 갖추고 있어야 한다. 여기에서 인공지능을 통한 사회적·경제적 가치를 창출하기 위해서는 사회·경제적 환경 분석과 이슈를 찾아내고 정의하는 역량, 그리고 기업 관점에서는 비즈니스 모델을 이해하는 역량도 필수이다.

인공지능의 발전과 활용에는 언제나 윤리적 이슈(Ethical Issue)가 뒤따른다. 데이터 정보 보호 및 윤리적 사용에 대한 이해뿐만 아니라 알고리즘의 편향, 인공지능의 윤리적 사용에 대한 이해와 판단력이 필요하다. 이는 기술적 역량에만 매몰되지 않은 인성적 차원의 역량 함양도 뒷받침되어야 함을 의미한다. 인간에 대한 공감적 이해와 문화적 감수성을 바탕으로 삶의 의미와 가치를 발견하고 향유하는 심미적 감성 역량이 필요하다.

다. 지속적 혁신을 위한 필요 역량

지속적 혁신을 위해 필요한 역량으로는 창의력과 문제해결력, 협업과 의사소통 능력, 그리고 기업가정신과 리더십을 꼽을 수 있다.

미래사회는 비교적 단순하여 매뉴얼화될 수 있는 기능은 인공지능을 갖춘 로봇이 해결할 것으로 예측되기 때문에 우리 인간에게 필요한 것은 인공지능이 넘볼 수 없는 영역, 즉 기존의 틀과 사고, 가치를 깨뜨리는 상상력과 창의력을 통한 문제해결력이 필요하다.[25]

미국의 경제학자 조지프 슘페터(Joseph Schumpeter)는 기업가정신을 미래의 불확실성 속에서 도 장래를 정확하게 예측하고 변화를 모색하는 것이라고 정의하면서 지속적인 창조적 파괴(Creative destruction)를 강조한다. 글로벌 기업 구글은 자신들이 추구하는 인재상으로 구글다움(Gooleyness)을 제시하고 있는데, 구글다움이란 남들이 재미없어 하는 것을 즐기는 것, 자신이

25 이경호, “4차 산업혁명시대 인재상 분석을 통한 교육과제 탐색”, 「한국교육학연구」, 25(2), pp. 143-166, 2019. 06.

틀릴 수 있다는 것을 인정하는 지적 겸손, 일하는 주인의식, 일을 추진할 때의 느긋하고 개방적인 자세, 과감하게 실행하는 용기를 의미한다. 모호성, 불확실성 등을 특징으로 하는 4차 산업혁명 시대에 계획과 통제는 더 이상 성공방식이 될 수 없다. 따라서 과감한 시도, 실패와 시행착오, 이를 통한 성공 경험의 축적이라는 기업가정신 및 리더십이 지속적인 혁신을 위해 반드시 필요하다.

라. 기술 중심 시대의 윤리적 인식

인공지능의 발전으로 초지능·초연결·초실감 사회가 급속히 구현되고 인공지능이 모든 인류지능의 합을 넘어서는 싱귤래리티(Singularity)시대가 다가옴에 따라 인공지능 윤리가 더욱 중요해지고 있다. 또한 디지털 시대에는 구조적으로 특정인이나 집단이 아니라 개인이 권력을 가지게 된다.[26] 따라서 디지털 기술 및 인공지능을 인류의 미래에 유익하도록 개발하고 선용할 수 있는 기반이 되는 인공지능 윤리의식이 미래 인재가 갖춰야 할 핵심적인 역량 조건 중 하나이다.

미래 인재의 윤리적 의식 함양을 위한 디지털 윤리교육, 사용 가이드라인과 정돈된 법제 등은 당연히 뒷받침되어야 한다. 하지만 앞서 다학제적인 지식을 함양해야 한다. 예술, 법률, 사회과학, 인문학 등의 다양한 분야에서의 지식을 활용하여 윤리적 문제를 다각적으로 분석하고 해결할 수 있는 판단력을 기를 수 있기 때문이다.

2. 미래 인재 양성을 위한 정책 방안

가. 평생교육의 사회·정책적 개념 재정립과 확산

급변하는 사회 및 경제 환경과 재편되는 노동 시장의 구조, 그리고 급속도로

---

26 최재붕, “디지털 시대 최강 무기는 仁義禮智… 어떤 세상 만들어갈지 함께 고민해야”, 「주간조선」, 2023. 10. 인터뷰 기사에서 내용 발췌.

발전하는 기술 등의 변화하는 시대에 맞추어 우리나라 평생교육 정책이 미래 인재 양성을 도모하기 위해서는 우선, 평생교육의 사회·정책적인 개념이 재정립되고 확산되어야 한다. 평생교육은 더 이상 개인의 선택적 차원 혹은 교육 소외 계층에 집중된 사회 복지적 차원의 것이 아니다. 미래 변화에 따른 사회·경제적 구조 변화와 문제를 앞서 대비하고 해결하며 나아가 인적자원 함양을 통한 국가 경쟁력 구축을 위한 필수인 과제인 것이다.

이를 위해 평생교육 정책을 기반으로 교육환경과 정책이 학교 중심 사회에서 평생학습사회로 전환되어야 한다. 지금까지의 교육 정책이 학교라는 물리적 공간을 집중적으로 고려해 왔다면 앞으로는 모든 사회구성원이 평생학습에 능동적으로 참여해 개인적, 집단적 역량을 높일 수 있도록 포용적이고 지속가능한 평생학습사회를 구축해야 하는 것이다. 유엔(UN)의 2030 지속가능 개발 목표 중 하나인 포용적이고 공평한 양질의 교육 보장과 모두를 위한 평생학습 기회 증진은 이제 보편성을 넘어서 미래 환경 변화에 대비하기 위한 다른 모든 목표를 달성하는데 가장 중요한 수단이 되었다.

이를 위해서는 결국 개인과 공동체 모두를 위한 평생학습 체제의 설계가 필요하다. 역량 기반에서 나아가 스킬 기반의 평생학습 사회를 구축하기 위해서는 학습자의 자기주도성 함양에 초점을 두는 한편, 모든 국민이 전 생애에 걸친 역량 및 스킬 개발이 실질적으로 가능한 시민적 권리로서의 평생학습 권리가 보장되어야 한다.

나. 기술 재교육(리스킬링)을 통한 지속 가능한 평생교육 체계 수립

제5차 평생교육진흥기본계획에서는 평생교육 대전환을 슬로건으로 내세우며 업스킬링과 리스킬링을 핵심키워드로 실행 계획을 잡고 있다. 개인이 보유한 지식과 스킬의 유효기간이 점점 짧아지고 있는 4차 산업혁명 시대에는 특정 분야에서 전문성을 인정받는 스페셜리스트(Specialist)를 양성하는 것 또한 중요하다. 스페셜리스트로서의 개인은 지속적인 업스킬링과 유사 기술 분야로의 리스킬링을 통해 지속적인 경력 개발의 기회와 경제 가치 창출의 기회를 제공 받을 수 있다.

이와 더불어 일을 통한 인간다운 삶을 누릴 수 있도록 지원하는 사회 안전망으로서 전 생애 직업교육 훈련 지원 체계가 구축되어야 한다. 사회의 불확실성과 다양성이 커지고 인공지능과 기계가 사람의 일자리를 대체하는 상황에서 인간다운 삶의 사회적 가치는 더욱 강조되며 중요해지고 있다.[27] 새로운 기술의 습득을 통한 경력이동을 목적으로 하는 리스킬링을 중심으로 지속가능한 평생교육 체계를 수립해야 하는 이유다. 제도적으로 직업교육 훈련을 리스킬링에 큰 비중을 두어 기술습득을 통한 경력이동이 가능하도록 지원함과 동시에 인간다운 삶을 살 수 있는 기회를 부여해야 한다. 궁극적으로 리스킬링을 통한 지속 가능한 평생교육 체계는 사회의 질(Social Quality)을 높여줄 수 있다. 사회의 질이 높은 사회는 개인의 다양한 경험과 자격을 동질적인 가치로 인정하며, 교육 및 취업기회를 지속적으로 보장받을 수 있는 사회를 의미한다.

다. 인공지능(A.I) 기술 기반의 맞춤형 평생교육 구현

인공지능 기술이 결합된 디지털 중심의 에듀테크(Edutech)는 교육의 여러 가지 난제를 해결해주었다. 학습자는 수많은 교육 프로그램 중 개인의 관심사와 수준에 맞는 교육과정을 자동으로 추천받을 수 있으며, 학습의 진행도 성취도에 따라 맞춤형으로 수행할 수 있다. 인공지능은 나아가 진단, 학습 이력, 성취도 등 학습자 개개인의 다양한 학습활동 데이터를 수집·분석하여 개인의 목표에 맞는 학습 경로(Learning Pathway) 혹은 경력 경로(Career Pathway)를 설계해준다.

---

27 박동열, "평생직업교육 정책 진단과 중장기적 혁신 전략", 「The HRD Review」, 2021. 03.

국가 전체의 평생교육 시스템도 인공지능 기술 기반의 맞춤형 평생교육 구현을 추구해야 한다. 우리나라 국민들은 초·중·고 및 대학, 그리고 구직을 위한 직업교육 및 성인교육, 기업교육 분야에 이르기까지 제도권 안팎에서 다양한 학습활동을 하며 학습경험을 쌓는다. 그리고 오늘날 이러한 개인의 모든 활동과 경험은 데이터화되어 축적된다.

평생교육 정책이 국민 개인에게 진정한 의미에서 평생교육 서비스를 제공하기 위해서는 일원화된 데이터 파이프라인과 통합적인 관리가 필요하다. 현재는 이른바 K-12로 대변되는 초·중·고에서의 학습 이력, 대학교에서의 학습 이력, 그리고 구직을 위한 직업교육 영역에서 학습 이력과 취업 이후 기업 내에서 이뤄지는 기업교육 학습 이력이 각각 교육부, 고용노동부 등의 정부 부처와 교육기관, 그리고 민간기관에 이르기까지 산재되어 축적된다. 학습 활동에 대한 데이터를 표준화하고 일원화된 데이터 파이프라인을 구축해야 한다. 생애 전반에 걸쳐 일어나는 방대한 양의 학습 활동에 대한 빅데이터를 고도화된 인공지능 기술을 활용해 분석한다면 국민 개개인의 모든 환경 변수를 고려한 맞춤화된 평생교육 프로그램과 서비스를 제공할 수 있다. 이는 현재 개발되어 제공되어지고 있는 수많은 평생교육 관련 프로그램의 교육 효과성을 높이는 동시에 수요에 맞는 개발이 가능해 예산 투자에 대한 효율성과 건전성도 개선하는 효과를 가져올 수 있다.

라. 유기적 생태계 형성을 통한 새로운 평생교육 시스템 구축 : 초·중·고 및 대학과의 연계

앞으로는 노동 시장에서 필요한 인재를 양성한다는 전통적인 직업교육 패러다임의 한계가 더욱 부각될 것이다. 특히 학습 주체인 학습자가 능동적 학습과 단절되어 있고 학습과 일, 삶이 연계되어야 할 학교 공간에서 소외되어 있으며, 개별 학습자의 특성이 반영되지 못하고 있다. 그뿐만 아니라 중앙정부와 자치단체 간 사업 운영의 분절, 교육자치단체와 일반자치단체 간의 분절, 직업교육과 직업훈련의 분절 등의 현상이 심화될 것이다.[28] 이에 효율성과 제도적 획일성을 강조한 직업교육 거버넌스에서 벗어나 일과 학습, 삶이 연계된 유연한 직업교육 거버넌스를 구축하는 것이 요구된다. 즉, 초·중·고 및 대학과의 연계를 통해 유기적인 평생교육 생태계를 형성하여 새로운 평생교육 시스템을 구축해야 하는 과제가 도출되는 것이다.

그동안 초·중·고 및 대학은 평생학습의 개념 범위에서 제외되어 하나의 독립적인 시스템으로 존재했던 것이 사실이다. 제5차 평생교육진흥기본계획에도 기존가지 평생학습과 초·중·고 및 대학이 별개로 여겨져 6대 영역으로 구분되었다고 분석하며 이를 통합하여 평생학습의 개념을 재정립하겠다고 나타나있다.

새로운 평생교육 시스템을 구축할 때 가장 중요한 역할을 할 것으로 보이는 곳이 바로 대학이다. 지식과 태도 중심의 전인적교육 역할을 하면서 동시에 직업 능력의 기초 교육을 수행하는 초·중·고와 실제 숙련 노동 인력이 필요한 산업 현장의 수요에 맞는 실제적 교육을 수행하는 수많은 직업교육 기관들의 가교역할을 할 수 있기 때문이다.

마. 사회 변화에 유연하게 대응 가능한 경력 경로의 개발과 구축 : 직업교육 및 기업교육 차원에서. 평생교육과 일자리의 연동

앞서 언급했던 것처럼 세계경제포럼에 따르면 향후 5년 동안 전체 노동인구 23%의 직업이 변화할 것이라 예상한다. 또한 2015년부터 2023년까지 스킬셋의 25%가 변화했으며 2027년까지 추가로 25%가 더 변할 것이라는 예측도 있다. 이러한 엄청난 변화속도에 맞추어 평생교육 시스템이 사회 안전망으로서의 역할을 하고 평생교육과 일자리 연동을 도모하기 위해서는 사회 변화에

28 박동열, “평생직업교육 정책 진단과 중장기적 혁신 전략”, 「The HRD Review」, 2021. 03.

유연하게 대응 가능한 경력 경로의 개발과 구축이 필요하다. 그리고 이를 위해서는 기존의 직업과 역량 중심 교육에서 스킬 중심 교육으로 패러다임을 전환시킬 필요가 있다.

스킬은 아직까지 사용 목적 및 비즈니스 환경에 따라 다양하고 복잡하다는 한계가 있다. 하지만 그럼에도 불구하고 급격한 변화에 대응할 수 있는 강력한 유연성을 가지고 있기 때문에 글로벌 시장을 필두로 하여 기업교육 분야에서는 빠르게 스킬 기반 방향으로 변화하고 있는 추세다. 즉, 평생교육 시스템과 국가 인적자원 경쟁력 향상을 위해 직업교육 활성화, 실질적 직업역량 개발 등 미래를 위한 인적자원 혁신이 필요하며, 정부 차원에서 이러한 것의 근간이 될 수 있는 스킬 기반의 인재 육성 인프라 구축 지원이 필요한 것이다.

04. 정책제언

4차 산업혁명과 팬데믹 시대를 거치며 사회, 경제, 기술 측면에서 변화가 매우 빠르고 광범위하게 진행되고 있다. 인공지능 기술은 눈에 띄게 높은 수준으로 발전했으며 노동 인구 구조와 직업 환경의 변화속도도 매우 빠르다. 급변하는 새로운 환경에 부합하는 평생교육 정책을 수립 및 추진하고, 이로써 진정한 국가 경쟁력을 확보하기 위해서는 우리나라 평생교육 정책이 추구하는 목적을 다시 한번 고찰하고 향후 변화 방향에 대해 다시금 생각해봐야 할 필요가 있다.

첫 번째, 급격한 변화를 인정하고 모든 교육시스템을 평생교육 중심의 체계로 재편하여 적극적으로 지원해야 한다. 앞서 밝혔듯이 산업 현장에서 인재에게 요구되는 스킬 셋은 불과 12년 만에 50%가 바뀌는 시대이다. 이처럼 빠르게 변화하는 속도를 따라가기 위해서는 평생교육 정책을 기반으로 교육환경과 정책이 학교 중심 사회에서 평생학습사회로 전환되어야 하며, 개인과 공동체 모두를 위한 평생학습 체제의 설계가 필요하다.

두 번째, 디지털 인공지능(A.I)를 활용하여 교육을 고도화시켜야 한다. 인공지능을 교육에 극대화하여 활용한다면 필요한 때에 적절한 콘텐츠를 제공해 줄 수 있으며 게이미피케이션(Gamification) 등 다양한 요소를 통해 학습 몰입을 강화시킬 수 있다. 또한 버츄어 러닝(Virtual Learning)과 소셜 러닝(Social Learning) 등을 구현하여 학습 커뮤니티를 지원할 수 있으며 이러한 다양한 학습 경험(Learning Experience) 요소를 효과적으로 설계하여 다양한 프로젝트를 수행하는 방식의 교육도 구현이 가능하다. 이는 진정한 의미에서의 자기 주도 학습을 구현시키며 학습력을 높여, 핵심 인재들에게 교육의 장을 마련해 줄 수 있다. 디지털 교과서 등 인공지능을 활용한 교육을 고도화 및 활성화해야 한다. 일원화된 학습 데이터 파이프라인과 통합적인 관리 체계를 마련해야 한다. 생애 전반에 걸쳐 일어나는 방대한 양의 학습 활동에 대한 빅데이터를 인공지능 기술을 활용해 분석하여 핵심 인재들에게 꼭 필요한 교육을 제공해야 한다.

세 번째, 융합적 환경을 조성하여야 한다. 기술이 급격한 속도로 발전하면서 직업의 변화속도 또한 매우 빨라졌다. 현존하는 직업 20억 개가 2030년에는 없어지고 지금의 일자리 중 80%가 15년 안에 사라진다고 얘기하고 있다. 그리고 다보스포럼에서는 2016년 초등학교에 입학하는 학생들의 65%는 현재 존재하지도 않는 일에 종사할 것이라 예측하고 있다. 인공지능과 기술의 발전은 점점 사람이 일할 수 있는 일자리를 없애고 있으며, 전 세계적으로 30억 명의 구직자가 있다면 정규직업은 12억 개 밖에 없는 것이 현실이다. 기존의 직업에 적합한 인재를 육성해 내는 기존 교육시스템으로 4차 산업혁명 시대를 대비할 수 없다. 창의적이고 융합인재가 필요한 시대에서 획일화된 인재를 양성하는 기존의 교육 시스템은 무용지물에 불과할 것이다.

기술과 리더십, 그리고 사회 윤리와 창업가 정신 등을 모두 아우를 수 있도록 국가 인재의 정의부터 이를 양성하기 위한 시스템, 평생교육 체계 등을 전면 수정해야 한다. 효율성과 획일성을 강조한 교육 거버넌스에서 벗어나 일과 학습, 유연하고 융합적인 사고를 함양할 수 있는 교육 거버넌스를 구축해야 한다. 중앙정부와 자치단체 간 사업 운영, 교육자치단체와 일반자치단체 간의 평생교육 정책 추진, 직업교육과 직업훈련 등이 유기적으로 연결되어 작동해야 한다.

토론문: 유·초·중등교육

인재 양성의 기초단계, 초. 중등교육의 개선

천세영 (충남대학교 명예교수)

우리 앞에 놓인 초중등교육 문제를 생각해보기 위한 단초는 "대한민국 모델은 교육국가모델이다" 라는 명제이다. 문제는 교육국가 모델의 성격 개념 혹은 성공 요인 등에 대한 이해가 매우 부족하다는 것이다. 여러 설명이 있지만 교수정년 숙제로 제출한 졸저(2021) 대한민국의 교육기적에서는 삼핵모형으로 시도하였다. 교실수업 학교산업 국가정책의 삼중주라는 것이다. 특히 이 중 교실수업의 성공요소로서 한글한자라는 교육어에 기반한 수업의 질 보장을 들었다. 만약 현재 한국 초중등교육에 무언가 문제 곧 실패가 있다면 최소한 그것은 교실수업의 질 보장을 방해하는 병리적 요소들이 관여하고 있음을 의미한다.

김성열 교수의 글은 우선 학교교육 만족도가 위험 수위에 있음을 인용하며 그동안 제기되어 온 여러 복합적 이유들을 제시하고 있다. 요약하여 좋은 학교 만들기를 위한 제안들이다. 어느 하나 부정할 수 없는 사실들이다. 그럼에도 불구하고 알수없는 허전함 또한 부정할수없다. 이 정도면 충분한 해법처럼 보이는데도 허전함의 근거는 모르겠다. 하는 수 없이 내 맘대로 왜 그럴까 묘수는 없는 것일까 생각해본다.

첫째 떠오르는 생각은 어쩌면 우리 모두 배부름에 겨운 블평불만인지 혹은 그 개혁 개선으로 얻어질 것들이 그로 인해 잃을 것들에 비해 너무 작은 것이 아닌가 하는 지극히 합리적 선택일수도 있다는 점이다. 난 아무래도 이 점이 더 안전하고 편안한 생각같아 보인다. 혁명적 역사의 변화와 자연세계의 진화는 짓밟힌 자들의 혁명적 돌연변이적 변칙이 때로 성공할 때 일어난다.

두번째 생각은 이미 너무 익숙해버려서 그냥 우물안 개구리가 되어 바깥세상을 전혀 알 길이 없다는 것이다. 아마도 우물안의 물이 마르기 전까진 걱정할 일은 없다. 바깥에서 누군가 지하수 펌프를 깊이 박아서 우물물을 뺏어간다는 소문도 있으나 그런 펌프가 어떻게 있겠는가? 공자께서도 말씀하시지 않은 일이 어찌 가능하겠는가라고 했다던 개화기 조선유람단 선비들로서는 어찌할 도리가 없을게다.

그런데 만에 하나 우리 우물물을 뺏어갈 펌프가 실재한다면 어떻게 되겠는가. 그 끝은 자명하다. 사실 우린 그렇게 나라를 빼앗겼으나 이내 정신을 되잡고 오늘의 번영을 이루었다. 그러나 정신줄을 놓으면 역사의 심판은 반복된다. 사실 우리는 거의 그럴뻔 했다. 영어교육에 실패하여 IMF때 고생을 했다. 그리고 많은 이들이 조기유학길에 올랐다. 오렌지 사태 덕분인지는 몰라도 이른바 MZ세대 한국인들은 영어만큼은 두려움으로부터 벗어났다. 우물이 마를 일을 그나마 막아냈다싶다. 그러나 외적의 침입은 끝이 없다.

나는 또 하나의 외적이며 펌프를 로봇코딩으로 본다. 미래교육이니 역량교육이니 하는 미사여구들은 모르겠다. 그냥 우리들이 한글교과서로 쉽게 배워 문맹에서 벗어났던 교훈을 잊고 로봇코딩을 안 가르치고 못 배운다면 결과는 뻔하다. 엄마들은 가르치고 싶은데 도무지 기댈 데가 없고 오히려 나랏님들 아빠들은 돼지엄마라고 손가락질한다.

많은 이들이 미래교육을 말하고 많은 돈이 코딩교육이라는 이름으로 쓰인다. 그런데 모두 헛발질이다. 왜냐하면 기존의 우물과 학교 눈 밖의 것들이기 때문이다. 글자 숫자를 넘어서는 돌연변이 코딩교육은 설 땅이 없다. 그것이 존듀이의 learning by doing에 이은 페퍼트의 learning by making인줄 알아채지 못하고서는 눈에 띄일 일이 없다. 소수의 짓밟힌 자들에게 세미하게 들려오는 복음일 뿐이다.

대한민국의 초중등교육은 조금 너그러워져야 한다. 충분히 배부를대로 배부르니 이젠 조금 덜어내야 한다. 한 두가지 돌연변이적 꾀를 내본다. 홈스쿨러 대안학교 학생들에게 1인당 표준교육비를 바우처로 줘보자. 유아교육 바우처를 지금보다 두배 이상 늘려보자. 일부 지역에서라도 평생교육과 학교교육을 통합하고 일반자치와 교육자치를 통합해보자.

토론문: 고등교육

한국 대학의 미래 인재상과 교육 혁신 전략

오대영 (가천대학교 사회과학대학 학장)

1. 대학 교육환경의 혁명적인 변화

대학은 혁명적인 기술발전으로 매우 중대한 변환기에 있다. 4차 산업혁명으로 빠르게 변화하는 기술혁명 속에서 사회가 필요로 하는 지식의 내용과 지식 발달 속도는 크게 변했다.

과거에는 과학적인 세계관으로 이성주의에 기초한 전문화, 세분화된 지식과 교육의 시대이었다. 그러나 정보화 시대가 되면서 사회가 한층 다원화되고 복잡해지면서 전문화된 지식으로는 복잡해진 현상을 이해하고 문제를 해결하는데 한계가 많아졌다. 특히 융합과 연결을 특징으로 하는 4차 산업혁명으로 새로운 기술과 신산업이 계속해서 등장하고 고용구조와 산업구조가 크게 변하면서, 새로운 문제는 융합교육과 융합지식을 통해서만 해결할 수 있다는 인식은 더욱 확산되었다.

4차 산업혁명 시대의 두번째 특징은 기술과 지식의 변화속도가 매우 빠르다는데 있다. 과거 산업화 시대에는 지식의 변화 속도가 빠르지 않았지만, 4차 산업시대에는 지식의 반감기가 매우 짧아졌다. 대학 신입생이 입학할 때 배웠던 지식은 졸업할 때는 '너무 낡은 지식'이 된다는 이야기도 나올 정도다. 단기간에 핵심 내용을 배우는 교육 수요가 많아지면서 향후 마이크로 컬리지가 증가하고, 많은 대학들이 사라질 것이라는 예측도 나온다.

세번째는 지식을 습득할 수 있는 길도 매우 다양해졌다. 기업이나 교육전문기관이 중요한 고등교육 전문기관으로 부상했다. 유튜브를 통해서도 많은 지식을 습득하고 학습할 수 있다.

네 번째는 챗GPT가 지식의 구조를 뒤흔들고 있듯이 혁신적인 기술은 대학의 교육방식에도 많은 변화를 가져오고 있다. 챗GPT로 검색의 시대에서 질문의 시대가 열었다. 이는 학생들에게 지식의 내용을 가르치는 것을 넘어서 현상을 비판적으로 분석해서 문제점을 발견하고 해결점을 찾는 비판적 사고력(Critical Thinking)을 교육하는 것이 더욱 필요해졌다.

2. 대학과 교수의 과제

과거 교수가 교육자로서 해야 할 전통적인 역할은 학생에게 지식을 효과적으로 전수하는 것이었다. 그러나 앞서 말한 혁명적인 변화로 인해 이 역할에 패러다임적인 변화가 요구된다.

발표자인 배상훈 교수는 2018년 교육부가 발행하는 잡지인 <행복한 교육> 430호(pp. 60-61)에 기고한 '대학에서 융합교육 제대로 하기'라는 칼럼에서 다음과 같이 쓴 적이 있다.

"융합교육을 실천하는 방법은 두 가지가 있다. 첫째는 여러 학문 분야를 종합해서 얻은 통합적인 '내용 지식(subject knowledge)'을 전수하는 것이다. 이 방식은 학생 스스로 융합의 필요성, 융합 탐구의 어려움, 융합 과정에서 일어나는 지적 도전과 역동적인 인간관계를 경험하지 못한다는 한계가 있다. 두 번째는 학생들이 다양한 관점에 대해 개방적인 태도를 가지고 새로운 지식을 만들어 낼 수 있는 역량, 즉 '과정 지식(process knowledge)'을 갖도록 하는 방식이다. 융합교육의 목표를 융합된 지식의 전수보다 학생 스스로 융합해보는 경험을 갖는 것으로 이해하는 입장이다. 융합교육이 성공하려면 학생이 '과정 지식(process knowledge)'을 갖도록 진행되어야 한다."

대학이 새로운 시대에 필요한 인재를 육성하기 위해서는 이런 방향으로 교육 방식이 변해야 한다. 물론 과거의 지식을 아는 것을 필요하다. 그래야 새로운 지식을 이해하는 능력을 키울 수 있다. 그러나 과거에는 없던 새로운 지식이 수시로 등장하고, 그 지식들이 서로 연결되어 있다면 얘기는 달라진다. 과거 미국학자인 토마스 쿤이 과학혁명의 시대를 말하면서 제시했던 패러다임의 변화가 수시로 등장하는 세상에서는 학생들이 새로운 지식과 문제에 접해도 스스로 해답을 찾을 수 있는 역량을 키우는 교육으로 패러다임을 바꿔야 한다. 지금은 지식이 진화하는 시대에서 점프하는 혁명의 시대이기 때문이다.

많은 대학들도 융합교육의 필요성을 인식하고, 융합교육을 하고 있다. 그래서 양적으로는 융합학과가 상당히 증가했다. 그러나 질적으로는 문제가 많다는 지적도 적지 않다. 대학의 융합학과 중에는 시대흐름이나 정부평가, 학교 홍보를 위해 기존 두세 학과의 교육과정을 합치는 방식으로 급속하게 형식적으로 만들어진 것들이 많아서 부실한 운영과 학생수 부족으로 조기에 사라지는 경우도 많다는 비판이 여러 번 언론에서 보도되기도 했다. 아직도 우리 대학에 뿌리 깊은 학과중심적인 문화로 인해 다학제간 융합교육의 걸림돌이 되고 있다는 점도 문제이다. 교육부는 이런 풍토를 개선하기 위해 올해 고등교육법 시행령을 개정해서 대학에서 학과와 학부를 설치해야 한다는 원칙을 폐지했다. 이에 따라 대학의 학부와 학과 간 장벽이 허물어지고, 대학은 학과 구분 없이 자유롭게 학생을 선발하고 융합교육을 더욱 확대할 수 있게 되었다.

그러나 융합교육이 내실 있게 뿌리내리기 위해서는 법과 제도의 개선뿐만 아니라 대학과 교수들도 변해야 한다. 1990년대 정부가 학생들의 교육 선택권을 확대하기 위해서는 학과중심주의보다는 학부제가 바람직하다는 판단 아래 권고하면서 일부 대학들이 학과제에서 학부제로 전환한 적이 있다. 그러나 2000년대 들어 학과중심주의로 회귀하는 현상이 벌어졌다. 학부제가 되면서 학생 모집에 어려움을 생긴 일부 학과들이 학부제에서 학과제로 전환할 것을 주장했기 때문이었다고 생각한다. 대학교육이 학과나 교수 중심에서 벗어나 학생 중심으로 이뤄지기 위해서는 교육부의 법 개정에 맞춰 학부중심의 교육체제로 전환되어 다양한 형태의 교육이 확산되어야 한다.

교육체제 못지않게 중요한 것이 교수사회의 변화다. 빠르게 진행되고 있는 기술혁명이 대학의 연구와 교육에도 중차대한 변화를 가져오고 있다. 이런 상황에서 교수라고 해서 학생들을 지도할 수 있는 역량을 충분하게 갖췄는지 의문이다. 이전에는 교수가 과거에 습득했던 지식만으로 평생 교육할 수 있는 시대가 있었다. 그러나 지식의 반감기가 매우 짧아진 상황에서는 이것이 어려워졌다. 교수는 새로운 지식과 기술을 습득하려고 꾸준히 노력해야 충실한 교육을 할 수 있는 세상이 되었다. 더욱이 새롭게 등장하는 기술 중에는 학생들은 쉽게 이해하고 따라하는 반면 교수는 그러지 못하는 것들도 많다. 교육과 연구에 필요하다면 교수는 학생에게 배우고 함께 학습해야 한다. 이제는 교수와 학생이 함께 논의하면서 교육하고 지식을 추구하는 세상이 된 것이다. 교수들의 교육방식에 열린 문화가 더욱 확산되어야 하는 이유다.

우리 학생들의 마인드 변화도 필요하다. 우리 대학생들은 중, 고까지 대학입시를 위해 주입식, 암기식 교육을 중심으로 학습해서 자기 주도적으로 문제를 찾아서 학습하고, 융합교육과정을 설계하고 수용하는 역량과 마인드가 부족하다. 융합교육을 하는 이공계 교수한테서 이런 이야기를 들은 것이 있다. 전기자동차로 인해 배터리 공학이 중요해졌기 때문에 기계공학과 학생들도 기계와 화학을 융합한 교육을 받아야 하는데, 학생들이 이런 변화를 쉽게 받아들이는 않는다는 것이다. 인문학에서도 인문학 디지털 교육을 강조하지만 실제로 이를 인식하고 디지털 분야를 학습하는 학생들은 의외로 많지 않다. 문과와 이공계 교육을 구분하는 우리 교육의 이분법이 여전히 뿌리 깊게 남아있는 것이 중요한 원인이라고 생각한다. 대학에서는 학생들이 개방적인 융합적인 학습태도와 자기주도적인 학습 태도를 갖추도록 신입생 때부터 적극 노력하고, 교육체제를 대폭 바꿀 필요가 있다.

또 4차 산업시대의 특징은 기술 주도 사회이기 때문에 기술력은 누구에게나 핵심적인 성공 요건이다. 따라서 기술력을 미래의 인재 요건 중 하나로 정할 필요가 있다. 일본의 명문 대학에서 문과생들을 대상으로 수학교육을 강화한 것도 모든 학생들의 기술력과 기술마인드를 키우기 위해서다. 4차 산업시대에는 컴퓨터와 소프트웨어 역량이 매우 중요하기 때문에 정부도 대학에서 학생들의 소프트웨어 교육을 확대했다. 대학은 이를 확대해서 기술 중시 문화와 교육을 더욱 강화하고 학생들의 기술력을 함양시켜야 한다. 모든 대학생들이 기술 관련 자격증을 한 개 이상 취득하는 학습문화도 만들 필요가 있다. 그래야 미래를 이끌어가는 인재를 많이 육성할 수 있다.

토론문: 고등교육

대학교육의 미래

안종태 (강원대학교 경영학과 명예교수)

미래학자 토머스 프레이는 2030년쯤이면 대학의 50% 이상이 붕괴할 것으로 예측하였으며, 미국의 교육 정책 전문가 케빈 캐리는 그의 저서 "대학의 미래"에서 '18년 후 내 딸은 대학에 갈까?' 라고 질문을 던졌다. 지금 세계의 대학들은 생존을 위해 혁명을 시도하고 있다.

한국 대학은 코앞에 닥친 인구 절벽으로 대입 정원의 반도 안 되는 상황이 곧 닥칠 상황에서 정부의 대학교육 정책은 부족하고, 대학은 최악의 재정난에 몰려있고 관료화와 무기력으로 국가경쟁력에 치명적이며, 학과 중심의 경직된 운영 상태로 구조개혁이란 시대적 과제에 당면해있다.

국가경쟁력은 대학에서 창출되는 지식과 기술혁신에서 나온다. QS세계대학평가 상위 30위권에 미국 대학이 15개나 들어 있다. 미국의 막강한 힘은 대학에서 나온다.

4차 산업혁명이 열어가는 21세기 메가트랜드는 초연결, 초지능, 초융합이다. 이런 환경 속에서 우리대학은 어떻게 혁신해야 존재 가치를 인정받으며 생존할 수 있을까?

첫째, 미래대학은 사회서비스 기지 (Social Service Station)와 산업지원 플랫폼으로 진화해야 한다.

그동안 대학의 기능과 역할은 60년대 교육 중심 대학에서 70년대 이후 교육과 연구중심의 대학으로 변모하였으나 21세기에는 교육과 연구 그리고 산업기술 사업화 역할을 해야 한다. 이를 위해 과거 미국식 대학제도에 의한 학부와 대학원 이원체계를 학부, 대학원, 평생교육원의 삼원체계 및 유연한 학기 시스템으로 진화해야 한다.

둘째, 하이브리드 대학을 지향해야 한다. 온라인 교육 플랫폼과 오프라인 캠퍼스가 공존하는 교육매체 혁명이 필요하다.

디지털기술과 AI의 등장은 초연결과 초지능 사회로 변화되어 대학의 근본 환경이 달라졌다. 시간적, 공간적 제약이 없는 온라인 플랫폼(Virtual University)이 필요하다. 온라인 강의를 공유하면 강의 부담은 줄고 교육의 중간비용은 절감되며 줄어든 공간 수요만큼 불필요한 시설 투자 등을 최소화할 수 있게 되고 학생의 경제적 부담도 줄어들게 될 것이다.

셋째, 혼합교육(Blended education)을 도입해야 한다.

교육학자 존 듀이는 '오늘의 학생을 어제의 방법으로 가르치는 것은 그 들의 내일을 망치는 것이다'라고 경고하고 있다. 지식교육은 온라인에서, 출석 수업은 질의와 토론을 통해 문제해결능력과 창의성 학습으로 개인 맞춤형 교육을 제공해야 한다. 교수 역할 또한 일방적 하향식 수업이 아닌 수업설계자, 학문의 멘토 및 코칭의 역할로 전환돼야 한다.

넷째, 무학과 학부 제도를 도입 운영해야 한다.

대학교육의 기본구조인 학과 칸막이 시대는 끝났다. 과거 대학이 지식을 창출하고 유통 및 교육을 독점하던 세상에서 현재는 전문지식을 얻는 채널이 다양화 되고 지식의 창출이 일반사회 전반으로 확대되어 있어 대학이 새로운 지식공동체 생태계를 못 따라 가고 있다. 지금처럼 분과적 학문에 전념하는 상태에서는 융합지식과 변화속도가 너무 빠른 소프트 스킬을 따라잡을 수 없다. 학문의 경계를 초월해 여러 세부전공 학습을 통해 개개인이 흥미 있고 잘할 수 있는 분야에 대한 창의성을 키워줄 수 있는 초학제적(ultra interdisciplinary) 융합교육이 필요하다.

다섯째, 우수한 교수 확보가 중요하다.

훌륭한 교수가 없으면 그만큼 인재양성이 어려워진다. 미국대학협의회와 우리나라 교수신문 자료에 따르면 미국 교수연봉이 우리나라 교수에 비해 평균 3배 많다. 미국 상위대학과 비교한다면 약5배 이상이라고 생각이 든다. 우리나라 대학조교수의 보수가 민간대기업 3~5년차 정도의 대졸사원과 유사한 상태에서는 전 세계 우수한 인재를 우리나라 대학교수로 초빙하기는 불가능하다. 우수교원 확보를 위한 유인책과 과감한 투자가 절실하다.

국내 대학은 스위스 국제경영개발대학원(IMD)이 발표한 대학경쟁력 순위에서 46위까지 추락했다. 혁신바람을 외면한 대학은 사라질 것이다. 지금은 분명 어려움을 감수하고라도 대학 개혁에 대한 새로운 비전을 세우고 대학 생태계 대전환을 통해 대학을 미래 인재를 양성하는 4차 산업혁명의 허브로 키워야 한다.

토론문: 군 복무 교육훈련

국가인재 생태계 조성을 위한 군의 역할과 과제에 대한 토론

정제영 (이화여자대학교 교육학과 교수)

1. 군의 인재양성 역할

전 세계적으로 군대는 항상 인재와 기술 개발에 중요한 역할을 수행해 왔다. 역사적으로 군대는 인터넷 발명부터 GPS 기술에 이르기까지 많은 기술 발전의 원동력이 되어왔다. 이러한 혁신은 처음에는 군사용으로 개발되었으나 나중에 민간에 널리 적용되어 글로벌 사회에 중요한 영향을 미치게 되었다. 인재 개발 측면에서 군은 국방뿐만 아니라 민간 부문에도 전이 가능한 기술을 육성하는 오랜 전통을 갖고 있다. 리더십, 팀워크, 규율, 기술적 전문성은 군사 훈련을 통해 개발되는 역량의 예시이다. 이러한 전통은 개인이 군사 역할뿐만 아니라 숙련된 전문가로서 사회에 공헌할 수 있도록 준비시키는 역할을 의미한다. 현대적인 맥락에서 인재 개발에 있어 군대의 역할은 진화하고 확대되고 있다. 오늘날 군대는 단순히 전투나 전략적 작전을 위한 훈련만을 하지는 않는다. 사이버 보안, 엔지니어링, 물류와 같은 분야의 고급 기술 교육을 위한 허브이기도 하다.

군대는 다양한 배경을 가진 사람들이 다양한 전문 분야에서 훈련을 받는 인재들의 용광로라고 할 수 있다. 이러한 환경을 활용한다면 군사 및 민간 응용 분야 모두에 유용한 기술과 관점의 고유한 조화를 꾀할 수 있다. 예를 들어, 많은 전역 군인들이 기술, 프로젝트 관리 및 중요한 문제 해결 분야의 고급 기술을 갖추고 민간 인력으로 전환하여 국가 인재 생태계에 크게 기여하고 있다. 더욱이, 군대는 지속적인 학습과 적응에 중점을 두어 급변하는 기술 환경에 대비할 수 있도록 준비하고 있다. 이러한 적응성은 오늘날의 빠르게 변화하는 세계에서 매우 중요하며 군인이 민간인 경력을 쌓을 때 종종 수행하는 특성이다.

본질적으로 군대는 엄격한 군사 훈련을 제공하고, 지속적인 학습 문화를 조성하며, 군사 및 민간 부문 모두에서 높은 가치를 지닌 기술을 개인에게 제공함으로써 인재 양성 센터의 기능을 수행하고 있다. 이처럼 군대는 강력하고 다재다능한 국가 조직을 형성하는 데 중추적인 역할을 수행할 수 있다.

2. 군인의 민간 역할 전환을 돕는 프로그램 확대 필요

군생활에서 민간인 생활로의 전환은 군인 경력의 중요한 측면이며, 이 과정을 촉진하기 위해 다양한 프로그램이 운영되고 있다. 이러한 프로그램은 퇴역 군인들이 민간 취업 시장에서 자신의 기술과 경험을 활용할 수 있도록 돕는 것을 목표로 하고 있다. 또 다른 중요한 노력은 기업이 군대와 협력하여 퇴역 군인이 특정 산업에 진출할 수 있는 경로를 마련하는 민관 파트너십을 통한 것이다. 이러한 파트너십에는 군사 기술을 민간 직업 요구 사항에 맞게 맞춤화한 훈련 프로그램이 포함되는 경우가 많다.

제대 군인을 위한 다양한 교육 프로그램과 장학금을 제공하여 이들이 고등 교육을 받고 민간 취업을 위한 새로운 기술을 습득할 수 있도록 지원할 수 있다. 이 프로그램은 군인의 독특한 경험을 인식하고 민간 부문에서 성장과 경력 발전의 기회를 제공하는 것을 목표로 하게 된다. 제대 군인을 민간 노동력 풀에 통합하는 것은 중요한 의미를 갖는다. 첫째, 베테랑은 리더십, 팀워크, 규율, 강력한 직업 윤리 등 모든 산업에서 높은 가치를 지닌 자질과 중요한 역량을 보유하고 있다. 다양하고 도전적인 환경에서의 경험은 또한 적응력과 회복력이 뛰어난 역량을 발휘할 수 있다. 더욱이 많은 제대 군인들이 군대에서 받는 기술 및 전문 교육은 특히 사이버 보안, 엔지니어링, 물류와 같은 분야에서 민간 인력의 기술 격차를 해소할 수 있다. 이들의 존재는 노동 풀 내 전반적인 기술 수준을 향상시켜 보다 역동적이고 경쟁력 있는 인력을 육성할 수 있다. 군인에서 민간인 역할로의 전환은 제대 군인에게 고용 기회를 제공하는 것뿐만 아니라 다양하고 기술이 뛰어나며 고도로 훈련된 개인으로 민간 노동력 풀을 풍부하게 하는 것이다.

중요한 과제는 군대 내부 인재 개발 요구와 더 넓은 국가 인재 생태계 사이의 균형을 맞추는 것이다. 군대는 작전 효율성을 유지하기 위해 숙련된 인력의 지속적인 공급이 필요하다. 그러나 국가 인재풀에 기여하는 역할도 하고 있다. 이러한 이중 책임은 군대가 충분한 숙련된 인력을 보유하도록 보장하는 동시에 퇴역 군인의 기술이 더 넓은 경제에 도움이 될 수 있는 민간 역할로의 전환을 지원해야 하는 균형으로 이어질 수 있다.

3. 군 내에서의 역량개발 지원

군대는 군인들이 다양한 기술을 개발하는 데 중요한 역할을 수행할 수 있다. 여기에는 기술적 전문성, 전략적 사고, 운영 능력이 포함된다. 군대에서 제공되는 훈련은 기술, 엔지니어링의 분야를 다루는 최첨단 훈련인 경우도 있다. 이를 통해 개인은 군사 역할을 준비할 수 있을 뿐만 아니라 민간 인력에서 매우 가치 있는 기술을 갖추게 된다.

무엇보다 군사 훈련의 핵심 중 하나는 리더십 기술의 개발이다. 군인은 다양하고 도전적인 환경에서 리더십을 발휘하고 탄력성, 압박감에 따른 의사 결정, 팀 관리와 같은 자질을 육성하도록 훈련을 받는다. 또한 군대에서의 신체 훈련은 개인이 높은 수준의 체력을 유지하도록 보장하며 이는 군대 및 민간 생활 모두에 유익하다고 할 수 있다.

현재 군에서는 군인이 복무 중에 대학 교육을 받을 수 있도록 하는 프로그램을 운영하고 있다. 이러한 프로그램은 군사 훈련 및 경험에 대한 학업 학점을 제공하여 대학 교육으로의 원활한 전환을 촉진할 수 있다. 이는 군인 개개인에게 도움이 될 뿐만 아니라 다양한 관점과 경험을 갖춘 학술 기관을 풍요롭게 하는데 도움이 된다.

군대에서는 인력이 군대 내외에서 관련된 전문 자격증을 취득할 수 있도록 지원하는 경우가 많다. 여기에는 IT, 프로젝트 관리, 다양한 영역의 기술 분야 인증이 포함될 수 있다. 이러한 인증은 민간 직업 시장에서 제대 군인의 고용 가능성을 향상시키고 숙련된 국가 인력에 기여하게 된다.

군대의 역할은 강력하고 다재다능한 국가 조직을 형성하는 데 있어 중추적인 역할을 수행할 수 있다. 군생활에서 민간인 생활로의 전환을 촉진하는 다양한 프로그램이 운영되고 있으며, 이는 군인의 민간 역할 전환을 돕고, 노동 풀 내 전반적인 기술 수준을 향상시켜 보다 역동적이고 경쟁력 있는 인력을 육성하는 데 중요한 의미를 갖는다. 이는 군대 내부 인재 개발 요구와 국가 인재 생태계 사이의 균형을 맞추는 중요한 과제로, 군대는 충분한 숙련된 인력을 보유하도록 보장하는 동시에 제대 군인의 기술이 더 넓은 경제에 도움이 될 수 있는 민간 역할로의 전환을 지원해야 할 것이다.

———

토론문: 평생 교육

국가 핵심인재의 체계적 양성에 평생교육 단계는 어떻게 뒷받침 할 것인가?

이호건 ((사)에듀테크학회 회장)

1. 초중등교육 분야

가. 학습자 맞춤형 교육

세계적으로 누구에게나 동등한(equal) 교육 기회의 제공을 넘어서 학습자 수준과 능력에 최적화된 공평한(equity) 교육이 강조되고 있다. 현재의 교육제도는 학습자의 능력과 관계없이 동등한 교육 기회의 제공이라는 측면에서 나이를 중심으로 학년을 정하고 주어진 교과 범위 내에서만 학생들을 교육하고 있다. 교육부는 모든 학생에 대하여 인공지능 기반의 맞춤형 교육을 제시하면서 모든 학생에게 1인 1디바이스 보급, AI디지털 교과서 개발, 새로운 교육방법을 활용하는 선도교사 육성 및 이에 필요한 에듀테크 도입을 위한 생태계 조성까지 추진하고 있다.

법제도적으로는 재능이 뛰어난 것으로 판명된 일부에 대해서는 영재교육진흥법에 의해 영재학교, 영재 학급 및 영재교육원에서 특별 교육을 받게 하고 있으며, 교육과정 및 교육내용 등은 학교의 자율적 운영에 맡겨 맞춤형 교육이 가능하도록 하고 있다. 현재 영재학교 2,500명, 영재학급 24,556명, 영재교육원 41,112명으로 총 68,168명이다.

이외의 학생들은 초중등교육법에 의거하여 학년별로 주어진 교과과정에 의해 수업을 듣고 있으며, 공교육정상화법(공교육정상화 촉진 및 선행교육 규제에 관한 특별법)에 의거 해당 교과과정을 넘어선 학습 즉 선행학습을 금지시키고 있다. 미래의 핵심 인재 양성이라는 측면에서 볼 때, 잠재적인 우수 학생의 발굴 및 육성을 위해서는 선행학습의 개념이 아니라 맞춤형 학습 측면에서 상위 교과과정의 학습을 지원하는 방안을 모색하여야 한다. 현재의 법제하에서는 학습자 맞춤형이 아니라 교과과정 맞춤형 학습으로 한정되어 잠재력이 높은 우수 학생의 발굴 및 육성이 교육이 저해될 수 있다. 더욱이 우수 학생들은 공교육을 외면하고 사교육 의존도가 높아질 우려가 높으므로 공교육 정상화의 방향을 재설정할 필요가 있다.

나. 교육 데이터의 개방과 활용

인공지능의 발달로 공교육에서의 인공지능 도입이 가속화될 것이다. AI 디지털 교과서, 인공지능 수업 지원, 생성형 인공지능의 활용 등 첨단 기술의 기반에는 데이터가 있다. 공교육은 교육 관련 데이터를 정부의 통합 시스템에 보관하고 있으나 이의 공유 및 개방에 대단히 제한적이어서 인공지능 서비스 도입에 한계가 있다. 2025년부터 영어, 수학, 정보 교과를 우선으로 AI 디지털 교과서를 도입할 예정이며, 이 경우 수업 중에 다양한 데이터가 발생할 것이다. 향후 디지털 교과서 도입에 따라 학교 현장에서 발생하는 데이터가 많은데 이를 비실명 데이터화하여 어떻게 공유하여 활용할 것인가가 관건이다.

현실적으로는 디지털 교과서도 검인정 형식이어서 학교마다 학년마다 선택하는 교재가 달라질 수 있으며, 해당 교과서를 이용한 수업에서 발생하는 데이터는 모두 그 교과서 업체의 시스템에 축적되게 될 것이며 데이터의 분절이 발생할 것이 우려된다. 이에 반해 소위 사교육이라고 일컫는 민간교육 분야는 학습자 데이터를 수집하기 용이하며, 수익 모델에 입각하여 유용한 데이터를 수집함으로서 공교육 보다 나은 서비스를 제공할 가능성이 높다. 또한 생성형 AI의 활용에 대해 공교육은 보수적인 접근을 하는 반면 사교육은 적극적인 활용 방법을 찾고 있어, 상기 데이터 기반 인공지능 서비스와 함께 공교육과 사교육의 격차는 더 심해질 가능성이 높다.

Google, MS등 글로벌 빅테크 기업들은 클라우드 서비스를 통해서 수집된 전세계 각국의 데이터를 활용하여 인공지능 서비스를 강화하며 교육의 주도권을 가져가게 될 것이다. 우리나라 공교육에서 축적된 데이터를 비식별화하여 개방·활용할 수 있게 하지 않는다면 공교육에서의 실질적인 인공지능 서비스는 어려우며 맞춤형 인재 양성의 걸림돌이 될 것이다.

2. 고등교육 및 평생교육 분야

가. 사회적 요구에 부합하는 고등 및 평생 교육의 질 낮음

스위스 로잔에 있는 IMD (International Institute for Management Development, 국제경영개발대학원)은 세계 OECD 국가를 포함한 63개 국에 대한 경쟁력 지표를 발표하고 있다. IMD에서 발표한 경쟁력 지수의 국가 순위가 객관적이고 절대적인 권위를 가진 것은 아니겠지만, 우리 정부가 운영하는 e-나라 지표에 고시하는 만큼 신뢰할 수 있는 자료임은 틀림없고 전체적인 추세를 보는 데 중요한 근거는 될 것이다.

IMD가 발표한 한국의 경쟁력 순위는 8위이며 그 중 지식 16위, 기술 13위, 미래 준비도 2위로 나타났다. 고등교육 이수율을 보면 한국은 세계 4위이나 여성의 학위 소지자 비율은 20위로 상당히 높은 순위에 있다. 이에 비하여 경쟁사회에 부합하는 대학 교육의 질은 46위이며 여성의 노동력은 44위로 낮게 조사되었다. 고등교육 이수자 비율은 물론 ICT. 공학, 수학 및 자연과학 이수자의 비율도 세계 9위로 높음에 비하여 가용 숙련 인력 43위, 기업에서 필요로 하는 경영 교육 46위, 노동자 동기부여 52위, 고위 관리자의 역량과 국제 경험은 각각 56위와 59위로 매우 낮게 나타난다.

나. 사회적 니즈에 부합하는 교육의 강화 필요

전통적으로 대학과 기업은 독자적인 교육 체계를 가지고 있었으나 미국이나 유럽은 사회에서 요구하는 역량을 기반으로 교육을 하기 위하여 PPP(Public-Private Partnership)모델의 도입이 증가하고 있다.

미국은 Stanford, MIT 등 유명 대학은 물론 혁신적 교육 변혁을 하고 있는 대학들이 MOOC 기업과 연계하여 산-학 교육 프로그램을 운영하며 여기에 취업과 연계된 부트캠프까지 통합한 프로그램을 개발하고 이를 온라인으로 관리하는 OPM(On-line Program Manager)을 도입하고 있다. 기업 및 사회의 요구 역량을 기반으로 해당 역량을 구성하는 스킬테크까지 분석하여 마이크로 크리덴셜을 제공하여 대학-기업 교육 프로그램의 현장 적용성을 제고하고 있다.

유럽은 EU에서 중앙아시아에 이르는 48개국의 대학들이 연합하여 대학 교육과 직업 교류를 위한 MicroBol, MicroHE, MicroCrex 등의 프로그램을 추진하고 있다. 여기에는 대학 간 학점 인증 및 축적을 위한 ECTS(European Credit Transfer and Accumulation System), 과목 이수 학점 인정을 위한 EQF(Euroupean Qualification Framework)를 토대로 EHEA(European Higher Education Area) 구성을 추진하고 있다.

이러한 추세는 기업의 요구 역량에 적합한 역량/스킬테크의 공동 인증 체계로 마이크로 크리덴셜, 나노 디그리, 디지털 배지 등에 의해 실현되고 있다.

디지털 배지나 마이크로 크리덴셜은 과정 이수에 대해서만 발급되는 것이 아니라, 해당 분야의 숙련도, 업무 수행 경험과 역량, 실연 등에 대해서도 발급된다.

대학과 기업은 현재의 위기를 극복하고 미래의 기회를 창출하기 위하여 상호의 니즈 분석에 의한 PPP 사업을 기반으로 협업적 현장 중심 인력 양성을 추진하여야 한다. 풍부한 경험을 가진 고위 관리자의 역량 분석을 토대로 업스킬링 및 리스킬링에 의한 업무 재배치가 사회적 니즈에 부합하는 인재 양성의 한 방향이 될 것이다. 전문 교육이 이루어지는 고등교육과 그 이후의 평생교육에 더하여 개개인의 경력 관리 측면에서 디지털 배지/마이크로 크리덴셜 기반의 평생 학습/경력 체제(National Qualification Framework)를 구축하여야 할 것이다.

현재 교육부, 노동부, 과기부, 산업부 등 관계 부처에서 산업 인재 양성을 위한 정책을 추진하고 있으나, 근본적으로 이를 총괄하여 일관성있는 정책 수립 및 실행이 가능한 거버넌스의 확보가 필요하다.

토론문: 평생 교육

디지털 사회의 교육격차 문제에 대한 思考

노정란 (명지대학교 미래융합경영학과 교수)

23년 8월 발표된 미국 국세조사국의 자료에 의하면, 미국 사회의 경제적 격차는 50여년 전에 비해 현저히 악화되었고 그 추세 또한 계속 가속화되고 있음을 보여주고 있어서 충격을 주고 있다.

이러한 추세는 미국 뿐만 아니고 전 세계적인 현상이 된 듯 하기도 하다. 그 원인이 무엇인가에 대해서 많은 요인이 거론되지만, 그 중 우리가 심각히 고려해야 할 사안은 바로 교육격차문제라고 생각한다.

교육격차는 부모의 경제적, 사회적 위치의 차이에 의해 그 자녀들의 사회 적응능력, 최종학력 등 교육수준에 커다란 격차를 초래하여, 결과적으로 부와 빈곤의 세습을 고착화 시키게 된다. 이 문제와 관련하여 우리가 더욱 주의깊게 들여다 보아야 할 사안은, 급격히 디지털화가 진전되는 과정에서 경제적 격차가 더욱 심화되고 있다는 사실이다. AI 등이 급속히 보급되면 보다 평등하고 유복한 사회가 될 것이라는 기대와 예상과는 달리, AI를 지배하는 그룹과 지배당하는 그룹으로 양분되어 나아감으로써 격차는 영구히 심화될 수 있다는 비관적 관측도 나온다. 결국 디지털 사회에서의 격차를 초래하는 근원적 요소는 정보에 대한 접근성에서의 차별이라고 본다. 따라서 디지털 교육 과정에서의 격차 문제는 더욱 중대하고 치명적이다. 기존의 교육격차 문제에 대한 대처방안에서 한걸음 이상 나아간 새로운 대처방안을 심도있게 모색하여야 할 시점이라고 본다.

특히, 급속히 전개되는 AI 시대는 현재의 교육시스템에 심대하고도 복잡한 영향를 미치고 있다. AI로 대변되는 디지털 사회는 교육의 외연을 확장 강화하는 측면이 있는 반면, 본질적으로 불평등한 요소를 내포하고 있는데, 이것이 기존의 교육격차 요소와 결합할 경우 심각한 사회적 문제를 초래 할 수 있다. 하드웨어적 요소로는 고성능 pc 확보, 활용가능성 문제가 제기되며, 소프트적인 면에서는 우수한 교사의 확보, 급진전하는 프로그램에의 액서스 가능 여부 등에서 불평등이 발생할 소지가 매우 커져 버렸다.

또한, 그러지 않아도 부족함을 절감해온 윤리교육의 면에서도 넷트사회에서의 투명성, 윤리교육의 필요성이 추가 요구되고 있다. 그러나 무엇보다도 중요한 것은, 기회 균등의 문제를 어떻게 해결해 나가야 할 것인가 하는 점이다.

일반적으로 교육의 격차는, 우선 부모의 경제적, 사회적 지위나 국가, 인종 등 외부적이고 선천적인 요소와, 학교 그리고 가정의 차이에서 발생한다고 볼 수 있다. 우리나라의 경우, 국가나 지역 인종 문제는 아직은 심각하지는 않으나, 학교 간의 격차, 가정환경의 격차는 매우 중요한 요소이다. 따라서 교육격차 특히 AI 시대의 격차 문제에 대처함에 있어서는 격차 발생 단계별로 세심한 대응이 무엇보다도 중요하다고 본다. 우리는 지난 수십 년간 교육개혁을 외쳐오고 있는데 저출산의 문제를 직면한 상태에서 결국 교육개혁의 최종 Goal은 바로 이 교육격차의 해소라고 본다. 디지털 사회에서의 교육격차는 초기 단계에 적절히 대응하지 못할 경우, 격차를 영구화시키고 결국은 사회붕괴의 위기를 초래할 수 있다는 점을 인식하고 모두 이 문제의 해결 방안을 찾는데 지혜를 모아야 할 시점이다.

토론문: 평생 교육

국가인재 생태계 개혁 없다면, 대한민국 미래는 없다

김택동 (국가인재경영연구원 사무총장)

1. 교육 경쟁력이 곧 국가 경쟁력이다.

시카고대 경제학과 루카스 교수는 현대경제성장이론이 발견한 경제성장이론의 원동력은 교육 등을 통해 체화된 지식이나 기술을 의미하는 인적자본에 있으며, 한국 경제의 고속 성장비결이 인적자본의 성공적인 축적에 있다고 분석하고 있다. 우리는 교육 때문에 30여 년간 고도성장을 이루었지만 지금은 시대적 환경변화를 못한 교육 때문에 국가성장이 추락하는 원인이 되고 있으며, 이 위기를 기회로 바꿀 수 있는 것 또한 교육뿐이다.

산업화시절 대량생산과 모방경제에 적합한 교육제도를 유지하는 한 디지털 혁명과 AI시대에는 대한민국 경쟁력과 성장엔진은 계속 하락할 수밖에 없다.

교육을 통해 급성장을 경험했고, 교육 때문에 국가위기를 맞고 있는 현시점에서 신속하게 창조형 인재를 육성 할 수 있는 아래와 같이 새로운 교육시스템 변화를 통해 재성장 발판을 마련해야 한다.

가. 과학기술 핵심인재를 확보할 수 있는 국가인재양성 생태계 시급히 조성해야 한다.

우리는 현재 우수한 인적자원의 의대 쏠림과 저 출산 영향으로 우리 산업 경쟁력에 심대한 영향을 주고 있으며, 국가 발전을 가로막고 있다. 의대 쏠림은 다른 분야의 인재 고갈을 의미한다. 의대로 쏠리는 영재들이 사회 각 분야 핵심인재로 성장할 수 있는 파격적인 인센티브와 사회보상시스템 마련을 국가 차원에서 제시되어야 한다.

아울러, 글로벌 인재의 특정 지역쏠림 현상이 전 세계에서 발생되고 있다. 현재 진행되는 미국과 중국의 패권 경쟁은 결국 인재 확보에서 판가름 난다고 본다. 미국은 이민 정책을 활용하여 전 세계 우수 인력을 블랙홀처럼 빠르게 모으고 있으며, 중국은 천인계획을 활용하여 우수인력을 양성하고 있다. 우리도 우수한 인재를 빼앗기지 않도록 노력해야 하고, 우수한 외국인을 유치할 수 있는 정책도 개발해야 한다.

나. 교육의 본질적 가치와 역할을 회복하여 미래인재를 양성해야 한다.

학생이 재능과 잠재력을 찾을 수 있는 교육의 역할을 회복해야 한다. 교육의 본질은 나라의 미래를 주도할 인재를 기르는 것이라고 생각한다. 최근 교육부에서 발표한 '2023년 초중등 진로교육 현황조사'결과에 따르면 자기 적성 등을 파악하지 못해 희망 직업을 갖지 못한 학생이 매년 늘어나는 것으로 나타나고 있다. 특히, 중학생 10명중 4명은 장래희망직업이 없다는 것에 교육의 본질적 가치와 역할에 대한 강한의문이 들게 한다.

초·중·고교에서 개인의 잠재력을 발굴해 대학 등 고등교육기관에 진학하고, 대학은 전공 지식뿐만 아니라 산업, 고용 등 학생들의 진로와 유기적으로 연결된 교육을 제공해야 한다. 현재 우리나라에서 교육과 과학, 산업, 일자리 등이 유기적으로 맞물려 있고 인턴 등 경력을 쌓을 수 있는 가능한 곳은 의과대학으로 이런 시스템의 결과물로 의대 쏠림 현상이 나타나고 있다.

다. 유아 의무교육과 유·초·중학교 전일제 교육 실시해야 한다.

최근 저출산고령화 위원회에서 저출산 해결책에 대한 국민여론조사 결과를 살펴보면, 효과 높은 저출산 해결방안으로 뽑은 첫 번째는 일과 육아를 병행할 수 있는 제도의 확대와 두 번째 요구사항인 사회인프라 구축으로 나타났다. 한 국가의 노동시장 정책과 교육정책은 여성이 아이를 가질 수 있는 가장 중요한 정책요인이다.

우리는 60~70년대 매년 학령인구가 80~100만 시대를 경험하였고 그에 따른 교육재정과 교육 인프라를 가지고 있다. 매해 학령인구 20만명대 시대로 1/5로 줄어든 지금은 자녀출산 후 육아와 유아교육에 대한 책임을 개인에서 국가가 부담하는 환경이 되어야 한다.

라. 공교육의 정상화와 사교육비 대폭 축소돼야 한다.

우리나라는 OECD국가 중에서 GDP대비 사교육비 1위를 차지하였다. 또한 이번달 통계청에서 발표한 가계동향조사결과 가구당 월평균소비지출에서 전체소비지출의 9.1%를 차지하고 있으며, 고물가, 고금리로 인해 다른 지출은 줄이는 식으로 허리띠를 졸라매는 상황에서도 사교육비는 증가추세에 있다고 발표하였다.

사교육으로 인하여 계층별 차별화가 심해지고, 부모의 노후자금에도 영향을 주는 등 사회전반으로 영향을 주고 있다. 공교육의 정상화를 통하여 사교육을 최소화해야 한다.

마. 교사, 교수 역량강화에 과감한 투자를 하자.

공교육이 우수한 인재를 확보하고도 사교육에 뒤처지는 현상은 교직사회의 인사관리에서 찾아야 한다. 교사가 되기 위해 '임용고시'라는 치열한 경쟁을 뚫어야 하지만 막상 교사가 된 후에는 '연공서열 중심의 인사제도'에 의욕을 상실하게 된다.

민간 기업들은 현재 기술의 발전과 디지털 대전환의 시대에 맞춰 임직원 역량강화에 막대한 투자를 하고 있다. 교육환경도 AI, 디지털 맞춤교육 등 빠르게 변화하는 만큼 수시로 재교육을 통해 교사, 교수 역량강화에 투자를 강화해야 한다.

바. 유아/초중고/대학/평생교육이 하나의 교육과정으로 생각해야 한다.

지금 우리나라는 분절된 각각의 교육정책을 쓰고 있다. 그러나 미래에는 실효성 있는 전 생애인적자원 관리를 위해 하나의 교육과정으로 생각하고 통합적인 시각에서 정책을 세워야 한다.

지금 우리 사회는 '학생 개념'에 대한 대전환이 필요한 시기이다. 기존의 고3 학생만이 대학에 입학한다는 인식을 넘어, 앞으로는 산업전환에 따른 전직자, 경력단절 여성에 대한 재교육, 인생 2모작이 필요한 은퇴자와 제대군인 등 전 국민이 제2, 3의 전공 교육을 수시로 받아야 할 것이다. 곧, 모든 사람이 학생이 될 수 있는 사회로 나아가야 한다. 그러므로 영유아부터 시작되는 단계별 평생교육의 확대에 따라 교육기관의 기능과 역할에 대한 재정립이 필요하며 그 중요성은 앞으로도 더욱 커질 것이다.

2. 마무리

교육의 목적은 개인의 자기 계발을 도와주고 동시에 국가미래를 이끌 인력을 양성하는데 있다. 대한민국 경제를 이끌어갈 창의적인 인재들을 시대에 맞게 양성하기 위하여 교육의 틀을 근본적으로 바꾸는 사회적 대전환이 필요한 시점이다. 교육개혁은 미래 인재양성은 물론 저 출산 고령화 문제 해결을 위한 핵심열쇠 중 하나이기도 하다. 아울러, 교육에 몸담고 있는 학생과 교사 그리고 학부모를 위하고, 국가경쟁력 강화를 위한 개혁이어야 한다.

제3부

세대 간의 대화 - 미래 핵심인재 만드는 길

정치 인재 이주영 (제20대 국회부의장), 정재우(청주시의회 의원)

공직 인재 유민봉 (전 성균관대 행정학과 교수), 권순영 (기획재정부 사무관)

산업 인재 이현순 (두산그룹 고문), 권인택 (오픈놀 대표이사)

교육 인재 서정화 (홍익대학교 명예교수), 이재부 (성북강북교육지원청 장학사)
김승환 (작천초등학교 교사)

국방 인재 여운태 (원광대학교 석좌교수),
김백준 (국방부 기획조정실, 기획총괄담당관실, 대외협력총괄담당)

제3부에서는 이 책의 주제인 '국가 5대 핵심인재는 어떻게 만들어져야 하는가?' 라는 질문에 대해 현장에 계신 분들의 생각을 듣는 기회를 갖고자 한다. 정치, 공직, 산업, 교육, 국방 분야에서 오랫동안 리더십을 가지고 큰 역할을 해오신 분들의 생각과 각 분야의 미래를 이끌어갈 30, 40대 젊은 세대의 생각을 모아, 세대 간의 대화로 비교 정리하여 본다.

아래의 대화 내용들은 참여하시는 분들이 서면 인터뷰를 통해 체계적으로 깊이 있게 정리해주신 글이다. 4개의 공통적인 질문에 대한 고견을 통해, 대한민국의 미래를 튼실하게 이끌어갈 핵심인재를 어떻게 만들어 갈 수 있는지에 대한 길을 제시해주시는 것이다. 급변하는 대전환의 시대에 요구되는 인재상, 이러한 인재를 형성해 나갈 수 있는 사회적 시스템과 환경, 그리고 유·초·중·고, 대학, 군, 사회라는 생애 주기적인 단계에서 요구되는 교육과 훈련의 과정에 대한 논의가 이루어진다.

서면 인터뷰

정치 인재

대담: 이주영(제20대 국회부의장), 정재우(청주시의회 의원)

질문1. 급변하는 대전환의 시대에 미래 정치인의 모습 (인재상)은 어떠해야 하는가?

이주영 : 첫째 도덕적으로 흠이 없는 사람이어야 한다. 특히 정직하고 위선이 없는 진실된 사람으로 솔선수범을 보여야 한다. 둘째 나라 발전을 위한 확실한 목표와 정책비전을 갖춘 사람으로 전문성을 겸비해야 한다. 셋째 비판을 예리하게 하면서도 대안 제시와 타협을 할 수 있는 사람이어야 한다. 이를 위해서는 겸손함으로 다른 사람의 이야기를 경청하며, 서로의 입장을 배려할 수 있는 관용과 포용의 심성과 태도을 갖춰야 한다.

정재우 : 오늘날 현대사회는 대전환 시대를 맞이하고 있다. 또한 코로나19와 4차산업혁명, 신냉전 등을 거치며 그 변화의 속도는 계속해서 빨라지고 있다. 그 분야 역시 과학 전반 및 정보통신기술, 기후변화와 에너지, 산업 등 다양하다. 이를 바탕으로 새로운 메커니즘이나 아젠다가 급격하게 대두되기도 한다.

이러한 내용이 대전환의 시대에 대한 대표적인 특성이라 할 수 있다. 이러한 특성에 따른 정치인의 인재상을 핵심 역량을 정리해보고자 한다. 먼저 민첩성과 유연성이다. 상술했듯 변화와 혁신은 계속해서 가속화되고 있는데, 이때 관련 정책결정이나 법·행정적 지원 또한 시의적절하게 이뤄지는 것이 상당히 중요하다. 이러한 과정에서 이를 정비하고 추진하는 정치인의 사고와 행동 모두 민첩하고 유연하게 이루어지는 것이 핵심적이다.

다음으로는 소위 '멀티플레이어'적인 역량과 식견이다. 특정 분야에 국한된 것이 아닌, 보다 폭넓은 분야에 지식과 경험을 쌓는 것이다. 이를 통해 대전환의 시대 속, 동시다발적으로 이뤄지는 다양한 주제들에 대해 능동적으로 미래를 그려나가는데 용이하다. 이 과정에서 분야별 전문가를 적재적소에 배치하여 전문성을 보완하는 것 또한 중요하다.

끝으로 '아젠다 키핑'(의제 지키기)의 중요성 또한 부각될 필요가 있다. 다양한 이슈들이 있지만 설정한 아젠다에 대해 지속적으로 다뤄나가는 것이다.

정치에서도 상당히 중요한 가치다. 대전환의 시대에서 변화의 속도는 빨라지고 있지만, 근본적인 주요 아젠다에 대해서는 명백하게 설정하고 점진적으로 발전시켜갈 필요가 있다.

질문2. 이러한 정치인은 어떻게 만들어져야 하는가? 어떤 사회적 환경과 시스템이 필요한가? 누가 중심적 역할을 해야 하는가?

이주영 : 첫째 어려서부터 또한 어른이 되어서도 평생 동안 가정, 학교, 사회에서 자유민주주의에 관한 시민정치교육을 지속적으로 함으로써 시민적 정치 성숙도를 높여 가야 한다. 둘째 시민정치교육이 잘 이루어질 수 있는 사회 분위기를 위해서는, 열린 토론을 주된 방법으로 하는 시민교육을 담당할 정치적 중립기구로서의 국가조직, 가치 "시민정치교육원"이 필요하다고 본다. 셋째, 시민정치교육은 공교육이 기본적으로 중심이 되어야 하고, 더 폭을 넓히기 위해 청소년 단체를 포함한 민간 사회단체를 잘 활용하고 국가적 지원과 평가를 하는 것이 바람직하겠다.

정재우 : 여러 제도하에 정치가 작동하지만, 결국 정치는 사람이 한다. 이에 시대에 부합하는 양질의 정치인을 만들기 위해 예비 정치인들을 교육훈련할 것인지에 대한 논의가 중요하다. 이때 예비 정치인은 정치리더로 나서기 위해 직접적으로 의지를 표출한 그룹부터, 넓게는 모든 국민을 내포한다. 민주주의 사회에서 정치는 누구나 참여할 수 있는 원리가 기본이기 때문이다.

즉, 국민을 '어떻게 교육할 것인가'에 대한 문제이다. 키워드는 국가가 되어야 한다. 국가 주체의 의무교육을 통해 성장한 이후, 장차 정치인으로서 참여하는 것이 순서다. 미국의 경우 오랜기간 시민교육을 강화시켜왔고, 학창시절 정부 및 시민에 관한 수업을 필수적으로 이수하도록 한다. 또한 독일과 영국 등에서도 시민성 및 정치 관련 교육이 이미 정기 교육과정에 담겨, 보다 높은 시민의식과 정치적 관심을 가진 국민성을 갖추는 것을 가능케했다. 이처럼 국가 주도의 의무교육 과정에서 시민의식과 정치와 관련된 보다 실효적인 교육프로그램을 제공하는 것이 필요하다.

이렇게 성장한 국민 중 예비 정치인에 대한 교육의 경우, 엘리트 위주로 진행된 프랑스 국립행정학교, 일본의 마쓰시다정경숙 등은 쇠퇴했다는 것을 상기해야한다. 그 대안으로 정당 주도의 교육훈련 시스템을 강화해볼 수 있다. 현재 대부분의 민주국가에서 정당민주주의가 잘 작동하고 있는데, 유권자도 각 당의 정강정책이나 기조에 따라 투표권을 행사하는 경우가 많다. 이에 정당이 주도로 각 정당의 정체성과 정책부터 전반적인 리더십 및 올바른 공동체 의식 등을 교육훈련하여 정치권에 투입하는 것이다. 독일의 사회민주당과 스웨덴의 사회민주당 등 우수사례가 있다. 이 경우에도 스웨덴 등 국가 주도의 예산지원이 이뤄졌다는 것을 상기해보면, 제도 정착 및 실질적인 운영을 위해 초창기 국가의 의지가 상당히 중요하다고 할 수 있다.

질문3. 이러한 정치인이 만들어지려면 유·초·중·고, 대학, 군, 사회라는 생애주기적 단계에서 어떠한 교육과 훈련의 과정을 거치도록 하는 것이 바람직한가? 그러한 교육과 훈련이 가능한가?

이주영 : 첫째 학생 중심의 교육을 통해 자율적 의사결정으로 자신의 정체성을 스스로 확립할 수 있도록 해야 한다. 둘째 민주적 참여 토론식 교육을 통해 생활 규칙, 토론 규칙까지 스스로 결정해서 지키는 책임성을 강화시키는 교육이어야 한다. 셋째 자유민주적 가치와 행태에 대한 지식과 기능의 교육을 통해

정통성(관용과 상호존중 태도 함양)을 인식케 함으로써 정치교양을 쌓게 해야 한다. 넷째 실제 주변의 공동체 문제를 민주적으로 해결하는 데 직접 참여하게 함으로써 정치적 효능감을 높이게 해야 한다. 다섯째 게임이나 역할극을 통해 정치 리더십을 함양시키는 일도 바람직하다.

정치발전이 경제, 사회, 문화의 모든 영역에서 획기적인 발전의 시너지를 만들 수 있다는 국민적 공감대가 형성되고 확대된다면 이러한 교육과 훈련이 충분히 가능할 수 있다고 생각한다.

정재우 : 먼저 현재 대한민국의 교육환경을 살펴볼 필요가 있다. 입시 위주의 교육, 그 과정에서 암기로 점철된 주입식 교육이 가장 큰 특징 중 하나다. 유·초·중·고에서의 참여적인 수업은 찾아보기 힘들고, 아직은 대학교육에서도 그 비중은 많지 않다. 이 과정에서 상술한 기본적인 시민성, 공동체, 정치 등에 관한 교육체계는 사실상 없다고 봐도 과언이 아니다. 이를 통해 바람직한 정치인 양성의 어려움뿐만 아니라, 현재 대한민국의 마주한 양극화, 개인주의화, 인구 절벽 등 다양한 사회문제를 가속화시킨 원인이기도 하다.

다수의 전문가들이 지적하듯, 기본적인 교육 메커니즘을 참여와 토론으로 개선해야 할 필요가 있다. 대표적으로 미국처럼 교육과정 전반에 학문뿐만 아니라 시민교육과제, 사회적 이슈 등 다양한 주제에 대해 끊임없이 상호 토론하며 학습해나가는 것이다. 이를 통해 바람직한 공동체 의식 함양부터, 토론이나 정치 등 사회 이슈 참여에 대한 참여 확대로 이어질 확률이 크다. 또한 군을 통한 교육훈련도 의미가 있다. 정치적 중립 의무의 위반을 경계하되, 현행 국가안보 분야에서 나아가 조직 구성원으로서의 역할 및 공동체 의식 등에 대해 체계적인 교육을 진행하는 것이다.

또한 분대장 및 상급자로서 조직을 이끌어보는 경험을 강화하여, 장차 국민적인 리더십 함양까지 이어질 수 있다.

끝으로 사회에서의 교육은 곧 평생교육의 개념으로 접근할 수 있다. 현재 평생교육 관련 일부 기관들이 주도적으로 평생교육을 진행하나, 다소 산발적으로 효과성이 떨어지는 것도 사실이다. 별도의 상위 평생교육기관을 개편하고, 각 지자체별 지부를 두는 등 조직적인 체계성을 갖출 필요가 있다. 이후 마찬가지로 시민 및 공동체의식, 사회 이슈, 기본적인 정치교육 등이 이뤄진다면 보다 높은 국민성, 나아가 우수한 정치인 배출로 나아갈 수 있다.

질문 4. 이 과제에 대한 자유로운 의견 및 제언

이주영 : 정치의 발전은 정치인만의 몫은 아니며, 국민 전체의 시민적 성숙을 통해 상식이 통하는 건전한 정치교양이 높아져야 가능할 수 있다. 그것은 결국 교육이 해결할 몫이라 생각하며 교육혁신을 추구하는 교육개혁 정책이 나아갈 목표라고 생각한다.

정재우 : 인구 절벽, 지방소멸, 양극화 등 너무나 큰 문제들이 산적한 것이 현재의 대한민국이다. 그 어느 때보다 정치의 역할이 중요한데, 국민들이 느끼는 정치인에 대한 불신감은 계속 커지고 있다. 정치인 등 직업적인 접근과 함께 대국민적 교육훈련에 대한 논의와 연구도 심도있게 다뤄져, 위기의 대한민국에 실질적인 대안이 될 수 있기를 기대해본다.

서면 인터뷰

공직 인재

대담: 유민봉 (전 성균관대 행정학과 교수), 권순영 (기획재정부 사무관)

질문1. 급변하는 대전환의 시대에, 미래 '공무원'의 모습(인재상)은 어떠해야 하는가?

유민봉 : 정말 대전환의 시대이다. 학기 중에 ChatGPT를 활용해서 실험적으로 강의계획서를 작성해보기도 간단한 보고서와 인사말을 써보기도 하였다. 깜짝 놀랐다. 내 머릿속에 저장되어있는 것보다 훨씬 많은 정보를 가지고 결과를 내놓았다. 요구하는 조건에 따라 결과물을 1초도 안 되어 즉시 보여주었다. 기술의 대전환 시대이다. 기술이 사람과 사람, 사물과 사물, 사람과 사물을 연결시키면서 나타나는 초연결 사회적 현상은 과거에 경험하지 못한 복잡성과 불확실성을 내포하고 있다. 당연히 정부가 대응하고 대안을 내놓기 어려운 사회적 난제들이 많아졌다. 사회현상의 대전환 시대이기도 하다. 결과적으로 산업화 시대에 작동하던 관료제라는 기계적 조직의 시대, 문제가 제기되면 규정·지침을 충실히 따르는 전통적 개념의 모범 공무원 시대는 지났다고 할 것이다.

대전환의 시대에 변하지 않는 법칙이 있다. 적자생존(適者生存). 개인이든, 조직이든, 국가이든, 변화에 가장 잘 적응한 종(種)이 살아남는 시대이다.

머물지 않고 변화하는 공무원이 되어야 한다. 변화는 과거의 관행에 학습된 자아를 버리고, 미래를 학습하고 새로운 것을 받아들이는 열린 자세에서 가능하다. 복잡하게 얽혀 있는 사회적 난제는 다수의 부처와 다양한 분야의 전문가 역량이 모두 동원되어야 해결의 가능성이 높다. 따라서 우리 사회에 필요한 공무원은 자신이 속한 부서, 부처, 지역의 경계 안에 갇힌 경직성을 벗어나야 한다. 혼자서 일하는 것이 아니라 AI를 활용하고, 조직 내의 동료는 물론 민간 전문가와 타 부처 공무원, 그리고 시민과 소통하면서 답을 찾는 네트워크형 공무원이 필요한 시대이다. 열린 자세로 학습하고 소통하는 네트워크형 인간은 민간 기업에 더 많이 있을 수 있다. 공무원이 이들과 다른 차별성은 투철한 공인의식과 국가관이다. 이러한 관점에서 박재완 교수가 주장한 미래의 공무원상, 바람직한 공직자의 덕목과 자질, 핵심역량은 매우 적절한 제안이라 할 수 있다.

권순영 : 과거, 현재, 미래를 막론하고 공무원에게 늘 요구되는 덕목이 있다. 민주성, 공정성, 책임성, 전문성 등이 그 예이다. 그러한 전통적이고 근본적 덕목은 논외로 하고, 미래 공무원에게 특별히 더 추가되는 덕목이라 하면 급변하는 사회의 트렌드를 파악할 수 있는 능력이라고 생각한다. 공무원의 입장에서는 안타까운 일이라고 생각할 수 있지만, 우리 한국 사회가 고도화되고 민주화되면서 이제는 공무원보다는 민간이 사회변혁을 이끌고, 사회 비전을 제시하고 있다. 그러므로 공공조직은 더 이상 일방적인 비전을 제시하기보다는, 민간에서 일어나고 있는 변혁을 빠르게 파악하고 그러한 변혁을 사회 전체에 긍정적 영향으로 이끌어 나가는 정책을 수립하는 역할이 더 필요해졌다.

이러한 역할을 수행하기 위해서는 대민업무를 하는 공무원도, 정책기획 및 관리업무를 하는 공무원도 데이터를 관리 및 해석할 수 있는 역량이 필요하다. '트렌드'라는 것은 결국 국민들에 대한 데이터로 도출할 수 있다. 기술의 발전으로 빅데이터 수집이 가능해졌지만, 그러한 기술을 활용하지 못한다면 당연히 의미가 없다.

보다 구체적으로, 대민 업무 공무원의 경우에는 일반 국민으로부터 데이터를 적절하게 수집할 수 있는 데이터 수집관리 역량이 요구된다. 국민에게 직접 정책을 제공하고, 그에 대한 피드백을 받을 때 그러한 피드백 데이터를 잘 수집할 수 있어야 빠르게 변화하는 국민의 수요를 정책에 반영할 수 있다. 정책기획 및 관리업무를 맡은 공무원은 그렇게 수집된 수많은 데이터를 해석하고 의미를 도출할 수 있는 능력이 요구된다.

미래 공무원의 또 다른 덕목으로는 데이터라는 정량적 측면 외에 정성적 관점에서 국민 혹은 민간과의 교류 능력이다. SNS 등 미디어를 통한 소통 능력이 중요하게 작용할 수 있다. MZ세대의 '감성'과 잘 맞닿아 정책을 쉽고 재미있게 설명하고, 공공기관의 친밀도와 이해도를 높인 '충주시 유튜브' 채널이 그 예이다.

질문2. 이러한 공무원은 어떻게 만들어져야 하는가? 어떤 사회적 시스템과 환경이 필요한가? 누가 중심적 역할을 해야 하는가?

유민봉 : 공인의식을 강조했지만 공무원도 기본적으로 개인의 이익을 추구하는 경제인이다. 적자생존의 틀 속에서 자기 생존을 위한 최적화의 방법을 선택하고 습득하게 된다. 따라서 교육으로는 한계가 있고 시대가 필요로 하는 공무원이 되도록 스스로 노력하는 인사시스템, 공직시스템, 사회시스템이 갖추어져야 한다. 자동차의 휠 얼라인먼트가 잘못되어 있으면 아무리 타이어를 바꾸더라도 편마모를 피할 수 없듯이 잘못된 시스템에서는 바람직한 공무원의 역할을 기대하기가 어렵기 때문이다.

우선 사회시스템을 기계적 시스템에서 유기적 시스템으로 전환하여야 한다. 시스템 자체가 변화를 수용할 수 있는 개방성과 유연성을 갖추어야 한다. 불행하게도 현재 대한민국은 사회시스템이 붕괴 직전에 있다. 정치시스템의 영향이 크다. 국회, 정당 등 정치권이 진영으로 나뉘어 극단적으로 대립하고 이들을 지지하는 세력도 소통이 어려울 정도로 분열되어 있다. 국가이든 지방자치단체이든 정치세력이 바뀌면 공무원은 기술적·사회적 시대 변화에 적응하는 것이 아니라 새로운 정치권력에 순응하는 것이 적자생존의 우선순위가 되어버렸다. 심지어 전임 정부에서 중용된 공무원은 중앙이든 지방이든 정부가 바뀌면 물갈이 인사가 반복되다 보니 공무원의 생존 기술은 정치 줄서기 아니면 무사안일이 되어가고 있다. 대한민국의 위기이고 공직의 위기이다.

박재완 교수의 지적대로 공직의 유연성을 높이기 위해 도입한 고위공무원단이나 개방형 임용제도가 도입의 취지를 제대로 살리지 못하고 있다. 공직과 민간, 부처와 부처, 지역과 지역의 경계를 허물지 못하다 보니 국익 차원으로 협업해야 하는 상황에서도 공무원은 법으로 보장된 소속 기관의 권한을 양보하거나 타협하지 않는다. 조직 칸막이가 더욱 심해지고 국정이 파편화되는 부작용이 시간이 갈수록 더욱 심해지고 있다. 이러한 현상은 신공공관리(NPM)의 부작용으로 지적되기도 한다. 그래서 등장한 개념이 기관 간 조정·통합 기능이 가능하도록 국정의 중심성을 강화시킨 Whole of Government 이다. 현재의 정부조직에 대대적인 개편을 통한 국정시스템을 만들어야 공무원의 행태도 바꿀 수 있다.

지금 정치권의 대립은 달리는 말 등에 모두 올라타 있어 누구도 먼저 말에서 뛰어내릴 수 없는 형국이다. 어느 진영도 잠시 멈추어 전 세계와 주변국 정세를 보고 대한민국이 올바로 가고 있는지, 국정이 제대로 운영되고 있는지 생각할 여유가 없다. 정치권 안에서는 대한민국이 나아가야 할 방향성과 시스템을 구상할 전문가도 없어 보인다. 그래도 학회가 중심이 되어 학계의 전문가를 모으고 집단 지성을 발휘하여 대안을 만들고 정치권에 제안하고 여론을 조성하여야 한다. 무엇보다 대통령이 공감하고 제안을 받아들일 수 있도록 노력해야 한다. 제왕적 대통령제는 권력 집중과 남용에 대한 비판적 시각이 강하지만 대통령이 좋은 정책 아이디어를 받아들여 힘을 실어주면 효과적으로 국정을 운영하고 성과를 낼 수 있는 장점이 있기 때문이다.

권순영 : 첫째, 데이터 관리 능력을 키우기 위해서는 지속적이고 실질적인 교육이 필요하다. 데이터를 다루는 기법과 프로그램 역시 빠르게 발전하고 있으므로, 1~2년만 지나도 새로운 프로그램이나 기술이 등장해 따라잡기 어려운 시대에 살고 있다. 따라서 2년 혹은 3년마다 지속적인 교육을 제공하는 것이 중요하다. 그리고 무엇보다 실질적 운영이 필요하다. 현재도 공무원에게 데이터 관련 학습 과정을 제공하고 있기는 하다. 다만, 단순 영상 시청 혹은 업무시간과 겹쳐 상사 혹은 동료에게 피해를 줄까 교육 이수를 포기하는 사례가 다반사이다. 실무에 직접 활용할 수 있도록 교육을 제공하고, 해당 교육시간을 의무화하는 등의 조치가 필요하다.

이러한 환경을 만들기 위해서 인사혁신처가 당연히 중심적 역할을 해야겠지만, 나아가 각 기관장의 의지와 역할이 중요하다. 현재는 기관장이 기관의 성과에 더욱 급급하여 직원들의 장기적 역량개발에는 무관심한 것이 현실이다. 인사처로부터 교육 기회가 주어져도 많은 공무원들이 교육 기회를 포기하는 큰 이유 중에 하나가 본인의 상사가 이에 대한 필요성을 인정 해주기 보다는 '일 안하고 놀러간다'라는 인식이 강하기 때문이다. 이러한 인식변화는 기관장부터 직원 교육 강화에 관심을 가지는 것에서부터 시작되어야 가능할 것이다.

둘째, 민간기관과의 교류가 더욱 활발하고 폭 넓게 이루어져야 한다. 민간에서 이루어지는 트렌드를 파악하기 가장 근본적 방법은 민간과 가까워지는 것이다. 공무원의 공정성을 해친다고 하여 그간 한국 사회에서는 공공조직과 민간조직 간의 인사교류를 금기시해왔다. 하지만 이로 인하여 민간에 대한 깊은 이해가 부족해지면서 민간에서 전혀 원하지 않는 정책을 내놓기 일쑤고, 민간은 정부의 정책지원을 오히려 규제로 느끼는 경우도 많다. 현재도 일부 민간기업과 공공조직 간의 인적교류가 있기도 하지만, 그마저도 고위직에 한정되어 있다. 젊고 실무진에 있는 공무원에게도 민간의 분위기가 어떤지 체감할 기회가 필요하다. 특히, 공공기관이 세종을 비롯한 지방으로 이전하면서 오히려 다양한 분야의 전문가들과의 업무시간 내외 교류가 현격히 줄어든 것도 간접적으로 공공조직이 급변하는 사회변화를 파악하는 데 있어 장애물로 작용하고 있다. 이러한 현상을 극복하기 위해 민간조직과 공공조직 간의 인적교류를 늘리는 것에 대해 이제는 개방적으로 생각해볼 필요가 있다.

이에 대해서는 국민의 합의가 뒷받침되어야 할 것이다. 공무원의 공정성이 위험해지는 것은 사실이기 때문에, 국민의 합의나 수용 없이 진행된다면 공직사회에 대한 불신이 강해진다. 따라서 국민으로부터 민주적 정당성을 받은 대통령 및 국회에서 중심적 역할을 수행 하여야 한다. 국민의 대표들이 공공기관과 민간기관 간의 인적교류 강화방안에 대해 섬세하게 접근하여 국민이 수용할 수 있도록 설득할 수 있어야 한다.

질문3. 이러한 공무원이 만들어지려면, 유·초·중·고, 대학, 군, 사회라는 생애 주기적 단계에서 어떠한 교육과 훈련의 과정을 거치도록 하는 것이 바람직한가? 그러한 교육과 훈련이 가능한가?

유민봉 : 대전환의 시대에 필요한 인재상으로 제안한 열린 자세로 학습하고 소통하는 네트워크형 공무원 육성은 공직에 들어온 이후의 교육훈련만으로는 어

렵다. 유·초·중·고, 대학, 군, 사회 전반에서 인재육성에 대한 일관된 방향성을 가지고 교육이 이루어져야 가능하다. 무엇보다 유·초·중·고 교육이 입시 중심에서 벗어나 개인의 개성이 존중되고 미래사회에 대비하여 주도적으로 학습과 경력 계획을 세울 수 있도록 하는 것이 중요할 것이다. 대학 교육은 현실과 괴리가 크다는 비판을 받아온 지 오래다. 사회적 활용성을 높일 수 있도록 현장 중심, 실험 중심, 행동 중심의 교육을 강화해야 할 것이다. 특히 군의 교육훈련은 지금까지 초중등·대학 교육 및 사회진출과 단절되어 있었는데 이스라엘의 사례처럼 군 생활이 사회적 진출의 마중물이 될 수 있도록 창업기술과 조직·리더십 역량을 키울 수 있는 기회가 되도록 일대 개혁이 필요할 것이다.

교육에 대한 시각은 국가관과 직결되어 있다. 사회주의 전통을 가진 독일의 경우는 인력양성에서 국가가 사회공학적으로 교육과정을 설계하고 학부모가 이에 따르도록 하고 있다. 반면에 개인주의, 자유주의 성향이 강한 미국은 홈스쿨링을 포함한 다양한 형태의 교육 자율성을 허용하고 있다. 우리나라의 경우는 역사적으로 국가의 엄격한 규제가 자리 잡고 있다. 개인의 자율성을 광범위하게 허용할 때 나타날 수 있는 교육편차를 줄이는 효과가 있다. 다만 국가가 정한 공교육 틀 밖에 형성된 사교육 시장의 문제를 해소하는 것이 과제이다. 교육 제도나 사교육의 경로의존성을 고려할 때 변화가 쉽지 않다는 점, 특히 교육에도 정치적 이념 성향에 따라 정책의 일관성을 유지하지 못하는 것이 문제이다. 2022년 출범한 국가교육위원회가 중장기적 시각과 생애 단계별 인재육성의 거시적 관점에서 초중등 교육과정, 대입시 등의 교육제도를 개편해 나갈 것을 기대해 본다.

권순영 : 급변하고 다변화하는 사회에 대응하기 위해서 생애주기별로 길러야 하는 덕목은 유연한 사고와 전문지식이다. 공무원이 빠르게 변화하는 트렌드에 민감하게 적응하기 위해서는 유연한 사고가 필요하고, 다양한 분야들이 각

기 전문화되고 있기 때문에 이를 해석할 수 있는 전문지식이 필요할 것이기 때문이다. 다만, 현재 한국의 유치원부터 대학까지 과정은 전문지식 습득에 있어서만 초점을 두고 있는 것이 문제라고 본다. 유연한 사고, 창의적 사고, 나아가 상대방의 창의적이고 유연한 생각들을 받아들이고 소통할 수 있는 능력은 함양되고 있지 않다. 이러한 관점에서 현재 한국의 교육·훈련과정에서 보완되었으면 하는 부분은 다음과 같다.

비교적 중고등학교 시절에서는 전문적 지식을 습득하는 것이 더욱 큰 비중을 차지하는 것이 자연스러운 섭리라고 생각하는 반면에, 유치원과 초등학교 시절에서까지 전문지식 습득에 초점을 두는 것은 맞지 않다고 본다. 하지만 현재 한국 사회에서는 아직 연필도 제대로 잡지 못하는 유아들에게 영어유치원 입학시험을 보도록 한다. 어린 시절에는 지식을 주입하기보다는 유연하고 창의적으로 사고할 수 있는, 학습에 대한 자세나 습관을 잡아가는 단계가 더욱 필요하다. 예체능 활동을 강화하여 다양한 상황에 노출되면서 자연스럽게 유연하고 통합적으로 사고할 수 있도록 장려 해야한다. 혹은 글짓기 수업이나 연극 창작 활동과 같이 창의적 사고를 이끌어내는 활동들을 어린시절에 많이 체험하도록 해야 한다.

이와 같이 유치원이나 초등학교 교과과정을 개편하는 것이 보다 효과적이고 중고등학교 교과과정 개편보다 부작용도 적어 실행 가능성이 높다고 본다. 중고등학교 교과과정은 수능시험 등 대입과 직접적으로 영향을 주기 때문에 국민들에게 주는 혼란이 크고, 이에 따라 오히려 불안심리로 인한 사교육비 증가라는 부작용이 나타나기도 한다. 따라서 한국 교육과정이 가장 간과하는 창의적 사고를 기르는 교육과정을, 가장 필요한 초등 교과과정에 반영하는 것이 효과성과 실현 가능성을 모두 잡는 방안이라고 생각한다.

중고등학교 시절 지식습득을 해왔다면, 대학교에 들어서는 지식을 창의적사고 및 타인과의 소통 능력으로 새롭게 해석하는 융합적 사고를 길러줘야 한다. 하지만 한국의 대학은 여전히 중고등학교 시절 내신시험을 보듯 교수님의 말씀을 외우는 공부하는 방식에 머물러 있다. 지식 전달의 대형 강의 뿐만 아니라, 실질적으로 토론을 할 수 있도록 교수와 소규모 학생들이 모여 어느 분야에 전문적이고 깊은 토론과 숙의가 오가는 강의형식을 대학에서 적극적으로 도입할 필요가 있다.

질문4. 이 과제에 대한 자유로운 의견 및 제언

권순영 : 현재 인사처에서 운영하는 공무원 인재개발원이 보다 양적, 질적으로 개선되었으면 한다. 5급 공채 대상 교육 기준으로, 매우 형식적으로 운영되고 있다. 실무에서 쓰지 않는 지식에 대해서 암기시험을 보거나, 실무와는 너무 다른 보고서 작성법을 배운다. 제공되는 교육이 실무와 동떨어진 형식적 교육이라는 것도 교육생들이 알기 때문에 열의를 갖지 않고 교육에 임한다. 교수진의 수도 매우 적다. 300명이 넘는 교육생에 대해 서너 명 정도의 교수진이 보고서 작성, 정책기획, 해외정책 분석 등을 모두 도맡아 지도한다. 교수진의 능력이나 자질을 떠나 교육의 질이 낮아질 수밖에 없다. 이로 인한 교육생들의 불만도 컸다.

인재개발원에서는 보다 실무에 가까운 교육을 제공하거나, 교수진의 수와 질을 현격하게 높여 교육생들이 듣고 싶은 수준 높은 교육을 제공 해야 한다. 후자의 경우는 예산의 증가가 요구되므로 쉽지 않을 수 있지만, 전자의 경우는 인사처에서도 공무원 실무가 어떻게 흘러가는지 알고 있기 때문에 조금만 신경 써도 개선이 일어날 수 있는 부분이라고 생각한다. 인사처에서 공무원 인재개발원에 대한 효과성 개선에 보다 노력해주길 하는 바람이 있다.

서면 인터뷰

산업 인재

대담: 이현순 (두산그룹 고문), 권인택 (오픈놀 대표이사)

질문1. 급변하는 대전환의 시대에, 미래 '산업인재'의 모습(인재상)은 어떠해야 하는가?

이현순 : 미래산업인재는 급변하는 기술환경과 사회환경에 적응은 물론이고 이를 선도(lead)하여야 하는 책임을 완수해야 한다. 이러한 상황은 과학기술인에게 많은 역량을 요구하고 있다. 본인의 기술적인 역량의 우월성은 기본이고 추가로 사고의 유연성(flexibility), 주변기술과의 융복합역량, 협업자들과의 소통능력, 기초가되는 자연과학과 인문학의 이해 등등… 이다.

또한 우리가 따라가며 배울수 있는 상대가 없는 시점이기에 과거와 같은 벤치마킹(bench marking)은 더 이상 유효하지 않다. 오히려 우리가 미래기술의 방향을 제시하고 완성 시켜나가는 미래마킹(future marking)을 통한 미래기술과 미래사회에 대한 통찰력을 강화하여야 한다.

마지막으로 미래의 산업인재는 팀워크(team work)을 극대화하여 AI를 포함한 다양한 전문 분야들의 협력을 이끌어 내기 위하여 리더십과 협업자에게 애정을 가지고 있는 T자형 인재(자기의 고유분야의 깊은 전문성과 주변분야의 폭넓은 관심과 이해도를 가지는 인재)가 필수적이라 할 수 있다.

권인택 : 일반적으로 기업은 창의성, 전문성, 도전정신, 팀워크, 글로벌역량, 열정, 주인의식, 실행력, 도덕성 등을 인재상으로 보고 있다. 본인의 적성을 탐색하고 이에 맞는 직업을 충실히 준비하는 것도 중요하지만 산업 안에서 특히 기업에서 요구하는 인재상을 준비하는 방향으로 산업의 패러다임이 바뀌고 있는 것이다. 그렇다면 급변하는 대전환의 시대에서 노동시장의 해체에 대비하여 어떤 산업인재의 모습이 필요한것인가를 알 필요가 있다.

기업들은 신규직원 채용 시, 기업에서 제시하고 있는 인재상을 얼마나 잘 갖추고 있는지의 여부를 보고 싶어 한다. 이제는 기업 또한 기존의 학력, 학점, 봉사활동, 자격증, 토익점수 등 이력서에 채울 수 있는 것으로 위의 산업인재에 대한 인재상을 찾아낼 수가 없음을 알게 되었다. 그렇기에 실무적으로 기업에서 하고 있는 업무를 당장에 수행할 수 있는지 알아보는 실무역량을 묻기 시작했고, 그에 따라 실무 기업 프로젝트를 직접 수행시켜보고 간단하게라도 업무 수행의 상황과 태도를 보는 관점의 채용이 늘어나기 시작했다. 이는 '일자리' 시대에서 '일거리' 시대로 이제는 '일경험'의 시대로 넘어 가고 있음을 알게 한다.

기존처럼 학교나 교회, 사회단체, 여러 교육기관 언론 등에서 말하는 소위 '꿈 공장'들이 마구 찍어내는 꿈을 제 것처럼 가지려는 사람들이 많았다면 이제는 어설픈 배경을 버리고 실무 역량을 키우기 위한 노력과 재능을 동반하지 않은 꿈은 허상임을 인지하는 시대로 왔다. 큰 꿈이 요란한 실패로 끝나지 않으려면 재능을 숙달시키는 수고가 커야 하며 그러기 위해서는 모호한 꿈 공장의 인재상이 아닌 기업의 실무 프로젝트를 직접 수행하며 얻는 실무역량을 키우는 훈련과 프로그램으로 점점 변화되고 있음을 알아야 한다.

질문2. 이러한 산업인재는 어떻게 만들어져야 하는가? 어떤 사회적 시스템과 환경이 필요한가? 누가 중심적 역할을 해야 하는가?

이현순 : 중.고등학교에서는 인문학적 소양과 기초과학, 즉 수학, 물리, 화학에 대한 이해를 확립하여야 한다. 암기위주, 스펙 위주의 입시대비 교육에서 탈피하는 것이 시급한 과제이다. 인문학적 소양의 바탕에서 만들어지는 논리와 토론이 가능해야 한다. 폭넓은 사고력의 훈련을 통해 현재의 사회문제, 환경문제, 경제문제 등등 우리가 처한 문제들을 냉철하게 이해, 분석 할 수 있는 역량을 키워야 한다. 이러한 초·중·고교 교육 과정에서는 개개인의 호기심과 관심을 후원하고 격려해주는 부모님과 선생님들의 열정적인 지도가 필요하다.

권인택 : 노동시장의 해체를 대비해야 하는 사회적 시스템에서는 과거의 직선형 진로가 유명무실해지며 곡선형 진로 시스템으로 변화를 맞이하고 있다. 예를 들어 A라는 진로는 과거에는 직선형이라 예측 가능했으며 학교에서도 해당 학생에게 A라는 진로에 필요한 정보와 지식의 함양을 도와주는 교육을 할 수 있었다. 그러나 이러한 직선형 진로로 나아가는 가능성은 매우 낮아지고 있다. 곡선형 진로의 가능성이 훨씬 더 많다는 것이다. A라는 진로를 추구했으나 사회경제적 변화에 따라 B, C, A+ 등의 다양한 경로로 진출할 수 있다는 것이다. 하지만 많은 경우에 학교에서의 진로교육이 아직도 직선형 진로지도에 머무는 경향이 있다. 지식 정보의 폭증과 기술 변동 및 그에 따른 직업의 구조적 변모는 중심적 역할을 해야하는 학교진로교육에서도 주는 시사점이 크다. 즉, 학교에서의 진로교육은 진로의 가변성을 인정하고 지속적인 학습을 통한 직업능력향상의 필요성과 가변적인 사회경제에서의 적응력을 키워주는 방향으로 전환해야 할 것이다.

질문3. 이러한 산업인재가 만들어지려면, 유·초·중·고, 대학, 군, 사회라는 생애 주기적 단계에서 어떠한 교육과 훈련의 과정을 거치도록 하는 것이 바람직한가? 그러한 교육과 훈련이 가능한가?

이현순 : 산업인재가 본격적으로 만들어지는 시기는 대학 교육 이후라고 본다. 현재의 암기 위주, 스펙 쌓기, 서열화 교육으로는 이 사회가 요구하는 인재를 육성하기 불가능하다. 이보다는 토론위주, 상상력과 논리, 사고력을 극대화 할 수 있는 교육이 필요하다.

대학에서는 실제 산업계가 필요로 하는 기본지식을 다양한 설계, 개발 프로젝트성 팀과제를 통한 성취감과 훈련의 완성도를 이루어야 한다. 이를 통해 기본 과학기술이해는 물론이고 협력정신과 동료를 이해하며 성공의 기억을 만들어야 한다.

군은 산업인력들의 기본역량을 활용하여 시스템의 개선이나 방산장비의 운용 및 개선, 발전을 통하여 윈-윈이 되도록 교육, 훈련을 강화해 나가야 한다.

사회는 직장내의 기술 보수교육을 강화하고 평생교육과정의 심화 등이 필요하며 기술창업이 용이하도록 환경을 개선해야 한다.

권인택 : 우리나라는 지금과 같은 교육 과정 방식으로는 본인의 사상과 체계를 잡기가 너무 힘든 구조이다. 대부분 우리는 교육 과정 그대로를 따라가면 1차 함수를 배우고 그다음에 2차 함수, 3차 함수를 배운다. 그러나 소수였지만, 어떤 학생들은 1차 함수 자체인, 좌표평면이 왜 만들어졌는가에 집중하고 누가 만들었는지를 따져본다. 철학자였던 데카르트가 좌표평면을 만든 것을 알고 나면 그때부터는 데카르트를 파기 시작한다. 그렇게 논리학 신학으로 사상을 넓혀 간다.

지금 현대의 교육들은 이런 중구난방으로 하는 공부를 멍청한 짓이라고 보이게 만든다. 당장의 수업도 못 따라가면서 다른 걸 관심 가지면 뒤쳐진다고 두렵게 한다. 하나의 학문에서 파생되는 다른 학문들까지 통째로 공부하는 전략이 필요한 이유이다. 당장의 성과는 미미하지만 최소 2년만 이렇게 공부하는 게 가능하면 각 분야의 핵심지식이 전부 연결된다.

산업혁명 이전 시대 즉 르네상스 시대에는 대부분 이렇게 공부했다. 레오나르도다빈치, 미켈란젤로 등 그들에게는 문과 이과는 없었다. 서양만이 아니다. 동양에서도 똑같은 얘기를 한다. 공자가 말하는 일이관지(一以貫之:하나로 모든것을 꿰뚫는다)도 이에 상응하는 이야기다. 지식의 척추가 생기면 어떤 학문이라도 시간의 순서에 따라 배열이 가능하다. 지식의 뼈대가 생기게 하는 교육으로 나만의 지도를 만들어가는 방법이 현재의 시스템에 필요한 교육과 훈련방법이라 보인다.

질문4. 이 과제에 대한 자유로운 의견 및 제언

권인택 : 사람들은 걷던 길에 친숙하다. 그래서 걷던 길을 잘 벗어나지 못한다. 걷던 길에 중독된 탓이다. 경로 의존성은 관성의 법칙을 경제학적으로 응용한 개념이다. 하나의 길이 먼저 정해지면, 그 길만을 고집한다. 다른 길로 바꾸는 것이 어렵다. 그 길이 그저 편하게 느껴지기 때문이다. 타성이 생겼기 때문이다. 하던 방식을 그대로 답습한다. 바꾸려 하지 않는다. 그러한 경로 의존성을 벗어나려면 오직 자기 의지로 가능할 뿐이다. 그렇지만 그런 자기 의지는 타인의 힘이 때때로 관성을 일깨워주기도 한다.

지금의 제안이 작금의 교육 현실을 바꾸지 못하는 얘기 일수도 있다. 그러나 지금 교육 현실은 극복하지 못하는 것이 아니라 느리게 극복하고 있는 거라고 믿는다. 지금의 내용 자체도 비판에 중점을 주기보다는 현실에서 할 수 있는 것을 하나씩 해나가며 느리더라도 지금의 행위들을 통해 현 시스템의 문제가 조금이라도 해결해 나가게 되길 염원해 본다.

서면 인터뷰

교육 인재

대담: 서정화 (홍익대학교 명예교수), 이재부 (성북강북교육지원청 장학사)
김승환 (작천초등학교 교사)

질문1. 급변하는 대전환의 시대에, 미래 '교육자'의 모습(인재상)은 어떠해야 하는가?

서정화 : 박남기 교수님의 발표 내용은 교육자들의 능력과 자질을 개발하고 육성, 발전시키는데 도움을 줄 수 있는 유용한 정책 제안들이 담겨 있다. 그러나 교육자에 대한 개념이 넓고 법적 규정과 다르므로 '교육자' 에 대한 개념을 일반적으로 규정하기 보다는 초중등, 대학, 교직원 등의 면에서 개념을 한정시키고 법적인 측면을 고려하여 방향 및 과제와 실질적인 대안 제시가 어떨까 생각된다.

해방 이후 우리나라는 엄청난 변화와 발전을 거듭하여 왔다. 여기에는 교육의 역할과 기여가 지대하였고 특히, 세계적인 국민의 교육열과 정부의 교육

정책 추진, 그리고 교육자의 수고와 헌신에 힘입은 바 크다.

우리의 교육은 바람직한 인간형성을 돕는 동시에 정치, 사회, 경제, 문화 등 사회발전에 크게 기여하였다. 정치적 사회화 및 충원 뿐 아니라 유능하고 다양한 인력을 양성·공급함으로써 경제발전에 크게 기여하였으며 새로운 가치관 형성과 사회적 이동, 그리고 사회 발전과 국민 통합, 문화 창달 등에 크게 기여한 것으로 평가되고 있다.

그동안 우리의 교육은 양적으로 크게 확충되었고 질적으로도 많이 발전되었으며 교육여건도 많이 개선되었다. 교육내용과 방법, 평가방식도 크게 달라졌고 학업성취도와 성취율도 세계적인 수준에 이르고 있다.

그러나 우리의 교육 내·외적인 상황이 많이 바뀌고 있어 여기에 부응해야 하며 특히, 4차 산업혁명과 AI의 발전, 심각한 저출산 등의 문제에 대처하고 질 높은 교육을 실천에 걸맞는 시스템 구축이 요청되고 있다. 치열한 열강들의 경쟁 구도 속에서도 살아남고 선도적인 국가를 건설하고 유지하려면 유능한 미래의 주역들을 길러내기 위해 우수한 교육자 확보, 유지, 그리고 개발에 박차를 가해야 한다.

이러한 상황 속에서 교육자들은 질 높은 학교교육을 실천하고 최고의 경쟁력 있는 교육을 더욱 잘 수행하기 위해 도덕 윤리 기본 질서를 바로 세우고 학력 격차를 해소하며 붕괴되고 있는 인간교육을 바로 회복시키며 침체된 교직풍토를 다시 일으키는데 주력해야 한다. 특히, 신체적· 정신적으로 나약한 상태에 있는 것으로 보이는 미래의 주역들로 하여금 미래 시대를 이끌고 주도할 수 있는 역량과 가치와 태도를 지닌 강인한 인력을 키워야 한다.

여기에는 교육의 본질 추구와 수월성 추구 및 평등성 가치의 조화로운 운용방식을 설계하고 실천할 능력과 자세를 지닌 교육자들이 필요하다. 디지털 시대를 선도하는 교육 구상 설계와 교육 양극화 해소, 교직 존경 풍토 조성과 올바른 인성 형성 노력을 위한 지원 시스템 구축이 요구되고 있다. 이러한 바탕 위에 전문적 역량과 교직에 대한 사명감과 열정에 충일한 교육자들을 길러내야 한다.

이재부 : 기후 위기와 저출생, 인공지능, 디지털 혁명 등의 급변하는 대전환 시대에 학교는 학생이 불확실한 미래 사회를 잘 살아갈 수 있도록 어울림과 공존, 창의성과 디지털 시민성, 생각하는 힘 등의 다양한 역량을 길러줄 수 있어야 한다. 학생의 다양한 역량을 키워주기 위한 '교육자'의 모습은 다음과 같다.

첫째, 교사는 지식전달자에서 학습하는 방법을 알려주는 학습안내자가 되어 학생들이 인터넷과 스마트기기를 활용한 자기주도적 학습이나 개별화 학습을 할 수 있도록 자율성과 주도성을 키워줘야 할 것이다. 학생들이 인터넷 자료 등을 활용해 자율적, 주도적으로 자신에게 필요한 새로운 가치를 창조하고 활용할 수 있는 역량을 기를 수 있도록 프로젝트 수업과 같은 다양한 배움을 위한 수업을 설계하고 전문적으로 운영할 수 있어야 할 것이다.

둘째, 교사는 학생의 경험과 학습을 관련지어 주는 사람이 되어 학생이 학습 내용들을 왜 배워야 하는지를 인지할 수 있도록 해야 한다. 교사가 학생들에게 학습과 삶과의 연계성을 알려주고 학생들의 경험과 관련지어 줄 때 학습에 동기부여가 되어 지속적으로 학습에 몰두할 수 있을 것이다.

셋째, 교사는 학습에 대한 '개별 피드백'전문가가 되어 학생들이 주도적으로 학습 계획을 어떻게 수립하고 진행하는지, 단계별 피드백 뿐만 아니라 학생들의 관심과 흥미, 학습준비도, 학습성취에 대한 평가, 정보의 진실성과 전문성에 대해 비판적 사고를 할 수 있는지 등 학생이 학습을 주도하는 모든 과정에 대한 평가 또는 피드백을 제공하여 학생이 학교에서 배우는 교과를 넘어 세상에 대해 역동적으로 이해하고 시공간을 점차 확장할 수 있도록 도와야 할 것이다.

넷째, 교사는 디지털 미디어 리터러시에 대한 적응 및 전문성을 갖추어

SNS, 모바일 어플, 게임, 다양한 인터넷 매체들 속에서 실시간으로 정보들을 탐색하는 디지털 네이티브(digital native)인 우리의 학생들을 지원해야 한다. 미디어 환경은 계속 변화하고 있고 미디어가 우리의 삶 전반에 미치는 영향력이 커지고 있는 상황에서 미디어 리터러시의 함양은 생애 전반에 걸쳐 이루어져야 할 것이다. 미디어를 비판적으로 읽어내고 평가하는 능력 뿐만 아니라 학생들이 경험하고 있는 미디어에 대해 경험을 공유하고 함께 성찰하며 배우는 상호 교육을 기획, 진행하면 좋을 것이다.

김승환 : 급변하는 대전환의 시대에 교육자의 모습은 어떠해야 하는가에 대해서는 여러 훌륭한 의견이 있을 것이다. 박남기 교수님께서 제시하신 '학습 역량, 고급 역량, 사회적 역량을 갖춘 본보기로서의 교사'는 역시 통찰력 있으신 인재상 접근이라 생각된다. 이에 대하여 2가지 정도 추가 의견이 있다.

첫째, 교육자의 모습은 다양해야 한다. 다시 말해, 서로 다른 경험을 가진 교육자들이 많아야 한다. 학생들이 획일화된 선생님들보다 다양한 선생님들을 만날 때, 세상에 대한 시야를 더욱 넓힐 기회를 얻게 될 것이다. 또한, 교육자들이 속한 교육공동체 역시 다양한 역할이 나뉜 사회이다. 사회의 안정을 위해 고른 역할이 필요하듯, 다양한 모습의 교육자가 필요하다.

둘째, 교육자의 모습이 다양할지라도 두 가지 중요한 역량을 균형 있게 갖추어야 한다. 하나는 시대를 거듭해도 불변하는 가치(인·의·예·지, 용기·정의·절제·지혜, 사랑 등)를 지키는 능력이다. 다른 하나는 변화하는 사회에서 중요시하는 가치(데이터 리터러시, 디지털 소양 등)에 적응하는 능력이다. 교육자가 이 두 가지 역량을 균형 있게 갖춘다면 학생들도 시대를 살아가는 능력을 배우게 될 것이다.

역량을 균형 있게 갖춘 다양한 모습의 교육자들이 소명의식과 열정을 가지고 교육에 헌신한다면, 그들 자신뿐만 아니라 그들로부터 배우는 학생들도 국가 발전에 이바지할 수 있을 것이라 예상한다.

질문2. 이러한 교육자는 어떻게 만들어져야 하는가? 어떤 사회적 시스템과 환경이 필요한가? 누가 중심적 역할을 해야 하는가?

서정화 : 교육자들의 주력 집단이라고 할 수 있는 유· 초· 중등학교의 교사들의 확보와 개발, 그리고 유지 노력이 강화되어야 한다. 여기에는 교사들로 하여금 소명의식과 열정을 가지고 교육에 전념하도록 적정한 여건을 조성하고 지원하는 학교 현장의 교육경영자들과 교육전문직, 교육정책결정자, 행정지원 인력 등 지원 세력의 교육.훈련 강화가 필요하다. 효과적인 시스템을 구축하고 효율적으로 운용하도록 하려면 교육자들과 함께 지원 세력이 같은 방향의 인식과 가치관을 공유할 필요가 있다. 흔히 교육의 4요소라고 하는 학부모들도 주요 교육 지원 세력으로서 교사 존중·풍토 조성에 노력을 함께 기울여야 한다.

효과적인 교원 양성 및 교원들의 전문성 신장을 위해 교육전문대학원(교전원)으로의 전환 및 체제 개편은 국가적인 차원의 연구와 구체적인 대안 마련과 단계적인 추진 전략이 필요하다. 박남기 교수의 지적대로 교전원으로의 전환을 위한 구체적인 실행 계획 마련과 세밀한 단계적 접근 전략 등이 요청된다. 스말로그 교육은 시의 적절한 대안이라고 보며 이에 부응하는 구체적인 대안과 프로그램 마련이 필요할 것이다.

이재부 : 미래에 학교 교육에서 요구되는 다양한 학생 역량을 성공적으로 키우기 위해서는 학습 안내자, 배움 중심 수업 설계 및 운영, 적절한 피드백의 제공, 학생의 경험과 학습 관련짓기, 디지털 리터러시 등의 교사의 전문성 즉,

역량이 우선되어야 할 것이다. 우리 사회가 미래 '교육자'에게 요구하는 위와 같은 여러 가지 역량들을 키우기 위해 교원양성 체제의 개선이 필요하다.

사범대나 교대와 같은 교원양성기관이 모든 교육과정을 결정하는 것이 아니고 교육부, 교원양성기관, 교육청이 상호 연계하여 협력적으로 교원양성 체제를 구축해야 한다. 우선 전문가 및 사회 구성원들의 다양한 의견을 수렴하여 미래 시대의 교사에게 요구되는 중점 역량을 명확히 규정하고 교육부, 교원양성기관, 교육청, 학교 등이 협의를 통해 교육과정 편성, 현장 실습, 임용 제도, 교원의 전문성 함양을 위한 생애 주기적 교육 계획 수립 및 시행 등을 논의한 후 교원 양성 시스템을 구축하면 미래 시대의 교육자를 체계적으로 양성할 수 있을 것이다.

김승환 : 역량을 균형 있게 갖춘 다양한 모습의 교육자들이 소명의식과 열정을 가지고 교육에 헌신하기 위해서는 그러한 교육자가 만들어질 수 있는 체제가 마련되어야 한다. 박남기 교수님께서 언급하신 내용에 더하여 설명하겠다.

교육자는 일반적으로 '지원-양성-선발-재교육' 과정을 거치며 만들어진다. '지원' 단계에서부터 유능한 인재를 확보하기 위해서는 교직 선호의 사회 분위기가 만들어져야 한다. 교육자를 존경하는 풍토와 높은 사회경제적 처우 등이 보장될 때, 능력 있는 인재들이 모일 수 있다.

다음 '양성' 단계에서는 시스템 공학의 포괄적 접근과 복잡계 개념을 고려하여 구성원의 행동 양식과 상호영향 방식을 참작한 교원양성체제를 고민해야 한다. 이때 적절한 건드림을 활용한다면 안정 상태에 더 빠르게 도달할 수 있다. 또한, 교육자 양성기관에서는 유사한 조건에서도 유능한 교육자로 성장한 사람들의 환경적·심리적·교육적 배경을 분석하여 확산시키려는 전략도 고려해야 한다.

'선발' 과정에서는 공정하면서도 시대에 적합한 내용과 방식으로 교육자를 선발해야 한다. 선발 내용, 방법, 인원 등은 교육 중장기 계획에 따라 결정되어야 하며, 이는 국가교육위원회 같은 독립된 기관에서 담당해야 한다. 더불어 교육자 양성기관은 '지원-양성-선발'의 과정뿐만 아니라 '재교육'을 위해서도 역할을 해야 합니다. 예비 교육자-교육자 교류뿐만 아니라 교육자 간 교류의 플랫폼이 되어야 한다.

위와 같은 과정은 사회의 지지를 토대로, 교육자 양성기관이 중심적 역할을 수행할 수 있을 때 가능하다. 이를 통해 만들어진 교육자는 열정과 헌신으로 학생들을 지도하며, 우리 사회 지도자로서의 역할도 함께 수행할 수 있을 것이다.

질문3. 이러한 교육자가 만들어지려면, 유·초·중·고, 대학, 군, 사회라는 생애 주기적 단계에서 어떠한 교육과 훈련의 과정을 거치도록 하는 것이 바람직한가? 그러한 교육과 훈련이 가능한가?

서정화 : 유치원과 초.중등학교 교사는 현재 교육대학교와 사범대학, 교직과정 등을 통해 양성되지만 대학의 교수양성은 그러하지 못하다. 그동안 교육자 교육.훈련 프로그램인 연수과정을 통해 다양한 연수 프로그램을 설치, 운영을 통해 교육자의 능력과 자질 향상을 기울여왔고 많은 성과를 거둔 것도 사실이다. 그러나 앞으로 교육자들의 지식과 역량, 가치, 태도 등을 습득하기 위해 보다 체계적이며 디지털 시대에 걸맞는 방식으로 교육자의 전문적인 자질 향상을 추진하고 다양한 교육.훈련 프로그램 개발과 새로운 시스템 구축과 운용이 필요해 보인다. 앞으로 대학 교육의 질적 수준 향상을 위해 대학의 교수요원의 임용 개선의 일환으로 교수-학습 방법 평가 등에 관한 자발적 연찬 활동이 권장이 필요하다. 또한 더욱 다양한 요구와 필요, 수요 등에 부응하는 연수자료, 프로그램 개발, 시스템 구축이 요구되고 있다.

이재부 : 미래 '교육자'를 양성하기 위해선 유·초·중·고에서의 다양한 형태의 학습 및 협업, 소통을 통한 성취 경험들이 도움이 될 것이다. 또한 진로 교육의 체계화를 통해 미래 '교육자'의 역할과 학습 안내자, 배움 중심 수업 설계 및 운영, 적절한 피드백의 제공, 학생의 경험과 학습 관련짓기, 디지털 리터러시 등의 필요 역량을 미리 인지하고 자기 계발 할 수 있는 기회를 제공해야 한다. 대학에서는 사범대학, 교대, 교직이수 과정에서 체계화된 실습 중심의 교육활동을 경험하도록 하여 현장에서 다양한 배움 중심 수업을 구상 및 적용할 수 있도록 해야 할 것이다. 이론적으로 배우는 것보다 경험을 통해 배우는 것이 더 깊이 있고 오래 가는 것처럼 교원양성과정에서 다양한 체험과 현장 실습을 내실화 하는 것이 무엇보다 중요하다. 불확실한 미래에 요구되는 인재상이나 교사상은 바뀔 수 있고 교육 현장이 이러한 변화에 유기적으로 대응할 수 있도록 상황에 맞는 적절한 연수와 교육 프로그램을 생애 주기적으로 제공하고 교사들이 변화하는 시대에 발맞춰 지속적으로 자기 계발 할 수 있는 환경을 만들어 주어야 할 것이다.

김승환 : 박남기 교수님께서 제안하신 생애주기적 단계의 교육·훈련 과정은 실현가능하며, 교육자의 질 향상에 기여할 것이라 생각한다. 이에 두 가지 의견을 덧붙인다.

첫째, 모든 교육자가 동일한 교육·훈련 과정을 거쳐야 하는지 여부이다. 유치원 때부터 교사를 꿈꿔서 교사가 된 사람도 특별하지만, 다양한 직업과 경험을 거쳐 교사가 된 사람도 특별하다. 학생들이 비슷한 경험을 가진 선생님들보다는 다양한 직·간접 경험을 가진 선생님들을 만나게 될 때, 자신만의 스승을 찾기도 하고 세상을 보는 시야도 넓힐 수 있다. 따라서 모든 교육자가 획일화된 생애주기적 단계의 교육·훈련을 거치는 것이 바람직한지 고민해볼 필요가 있다.

둘째, 지속적인 네트워크(플랫폼)가 마련될 필요가 있다. '미래 교육자 대상 캠프', '미래교사 멘토 제도', '미래교사 네트워크', '교육전문대학원' 등 교육자, 예비 교육자뿐만 아니라 사회의 다양한 직종 사람들이 함께 교류하며 성장할 수 있는 네트워크가 필요하다. 협력적 관계에서 서로를 이해하고, 교육의 화두를 던지며 함께 활동할 때, 교육자와 사회가 상호간에 바라는 것을 이해하고 합의를 이룰 수 있을 것이다.

질문 4. 이 과제에 대한 자유로운 의견 및 제언

서정화: 아무리 교육자 양성이 중요하고 정교한 교원 양성 체제 개편 방안이 마련된다고 하더라도 출산율이 낮아 학생 확보나 교사 후보생 유치와 확보가 힘들다면 그 의미는 반감될 수 밖에 없다. 따라서 출산율을 높이는 국가적인 차원의 더욱 적극적인 노력이 절박하다. 그동안 출산율 세계 최하위를 기록해도 역대 정부들은 관심도 적었고 실효성 있는 대책을 마련하지 못한 상태에서 집중적인 노력을 기울이지도 않았을 뿐 아니라 안이한 접근에 머물렀다.

앞으로 출산율을 높이기 위한 과감하고 파격적인 노력이 요청된다고 보며 무엇보다 '남녀 평등이 실현되면 출산율이 저절로 높아질 것'이라는 안이한 인식으로 탈피하여야 한다. 삐뚤어진 성적 정체성 인식도 바뀌어야 한다. 최고결정권자로부터 교육부를 비롯하여 자방자치단체의 장과 시군구 교육청 책임자들과와 초· 중등학교 및 교사에 이르기까지 출산율을 높이기 위한 노력과 인식 전환이 요청되며 교육과정과 교과서 개편과 함께 각급 학교에서 새로운 인구정책 추진구상과 실효성 있는 대책 마련과 실천이 절실하다.

적은 과제로 보이지만 교대 및 사범교원 양성기관의 교수요원을 채용할 때 교직 경험이 있는 교수 이들에게 가산점을 줌으로써 교원양성 기관의 예비 교육자 양성에 도움을 주는 방안도 강구될 필요가 있다. 시·군구 교육청의 행정지원 인력과 교육장, 교육감 등 지역 주요 교육정책 결정권자들의 교육과 인식 전환 교육도 필요하다.

학생인권 신장 노력이 필요하지만 교직의 전문성 신장과 전문직적 분위기 조성 노력에 더욱 주력해야 한다. 교권신장과 교원 사기가 진작될 때 훌륭한 교육자를 확보할 수 있고 교육자들이 신바람 나게 교육의 질적 향상과 교육의 발전을 위해 열정을 쏟을 수 있기 때문이다. 또한 각급 학교 학부모 교육을 강화하는 대책을 강구하고 4만 여명이 넘는 일반 행정 직원들과 대학 교직원들을 위한 다양한 연찬 프로그램도 개발 운영할 필요가 있다. 행정 업무를 담당하는 직원들과 대학의 교수요원들이 인식을 함께 하고 가치를 공유할 수 있는 교육. 훈련 프로그램을 개발하고 운용함으로써 학교와 대학의 발전을 가속화하는데 도움을 줄 수 있어야 한다.

이재부 : 교육의 흐름이 바뀌고 있다. 학생들에게 필요한 역량과 이를 실천하기 위해 필요한 교사의 역량이 대두되고 있지만 현장의 교사들에게는 어려운 과제들이 많다. 학습 안내자, 배움 중심 수업 설계 및 운영, 적절한 피드백의 제공, 학생의 경험과 학습 관련짓기, 디지털 리터러시 등과 같은 미래의 '교육자'에게 필요한 다양한 역량들 중 중점 역량들을 명확히 규정하고 이를 함양하기 위한 양질의 교육을 교원양성과정 뿐만 아니라 현장에 있는 교사들에게도 제공해야 한다. 또한 국제 바칼로레아(IB) 탐색학교를 운영하여 한국형 바칼로레아(KB) 교육과정을 공교육에 도입하려는 움직임도 미래 사회가 추구하는 가치와 역량을 구현하기 위해 좋은 방안일 것이다. 물론 대입제도 개편과 예산 문제, 바칼로레아 교육과정을 위한 교사 전문성 확보 등 선행되어야 할 과제들이 많지만 장기적으로 이를 실현하기 위해 교원양성과정에서 IB 인

증교사 프로그램을 운영하는 것도 공교육의 질을 높이기 위한 방안이 될 것이다.

김승환 : 「"선생님은 되고 싶지 않아요" … 전국 교대·초등교육과 경쟁률 '뚝'」 최근 마주한 뉴스 기사이다. 이처럼 교육자를 희망하는 이들이 지속적으로 줄어든다면, 필연적으로 교육의 질은 낮아질 수밖에 없다. 박남기 교수님께서도 언급하셨듯, 교육자들에게 높은 수준의 전문성을 요구하는 동시에 전문직으로서의 사회적 권위(전문직성)를 강화할 방안이 마련되어야 한다.

지금 당장은 변화가 힘들지 모른다. 하지만 이 프로젝트처럼, 계속해서 대안을 고민하고 준비한다면, 변화의 때가 왔을 때 분명 기여할 수 있으리라 생각한다.

서면 인터뷰

국방 인재

대담: 여운태 (원광대학교 석좌교수),
김백준 (국방부 기획조정실 기획총괄담당관실 대외협력총괄담당)

질문1. 급변하는 대전환의 시대에, 미래 '군인재'의 모습(인재상)은 어떠해야 하는가?

여운태 : 대한민국 육군은 「인재관리 지침서」(2021, 육군본부)를 통해, 육군의

인재상을 '올바르고 유능하며 헌신하는 통섭형 인재'로 제시하였다. '올바름, 유능함, 헌신'은 Be-Know-Do의 미 육군의 리더십 역량개발 모델을 따라 육군의 리더가 갖추어야 할 품성, 역량, 실천력을 각각 의미한다. 한편, '통섭형 인재'는 복잡하고 불확실한 상황에서도 고정관념을 탈피하여 창의적·복합적 사고로 문제를 해결하는 있는 능력을 구비한 인재이다. 국방환경의 급격한 변화 및 4차 산업혁명 등으로 인한 초불확실성의 시대에서 우리가 직면하게 될 문제들은 기존 접근방식으로는 해결될 수 없으며, 따라서 한 분야에 정통한 전문성을 보유하고 타 분야에도 보편적 지식을 겸비하여 새로운 개념이나 가치를 창출할 수 있는 '통섭 능력'이 필요하다는 것이다.

궁극적으로, 급변하는 시대에 미래를 주도할 군 인재는 유연성과 적응력을 갖추는 것이 무엇보다 중요하다. 문제해결, 혁신적 사고, 다양성 존중, 협업 능력, 윤리적 리더십 뿐만 아니라, 기술과 창의성을 결합하여 빠르게 변화하는 환경에 적응하고 변화를 주도할 수 있어야 하며, 지속적인 학습과 정보 습득에 대한 열린 자세를 통해 점점 더 복잡해지고 상호 연결된 세계의 과제를 해결할 수 있어야 한다.

김백준 : 대전환의 시대에 우리가 필요로 하는 미래 '군인재'의 모습은 먼저 미래 대한민국이 처할 안보 상황에 대한 인식으로부터 시작해야 한다. 대외적으로 북한은 핵·WMD 등 전통적인 위협으로 우리를 지속 위협할 것이며 동북아 국가 중 중국은 패권국인 미국과의 격차를 좁혀나가 우리에게 미국과 관계에 있어서 선택의 어려움을 가중시키게 될 것이다. 대내적으로는 국방혁신 4.0으로 대표되는 'AI 과학기술 강군' 육성이 강조됨과 동시에 출산·고령화로 인해 군 구조에 있어 질적 변화를 지속 요구할 것이다.

이러한 상황 속에서 필자가 생각하는 미래 '군인재'에게 요구되는 필수 덕목은 첫째, 북한 등 주변국과의 국제관계에 있어 『대한민국의 국익을 위한 안보·국방의 중요성을 명확히 이해하고 이를 최고의 가치로 추구』하는 것이다. 지금보다 더 다양하고 복잡해질 미래 국제관계 속에서 정치이념, 계파, 개인적 이익 등을 벗어나 철저하게 국가이익을 보존, 달성할 수 있는 임무수행의 자세를 갖춘 인재가 필요하다.

둘째, 사회가 다변화되고 과학발전과 인구감소에 맞물려 급속도로 진행되고 있는 국방혁신 4.0을 통해 AI 과학기술 강군으로의 도약이 천명된 바, 첨단무기체계가 도입됨에 따라 이를 임무간 운용함에 있어 전통적인 인력 중심의 고착된 사고에서 벗어나 『다양한 상황변화 및 첨단무기체계의 도입에 대해 스트레스를 최소화하고 기존 전기·전술·작전술·전략에 잘 적용할 수 있는 창의성』을 갖춘 인재가 필요하다.

셋째, 국방분야에서 내부적으로 병력감축, 과학기술 발전 등으로 인한 군구조의 질·양적 변화 등은 기존 체제로부터 격렬한 저항을 받게 될 것이며 외부적으로는 국가 차원에서 한정된 재화를 안보·국방 분야에 집중하기 위해서는 타부처·분야 와의 경쟁이 심화될 것으로 『여러 현안들을 잘 조정·통제하고 협력하여 리더로서 효과적으로 임무를 완수할 수 있는 능력』을 갖춘 인재가 필요하다.

질문2. 이러한 군인재는 어떻게 만들어져야 하는가? 어떤 사회적 시스템과 환경이 필요한가? 누가 중심적 역할을 해야 하는가?

여운태 : 미래의 군 인재 육성을 위해서는 교육환경, 조직문화, 리더십 개발, 민간과의 협업, 학습여건 보장 및 보상제도 등을 포함하는 다각적인 접근 방식이 중요하다. 첫째, 어릴 때부터 과학, 기술, 공학, 수학 중심의 교육을 제공하고, 군복무에 관심이 있는 사람들에게 장학금이나 인센티브를 부여하며,

첨단 기술을 쉽게 배울 수 있도록 교육 환경을 구축해야 한다. 둘째, 군대 내에서 다양성, 형평성, 포용성을 촉진하고, 성별, 출신, 배경에 따른 발전의 장벽을 제거하며, 혁신과 협력의 조직문화를 정착해야 한다. 셋째, 전통적인 군사 전술뿐만 아니라 윤리적 리더십, 비판적 사고, 적응력, 감성적 지능에 초점을 맞춘 강력한 리더십 개발 프로그램을 운영해야 한다. 넷째, 군과 민간부문의 협업을 촉진함으로써 군 장병들이 다양한 관점, 최첨단 기술, 혁신적인 업무에 노출될 수 있는 여건을 조성해야 한다. 다섯째, 자기주도적 평생학습 여건을 마련하여 새로운 지식과 기술을 습득할 수 있도록 하고, 특히 혁신적이고 탁월한 성과를 달성하거나 군사 전략 발전에 기여한 경우 파격적인 인정·보상 제도를 시행함으로써 조직구성원이 군사적 틀 안에서 스스로를 계발하고 혁신하도록 동기를 부여해야 한다. 끝으로 군 문화 내에서 윤리적·도덕적 가치를 확립하여 올바른 의사결정을 이끌고, 국민적 신뢰를 형성하여야 한다. 이러한 시스템을 강력하게 구축하기 위해서는 각자의 전문성과 자원을 제공하는 다양한 이해관계자들(국방부와 육군본부, 교육부 산하의 학교기관, 민간산업부문과의 협력(특히, 최첨단 기술분야), 시민사회와 지역사회 리더, 군사동맹국 및 우방국, 예비역, 군사연구기관 등)의 협력이 필수적이다. 이러한 그룹 간의 시너지 효과를 통해 미래의 군 인재들이 급변하는 안보환경에 필요한 기술과 적응력, 윤리적 기반을 갖출 수 있도록 보장할 수 있을 것이다.

김백준 : 첫 번째 인재상을 갖춘 인재를 육성하기 위해서는 국가의 역사를 학습시키고, 안보 및 국방의 중요성을 이해시켜야 하며 국민으로서 공익적 가치와 목표를 이루는 것에 대한 사회적 책임감을 키워줘야 한다.

두 번째 인재상에 대해서는 상황변화에 대한 자기통제와 스트레스 관리 능력을 갖춘 인재를 양성해야 할 것이며, 급속도로 발전하는 무기체계의 운용과 기존 체계와의 적용 등에 대해 거부감보다는 도전의식을 갖출 수 있도록 환경을 조성해야 한다.

세 번째 인재상 관련 여러 다른 분야와 상생하며 국방분야를 발전시키기 위해선 소통 및 협업, 리더십을 키울 수 있는 환경이 조성되어야 한다. 이러한 시스템 및 환경 조성에 대한 중심적 역할은 개개인 또는 하나의 단체에 국한되지 않으며 국가적 수준에서 진행이 되어야 국방분야의 발전과 함께 다른 부처, 기능 역시 복합·유기적인 발전이 가능할 것이며 국방분야는 국방부 및 각 군에서 필요로 하는 인재상에 대한 인력관리모델을 제시하고 이에 대한 지원을 해야한다고 생각한다.

질문3. 이러한 군인재가 만들어지려면, 유·초·중·고, 대학, 군, 사회라는 생애 주기적 단계에서 어떠한 교육과 훈련의 과정을 거치도록 하는 것이 바람직한가? 그러한 교육과 훈련이 가능한가?

여운태 : 군 인재가 생애주기적 단계별로 필요한 역량을 갖추려면 다양한 교육과 훈련 과정을 거쳐야 하며 다음과 같이 고려할 필요가 있다.

· **초기 교육 단계 (유치원, 초등학교):** △기본적인 윤리적 가치, 협업, 문제 해결 능력, 창의성 등을 유도, △리더십의 기본 원칙과 팀워크에 초점을 맞춘 활동 및 역할극, △체력단련을 장려하고 건강과 웰빙의 중요성 체감하는 교육

· **중등교육 단계 (중학교, 고등학교):** △리더십, 문제 해결, 혁신적 사고, 디지털 및 기술 역량, 다양성과 포용력 등의 중요성을 인식, △인문학과 함께 과학, 기술, 공학, 수학을 중심으로 한 균형 잡힌 교육, △군사적 기초 훈련도 일정 부분 포함, △멘토링 프로그램, 인턴십, 설명회 등을 통해 군 진로에 대한 안내

· **대학교 및 군사 교육 단계:** △과학, 기술, 공학, 수학 중심의 교육 강화, △군사 전문성 강화를 위한 전략적 사고, 윤리적 의사결정, 국방기술, 국제안보문

제 등의 연구, △실전경험을 쌓을 수 있는 기회 제공

· **군 복무 단계:** △기강, 체력, 기본 전투기술, 팀워크에 중점을 둔 엄격한 훈련, △사이버전, 고급 전술 및 리더십 개발의 고급 과정, △진화하는 기술과 전술에 발맞추기 위한 지속적인 교육 및 훈련, △문제 해결 능력 향상을 위한 프로그램

· **사회 복귀 단계:** △군 기관, 민간 부문, 학계 및 시민사회 간의 파트너십을 구축하여 국가 인재육성을 위한 협력적 접근, △군에서 분리된 후에도 군에서 배운 기술과 리더십을 사회에서 활용할 수 있도록 기회 부여

김백준 : 유·초·중·고등학교 간 각 학급에서 학우들과의 협력을 통해 리더십을 함양할 수 있으며 역사교육을 통해 안보의 중요성에 대해 이해를 할 수 있을 것이다. 창의성 개발 활동(미술, 음악, 체육 등)을 통해 사고의 확장을 할 수 있을 것이다.

대학에서는 지식에 대한 탐구를 통해 사고를 깊게 하고 창의성을 더욱 발전시키며 각종 조별 활동, 동아리 활동 등을 통해 소통 및 협업 능력을 키울 수 있고 도전의식을 갖을 수 있을 것이다.

군대에서는 군복무를 통해 공익적 가치를 배우고 헌신과 책임감을 키울 수 있으며 규정준수 및 병영생활을 통해 자기 통제 및 스트레스 관리 방법을 터득할 수 있다. 또한 각 직위에서 해당 제대를 지휘함으로써 리더십을 향상시킬 수 있고 군 관련 업무지식을 습득할 수 있다. 사회에서는 지속적인 자기개발을 통해 자신의 역량을 강화해야 하고 집단 속에서 리더십 발휘와 사회공헌에 대해 지속적인 추구를 통해 국방분야의 발전에 참여할 수 있다.

이렇듯 각 생애주기 단계에서 교육과 훈련이 적기에 누락됨 없이 정상적으로 진행되어야 위에서 언급한 인재상을 갖춘 국방 분야의 훌륭한 인재를 완성할 수 있다.

질문4. 이 과제에 대한 자유로운 의견 및 제언

여운태 : 최근 들어 인재육성에 대한 조직의 관심은 불확실한 미래와 급격한 환경변화, 그리고 돌발적인 상황에서도 문제를 해결할 수 있는 역량을 갖춘 인재를 육성하는데 맞춰지고 있다. 미래 인재의 핵심역량으로 '통섭', '통찰', '적응성', '속자생존(速者生存)의 민첩성', '창의성', '혁신', '소통' 등이 제시되고 있으며, 업무영역의 경계를 자유롭게 넘나들 수 있는 '통섭형 인재'의 중요성이 더 커지고 있다.

이러한 맥락에서 육군은 병과·특기별로 칸막이를 지어놓고 형평성 중심으로 구성원들을 관리하는 틀을 과감히 탈피하여야 하며, 조직의 필요와 개인의 능력에 따라 적재적소 활용과 개인의 역량개발이 보장되는 맞춤식 인재관리로 혁신이 필요하다.

김백준 : 5대 핵심 인재를 양성하는 데 있어 인구 고령화 및 감소로 인해 국가의 각종 재원이 축소되고 군인재만의 양성을 추구하기에는 시간과 자원이 충분하지 않을 것이다. 따라서 효율성을 위해 구심점을 하는 조직이 필요하며 이는 정부 중앙부처 중 교육부에서 관련 조직을 신설하여 생애주기 단계별 획득 필요 덕목(구체적 목표) 설정, 획득 전략, 구체적 계획 등이 망라된 5대 핵심 인재 양성계획을 만들고 이를 조정통제해야 할 것이며 인재별 각 분야의 조직, 특히 군인재의 경우는 국방부 및 각 군으로부터 지원을 받아 프로젝트를 수행해야 할 것이라 판단된다.

에필로그

대한민국의 미래, '국가인재생태계'에 달렸다.

이근면 (초대 인사혁신처장,국가인재경영연구원 자문위원장)

세계 최대 가전 IT 전시회'CES 2024'가 미국 라스베이거스에서 150여 개국 4295개 혁신기업이 참가한 가운데 열렸다. 전 세계 기술이 CES에 모두 모인다는'ALL ON'주제로 열린 올해 행사는 처음으로 혁신상에 AI부문을 신설했고 각 분야에선 AI를 기반으로 한 제품들이 혁신상을 휩쓸었다.

매해 CES에 방문할 때마다 느끼는 점은 「기술의 발전 속도가 너무 빠르다」 「전 세계 기업이 첨단 기술 경쟁에서 주도권을 잡기 위해 생존을 걸고 하는 치열한 혁신 노력」 「혁신생태계를 이끄는 핵심 인재 확보의 중요성」 등을 실감하게 된다.

01. 양적, 질적 2중 위기에 빠진 대한민국 '국가인재 생태계'

글로벌 보헤미안, 국적 쇼핑시대, 국가 간 인재 쟁탈전

올해 대한민국 경제에 대한 국제통화기금(IMF)과 OECD의 성장률 예측치는 각각 2.2%와 2.3% 수준이고, 국내의 한국은행과 KDI가 2.1%와 2.2% 정도이다. 일부 전문가들은 한국경제의 장기 성장률이 이미 1%대 중반까지 떨어졌다고 보고 있다.

신냉전과 4차 산업혁명이 진행되는 가운데 글로벌 경제 기술 패권전쟁은 갈수록 치열해지고 있다. 자원 빈국인 우리나라는 초 격차 기술로 무장해야 글로벌 정글에서 살아남을 수 있으며, 꺼져가는 성장 동력을 재 점화하려면 인공지능(AI), 반도체, 배터리 등 5~10개 분야에서 초 격차 기술을 확보하기 위하여 국가인재생태계 조성을 통한 각 분야 인재 확보가 중요하다.

그러나 우리나라 인재관리가 위기에 빠졌다. 인구 절벽으로 인한 감소 얘기가 아니다. 문제는 더 심각하다, 우리 인재 생태계가 급속히 변화하는 시대에 대응할 수 있는 능력이 있는지 심각한 의문이 들기 때문이다. 모든 정보가 디지털화되면서 분석해야 할 데이터는 쏟아지고 있고, 인공지능(AI)이 발전하면서 과거 같은 분석과 학습 방법, 교육체계는 쓸모를 잃어가고 있다. 이런 기술 변화의 속도는 200년 전 산업혁명보다 훨씬 더 빠르다.

이런 거대한 변화를 쫓아가기 위해 민간기업과 대학들이 종종걸음을 치지만 턱없이 부족하다고 생각한다. 특히 대학은 현재의 변화에 발맞추고 미래를 위해 투자하기는커녕 생존하기에 급급하다. 현 상황을 방치하면 4차 산업혁명 주도권을 영원히 회복할 수 없다.

세계 각국은 4차 산업혁명 시대의 도래와 인공지능(AI)으로 인한 산업구조 변화에 대비하기 위하여 인적자원의 질적 혁신을 추구하고 인재확보를 국가정책의 최우선으로 두고 있으나 우리나라는 저출산으로 인한 인적자원의 양적 축소와 함께 학력 저하, 대학 경쟁력 하락, 의대 쏠림으로 인한 이공계

공동화 현상 등 인적자원의 질적 약화로 인해 국가 인재 관리에 이중고를 겪고 있어 국가인재생태계가 매우 위태로운 길에 서있다.

첨단 신기술을 키울 인재를 확보해 국가경쟁력을 끌어올릴 골든타임을 확보하고 제로성장의 늪에 빠지는 것을 막으려면 국가인재생태계 개혁을 서둘러야 한다. 5대 분야의 전문가가 되고자 하는 인재들이 모일 수 있도록 국가인재생태계의 전면적 개혁이 필요하다.

02. 지금은 뛰어난 인재 한 명이 세계인의 삶을 바꾸고 한 나라의 경제를 일으키는 시대이다.

한국에는 누가 있을까? 테슬라의 일론머스크나 아마존의 제프 베이조스 같이 원대한 꿈을 실현해 나가는 몽상가들이…

모방하고 따라잡는 수준의 교육시스템으로 우리나라가 또 다른 도약을 이뤄내기는 불가능한 상황이 되었다. 세상에 없던 새로운 지식, 기술, 가치를 창출해 낼 수 있는 인재양성 생태계가 마련되어야 하는데 그걸 끌고 나갈 힘은 이제는 국가가 아니라 대학, 연구소, 민간 기업에서 나올 수밖에 없다.

정해진 시간에 학생들을 교실에 모아 일정 시간 가르치고 획일적으로 평가해 성적을 매기는 산업문명 시대 교육이 과연 정답일까? 이제는 디지털 문명시대이다. 특히, 세계와 경쟁해야 하는 우리 교육에는 지킬 것보다 바꿔야 할 것이 더 많은듯 싶다.

우리나라 경제, 산업, 국방 등 주요 분야의 산적한 문제를 해결하기 위해서는 혁신과 대전환이 요구되므로 혁신생태계의 폭을 넓혀야 한다. 우리가 최고의 혁신생태계를 조성하기 위해서는 과학기술, 경제 산업, 사회 등 각 분야의 혁신을 선도하는 인재를 양성할 수 있는 교육의 혁명적 변화를 요구한다. 혁신생태계는 기업가, 연구가, 투자가, 공무원, 시민 등이 꾸준히 협력하고 소통하며 경쟁하면서 기존 과학의 한계를 뛰어넘는 고위험, 고부가가치의 연구

개발을 바탕으로 새로운 사업 모델, 플랫폼, 상품, 산업은 물론이고 이에 상응한 정부 규제의 혁신도 끊임없이 만들어 가는 체계이다.

03. 100년 된 제도로 미래 인재를 기르고 있다.

새로운 디지털 문맹률과 국가 지식 수준

저명한 미래학자인 제이슨 스완슨(Jason Swanson)은 2030년까지 사라질 것으로 공장형 교육을 꼽았다. 한 강의실에서 여러 학생에게 동일한 내용을 가르치는 우리나라 교육기관도 짚어봐야 할 시사점이다.

세계 각국은 미래 신산업 주도권을 확보하기 위해 핵심인재 육성과 유치, 보호에 사활을 걸고 있다. 개개인의 역량이나 재능과 관계없이 나이를 기준으로 학년을 편성 후 하나의 틀에서 교육하는 시대에서, 자신의 목표를 설정하고 그 목표에 맞는 학습 경로를 선택해 역량을 갖춰 나가는 시대로 바뀌고 있다. 지금까지 해왔던 가르치는 방법, 배우는 방법, 배우는 내용까지 전부 바뀌어야 한다.

04. 창조 파괴적 혁신은 이미 시작되고 있다.

지식 반감기는 몇 개월, 몇 년에서 며칠로

지금처럼 급변하는 사회에서 과거에 배운 지식으로 언제까지 버틸 수 있을까? 지식이 범람하고 대중화된 시대, 공교육은 수많은 에듀테크 기업(교육산업)들과 치열한 경쟁시대에 놓였다. 전문지식을 얻는 채널은 다양화됐는데 대학은 이를 못 따라가고 있다. 학사학위가 아니라 영역을 심화시킨 나노 학위, 마이크로 학위, 블록체인 학위와 구글 학위 등 전통적인 학위나 자격증보다 작은 규모의 학습 성과를 인증하는 비공식적인 인증서인 마이크로 크리덴셜(micro credential)이 등장하고 있다. 일반적으로 특정 기술, 능력, 지식 또는 역량을 갖추었음을 증명하는 데 사용한다. 앞으로도 지속적으로 변화하는 산업과 기술에 맞춰 새로운 종류의 마이크로 크리덴셜이 등장할 것으로 예상되며, 교육 및 취업 시장에서 학위의 새로운 트렌드로 더욱 중요한 역할을 하게 될 것이다.

05. 빅 블러(Big Blur)시대 미래 국가인재생태계 혁신 방향성은?

전공과 평생 직업, 멀티잡은 이제 필수시대

경계가 무의미해지고 벽은 허물어지고 있다. 산업 간 경계가 허물어지는 빅 블러 현상으로 기업들의 비즈니스 활동은 영역 구분의 의미가 사실상 없다. 4차 산업혁명으로 초연결 사회가 실현되면서 다양한 영역의 융화로 인해 한계를 극복하고 강점을 극대화하는 경우는 살아남지만 그러지 못하면 도태되는 시대가 됐다.

또한, 세계경제포럼(WEF)보고서'교육의 새로운 비전'은 언어와 수리, 과학, 디지털 정보처리능력, 다양한 사회문화에 대한 이해력을 아우르는 기본적 문해력과 함께 비판적 사고력, 문제해결 능력, 창의성, 소통과 협업 능력을 미래 인재의 역량으로 제시하고 있다. 이런 환경 속에서 미래 인재생태계의 방향성은 크게 시공간의 연결 및 확장과 더불어 개별화, 역량 기반, 학습자 중심, 탈 경계 및 디지털 전환으로 제시되고 있다. 학습자는 자신의 관심사와 학습 수준에 따라 개별화된 맞춤 교육을 받게 된다. 그리고 실제 삶과 연계된 수업에 참여해 스스로 지식을 구성하며 주도성을 갖고 삶과 연계함으로써 다양한 역량 개발이 가능할 것이다.

06. 우리는 어디로 가고 어떤 사람이 필요하며 어떤 인재양성체계 시스템을 갖추어야 하는가?

말로만 하는 First Mover! 사고와 생각의 방향은 아직도 Fast Follower

한국의 교육생태계는 아직 과거의 타성에서 벗어나지 못해 미래 사회에 필요한 인재를 양성하는 데 한계를 보인다. 이젠 누가, 무엇을, 어떻게, 어디에서, 누구에게 가르쳐야 하는지에 대한 지혜를 진지하게 검토하고 실천해 볼 때다.

지금까진 대학 졸업장이 좋은 일자리를 보장할 거란 믿음 때문에 대학에 진학했지만 이젠 그 믿음도 깨지고 있다. 명문대를 나와도 이전과 대우가 같지 않고 학벌보다 실력을 중시하는 문화로 바뀌고 있기 때문이다. 평생직장을 넘어 평생직업조차 보장되지 않는 현실이 되어가고 있다. 기업은 더 이상 개인의 평생직장을 책임지지 않는다. 급변하는 경쟁 환경 속에서 상시 조기명퇴가 일상화되고 기업의 운명 또한 보장되지 않아 언제 회사의 도산으로 실직할지 모른다.

직업 또한 마찬가지다. 20대 중반 이후 본격 시작되는 사회생활 속에서 50년 넘는 반백년 동안 직업이 하나일 수 없게 되었다. 심지어 직장 생활하면서 부업을 해야 하나 하는 심각한 고민까지 필요한 상황이다. 인생의 직업은 일모작도, 이모작도 아닌 다모작이 되어야 할 판이다.

아울러, 우리는 실제 다직업 시대를 대비해야 한다. 그런 의미에서 개인이 가진 하나의 능력에서 앞으로 점점 더 다양한 능력으로 진화되도록 하여 다직업(N잡러)으로 발전시킬 수 있도록 선제적 접근을 준비해야 한다.

07. GDP가 아닌 GTP(Gross Talent Product)의 시대

12살 대학생이 필요하다.

그동안 우리나라의 자산은 국민의 역량이었다. 이 역량이 결국 우리의 미래를 창조할 것이고 국민 각 개인의 Talent의 총합이 GDP보다 더 중요한 시대가 될 것이다. 왜냐하면 지식 본질의 시대고 지식 종속의 시대가 되었기 때문이다.

앞으로 국가 경쟁력은 국민 개개인의 능력이 다른 나라의 인재보다 어느 정도 우위에 서느냐에 의해 결정될 것이다. GDP가 아닌 인재의 Talent에 대한 GTP 총량 개념으로 바꿔서 인재역량을 키워 나가는 국가정책이 있어야 한다. 이런 변화를 위해 민간의 영역이 확대되고 교육학제, 교육과정 및 학교설립 등을 자유화해야 한다.

대학을 누구나 설립할 수 있고 최소한의 기본 요건만 갖춘 대안학교 등 다양한 교육기관이 등장할 수 있어야 하며 교육학제가 현재와 달리 운영되어야 한다. 수학 능력만 된다면 12살짜리를 대학생으로 받아들일 수 있는 교육기관으로의 변신도 과감히 꾀해야 한다. 지금과 같은 틀에 박힌 교육 시스템과 제도는 바뀌어야 되는데 이것을 선제적으로 바꾸기 위한 시범 도입이 필요하다.

08. 국가교육정책 개혁과 미래인재 육성

산업인력 육성정책에서 국가 미래 대비 인재육성으로

지금까지 해오던 방식으로 새로운 산업생태계를 이끌어갈 인재를 충분히 공급할 수 없다는 데에 많은 이들이 공감과 우려를 표하고 있다. 그러나 우리 사회에서 교육정책이 가지는 파급력과 폭발력 때문에 누구도 장기적 비전을 과감하게 제시하고 논의를 심화시키지 못하고 있다. 교육에 대한 이야기는 온통 입시제도에만 집중되고 있는 실정이다. 어떤 지식을, 어떤 방법으로, 누구에게, 어떻게 전달하고 사람을 길러낼 것인지 구체적인 방법론이 나와야 할 때다.

생산적이고 디테일한 논의를 위한 기반이 먼저 조성되어야 한다. 먼저 다가오는(이미 다가온) AI 시대에 세계 유수의 인재들과 경쟁할 인재를 양성하기 위해 극도로 경직되고 관료화된 교육행정, 교육정책 생태계에 국가의 독점적 행정을 미래를 대비하여 전략적으로 민간과의 역할을 조정해야 한다. 교육부 관료의 말 한마디에 대학 운영의 큰 줄기가 휘청이는 환경에선 대학이 시도하고 싶어도 겁나서 나서지 못한다.

미래인재 육성을 위한 방법론은 절체절명의 위기에 빠진 대학이 가장 치열하게 고민하고 현실성 있는 대안을 만들어 낼 수 있다. 매년 수십조 예산을 나눠주고 관리하는데 익숙한 교육부가 아무리 정책을 기안하고 새로운 시도를 해도 공무원 조직의 생리 상 틀을 깨는 혁신적 교육정책이 나오기 쉽지 않다. 차제에 대학 교육의 큰 틀과 학사운영의 자율성을 과감히 학교로 이관하고 정부는 규제 철폐, 자금 지원 등 돕는 역할로 물러나야 한다.

교육감 직선제 폐지와 세계 시민 인재양성으로

아울러 지나치게 과잉되어 있는 교육계를 향한 정치의 입김도 축소할 필요가 있는데 대표적인 폐단이 교육감 직선제다. 선거는 민주주의의 꽃이자 자유민주주의 국가를 운영하는 기본 원리 중 하나이지만 장기적 안목으로 인재를 육성하는 데는 어울리지 않는다. 미국의 한 개 주 정도 밖에 안되는 나라에서 17개 시도가 교육감의 철학과 정치적 이념에 따라 저마다의 교육정책을 펼치는 것은 낭비이고 정치의 과잉이다. 간결하고 경쟁력 있는 교육정책을 국가 단위에서 확정하면 동일한 양과 질의 교육을 서울 학생이든, 제주 학생이든, 강원 학생이든 동일하게 받을 수 있도록 해야 한다. 직접선거라는 전가의 보도를 휘두르며 교육감 개인의 신념을 학생들에게 강요하는 교육감 직선제는 교육정책의 경쟁력 제고에 되려 걸림돌이 되지는 않는지 돌아봐야 한다. 막대한 선거비용을 지출함에도 불구하고 시민들의 관심은 극도로 저조한 교육감 직선제는 폐지하고 다음 세대에게 세계와 경쟁할 수 있는 힘을 길러주는데 집중하자. 세계화 시대의 세계 시민으로서 갖추어야 될 인성과 협력, 미래 100세를 살아가야 할 기본 지식과 학습능력은 이제 모두 필수과목이 되어야 한다.

교육부를 GTP 육성부로 발전적 변화

국가 교육정책의 큰 틀을 세우고 예산을 집행하는 교육당국도 변해야 한다. 관료제의 특성상 각종 위원회와 기구와 본부는 한번 만들어지면 여간해서 없어지지 않는다. 난립하는 단위별 기구들을 과감히 정리해야 한다. 예산만 축내고 교육 정책의 효율적 수립과 집행에 동맥경화를 일으키는 옥상옥의 기구들만 없애도 한국 교육의 활력과 진취성은 한층 업그레이드될 수 있다. 혹독하고 꼼꼼한 조직진단을 통해 교육부 내의 각종 부서들도 축소, 조정할 필요가 있다. 가장 좋은 방법은 교육부를 방법론의 부서에서 국가인재 육성부로 탈바꿈하는 것이다. 인재 육성을 담당할 대학, 기업을 지원하는 부서는 키우고 관리하는 부서는 줄여서 교육부가 명실상부 "GTP 육성부"로 자리매김하도록 해야 한다. 감시하고 통제하는데 익숙한 교육부의 체질을 근본적으로 바꾸지 않으면 민간의 창의성과 역동성은 제대로 꽃 피기 어렵다.

정부와 학계의 큰 틀에서의 역할 정립이 되고 나면 대학학제 개편 등 구체적인 교육 시스템 개혁 작업에 착수해야 한다. 학생이 배우고자 하는 전공을 직접 설계하는 '전공자율선택제도'등 파격적이고 실험적인 학제 개편은 한번 시작하면 자리 잡기까지 수많은 난관에 부딪히게 된다. 치밀하게 설계하고 중간에 흐지부지되지 않도록 지속적인 지원이 수반되어야 한다.

또다시 교육입국의 시대가 AI시대이다.

교육이 바뀌면 나라의 운명도 바뀐다. 우리는 이러한 명쾌한 진리를 역사로 체득한 민족이다. 새로운 경제생태계가 요구하는 21세기형 인재를 제대로 키워낼 수 있다면 우리도 미, 중에 이은 G3로 성장할 수 있다. 우리는 못 할 이유가 없다. 국가인재생태계 개혁은 시대적 전환기에 절박한 과제다. 주저하다 개혁의 때를 놓친 구한말의 어리석음을 반복하지 말자.

이근면의 사람이야기

한국은 G3로 갈 수 있을까?

2024.01.04. 이데일리 기사원문

신년이다. 새해가 시작됐다. 어제와 똑같은 날들이지만 의미를 부여하고 새로운 도전을 약속하고 다짐하는 행위의 사회적 해석이다. 우리는 아니, 우리 대한민국은 획을 긋고 어디로 가는 새 출발점일까 하는 것도 진보의 역사적 한 행위이다.

1992년 수교 이래 중국은 대한민국 경제 성장의 가장 큰 동력이었다. 한국이 일본으로부터 수입한 기초소재를 중간재로 가공해 팔면 중국이 이를 완성품으로 만들어 세계 시장에 내다 파는 구조가 30년 동안 이어졌다. 이를 발판으로 한국의 대중무역 수지는 수교 첫해인 1992년 10억 달러 적자를 제외하면 31년 동안 늘 남는 장사였다. 사상 최대였던 2013년엔 대중 무역 흑자액이 628억 달러에 달했다. 1990년대 초 탈냉전과 자유무역 질서의 급속한 확산이라는 세계적 기류에 한국은 가장 큰 혜택을 봤고 눈부신 수출 증가를 통해 세계 10위권의 경제 대국으로 올라설 수 있었다.

2023년은 대중 무역수지가 1992년 이후 처음 적자로 전환된 해로 기록될 것이다. 한국으로부터 수입하던 중간재를 중국이 대부분 직접 생산하면서 한국이 팔 물건은 점점 줄어드는데 최근 이차전지 필수 소재와 광물 등 한국이 중국으로부터 사야 하는 물건은 갈수록 늘고 있다. 현대·기아차를 타고 갤럭

시 스마트폰을 쓰고 한국 화장품을 바르던 중국인들은 이제 이 모든 것을 자국이 생산한 제품으로 대체했다. 이제 중국이 우리에게서 수입하는 건 반도체 정도인데 반도체 역시 업황이 좋지 않다 보니 11월까지 누적된 대중 무역수지 적자액은 180억 달러에 달한다.

이 현상은 2007년 고 이건희 삼성전자 회장의 발언으로 유명해진 샌드위치 론이 현실이 됐음을 상징한다. 수출로 먹고 사는 한국은 다른 시장에서 본 적자를 중국과의 교역에서 만회해 달러를 버는 나라였는데 이제 중국을 상대로 돈을 벌 수 있는 시대는 끝났음을 의미하는 것이다. 2010년대 중반 이후 한국의 국제적 인지도와 위상이 급격히 올라갈 수 있었던 가장 큰 동력이 경제력 확대라는 점에서 우리의 수출 경쟁력 약화는 지난 30년 동안 급격히 성장한 대한민국의 국제적 입지를 위협할 수 있는 심각한 문제가 아닐 수 없다. 경제력의 약화는 남북관계를 비롯한 동북아의 지정학적 리스크를 우리의 이익을 중심으로 타개할 수 있는 가능성을 잠식할 것이다. 경제 위기가 곧 외교적 위기로 이어지는 것이다.

그러나 암울한 뉴스를 받아들고 위기론만 읊는다고 좋은 날이 오지 않는다. 우리 후손이 지금의 풍요를 누리고 한국이 국제사회에서 영향력 있는 나라로 살아남기 위해선 경제규모를 지금보다 훨씬 키워야 한다. 현재 1조 6732억 달러로 13위권인 국내총생산(GDP)을 미국(25조 달러), 중국(18조 달러)에 이은 3위로 끌어올리고, 3만 2000달러로 29위인 1인당 GDP도 10만 달러까지 끌어올려 명실상부한 G3로 부상하는 청사진을 그려야 한다.

"힘없는 정의는 무능하고 정의 없는 힘은 포악하다"고 한 파스칼의 통찰은 국가 간의 관계에서 극명히 드러난다. 국제사회가 한국의 발언에 귀 기울이는 이유는 그것이 옳은 말이기 때문이라기보다 한국과 협력하면 경제적 이익이 있을 것이라는 판단에서 비롯된 것이다. 한국이 지금처럼 국제사회에서 부유한 나라, 경제적 기회를 창출할 수 있는 매력적인 나라가 아니라고 판단하면 국제사회는 한국의 목소리에 동조하지 않는다. 경제력과 외교력의 상관 관계는 그만큼 긴밀하다. 말만으로 할 말 하는 나라는 백일몽이다.

30년 동안 이어온 성공 방정식이 수명을 다한 지금, 한국이 G3 국가로 발돋움하려면 국민 모두가 새로운 사고방식으로 무장해야 한다. 그동안 한국은 세계 경제사에서 가장 성공한 패스트 팔로어였다. 1등의 기술, 제품과 아이디어를 모방하되 우리만의 것으로 한 단계 업그레이드하며 성공할 수 있었다. 그러다 보니 새로운 것을 시도해야 할 때 다른 나라의 모범답안을 찾는 습관을 버리지 못하고 있다. 기업이든 정부든 일단 다른 나라의 사례가 있을 때에만 새로운 프로젝트를 시도하는 마인드 셋이 DNA에 새겨져 있는 것이다. 언론까지도 누가 해왔는지, 그런 일이 있는지부터 묻는 습관은 거의 인이 박혀 있을 정도다.

선두에 서면 어차피 따라갈 대상은 없고 모두가 추격자일 뿐이다. 기업인, 학자, 공무원, 정치인의 마음속에 한국은 더 이상 추격자가 아닌 선도자라는 인식과 사조가 자리 잡지 않으면 참신한 아이디어와 과감한 도전은 불가능하다. 변화가 아닌 진정한 혁신이 답이지만 누가? 더욱이 각 영역에 똬리를 튼 이권 카르텔과 기득권은 난공불락이다. 탓만 하는 규제 혁신도 늘 신기루만을 바라본다. '누가 그리 하는가?'하며.

30년 후 대한민국은 어떤 나라가 돼 있을까? 세간의 암울한 예측처럼 반토막난 인구, 경제적 활력의 실종이 현실이 되어 다시 가난의 굴레를 짊어진 나라가 되어 있을 것인가. 아니면 첨단 분야 초격차를 바탕으로 세계 3위권의 경제력을 가진 작지만 부강한 나라가 되어 있을 것인가. 허황된 목표라 생각하는 이들도 있을 것이다. 그러나 우리의 미래는 우리 스스로 그리고 준비하는 것이다. 국민 전체가 꾸는 꿈의 최저선이 곧 현실의 밑그림이 된다. 사고의 전환, 과감한 국가적 지향, 국가 전체 동력의 재 확보가 이뤄질 때 한국의 다음 30년 또한 성공과 성장의 시간이 될 수 있을 것이다.

진짜 할 말 할 수 있는 '당당한 나라 G3 대한민국'을 그리며. 그런데 늘 전례를 따르던 고약한 습관은 마치 조선조의 사대와 전범을 숭상하던 그 시대의 의식 구조와 무엇이 다른 것일까. 하긴 정치 외교적으로는 상당한 정신적 사대를 벗어나지 못하고 영향을 미침 또한 사실이 아니던가. 퍼스트 무버 DNA를 창조해 나가는 아무도 가지 않은 길을 가는 용기와 독립이 꼭 필요한 한해이기도 하다. 용중의 으뜸이란 청룡의 해에 승천하는 꿈을 키우는 대한민국을 그려본다.

저자소개

민경찬 (국가인재경영연구원 이사장)

연세대에서 학사와 석사, 캐나다 Carleton대에서 박사학위를 받았다. 연세대 대학원장, 대한수학회 회장, 국제퍼지시스템협회(IFSA) 집행이사 및 부회장, 교육과학기술부 정책자문위원장, 국무총리 소속 인사혁신추진위원회 민간위원장, 국가과학기술자문회의 과학기술기반분과 의장 등을 역임하였다. 현재 연세대 명예교수, 국가인재경영연구원 이사장, 과실연 명예대표, 기초과학연구원(IBS) 과학자문위원장, 태재학원 감사를 맡고 있다. 주요저서로는 <10년 후 한국사회>(공저), <대전환의 시대 국가인재경영(2021)>(공저), <미래의 인재 대학의 미래(2023)>(공저)가 있다. 주요 관심분야는 국가 생태계 관점에서의 인재양성, 고등교육 혁신과 미래형 교육 과학기술 정책이다.

양승함 (연세대학교 정치외교학과 명예교수)

연세대학교 정치외교학과를 졸업하고 동 대학원 정치학과 석사학위 취득 후 미국 워싱톤대학교(시애틀) 국제학대학원에서 국제학 석사학위를, 동 대학교 대학원 정치학과에서 정치학 박사학위를 수여 받았다. 연세대학교 정치외교학과 교수로 봉직했으며, 학과장, 사회과학대학장, 행정대학원장, 신문방송편집인, 리더십센터 소장, 국가관리연구원장 등을 역임했다. 한국정치학회장을 역임했고, 현재는 동 학회 고문, 한국국제정치학회 명예이사다. 통일부 정책자문위원장, 중앙선거관리위원회 자문위원 등을 역임했고, KBS와 YTN 객원해설위원 등의 활동을 했다. 주요 연구로는 Political Change in Korea, 『한국의 국가관리와 대통령 리더십의 비전과 모델』 전6권, "정치리더십과 평화," 『인간과 평화』 등 다수의 편저서와 논문이 있다.

박재완 (한반도선진화재단 이사장)

서울대 경제학사, 하버드대 정책학 석사와 박사 학위를 취득하였다. 23회 행정고시 합격 후 국가안전보장회의, 감사원, 재무부, 대통령 비서실 등에서 근무하였다. 17대 국회의원(비례), 대통령 정무수석비서관과 국정기획수석비서관, 고용노동부장관, 기획재정부장관, 삼성전자 이사회 의장 등을 역임하였다. 현재 성균관대 행정학과 명예교수이며, 학교법인 성균관대학 이사장, 경제교육단체협의회 회장, 한반도선진화재단 이사장 등을 맡고 있다. 주요 저서로는 대통령의 성공 조건, Building Good Governance가 있다. 주요 관심 분야는 국정 개혁, 성장 잠재력 확충과 공민 의식 함양이다.

장원섭 (연세대학교 교육학부 교수)

연세대학교 교육학과에서 학사과정을 마치고 동 대학원에서 교육학 석사학위를, University of Iowa에서 교육학 박사학위를 취득하였다. 이후 1997년부터 2001년까지 한국직업능력개발원 책임연구원으로 일하였고, 2001년부터 연세대학교 교수로 재직하고 있다. 한국산업교육학회장, 한국성인교육학회장, 연세대학교 신문방송편집인, 교육대학원장 등을 역임하였고, 현재 CJ나눔재단 이사를 맡고 있다. 주요 저서로는 <일의 교육학>(2006), <장인의 탄생>(2015), <일터학습: 함께 배우기>(2015), <인적자원개발: 이론과 실천>(3판, 2021)>, <교육과 일의 세계>(2021), <마스터리티>(2023) 등이 있다. 연구 관심 분야는 교육과 일, 인적자원개발, 장인성(匠人性) 등이다

박남기 (광주교육대학교 교수)

서울대학교 국어교육과, 동 대학원 석사를 거쳐 미국 피츠버그대학에서 박사학위를 취득하였다. 광주교육대학교 총장, 한국교육행정학회장, 대한교육법학회장, 한국교원교육학회장 등을 역임하였다. 현재 교육부 디지털교육혁신분과위원장, 전남민관산학협력교육위원회 위원장을 맡고 있다. 주요 저서로는 교육전쟁론(2003), 최고의 교수법(2017), 실력의 배신(2018) 등 10여 권이 있다. 주요 관심 분야는 교육행정 및 교원정책, 미래교육, 교수법 등이다.

최병욱 (상명대학교 국가안보학과 교수)

육군사관학교를 졸업하고 미국 해군대학원(NPGS)에서 경영학 석사학위를, 서울대학교에서 교육학 박사학위를 받았다. 대령으로 전역한 후 2014년부터 상명대학교 국가안보학과 교수, 안보통일연구소장으로 재직하고 있다. 부총리 사회정책자문위원, 국방부 국방개혁자문위원, 병무청 정책자문위원, 국회 국방재정정책자문위원 등을 역임하였고 2019년에는 국방부로 자리를 옮겨 국방부장관 정책보좌관 직책을 수행하였다. 국방개혁과 혁신, 국방인력 및 인사, 국방교육훈련, 군 인적자원개발 등 주요 관심분야를 중심으로 국방부, 병무청을 비롯한 여러 정부 부처에서 정책자문 등의 역할을 하며 안보와 국방 분야에서 왕성한 활동을 하고 있다.

김성열 (경남대학교 명예석좌교수)

서울대학교 교육학과를 졸업하고, 같은 대학에서 문학석사와 교육학박사를 받았다. 1985년부터 36년 남짓 경남대학교 교육학과에서 교수로 근무하면서 교무연구처장, 사범대학장, 대외부총장을 지냈다. 그동안 한국지방교육학회장, 한국교원교육학회 회장, 한국교육행정학회장, 한국교육학회장을 역임하였다. 정부와 공공기관에서도 다양한 활동을 하였다. 교육부 시 도교육청평가위원, 정책자문위원, 자체평가위원장, 대학구조개혁위원, 한국교육과정평가원장, 한국대학교육협의회 대학평가인증위원회 위원, 한국장학재단 비상임 이사로 일하였다. 현재는 경남대 명예석좌교수와 국가평생교육진흥원 이사장으로 있다. 주로 교육정책, 교육민주화 운동, 좋은 학교 만들기, 대학개혁 등에 관심을 가지고 연구하고 가르치고 있다.

배상훈 (성균관대학교 교무처장)

서울대 윤리교육과를 졸업하고, 펜실베니아주립대에서 교육정책과 인적자원개발 전공으로 석사와 박사 학위를 받았다. 1993년 제36회 행정고시에 합격해 교육부와 대통령실 교육비서관실에서 교육정책을 수립하고 집행하는 일을 했다. 2010년 성균관대 교육학과 교수로 옮겼고, 대학교육혁신센터장, 학생처장, 국내 최초로 설립된 학생성공센터의 센터장을 역임하였다. 현재 교무처장과 디지털교육혁신원장을 맡아 대학의 변화와 혁신을 선도하고 있다. 교육부 지원 교육과미래연구소를 운영하며 정부의 인재 양성 정책을 자문하고 있다. 저서로는 대학의 미래, 대입 제도를 비롯한 정책 분석, 잘 가르치는 대학의 특징 등에 관한 책이 있다. 교육 정책을 분석하고 비평하며, 대학 혁신을 연구하고 이를 실천하는 일에 매진하고 있다.

홍정민 (휴넷 L&D 연구소 소장)

대원외고와 서울대학교 사범대를 졸업했다. LG그룹, 웅진패스원 등에서 25년간 기업교육 업무를 해 왔으며 현재는 휴넷 L&D 연구소 소장으로 재임중이다. 기업교육, 에듀테크, 디지털 교육 분야에서 컨설팅, 저술, 자문, 강연 활동을 활발히 하고 있으며 디지털 학습 분야 최고의 전문가로 인정받고 있다. 주요 저서로는 <에듀테크> <어떻게 기술이 최고의 인재를 만드는가> <에듀테크의 미래> <워크플로우러닝> <교육혁명 2030> 등이 있다.

이근면 (국가인재경영연구원 자문위원장)

성균관대를 졸업하고, 아주대 석사학위, 강원대 창원대 명예경영학 박사학위를 받았다. 삼성코닝, 삼성종합기술원, 삼성SDS 설립 시 초기 멤버로 근무, 삼성전자 인사 임원을 지내고 삼성광통신 대표를 역임했다. 인사 관련 전문가로서 초대인사혁신처장을 지냈다. 청년미래네트워크 운영위원장, 한국장학재단 경영 고문 등을 지내며 미래청년세대에 관심이 높다. 현재 연금연구회 고문, 일자리연대 고문 등의 NGO 활동과 사람들연구소 이사장, 여성가족부 정책자문위원회 위원장 등을 맡고 있다. 아주대, 강원대에서 교수로 지냈고 현재 성균관대 학부대학 특임교수로 있다. 주요 저서로는 <대한민국에 인사는 없다>, <하룻밤에 끝내는 면접의 키포인트 55> 등이 있다.

백지에 그리는 국가인재생태계 2035

발행일 2024년 4월1일 초판 1쇄
지은이 민경찬, 양승함, 박재완, 장원섭, 박남기
김성열, 배상훈, 최병욱, 홍정민, 이근면
발행인 송자영
발행처 초아출판사

주소 서울시 성북구 정릉로 36길 41
전화 070-8739-0036
팩스 0504-178-5627
E-mail choapublish@hanmail.net
디자인 에이팩토리 bikoon73@daum.net

ISBN 979-11-88425-32-7
정가 24,000원